Intelectuais
e modernidades

Intelectuais e modernidades

Daniel Aarão Reis e Denis Rolland

(Organizadores)

Copyright © 2010 Daniel Aarão Reis e Denis Rolland

Editora FGV
Rua Jornalista Orlando Dantas, 37
22231-010 | Rio de Janeiro, RJ | Brasil
Tels.: 0800-021-7777 | 21-3799-4427
Fax: 21-3799-4430
editora@fgv.br | pedidoseditora@fgv.br
www.fgv.br/editora

Todos os direitos reservados. A reprodução não autorizada desta publicação, no todo ou em parte, constitui violação do copyright (Lei no 9.610/98).

Os conceitos emitidos neste livro são de inteira responsabilidade dos autores.

Grafia atualizada segundo o Acordo Ortográfico da Língua Portuguesa, em vigor no Brasil desde 2009.

Impresso no Brasil | *Printed in Brazil*

1ª edição — 2010

PREPARAÇÃO DE ORIGINAIS: Ronald Polito
REVISÃO: Fatima Caroni e Marco Antonio Corrêa
PROJETO GRÁFICO DE CAPA E MIOLO: Marcus Handofsky
ILUSTRAÇÃO: Marcus Handofsky

Ficha catalográfica elaborada pela Biblioteca Mario Henrique Simonsen/FGV

Intelectuais e modernidades / Daniel Aarão Reis e Denis Rolland (Organizadores). –
    Rio de Janeiro : Editora FGV, 2010.
    348 p. : il.

Resultado do Colóquio "Intelectuais e modernidades", realizado em 2009, na Universidade Federal Fluminense.
    Inclui bibliografia.
    ISBN: 978-85-225-0800-6

    1. Modernidade. 2. Cultura. 3. Intelectuais e política. 4. Escravos libertos. I. Reis Filho, Daniel Aarão, 1946- . II. Rolland, Denis, 1958- . III. Fundação Getulio Vargas.

CDD – 301.2

Sumário

Apresentação	7
Parte I — Tradições de modernidades	11

1. A Grã-Bretanha, o Brasil e a liberdade dos africanos na crise da abolição do tráfico atlântico de escravos (1848-1851) *Beatriz Gallotti Mamigonian* — 13

2. A modernidade política no Brasil, fator de crise nas relações luso-brasileiras (1889-1895) *Marie-jo Ferreira* — 31

Parte II — Intelectuais e modernidades russas — 49

3. Ocidentalismo, eslavofilismo e eurasianismo: intelectuais e políticos em busca da identidade russa *Angelo Segrillo* — 51

4. "Meus senhores, a ciência é coisa séria." Cientificismo e ceticismo em Machado de Assis e Dostoiévski *Ana Carolina Huguenin Pereira* — 67

5. Os bandidos de Isaac Babel': a armadilha *Daniel Aarão Reis* — 87

Parte III — Intelectuais, modernidade e ditadura — 111

6. Maçom, socialista de esquerda e antifascista: o exílio euro-americano de Francesco Frola (Itália, Brasil, Argentina, Uruguai, México e Itália, 1925-1945) *Dévrig Mollès* — 113

7. Artistas da revolução brasileira nos anos 1960 *Marcelo Ridenti* — 143

8. Quando a versão é mais interessante do que o fato: a "construção" do *mito* Chico Buarque *Gustavo Alves Alonso Ferreira* — 161

9. Cinema, ditadura e comemorações: do fascínio pela *Independência ou morte* ao herói subversivo *Janaina Martins Cordeiro* — 195

10. Os IPMs e a construção da subversão nos meios intelectuais no Brasil *Rodrigo Czajka* — 223

Parte IV — Cultura, sociedade e modernidades 247

11. A língua, vetor motriz da modernidade nacional: o caso da América Latina ou os caminhos paradoxais da referência linguística estrangeira *Denis Rolland* 249

12. Federico García Lorca em Pernambuco nos anos 1940 — a legitimação de uma dupla aspiração: à modernidade e à tradição popular *Idelette Muzart-Fonseca dos Santos* 267

13. Europa/Europas, a experiência da fotografia no pós-II Grande Guerra *Ana Maria Mauad* 283

14. O *Retrato de Suzanne Bloch* de Pablo Picasso e os sentidos da arte estrangeira no Brasil *Paulo Knauss* 293

15. Entre Shiva e o átomo: a rota de *Planète* rumo ao Oriente e a contracultura *Renata Palandri Sigolo* 303

16. A Organização Internacional do Trabalho (OIT) e a sua relação com a América Latina: a questão dos povos indígenas e tribais *Norberto O. Ferreras* 323

Sobre os autores 345

Apresentação

A presente coletânea que o leitor tem em mãos é resultado de um colóquio realizado na Universidade Federal Fluminense em 5 e 6 de novembro de 2009, sob o título geral "Intelectuais e Modernidades", reunindo professores e doutorandos, de oito universidades brasileiras e francesas, com pesquisas diversas sobre um objeto comum: os processos de modernização, os impactos que suscitam, os entrelaçamentos complexos que se constroem com as tradições.

Na concepção compartilhada pelos pesquisadores que participaram do colóquio, as modernidades, sempre flexionadas no plural, não surgem como algo completo, um cânone, oriundo de um suposto "centro", como se fora uma régua de referências, a partir da qual tudo deveria ser medido e graduado, e que se irradiaria desde um determinado momento pelo mundo afora, condicionando e fazendo "avançar" povos e regiões do mundo.

As modernidades, ao contrário, aparecem como processos históricos sempre singulares, combinando-se com tradições específicas, fazendo emergir situações diferenciadas, únicas em cada espaço e temporalidade, superando-se assim as polarizações tradicionais (centro/periferia; avançado/atrasado; desenvolvido/subdesenvolvido) que tanto dano causaram, e ainda causam, à compreensão da história das gentes.

A diversidade enriquecedora das temáticas trabalhadas no colóquio condicionou a organização da coletânea.

Uma primeira parte, reunindo os textos de Beatriz Gallotti Mamigonian (A Grã-Bretanha, o Brasil e a liberdade dos africanos na crise da abolição do tráfico atlântico de escravos, 1848-1851) e Marie-jo Ferreira (A modernidade política no Brasil, fator de crise nas relações luso-brasileiras, 1889-1895), considera em dois processos históricos concretos o impacto dos influxos modernizantes na sociedade e na cultura do Brasil oitocentista.

A segunda parte volta-se para o estudo dos processos de modernização na Rússia e na União Soviética, investigando como diferentes intelectuais russos analisaram diversamente a modernização em curso nos séculos XIX e XX. Estão aqui agrupados os textos de Angelo Segrillo (Ocidentalismo, eslavofilismo e eurasianismo: intelectuais e políticos em busca da identidade russa), Ana Carolina Huguenin Pereira ("Meus senhores, a ciência é coisa séria." Cientificismo e ceticismo em Machado de Assis e Dostoiévski) e Daniel Aarão Reis (Os bandidos de Isaac Babel': a armadilha).

Na sequência, constituindo uma parte terceira, conjugam-se reflexões sobre modernidade e ditadura, quase todas dedicadas, de diferentes ângulos, ao estudo de intelectuais no quadro da recente ditadura brasileira, embora o texto inicial seja devotado à investigação de uma trajetória singular, a de um exilado do fascismo italiano. Cinco textos integram essa parte: os de Dévrig Mollès (Maçom, socialista de esquerda e antifascista: o exílio euro-americano de Francesco Frola (Itália, Brasil, Argentina, Uruguai, México e Itália, 1925-1945); de Marcelo Ridenti (Artistas da revolução brasileira nos anos 1960); de Gustavo Alves Alonso Ferreira (Quando a versão é mais interessante do que o fato: a "construção" do mito Chico Buarque); de Janaina Martins Cordeiro (Cinema, ditadura e comemorações: do fascínio pela Independência ou morte ao herói subversivo) e de Rodrigo Czajka (Os IPMs e a construção da subversão nos meios intelectuais do Brasil).

Finalmente, encerra o volume uma quarta parte que reúne pesquisas sobre as complexas relações entre processos de modernização, cultura e sociedade. O painel agora se amplia para abranger questões culturais relativas à língua (Denis Rolland — A língua, vetor motriz da modernidade nacional: o caso da América Latina ou os caminhos paradoxais da referência linguística estrangeira); à literatura (Idelette Muzart-Fonseca dos Santos — Federico García Lorca em Pernambuco nos anos 1940 — a legitimação de uma dupla aspiração: à modernidade e à tradição popular); à pintura (Paulo Knauss — O *Retrato de Suzanne Bloch* de Pablo Picasso e os sentidos da arte estrangeira no Brasil); à fotografia (Ana Maria Mauad — Europa/Europas: a experiência da fotografia no pós-II Guerra Mundial); e à contracultura (Renata Palandri Sigolo — Entre Shiva e o átomo: a rota de *Planète* rumo ao Oriente e a contracultura). No plano social, destaca-se um estudo sobre a Organização Internacional do Trabalho e os povos indígenas de Nuestra América (Norberto O. Ferreras — A Organização Internacional do Trabalho [OIT] e a sua relação com a América Latina: a questão dos povos indígenas e tribais).

Realizados sob os auspícios da Coordenação de Aperfeiçoamento de Pessoal de Nível Superior (Capes) e da Commission Française pour la Coopération avec les Universités Brésiliennes (Cofecub), o colóquio e a presente coletânea representam um segundo momento alto de um fecundo Acordo Capes-Cofecub, coordenado pelos professores Daniel Aarão Reis (parte brasileira) e Denis Rolland (parte francesa). Iniciado em 2006, e dedicado ao estudo das Modernidades Alternativas, nosso trabalho conjunto já havia sido capaz de produzir outra coletânea: *Modernidades alternativas*, publicada no Brasil (Rio de Janeiro, FGV, 2008) e na França (Paris, L'Harmattan, 2009).

Caberia ainda registrar determinadas características desta iniciativa: o caráter internacional (França e Brasil), interinstitucional (professores oriundos de oito diferentes universidades, brasileiras e francesas) e interdisciplinar (história, sociologia, literatura e ciência política), além do fato de ter reunido professores experimentados e pós-graduandos em diálogo plural e sem restrições.

Que este intercâmbio possa prosseguir, para além do acordo que lhe deu origem, são os nossos sinceros votos.

Daniel Aarão Reis e Denis Rolland

Fevereiro de 2010

Parte I

Tradições de modernidades

1 A Grã-Bretanha, o Brasil e a liberdade dos africanos na crise da abolição do tráfico atlântico de escravos (1848-1851)[*]

Beatriz Gallotti Mamigonian

A campanha liderada pela Grã-Bretanha com o objetivo de cortar o tráfico atlântico de escravos e, em última instância, erradicar a escravidão dos territórios das Américas foi um dos elementos mais importantes das reformas liberais do século XIX. A campanha ideológica e a pressão diplomática e naval que motivaram as transformações nas relações de trabalho e nos estatutos dos trabalhadores estenderam-se por todo o século e tiveram consequências não só nas Américas, mas também na África e nos territórios asiáticos tocados pelo imperialismo britânico. No que se refere ao Brasil, a campanha abolicionista britânica sempre foi percebida como determinante para as transformações na escravidão no século XIX.[1] Para além do debate acerca dos interesses britânicos nessa campanha, resta explorar alguns conflitos ideológicos e também investigar o impacto social das ações britânicas. Este trabalho é uma exploração preliminar desses temas e se concentra no conflito de interpretações (e de interesses) acerca da liberdade dos africanos tocados pelas medidas de proibição do tráfico de escravos no final da década de 1840, um momento delicado da conjuntura brasileira.

O tráfico de escravos para o Brasil não só não cessou depois da assinatura do tratado bilateral com a Grã-Bretanha em 1826 (ratificado em 1827 e em vigor a partir de março de 1830) e da promulgação da Lei de 7 de novembro de 1831, como ainda atingiu volume inédito: na segunda metade da década de 1840 foram trazidos por contrabando para o Brasil, em média, 50 mil africanos por ano.[2] Entre 1830 e 1845, enquanto a comissão mista brasileira e inglesa com sede no Rio de Janeiro emanci-

---

[*] Este texto é um resultado preliminar do projeto apoiado pelo CNPq "Os direitos dos africanos na era da Abolição" e foi apresentado em alguns seminários e conferências. Baseou-se em pesquisa realizada em diferentes momentos, sendo o mais recente deles uma missão de pesquisa financiada pelo Acordo Capes-Cofecub nº 527/2006 Modernidades Alternativas.

[1] Alves,1916:189-257; Goulart, 1975; Conrad, 1985; Bethell, 1970; Eltis, 1987; e Rodrigues, 1999.

[2] Em contraste com a média de 18 mil escravos importados no início da década de 1830. Eltis (1987:243-244, anexo A).

pou 3.453 africanos que estavam a bordo de navios apreendidos, aproximadamente 500 mil africanos foram introduzidos no território e vendidos como escravos.

Desde o Ato Aberdeen de 1845, cruzadores da Marinha britânica estavam autorizados por seu governo a apreender navios brasileiros suspeitos de se empregarem no tráfico de escravos e levá-los a julgamento em cortes do Almirantado como piratas, onde os casos eram sumariamente julgados e as embarcações, destruídas. Os africanos encontrados a bordo desses navios eram encaminhados, por meio de um esquema de recrutamento de trabalhadores, para as colônias britânicas (Mamigonian, 2009b:41-66). Traficantes sofreram perdas importantes, que foram pela primeira vez contabilizadas no relatório da Secretaria dos Negócios Estrangeiros apresentado em 1850. De agosto de 1845 até o fim do ano de 1847 haviam sido capturados e sentenciados, seja em Serra Leoa, Santa Helena ou no Cabo da Boa Esperança, 145 navios. Desde 1848, um novo projeto de lei sobre a abolição do tráfico de escravos tramitava na Câmara dos Deputados, apoiado pelo gabinete conservador cujo ministro da Justiça era Eusébio de Queirós. Mas a questão somente foi tratada com urgência depois do episódio na baía de Paranaguá, em que cruzadores britânicos entraram em águas territoriais brasileiras para capturar negreiros e travaram batalha com a guarnição imperial. No mês de julho de 1850, quando a notícia do incidente chegou ao Rio de Janeiro, causou grande comoção e motivou uma sessão do Conselho de Estado Pleno. Depois de várias sessões concorridas da Câmara dos Deputados, uma delas a portas fechadas, no dia 17 de julho o projeto de lei foi aprovado. Em 13 de agosto também passou pelo Senado e em 4 de setembro de 1850 foi promulgada a nova lei, que mudava a forma de julgamento do tráfico de escravos pelo governo brasileiro (Bethell, 1970:327-363). Nos anos seguintes, as mesmas autoridades que antes faziam vistas grossas passaram a reprimir os desembarques e apreender africanos recém-importados. Já naquela época os conservadores reclamaram para si o mérito da abolição do tráfico e os liberais atribuíram a tomada de decisão à pressão britânica. As causas dessa virada continuam a ser motivo de debate historiográfico.[3]

Aqui, proponho olhar para essa questão por um novo ângulo. Em vez de discutir as disputas diplomáticas ou as façanhas navais, vou explorar as ações britânicas em favor dos africanos que tinham direito à liberdade pelo tratado assinado em 1826 e também pela Lei de 7 de novembro de 1831. Trata-se, a rigor, de dois grupos: o daqueles que estavam a bordo de navios condenados por tráfico ilegal e que foram

---

[3] Chalhoub, 1993:441-463; Needell, 2001:681-711 e 2008:117-166; e Parron, 2009.

emancipados pela comissão mista do Rio de Janeiro e entregues ao governo brasileiro para cumprir um tempo de serviço de 14 anos (os chamados "africanos livres"); e outro grupo, maior, de africanos que nunca foram apreendidos ou emancipados e foram mantidos como escravos graças à conivência das autoridades brasileiras com os senhores em negar-lhes o direito à liberdade (chamo-os de "africanos ilegalmente escravizados"). Discuto aqui três estratégias dos agentes britânicos em defesa dos africanos: a preparação de uma lista dos africanos livres do Rio de Janeiro pelo cônsul Hesketh entre 1849 e 1851, a proposta de transferir os africanos livres para colônias britânicas do Caribe e a garantia de liberdade dada aos africanos ilegalmente escravizados que caíssem na malha britânica. Procuro mostrar que a nova política abolicionista britânica dos anos 1840, mais agressiva, era inspirada pelos novos significados atribuídos à liberdade dos africanos e que, por isso, era particularmente perigosa para a ordem social no Brasil.

Os africanos livres do Rio de Janeiro e a lista preparada pelo cônsul Hesketh

Cansado de esperar pela resposta à solicitação feita ao ministro de estrangeiros em junho de 1848, no fim de 1849 James Hudson, o encarregado de negócios da representação diplomática britânica no Brasil, confiou ao cônsul Hesketh a tarefa de elaborar uma lista dos africanos livres cuja tutela era responsabilidade do governo brasileiro. Nos 21 meses entre novembro de 1849 e julho de 1851, a estratégia de "notificar os africanos, através de seus camaradas, para se apresentarem neste consulado" permitiu ao cônsul reunir informações sobre 854 africanos livres que moravam na Corte e nos arredores (Christie, 1865:31-38). O principal objetivo de Hudson era pressionar o governo brasileiro a cumprir as obrigações inscritas no tratado bilateral de garantir a liberdade dos africanos que haviam sido emancipados durante a repressão ao tráfico de escravos. Mas, tomada naquela conjuntura particularmente delicada da questão do tráfico de escravos, a decisão de chamar os africanos livres espalhados pela cidade para registrarem suas reclamações perante o cônsul britânico e dar-lhes esperanças de melhores dias também tinha outras motivações.

A lista preparada pelo cônsul britânico no Rio de Janeiro, Hesketh, entre o fim de 1849 e a metade de 1851, está na forma de uma listagem de nomes e informações individuais registradas em ordem cronológica e num índice subsequente, ordenado pelo local de trabalho dos africanos. Os africanos livres que estiveram perante o cônsul deram informações como o nome e o endereço dos concessionários dos seus serviços ou o nome da instituição pública em que trabalhavam e por quanto tempo já

Intelectuais e modernidades

serviam, declararam suas ocupações, indicaram se recebiam pagamento pelo trabalho, se tinham filhos e qual era seu estado de saúde. Provavelmente inquiridos, eles aproveitaram a oportunidade para registrar reclamações de maus-tratos. Alguns declararam terem sido vendidos ou saberem de parceiros africanos livres que o foram. Pela primeira vez, os britânicos tinham uma longa lista de nomes de pessoas que haviam recebido africanos livres como aprendizes ou criados, alguns até 15 deles. Surpreendentemente ou não, José Bernardino de Sá, notório traficante com excelentes relações na cúpula do governo imperial, tinha sete africanos livres listados sob sua responsabilidade. Em geral, como já demonstrei por outras fontes, membros da elite política, funcionários públicos e oficiais militares e seus protegidos receberam africanos livres. Os africanos livres foram, para a elite política do Império, moeda de troca de favores numa fase crítica da construção do Estado nas décadas de 1830 e 1840 (Mamigonian, 2005:389-417).

Boa parte dos africanos cujos nomes aparecem na lista do cônsul trabalhava em instituições públicas como a Casa de Correção, o Arsenal de Guerra, o Arsenal de Marinha, o Colégio Pedro II e as obras públicas. Os africanos da Casa de Correção, provavelmente impossibilitados de comparecerem todos pessoalmente, enviaram ao cônsul uma lista com seus nomes, separados pelas suas ocupações (pedreiros, carpinteiros, chacareiros), com algumas referências aos navios dos quais tinham sido emancipados. A listagem foi entregue ao cônsul no começo de julho de 1850, com um pedido para que intercedesse em favor deles, dizendo que o tempo de serviço deveria ter durado 10 anos e já haviam trabalhado 14, 15 anos. Os africanos chamaram o cônsul de "mãe e pai", considerando-o sua única esperança. De fato, a experiência dos africanos livres que trabalhavam em instituições públicas foi a mais dura: muitos trabalhavam sob disciplina militar e gozavam de pouca autonomia, morriam com mais frequência do que aqueles que trabalhavam para particulares e raramente alcançavam a oportunidade de trabalho remunerado e acúmulo de pecúlio que tinham os escravos e africanos livres que trabalhavam "ao ganho" na cidade (Mamigonian, 2009a:24-45). Exemplares eram os casos de Onofre e Hilário, que foram a quarta e a quinta pessoa a se apresentarem diante do cônsul britânico, já em dezembro de 1849. Eles foram malungos a bordo do brigue *Leal*, apreendido e condenado por tráfico ilegal em 1839, e desde que tinham sido emancipados trabalhavam no Arsenal de Guerra do Rio de Janeiro. Onofre declarou ao cônsul ser ferreiro e Hilário, marceneiro, e ter trabalhado 10 anos sem salários. A documentação do Ministério da Justiça no Arquivo Nacional mostra que em 1856 tanto Hilário (casado com a africana livre

Carolina) quanto Onofre (casado com a africana livre Suzana) apresentaram petições requerendo emancipação, mas tiveram seus pedidos indeferidos. Os africanos livres que trabalhavam em instituições públicas, pelo decreto de 1853, não tinham direito à emancipação depois de completarem 14 anos de serviços. Só foram ter esse direito depois de decisão tomada no Conselho de Estado em 1859.[4]

Tirando o fato de serem registros individuais, a informação coletada entre 1849 e 1851 não surpreendeu os representantes britânicos. Por mais de uma década, sucessivos cônsules, encarregados de negócios, comissários, juízes e árbitros tinham coletado informações sobre o emprego e o tratamento dos africanos emancipados pela comissão mista, e a correspondência desses funcionários com o Ministério das Relações Exteriores da Grã-Bretanha (Foreign Office) revela que eles conheciam bem a situação dos africanos livres. Acredito que a crítica britânica à condição dos africanos livres no Brasil deva ser entendida à luz da campanha para convencer as outras nações da vantagem do trabalho livre sobre o trabalho escravo. Nessa campanha, o argumento em favor da vantagem do trabalho assalariado era baseado na condenação das relações de trabalho sob a escravidão. No Império britânico, a experiência com os africanos livres e também a abolição da escravidão na década de 1830 foram fundamentais na redefinição da "liberdade" que caberia àqueles resgatados dos navios negreiros.

Nas colônias britânicas, o tratamento dos africanos emancipados dos navios condenados por tráfico ilegal pelas comissões mistas ou cortes do vice-almirantado foi inicialmente regulado por uma ordem do conselho de março de 1808 que determinava que os africanos "resgatados" deviam ser alistados no regimento das Índias Ocidentais ou na Marinha, ou ser postos como aprendizes junto a senhores e senhoras "benevolentes" para aprender ofícios ou empregarem-se naquilo para o que mostrassem aptidão, ou que pudesse sustentá-los quando o aprendizado acabasse (Asiegbu, 1969:27). O período do "aprendizado" deveria cumprir a função de treinar os africanos para o trabalho e para a vida social, e era visto como um período de adaptação. Os senhores se beneficiariam do trabalho dos aprendizes em troca de alimentá-los, vesti-los, cuidar de suas doenças e treiná-los. Nesse sistema, também se partia do princípio de que por certo período, nos primeiros anos, os africanos novos

---

[4] Arquivo Nacional, Rio de Janeiro (doravante AN), Diversos SDH — cx. 782 pc. 3, Onofre e Suzana, do Arsenal de Guerra, Petição de emancipação, 28 out. 1856 e AN, Diversos SDH — cx. 782 pc. 3, Hilário 2º e Carolina, do Arsenal de Guerra, Petição de emancipação, 8 jun. 1856. Resolução de 20 dez. 1859 — Sobre os africanos livres que estão em serviço de estabelecimentos públicos, Caroatá (1884:842-843).

não seriam produtivos o suficiente para compensar os gastos de seus senhores com sua manutenção.

No fim da década de 1830, depois da abolição da escravidão nas colônias britânicas, a política do Ministério das Colônias (Colonial Office) para o tratamento dos africanos livres, expressa na ordem de 1808, já tinha sido consideravelmente alterada. Comissários encarregados de um inquérito haviam sido enviados para as colônias na década de 1820 e apurado que as medidas "protetoras" do aprendizado pouco tinham sido aplicadas: praticamente não houvera treinamento para o trabalho nem educação religiosa. Eles descobriram que os africanos livres não recebiam pagamento pelo trabalho durante seus longos contratos (*indentures*).[5] À luz das novas ideias sobre trabalho livre, os contratos de muitos anos pareciam muito semelhantes à escravidão, pois facilitavam a exploração dos africanos livres por seus senhores. Além disso, o trabalho compulsório sem remuneração era visto como contrário ao desenvolvimento de hábitos de trabalho regulares, comportamento esperado de pessoas livres. Dessa forma, somente foram autorizados contratos curtos para os africanos novos e a adaptação deles seria medida pela incorporação ao mercado de trabalho assalariado. O processo de abolição da escravidão havia posto os funcionários imperiais nas colônias no papel de defensores da liberdade dos ex-escravos, e esse papel foi estendido para os africanos recapturados dos navios condenados por tráfico ilegal. A liberdade que eles defendiam para os africanos livres havia mudado de uma liberdade legal apenas nominal, com vários anos de trabalho subordinado, para uma combinação de liberdade no sentido legal que implicava a adaptação dos africanos à nova sociedade e liberdade de trabalho representada pela preferência por trabalho assalariado. À medida que o papel da Grã-Bretanha na campanha pela abolição do tráfico de escravos internacional se intensificou, essas novas ideias acerca da liberdade dos africanos livres seriam trazidas às negociações com as outras nações e confrontadas com outros sentidos de liberdade.

Sentindo-se responsáveis pela liberdade dos africanos emancipados pela comissão mista sediada no Rio de Janeiro, os comissários e os funcionários da legação britânica no Brasil reuniam informações e relatavam aos seus superiores em Londres o tratamento dispensado pelo governo brasileiro aos africanos livres para demonstrar a quebra dos acordos bilaterais firmados. Os relatórios sobre como o tratamento dos africanos livres se distanciava das "intenções humanitárias" do sistema de aprendi-

---

[5] Thompson (1990:123-144). Sobre os *liberated Africans* nas colônias britânicas, ver também Adderley (2006).

zado e as tentativas de incluir emendas ao tratado que lhes dessem controle sobre os africanos emancipados no Brasil mostram que suas atitudes eram motivadas, pelo menos em parte, por um sentimento de superioridade moral, do qual uma grande dose pode ser atribuída às suas concepções sobre trabalho livre.

Relatos dos abusos cometidos contra africanos livres raramente deixavam de chegar à legação britânica. Os comissários logo tiveram notícia de que muitos africanos emancipados pela comissão mista do Rio eram vendidos e reescravizados a despeito das instruções para garantia de sua liberdade. Em 1846, o encarregado de negócios da legação britânica, James Hudson, já havia compilado as formas de contornar o direito dos africanos à liberdade. De acordo com ele, a transferência dos africanos de um para outro concessionário e sua remoção da cidade do Rio de Janeiro eram usadas como meios de despistar o controle do governo; para isso também servia a emissão de declarações de óbito falsas. Ele sabia que os africanos livres eram superexplorados pelos concessionários dos seus serviços e que a concessão de africanos era usada na política para silenciar aqueles que denunciassem o esquema.[6] Na realidade, descontando talvez a corrupção governamental nos altos escalões, os mesmos esquemas eram usados em Cuba e também foram identificados pelos comissários encarregados da investigação nas colônias britânicas.

Pelo menos uma vez, as acusações de mau tratamento dos africanos livres feitas pelos britânicos foram respondidas por funcionários brasileiros. O debate subliminar sobre o melhor tratamento dos africanos revela os diferentes significados atribuídos à "liberdade" de lado a lado. A polêmica foi levantada por um relatório longo preparado por John Samo e Frederick Grigg, respectivamente juiz e árbitro da comissão mista, sobre a situação dos africanos livres no Brasil, e enviado ao Foreign Office em dezembro de 1843. Baseados em dados fornecidos por informantes, eles acusaram o juiz de órfãos de receber propina para conceder africanos livres e criticaram o governo brasileiro por esconder o fato de haver duas repartições encarregadas de emitir certificados de liberdade para os africanos livres: o juiz de órfãos e a comissão mista. Eles relataram que havia anúncios nos jornais diariamente que ofereciam o aluguel de africanos livres e que haviam entrevistado uma africana livre que tinha sido empregada dessa forma. Ela havia trabalhado para várias pessoas e o seu tratamento variava. Samo e Grigg avaliavam que a situação dela se assemelhava em tudo à de um escravo e declararam que seu caso simbolizava a história de todos

---

6 Hudson para Palmerston, 17 nov. 1846, Foreign Office 84 Series (Slave Trade), v. 634.

Intelectuais e modernidades

os africanos livres sob a guarda do governo brasileiro. Eles também chamaram a atenção para o destino dos africanos livres que trabalhavam no serviço público, ao mencionar africanos livres que viviam e trabalhavam na Casa de Correção em condições péssimas.[7] Para Samo e Grigg, que justificaram sua investigação pelo "profundo interesse e ansiedade que nós, junto com a nação britânica, temos pelo destino e bem-estar dos nativos da África", a condição dos africanos livres no Brasil, que eles associaram à escravidão, era a "prova da crueldade e má-fé do governo brasileiro".[8]

A resposta veio somente dois anos depois, após o encerramento das atividades da comissão mista, mas não foi menos provocativa e reveladora. Em 1845, o curador dos africanos livres recentemente nomeado, Luiz de Assis Mascarenhas, reclamou do tom e do conteúdo do relatório dos comissários britânicos, mas, em resposta formulada a pedido do ministro da Justiça, preferiu contestar as acusações de que os africanos livres fossem maltratados e demonstrar que a legislação relativa ao grupo era plenamente cumprida. O argumento era baseado em uma concepção peculiar de liberdade. Em três passagens da carta ao ministro, o curador comparou a situação dos africanos livres com a dos trabalhadores na Europa, considerando que "muitos trabalhadores na Europa se julgariam felizes se tivessem igual sorte à dos africanos existentes no Brasil". Para ele, tanto o governo brasileiro quanto os particulares que arrematavam os serviços dos africanos estavam sendo injustamente acusados de não tratar de sua educação, pois "não podiam comprometer a dar-lhes mais instrução do que aquela que na Europa costumam dar os que alugam os serviços dos trabalhadores livres". Para fechar seu ofício, escolheu dizer que a sorte dos africanos livres na cidade do Rio de Janeiro era "muito feliz", pois dizia não constar que "um só dos africanos livres mendigue a subsistência pelas ruas desta tão vasta cidade", enquanto na Europa havia "desgraçados que nem encontravam o alimento indispensável à vida".[9] Seu tom virulento deve ser atribuído à reação à interferência dos britânicos na questão do tráfico de escravos, aumentada pela promulgação do "Ato Aberdeen" em agosto daquele ano. Mas as palavras do curador também revelavam suas ideias acerca do regime de trabalho e de controle social: ele apresentou a tutela dos africanos livres como preferível ao mercado de trabalho livre, pois a tutela (ou mesmo a escravidão) não permitia que as pessoas ficassem desamparadas ou sem controle, ao contrário do que acontecia sob o mercado de trabalho livre desregulado. Mascarenhas, como

---

[7] Samo e Grigg para Aberdeen, 22 dez. 1843, Parliamentary Papers, v. 9, 1845.

[8] Id..

[9] AN, IJ6 523, Luiz de Assis Mascarenhas para Paulino Limpo de Abreu, 18 nov. 1845.

seus contemporâneos, provavelmente acompanhava com interesse o debate sobre as condições de vida e de trabalho dos operários na Inglaterra.[10]

A proposta de transferência dos africanos livres para o Caribe

Se os britânicos já conheciam a situação dos africanos livres, então qual o sentido de chamá-los diante do cônsul e coletar as informações para preparar a lista? James Hudson expôs suas razões para Lorde Palmerston em novembro de 1850: "A posição destes africanos é a mais miserável: eles são mal-utilizados, mal-alimentados, castigados sem piedade nem razão, vendidos, registrados como mortos... eles não têm chance de liberdade real no Brasil".[11] A preparação da lista era uma maneira para "compensar a grande injustiça cometida contra estes infelizes", pois Hudson esperava "ter algum controle" sobre os senhores e "dar alguma esperança de justiça" aos africanos. Por fim, o encarregado de negócios admitiu seus objetivos: "Eu disse ao ministro brasileiro dos negócios estrangeiros que o caso destes africanos teria um dia uma conclusão abrupta quando se apresentassem ao almirante britânico e pedissem sua proteção, que eu sabia que lhes seria concedida".[12] Para Hudson, se a "liberdade real" não estava ao alcance no Brasil, a solução para os africanos seria pedir proteção britânica. A conclusão desse raciocínio era que a liberdade só estava ao alcance nos territórios britânicos, onde não havia mais escravidão e os africanos seriam tratados como súditos britânicos. De fato, desde o início da década de 1840, Hudson colaborava com o Colonial Office no recrutamento de africanos recapturados durante a campanha de repressão ao tráfico cujos navios passavam pelo Rio de Janeiro e de africanos livres que ficavam sob a proteção britânica (Mamigonian, 2009b). Eles eram recrutados para serem trabalhadores sob contrato nas colônias britânicas do Caribe, assim como já o eram africanos livres que estavam em Serra Leoa, ou que eram recapturados de outros ramos do tráfico de escravos. Até o fim de 1849, já haviam sido despachados do Rio de Janeiro para a Guiana ou para Trinidad 767 africanos. No começo de 1850, Hudson havia se dirigido ao ministro Paulino Soares de Souza a respeito dos africanos livres, sugerindo que uma nova comissão mista deveria ser estabelecida para verificar o cumprimento do tempo de serviço dos africanos e conceder-lhes a emancipação definitiva. Hudson também havia sugerido que

---

10 Os comentários do curador ecoavam a crítica ao trabalho industrial na Inglaterra levantada, por exemplo, por Friedrich Engels em *A condição da classe trabalhadora na Inglaterra* (publicado originalmente em 1845); entretanto, não eram influenciados por ideias socialistas, mas por argumentos a favor da escravidão.

11 Hudson para Palmerston, 11 nov. 1850, citado em Christie (1865:34-35).

12 Id..

o governo de Sua Majestade podia recebê-los em territórios britânicos e a resposta de Paulino foi interpretada como uma aprovação informal para a transferência dos africanos que já tinham completado seus tempos de serviço para territórios britânicos ou para a Libéria.[13]

Preparar uma lista de africanos livres, "dar-lhes alguma esperança de justiça" significava provavelmente que em 1850 a legação britânica fazia preparativos para sua remoção do Rio de Janeiro. Apesar de não sabermos se esses planos foram divulgados, é difícil minimizar o impacto que eles devem ter tido sobre os africanos livres da cidade e também sobre os escravos em geral. Pela listagem, podemos notar que se apresentar diante do cônsul britânico ganhou urgência para os africanos em julho de 1850, quando a opinião pública estava agitada pela notícia do incidente em Paranaguá e a Câmara deu prioridade ao debate do projeto de abolição do tráfico. Naqueles dias, alimentado pelo discurso de vitimização dos traficantes brasileiros e por uma dose de nacionalismo, o sentimento antibritânico era fortíssimo. Temia-se que a multidão descontrolada atacasse súditos britânicos.[14] Entretanto, quanto mais se discutiam as ações dos cruzadores britânicos, mais os africanos livres associavam a eles seus destinos. Até junho de 1850, em 10 meses a lista de africanos livres continha apenas 122 casos. Em julho ela receberia mais 78, e só no mês de agosto, quando a Câmara e o Senado debateram o projeto que se tornou a Lei Eusébio de Queirós, mais 233 africanos compareceram ao consulado britânico. Em seguida, o governo engajou-se na repressão ao tráfico ilegal e, nessa fase, aproximadamente 5 mil africanos seriam emancipados por autoridades imperiais. Até o fim do ano de 1850, mais 214 africanos livres vieram pessoalmente ou mandaram informações ao cônsul britânico, e em 1851, em sete meses, só mais 46 o fizeram.

É possível que os africanos que estiveram diante do cônsul tenham recebido a oferta de ajuda para sair do país. Os africanos livres da Casa de Correção escreveram uma segunda nota ao cônsul britânico, no fim de novembro de 1850, cobrando sua "decisão" sobre se seriam escravos até a morte. Ao encerrar a nota, chamaram-no de "pai da humanidade". Parece-me claro que eles esperavam ajuda dos funcionários britânicos, vistos como defensores de sua liberdade. Em junho de 1851, ao receber de Hudson a proposta de assinatura de um protocolo para a remoção dos africanos

---

[13] Palmerston para Hudson, 27 fev. 1850, e Hudson para Palmerston, 10 out. 1850, citado em Christie (1865:34-35).

[14] Ver as discussões na Câmara dos Deputados e no Conselho de Estado. *Anais da Câmara dos Deputados*, 8 jul. 1850 e 15 jul. 1850; Rodrigues (1973-78: v. 3, sessão de 11 jul. 1850).

livres para as colônias britânicas no Caribe ou para a Libéria, o ministro Paulino Soares de Souza adiou a decisão até receber notícias do agente que negociava com a Libéria, e mais tarde recusou-se a executar o plano proposto.[15]

A proteção britânica à liberdade dos africanos ilegalmente escravizados

No fim de 1850, não convencido da seriedade do compromisso com a repressão do tráfico, Palmerston decidiu adotar táticas mais radicais. Instruiu Hudson a propor uma convenção para o estabelecimento de uma comissão mista no Rio de Janeiro "que teria a autoridade para investigar os casos de negros suspeitos de serem mantidos em cativeiro ilegal no Brasil e declarar se aqueles negros têm direito à liberdade".[16] A escravidão ilegal de aproximadamente 760 mil africanos importados desde 1830 era um pesadelo político, provavelmente o que motivara as sessões secretas na Câmara dos Deputados e no Senado no ano anterior: o governo brasileiro, desde aproximadamente 1837, havia garantido informalmente que não perseguiria os donos de escravos ilegalmente importados, à revelia das medidas legais que garantiam o direito dos africanos à liberdade. Ao propor uma comissão mista para emancipar aqueles que haviam sido importados durante a vigência do tratado de 1826 e mantidos em escravidão ilegal, Palmerston testava a disposição abolicionista do governo brasileiro. Inútil dizer que tal convenção nunca foi assinada. Mas, uma vez mais, a Grã-Bretanha agiu unilateralmente.

A Marinha britânica (Royal Navy) também foi além das instruções recebidas. Cruzadores britânicos, buscando resquícios do tráfico de escravos, miraram no comércio de cabotagem em julho de 1851 e apreenderam, entre outros navios, o *Piratinim*, suspeito de transportar para São Paulo africanos recém-desembarcados do *Sylphide*, que havia aportado em Alagoas. O *Piratinim* tinha 102 escravos a bordo, que haviam recebido passaportes das autoridades policiais da Bahia. A reação na Câmara dos Deputados e na imprensa pela apreensão do *Piratinim* foi proporcional ao medo de que tal estratégia se estendesse (Bethell, 1970:355). Traficantes, e todos os que apoiavam o tráfico de escravos para o Brasil, legal ou ilegal, haviam se adaptado à interceptação e captura dos navios durante a travessia atlântica. Mas, uma vez que os escravos tivessem desembarcado, era costumeiro que as autoridades fizessem vistas grossas para os sinais de sua importação ilegal, e considerassem-nos propriedade legal. Desde setembro de 1850, as autoridades brasileiras encarregadas da repressão do

---

15 Hudson para Palmerston, 14 jul. 1851, FO 84/845 e Christie (1865:34).

16 Hudson para Palmerston, 8 nov. 1850, discutido por Christie (1865:203-205); Hudson para Palmerston, 14 ago. 1851, FO 84/846.

Intelectuais e modernidades

tráfico haviam dado sinais de disposição para apreender africanos imediatamente após o desembarque, mas não haviam ainda desafiado o comércio costeiro. Nas rotas regulares de comércio de cabotagem que ligavam os principais portos brasileiros, os africanos recém-importados passavam sem problemas pela polícia e outras autoridades encarregadas de aplicar as leis de 1831 e 1850.

Entre aqueles que foram "resgatados" do *Piratinim*, havia a carga de escravos composta por 63 africanos adultos e três crianças, e 27 crioulos e ainda nove homens africanos que pertenciam à tripulação do navio apreendido. O interrogatório dos africanos pelos ingleses demonstrou que eles haviam passado algum tempo na Bahia como escravos (entre quatro meses e 30 anos) antes de serem vendidos para o Sul. Só cinco deles não entendiam nada de português.[17] O dono declarado dos escravos que estavam a bordo do *Piratinim* seguiu os canais diplomáticos de praxe para reclamar sua propriedade, com o apoio da Secretaria dos Negócios Estrangeiros do Império, que considerou o incidente uma interferência indevida e ilegal no comércio costeiro brasileiro.[18] Palmerston negou qualquer direito aos brasileiros. O fato de que os africanos apreendidos muito provavelmente não pertenciam ao carregamento recém-desembarcado do *Sylphide* nunca foi levantado na correspondência; para todos os efeitos, considerou-se o carregamento composto de africanos importados ilegalmente, à exceção de 27 crioulos e um africano que havia sido importado 30 anos antes, isto é, ainda dentro do período legal do comércio de escravos. Nenhum deles seria devolvido ao dono. Para Palmerston, o direito à liberdade no caso dos escravos do *Piratinim* baseava-se na Lei de 7 de novembro de 1831, "pela qual todos os negros trazidos para o Brasil depois daquela data foram considerados *ipso facto* livres". Palmerston tentou demonstrar que as ações britânicas se justificavam pela falha do governo brasileiro de aplicar suas próprias leis e cumprir os acordos bilaterais, e completou: "seria impossível para o governo de Sua Majestade ordenar que pessoas que têm direito legal à liberdade fossem devolvidas para serem mantidas na escravidão".[19] Foram dadas instruções para que os escravos do *Piratinim* fossem transportados para uma colônia britânica, mas os crioulos que "declaradamente preferissem ficar no Brasil" tinham a

---

[17] Hesketh para Hudson, 1º ago. 1851, anexa a Hudson para Palmerston, 14 ago. 1851, FO 84/846. É interessante que o comandante Bradley e J. Elliott, cirurgião do *Crescent*, considerassem todos *liberated Africans* uma vez a bordo do navio, independentemente de suas origens.

[18] Paulino José Soares de Souza para Hudson, 6 ago. 1851, publicado no Relatório da Repartição dos Negócios Estrangeiros, 1852, apêndice A.

[19] Palmerston para Hudson, 17 out. 1851, FO 84/1433. A decisão foi transmitida oficialmente em Southern para Paulino José Soares de Souza, 21 dez. 1851, publicada no Relatório da Repartição dos Negócios Estrangeiros de 1851, apêndice A.

opção de não ir. Eles embarcaram para a Guiana Britânica a bordo do *Salônica* no início de 1852, com outros africanos que haviam conquistado a proteção da legação Britânica e, por consequência, adquirido o direito de serem considerados "africanos livres".

Ao longo dos anos, os britânicos redefiniram o conceito de "liberdade" e expandiram a definição de "africanos livres". A consequência disso foi o aumento do número de protegidos em potencial: de alguns milhares de africanos livres para centenas de milhares de africanos mantidos em cativeiro ilegal, importados em contravenção aos tratados e à lei brasileira (Graham, 1968:160-186). O possível efeito da interpretação radical da legislação abolicionista era temido pelos senhores de escravos e pelo governo brasileiro. Mais do que o transporte de trabalhadores para as suas próprias colônias, ou a rota de fuga oferecida a alguns escravos fugitivos pelo esquema de recrutamento de trabalhadores, o desafio à legalidade da propriedade escrava foi considerado o risco mais sério quando se debateu a apreensão do *Piratinim* na Câmara dos Deputados no Rio.[20] O deputado Rodrigues dos Santos, representante de São Paulo, província cafeeira e ávida compradora de escravos, demonstrou indignação pela apreensão do navio e propôs uma moção pedindo explicações do governo imperial. Buscando reunir liberais e conservadores, declarava deixar de lado a questão dos direitos de propriedade, obviamente afrontados pela ação britânica, mas defender os interesses nacionais. Rodrigues dos Santos buscava garantir que a apreensão do *Piratinim* fosse condenada com veemência pelo governo brasileiro para que a opinião pública tivesse certeza de sua posição sobre a repressão do tráfico e, por consequência, sobre a interpretação britânica da legislação. O deputado fez uma boa síntese dos medos dos senhores de escravos e de todos os envolvidos com a manutenção da ordem: a omissão do governo brasileiro em declarar ilegal a ação britânica e ordenar a devolução dos escravos seria vista pela população como uma prova da falta de autoridade do governo e confirmaria o direito dos africanos ilegalmente escravizados à liberdade. Ele temia que os acontecimentos recentes, ao darem publicidade para a defesa que os ingleses ofereciam aos africanos, agravassem a instabilidade social que ele descrevia como "complicações no atual estado da nossa população". Os outros membros da Câmara pareciam concordar com ele nesse ponto.

Ele talvez se referisse ao risco de revolta que havia pairado na região cafeeira do Vale do Paraíba, no interior das províncias do Rio de Janeiro e de São Paulo, quando da descoberta de planos de revolta dos escravos em 1848/1849. Tal ocorrência rece-

---

20 *Anais da Câmara dos Deputados*, sessão de 26 jul. 1851, p. 318-328.

beu pouca publicidade naquele momento, mas foi tomada muito a sério: um relatório preparado pela assembleia provincial do Rio de Janeiro havia atribuído a insatisfação dos escravos à presença de africanos livres entre eles (um símbolo de que todos os importados depois de 1830 ou 1831 tinham direito à liberdade) e à influência de agitadores externos, talvez abolicionistas.[21] O deputado por São Paulo aludiu a fatos da província do Rio que provariam que os ingleses estavam tentando minar a estabilidade nacional, mas deixou os detalhes para outra ocasião. É quase certo que ele se referisse ao impacto que acreditava que as patrulhas dos cruzadores britânicos no litoral do Rio de Janeiro exercessem sobre a resistência escrava. Episódios recentes de busca de africanos novos nas fazendas por autoridades do governo imperial haviam resultado em fugas de escravos — para a polícia ou para os britânicos. Desembarques dos últimos dias de janeiro de 1851 na ilha da Marambaia, talvez precipitados pela perseguição dos cruzadores britânicos, resultaram em diligências policiais e apreensões separadas de 199 e 450 africanos. O comendador Joaquim José Breves reclamaria mais tarde que 46 deles eram escravos seus, sendo dois deles crioulos. O fato é que todos se passaram por boçais para as autoridades.[22] Outro episódio, de dezembro de 1850, foi ainda mais significativo. Quando a polícia buscava africanos novos em fazendas de Campos, 10 escravos fugiram e seguiram para São João da Barra, de onde zarparam num pequeno barco de cabotagem, a escuna *Americana*, supostamente rumo à África, mas foram em seguida apreendidos pela patrulha naval britânica. Naquela ocasião, o chefe de polícia registrou em ofício confidencial que os escravos haviam agido com base na convicção de que a Grã-Bretanha os havia declarado livres.[23] Era compreensível, portanto, que Rodrigues dos Santos se mostrasse alarmado pela apreensão do *Piratinim* e cobrasse reação dura do governo brasileiro para garantir a propriedade dos africanos ilegalmente escravizados. Sua maior preocupação era mesmo o impacto das atividades abolicionistas britânicas sobre os escravos, pois àquela altura a abolição do tráfico carregava o sentido "radical" que os britânicos lhes atribuíram em 1850/1851. No final de 1851, em São Matheus, no norte do Espírito Santo, outro episódio de resistência escrava demonstra a extensão da nova interpretação da repressão do tráfico: aparentemente a circulação da notícia sobre a proibição levou muitos escravos a crerem que tinham sido libertados, mas

---

[21] Mamigonian (2002:184-191). Ver também: Slenes (1991/1992:48-67), Chalhoub (1990:194-198, 60-62) e Graden (1996:249-282).

[22] Sobre as apreensões da Marambaia e a atuação da Auditoria Geral da Marinha, ver Moraes (2009).

[23] Graden (1996:272). Para esse caso, ver também Rodrigues (2005:250-251) e Mamigonian (2009b:54-55).

que os senhores se recusavam a implementar a medida. Eles haviam fugido das fazendas e se aquilombado, o que demandou reforço policial para a recaptura (Graden, 1996:279).

Até agora a influência britânica na abolição do tráfico de escravos para o Brasil foi associada às pressões navais e diplomáticas sobre o governo brasileiro. As evidências da nova fase da campanha abolicionista britânica em que, em nome da liberdade, os oficiais britânicos se engajaram em defesa dos africanos livres e de todos os africanos importados durante o tráfico ilegal sugerem outra razão pela qual os parlamentares e governantes brasileiros se sentiram compelidos a acabar com o tráfico de escravos em 1850. Além do seu desejo de parar de fornecer mão de obra para as colônias britânicas mediante o esquema de recrutamento que canalizava os escravos apreendidos nos navios negreiros, os governantes brasileiros também esperavam aliviar a pressão britânica em assuntos abolicionistas, porque ela havia chegado aos escravos. Por duas décadas, o governo imperial e o sistema escravista haviam absorvido e resistido à pressão britânica pela abolição do tráfico de escravos. A pressão dos africanos escravizados que podiam reclamar proteção britânica não seria ignorada por muito mais tempo, estando entre eles os africanos que tiveram seus nomes inscritos na lista do cônsul, que estavam conscientes dos seus direitos e que nos anos seguintes passaram a desafiar seus concessionários e as autoridades imperiais. A decisão brasileira de acabar com o tráfico de escravos em 1850 foi tomada, em grande medida, para manter a ordem interna e garantir a manutenção da escravidão.

Referências

Livros e artigos

ADDERLEY, Rosanne. *"New negroes from Africa"*: slave trade abolition and the free african settlement. Indiana: Indiana University Press, 2006.

ALVES, J. L. A questão do elemento servil. A extinção do tráfico e a lei de repressão de 1850. Liberdade dos nascituros. Revista do Instituto Histórico e Geográfico Brasileiro, Rio de Janeiro, tomo especial, parte IV, p. 189-257, 1916.

ASIEGBU, J. U. J. *Slavery and the politics of liberation, 1787-1861*: a study of liberated African emigration and British anti-slavery policy. New York: Africana, 1969.

BETHELL, Leslie. *The Abolition of the Brazilian slave trade*: Britain, Brazil and the slave trade question, 1807-1869. Cambridge: Cambridge University Press, 1970.

CHALHOUB, Sidney. *Visões da liberdade*: uma história das últimas décadas da escravidão na Corte. São Paulo: Cia. das Letras, 1990.

Intelectuais e modernidades

_____. The politics of disease control: yellow fever and race in nineteenth century Rio de Janeiro. *Journal of Latin American Studies*, Cambridge, v. 25, n. 3, p. 441-463, Oct. 1993.

CHRISTIE, W. D. *Notes on Brazilian questions*. London: Macmillan, 1865.

CONRAD, Robert E. *Tumbeiros*: o tráfico escravista para o Brasil. São Paulo: Brasiliense, 1985.

ELTIS, David. *Economic growth and the ending of the transatlantic slave trade*. Oxford: Oxford University Press, 1987.

GOULART, Maurício. *A escravidão africana no Brasil*: das origens à extinção do tráfico. 3. ed. São Paulo: Alfa-Ômega, 1975.

GRADEN, Dale T. An act "even of public security" slave resistance, social tensions, and the end of the international slave trade to Brazil, 1835-1856. *Hispanic American Historical Review*, Cambridge, v. 76, n. 2, p. 249-282, May 1996.

GRAHAM, Richard. *Britain and the onset of modernization in Brazil, 1850-1914*. Cambridge: Cambridge University Press, 1968.

MAMIGONIAN, Beatriz G. *To be a liberated African in Brazil*: labour and citizenship in the nineteenth century. Tese (Doutorado em História) — University of Waterloo, Waterloo, 2002.

_____. Revisitando o problema da "transição para o trabalho livre": a experiência dos africanos livres. In: FLORENTINO, Manolo (Org.). *Tráfico, cativeiro e liberdade* (Rio de Janeiro, séculos XVII-XIX). Rio de Janeiro: Civilização Brasileira, 2005. p. 389-417.

_____. A harsh and gloomy fate: liberated Africans in the service of the Brazilian state, 1830's 1860's. In: CURRY, Dawne Y.; DUKE, Eric D.; SMITH, Marshanda (Orgs.). *Extending the diaspora*: new scholarship on the history of Black peoples. Champaign, IL: University of Illinois Press, 2009a. p. 24-45.

_____. In the name of freedom: slave trade abolition, the law and the Brazilian branch of the African emigration scheme (Brazil-British West Indies, 1830's-1850's). *Slavery and Abolition*, London, v. 30, n. 1, p. 41-66, 2009b.

MORAES, Daniela Yabeta de. *A capital do comendador*: a Auditoria Geral da Marinha no julgamento sobre a liberdade dos africanos apreendidos na ilha da Marambaia, 1851. Dissertação (Mestrado em História) — Programa de Pós-Graduação em História, Universidade Federal do Estado do Rio de Janeiro, Rio de Janeiro, 2009.

NEEDELL, Jeffrey D. The abolition of the Brazilian slave trade in 1850: historiography, slave agency and statesmanship. *Journal of Latin American Studies*, Cambridge, v. 33, n. 4, p. 681-711, Nov. 2001.

_____. *The party of order*: the conservatives, the State, and slavery in the Brazilian monarchy, 1831-1871. Stanford: Stanford University Press, 2008.

PARRON, Tâmis Peixoto. *A política da escravidão no Império do Brasil, 1826-1865*. Dissertação (Mestrado em História Social) — Faculdade de Filosofia, Letras e Ciências Humanas, Universidade de São Paulo, São Paulo, 2009.

RODRIGUES, Jaime. *O infame comércio*: propostas e experiências no final do tráfico de africanos para o Brasil, 1800-1850. Campinas: Unicamp/Cecult, 1999.

_____. *De costa a costa*: escravos, marinheiros e intermediários do tráfico negreiro de Angola ao Rio de Janeiro, 1780-1860. São Paulo: Cia. das Letras, 2005.

SLENES, Robert W. *"Malungu, ngoma vem!"*: África coberta e descoberta do Brasil. *Revista da USP*, São Paulo, n. 12, p. 48-67, 1991/1992.

Fontes

ANAIS da Câmara dos Deputados, 8 jul. 1850, 15 jul. 1850 e 26 jul. 1851.

ARQUIVO NACIONAL. Rio de Janeiro, Diversos SDH — cx. 782, pc. 3, Onofre e Suzana, do Arsenal de Guerra, Petição de Emancipação, 28 out. 1856.

_____. Rio de Janeiro, Diversos SDH — cx. 782, pc. 3, Hilário 2º e Carolina, do Arsenal de Guerra, Petição de Emancipação, 8 jun. 1856.

_____. IJ6 523, Luiz de Assis Mascarenhas para Paulino Limpo de Abreu, 18 nov. 1845.

HESKETH para Hudson, 1º ago. 1851, anexa a Hudson para Palmerston, 14 ago. 1851, Foreign Office 84/846.

HUDSON para Palmerston, 17 jul. 1846, FO 84 Series (Slave Trade), v. 634.

HUDSON para Palmerston, 14 jul. 1851, FO 84/845

HUDSON para Palmerston, 14 ago. 1851, FO 84/846.

PALMERSTON para Hudson, 17 out. 1851, FO 84/1433.

RELATÓRIO da Repartição dos Negócios Estrangeiros apresentado à Assembleia Geral Legislativa na quarta sessão da oitava legislatura pelo ministro e secretário de Estado Paulino José Soares de Souza [em 1851]. Rio de Janeiro: Typographia Laemmert, 1852. Apêndice A.

RESOLUÇÃO de 20 dez. 1859 — Sobre os africanos livres que estão em serviço de estabelecimentos públicos. In: CAROATÁ, José Próspero Jehovah da Silva (Org.). *Imperiais resoluções tomadas sobre consultas da Seção de Justiça do Conselho de Estado*. Rio de Janeiro: Garnier, 1884. p. 842-843.

RODRIGUES, José Honório (Org.). *Atas do Conselho de Estado Pleno*. Brasília: Senado Federal, 1973-78. v. 3, sessão de 11 jul. 1850.

SAMO e Grigg para Aberdeen, 22 dez. 1843, Parliamentary Papers, v. 9, 1845.

2 A modernidade política no Brasil, fator de crise nas relações luso-brasileiras (1889-1895)*

Marie-jo Ferreira

O regime imperial brasileiro, cada vez mais contestado a partir dos anos 1870, perde pouco a pouco seus principais apoios: a Igreja, as Forças Armadas e os grandes proprietários de terras. Estes últimos, majoritários na Câmara dos Deputados e no Senado, opõem-se constantemente aos dois grandes projetos do Império: a abolição da escravidão e a reforma da propriedade da terra. O apoio do imperador a esses projetos conduziu muitos grandes proprietários a retirar sua adesão ao regime em proveito do nascente movimento republicano. Eles promovem um republicanismo conservador e defendem um sistema federalista por maior autonomia das províncias. Do seu lado, as Forças Armadas, compostas por oficiais egressos das classes modestas da população, afastam-se pouco a pouco das elites políticas do Império, que acusam de manipulação eleitoral e de corrupção. Essas críticas aumentam sobretudo após a sangrenta Guerra do Paraguai. Para exprimir seu ponto de vista, os oficiais fundam no Rio, em 1887, o Clube Militar, amplamente envolvido no golpe de Estado que derruba a monarquia brasileira dois anos mais tarde. Assim, em 15 de novembro de 1889, seu presidente e chefe do Estado-Maior das Forças Armadas, o marechal Deodoro da Fonseca, promove a invasão do Conselho de Ministros por seus soldados e compele o governo a renunciar. Sob pressão dos republicanos, o marechal proclama, algumas horas depois, o nascimento da "República dos Estados Unidos do Brasil".[1] O imperador e sua família são mandados para o exílio.

Em 16 de novembro, o governo português, especialmente em virtude dos víncu-los dinásticos que ligavam a monarquia portuguesa e a família imperial brasileira destituída, oferece asilo a esta última. D. Pedro II aceita a oferta e chega a Lisboa em 7 de dezembro, onde sua esposa, a imperatriz Teresa Cristina, morre algumas sema-nas depois. O imperador brasileiro parte então para se refugiar em Paris, no intuito de não ser um elemento perturbador das relações entre Portugal e Brasil. A despeito

---

* Tradução de Vitor Acselrad.

[1] Sobre as razões da queda do Império brasileiro, pode-se referir notadamente a obra funda-mental, embora antiga, de Holanda (1985:289-360).

desse gesto, a proclamação da República brasileira está na origem de uma degradação das relações luso-brasileiras na primeira parte da década de 1890, culminando com a ruptura das relações diplomáticas em 1894.

Um reconhecimento oficial complicado para Portugal

O governo provisório brasileiro se apressa a garantir às potências estrangeiras a continuidade da política externa republicana. Em 18 e 19 de novembro de 1889, o novo ministro das Relações Exteriores, Quintino Bocaiuva, comunica às delegações estrangeiras a resolução do governo republicano brasileiro de reconhecer e respeitar todos os compromissos ou tratados firmados durante o regime anterior e de assumir a dívida pública interna e externa do Brasil.[2] Bocaiuva dirige ademais uma mensagem à representação portuguesa do Rio, na qual se compromete a "manter as relações de amizade que sempre existiram entre Portugal e Brasil" (Portugal, 18 nov. 1889a). Em resposta, o governo de Lisboa envia rapidamente instruções a seu representante diplomático no Rio para que sejam mantidas relações com o governo provisório brasileiro, sem contudo reconhecer oficialmente o novo regime político (Portugal, 18 nov. 1889b). O ministro plenipotenciário de Portugal no Brasil deixa suas funções dois dias depois da revolução republicana. Ele só é substituído em dezembro, e é um encarregado de negócios, Manuel Garcia da Rosa, que assume interinamente o comando da representação portuguesa. O governo português leva quase um ano para afinal reconhecer oficialmente a República brasileira, em 20 de setembro de 1890.[3]

Como o conjunto dos países europeus, Portugal esperou a instalação da primeira Assembleia Constituinte republicana, em 15 de setembro de 1890, para restabelecer relações oficiais com as novas autoridades brasileiras. A lentidão do processo de reconhecimento do governo português é baseada na atitude generalizada dos governos europeus, e particularmente na de Londres. A novidade da mudança de regime é acolhida com frieza e expectativa por uma Europa majoritariamente monárquica, enquanto o conjunto do continente americano, tanto do Norte quanto do Sul, favorável a essa evolução, reconhece em pouco tempo a nova República.[4] O Foreign Office, após 15 de novembro de 1889, mantém relações oficiosas com o governo provisório,

---

[2] Rodrigues, Seitenfus e Rodrigues, 1995:209.

[3] Sobre as negociações entre Portugal e Brasil para o ato de reconhecimento, ver Jorge (1912:37-39).

[4] A notícia da mudança de regime teria sido mesmo acolhida por manifestações populares de alegria na Argentina, no Uruguai, no Chile e no Paraguai. Os reconhecimentos oficiais em diversos países americanos aconteceram entre 20 de novembro e final de dezembro de 1889. Rodrigues, Seitenfus e Rodrigues (1995:210-211).

mas prefere esperar uma estabilização do ambiente político interno no Brasil antes de reconhecer oficialmente o novo regime. A abertura do Congresso republicano e os enormes interesses financeiros e comerciais da Inglaterra no Brasil acabam por convencer o governo.[5] Para o primeiro aniversário do regime, o ministro das Relações Exteriores inglês ordena a seus navios de guerra atracados no Rio que saúdem a nova bandeira brasileira. Esse gesto simbólico abre o caminho do reconhecimento oficial da República brasileira para o conjunto dos países europeus.[6]

A despeito da vontade declarada do ministro português das Relações Exteriores, Hintze Ribeiro, de restabelecer rapidamente relações diplomáticas oficiais com o novo regime brasileiro (Jorge, 1912:37), o contexto político e econômico interno português incita o governo à prudência em matéria de política externa e o impede de tomar decisões importantes. Portugal conhece, com efeito, uma crise política sem precedentes provocada pelo ultimato inglês de 1890.[7] O imobilismo e a impotência do governo português diante das pretensões inglesas são então objeto de numerosas críticas, principalmente do Partido Republicano português, que acusa a monarquia de não ter defendido suficientemente os territórios ultramarinos e de ter comprometido os interesses da nação. O Partido Republicano, que se apresenta como uma força nacionalista contra o opressor inglês e como uma alternativa à debilidade do regime monárquico, ganha uma dimensão popular jamais conhecida até então. Nesse contexto, a fragilidade e a contestação da legitimidade das instituições políticas portuguesas impedem o governo de tomar qualquer iniciativa diplomática, e notadamente de reconhecer a República brasileira antes de qualquer outra nação europeia. Tanto mais que o Partido Republicano português, encorajado pela revolução brasileira, apela na imprensa ou nas tribunas políticas para um reconhecimento imediato da nova República sul-americana.[8]

---

[5] Sobre o processo de reconhecimento da República brasileira pela Inglaterra, ver Cervo e Bueno (1991:137-139).

[6] A França é a primeira nação europeia a reconhecer oficialmente a República brasileira em 20 de junho de 1890, seguida por Portugal, em 20 de setembro, Suíça, em 26 de setembro, Itália, em 26 de outubro, Suécia, Noruega, Alemanha e Reino Unido, em 29 de novembro.

[7] O governo português sonhava realizar a unificação de suas duas colônias sul-africanas, Angola e Moçambique. Mas a Inglaterra decide pôr termo ao projeto português. Em 11 de janeiro de 1890, o governo de Londres envia um ultimato a Portugal exigindo a retirada de todas as forças portuguesas estacionadas na região de Chire e sobre as terras dos Macololos (atual Zimbábue), sob ameaça de uma ruptura diplomática e de um provável recurso à força. Diante da ameaça de guerra, que Portugal é incapaz de sustentar, mesmo limitando-se à África, o governo português se submete e evacua todos os territórios em litígio. Sobre a questão do ultimato, pode-se notadamente remeter a Martinez (1992:507-510).

[8] Gonçalves (1995:85-132). Gonçalves dedica em seu estudo um lugar importante à repercussão dos acontecimentos políticos brasileiros na imprensa e nos meios intelectuais portugueses.

Inversamente, o novo regime político brasileiro suscita uma grande desconfiança em parte substancial da sociedade portuguesa. A imprensa monarquista e católica é particularmente virulenta em relação à nova República (Gonçalves, 1995:85-132). Diversos intelectuais, como Eça de Queirós, mostram-se particularmente hostis às jovens instituições brasileiras e não dão muito crédito aos novos governantes.[9] A credibilidade da República brasileira é igualmente objeto de inúmeros debates no seio do Parlamento português.[10] A desconfiança em relação às novas autoridades brasileiras é tanto mais viva na medida em que a mudança de regime político no Brasil é em grande parte responsável pela crise econômica que se abate sobre Portugal, crise esta que alimenta, além disso, as críticas ao governo português. Após a revolução de 15 de novembro, que dá lugar a uma forte crise financeira no Brasil, a taxa de câmbio brasileira em Londres desaba. Em razão da desvalorização da moeda brasileira, os emigrantes portugueses enviam menos dinheiro a Portugal. Além disso, as somas enviadas perdem valor. Entre 1889 e 1891, a diminuição de aproximadamente 80% das transferências de dinheiro proveniente do Brasil provoca o colapso da taxa de câmbio portuguesa em Londres. O governo de Lisboa é obrigado, em 1891, a decretar moratória geral e suspender a convertibilidade da moeda (Gonçalves, 1995:3-25). As autoridades portuguesas estão muito preocupadas então com esse problema do retorno das divisas, e mais ainda quando o governo provisório do marechal Deodoro da Fonseca decreta a lei da "grande naturalização", em 14 de dezembro de 1889.[11] Essa lei, segundo a qual todo estrangeiro residente no Brasil na data de 15 de novembro de 1889 obtém automaticamente a nacionalidade brasileira, preocupa vivamente as forças políticas em Portugal. O governo português teme que o decreto acarrete uma nova diminuição das remessas de dinheiro.[12] O contexto internacional, a insta-

---

[9] Gonçalves (1995:92-109) refere-se especialmente à *Revista de Portugal*, fundada e dirigida por Eça de Queirós entre 1889 e 1892, e da qual participam numerosos intelectuais portugueses.

[10] Ver Gonçalves (1995:133-151), capítulo "A revolução brasileira e suas consequências como tema de debates parlamentares". Gonçalves apoiou sua análise no estudo dos relatórios cotidianos das duas câmaras do Parlamento, as chamadas Cortes portuguesas.

[11] Portugal. Arquivo Nacional da Torre do Tombo. Brasil. Decreto nº 58, de 14 de dezembro de 1889.

[12] Esse temor é bastante perceptível, notadamente nas correspondências diplomáticas. Por exemplo: "Havia largos anos que vozes no Brasil pregavam a nacionalização do capital brasileiro, para evitar a emigração dos lucros do comércio entregue na sua maior parte a estrangeiros. O primeiro cuidado dessa República foi promulgar a lei da grande naturalização. O consumar desta lei significa não só a nacionalização dos homens, como também a dos capitais que eles detinham. Essa lei vem cortar para muitos portugueses o último laço que os prendia à metrópole, e a baixa do câmbio deu-lhes o pretexto para interromperem as remessas de dinheiro". Portugal, 28 fev. 1890.

bilidade política e econômica de Portugal e as primeiras ações do regime republicano brasileiro constituem um conjunto de fatores que retardam o ato de reconhecimento oficial do governo português e que põem em dificuldade as relações bilaterais entre Portugal e Brasil.

Mesmo se a política externa da República brasileira se pretendesse inscrita numa continuidade no caso luso-brasileiro, pode-se imaginar, em vista do decreto da grande naturalização, que a mudança de regime teria tido um impacto "mais nacional ou mais nacionalista" sobre a política brasileira, assim contribuindo igualmente para um impasse político entre os dois países?

Uma República mais nacionalista

O desejo de integração dos imigrados na nação brasileira não foi exclusivamente preocupação dos republicanos. A naturalização e a concessão da cidadania aos estrangeiros eram já percebidas pelo governo imperial como um instrumento destinado a acelerar a assimilação política e social dos imigrados. O processo de naturalização, fixado pela Lei de 30 de agosto de 1842,[13] é concedido de forma já bastante ampla no tempo do Império aos estrangeiros nele interessados. Já em 1887, o senador Alfredo d'Escragnolle Taunay propunha um projeto de naturalização coletiva (Cervo e Magalhães, 2000:168). A República concretiza então os objetivos já perseguidos pelo Império: evitar o aparecimento de comunidades estrangeiras unidas politicamente e suscetíveis de provocar conflitos pela soberania sobre o território brasileiro; preservar os ganhos econômicos com essa imigração. O Decreto de 14 de dezembro de 1889 não é então, necessariamente, o sinal de um nacionalismo mais exacerbado do novo regime republicano, mas sobretudo uma evolução esperada da política brasileira.

O contexto político e econômico dos primeiros anos da República leva, contudo, o Brasil a um nacionalismo mais xenófobo, e até mesmo particularmente antiportuguês, encarnado pelo governo de Floriano Peixoto.

---

[13] Segundo a Lei de 30 de agosto de 1842, a naturalização deve ser requerida pelo interessado e concedida sob duas condições: o pagamento de uma taxa e dois anos de residência no Brasil. O prazo de dois anos pode, entretanto, ser abreviado com a autorização do Legislativo. Este é, aliás, o caso em muitas ocasiões. Segundo a expressão do deputado brasileiro Miguel Joaquim de Araújo em 1860, o Parlamento "é uma máquina de fabricar cidadãos brasileiros". *Anais da Câmara dos Deputados*, sessão de 15 de junho de 1860, v. 1, p. 211. Citado em Cervo e Magalhães (2000:168).

A proclamação da República em clima de tranquilidade não dissimula por muito tempo as tensões que opõem cada vez mais vivamente as forças políticas brasileiras. Diferentes concepções da República se confrontam: a de uma República autoritária com um Estado forte e centralizado, defendida pela maioria dos militares e pelos republicanos radicais, enquanto as forças políticas dos estados, sustentadas pelos grandes proprietários de terras, propugnam a ideia de uma República federal, descentralizada e liberal. Em janeiro de 1891, Deodoro da Fonseca substitui o conjunto de seu governo, fundador do regime, por um gabinete povoado de figuras advindas do Império: ele afasta assim uma grande parte do mundo político diante do espectro do retorno dos monarquistas. Além disso, as relações entre o presidente da República[14] e o Congresso são turbulentas. A discussão de um projeto de lei sobre a responsabilidade presidencial e as restrições impostas às prerrogativas do presidente da República, adotadas pelo Congresso em outubro de 1891, radicalizam as posições. Quando Deodoro da Fonseca decide dissolver o Congresso, todas as forças políticas se dirigem contra o primeiro presidente republicano. Em 23 de novembro, a frota ancorada na baía de Guanabara aponta todo o seu poder de fogo para a capital. O presidente Deodoro da Fonseca cede e renuncia em favor do vice-presidente, o marechal Floriano Peixoto. Mesmo que essa crise esteja provisoriamente encerrada, o problema de fundo não está resolvido: as forças políticas continuam a se enfrentar para saber quem deve dirigir a República e como ela deve funcionar. A legitimidade da presidência de Floriano Peixoto é logo contestada por uma maioria do Congresso, que julga ser necessário realizar novas eleições[15] e que o poder deve ser devolvido aos civis.

Para enfrentar essa situação, o marechal Peixoto conduz o país com pulso forte, toma medidas drásticas como decretar o estado de sítio ou a deportação de jornalistas e de políticos da oposição.[16] Ele se apoia na corrente republicana radical, qualificada de "jacobina", ultranacionalista e antiportuguesa. Os "jacobinos", massa amorfa de alunos da escola militar, de funcionários e de pequenos comerciantes, defendem a ideia de uma ditadura militar para regenerar o regime. Seu principal objetivo é a consolidação da República por meio da ordem e do progresso e da libertação do povo brasileiro de seu explorador ancestral, o português. Os "jacobinos" são os principais

---

[14] O marechal Deodoro da Fonseca, após ter sido chefe do governo provisório, é eleito presidente da República pelo Congresso por estreita margem de votos em 25 de fevereiro de 1891.

[15] A oposição ao marechal Peixoto se apoia no art. 42 da Constituição de 1891, que prevê a convocação de novas eleições se o mandato presidencial é interrompido antes da metade de seu exercício previsto (i.e., dois anos).

[16] Sobre o governo Peixoto, ver Penna (1997).

defensores do governo de Floriano Peixoto, a quem dedicam um verdadeiro culto: ele é o "marechal de ferro", "a espada que vai salvar a república de seus inimigos".[17] A visão "jacobina" se exprime largamente por meio da difusão de uma imprensa nacionalista e da existência de "batalhões patrióticos", responsáveis por revoltas nas ruas, atentados políticos e ataques contra portugueses.[18] As dificuldades econômicas do Brasil contribuem para a propagação desse nacionalismo "jacobino". A política de desenvolvimento do crédito, conduzida pelo ministro das Finanças do governo provisório, Rui Barbosa,[19] no intuito de favorecer a criação de empresas comerciais e industriais, teve consequências desastrosas sobre a moeda brasileira. Essa política, conhecida pelo nome de "encilhamento", provocou uma inflação galopante e uma baixa sensível do salário real dos trabalhadores, agravando ainda mais os problemas de precariedade e desemprego. As ideias xenófobas encontram eco importante junto às classes mais pobres, em particular no Rio. Nesse clima onde faltam empregos e onde a imigração é massiva, os estrangeiros, e principalmente os portugueses, constituem perfeitos bodes expiatórios. Para os "jacobinos", a Europa, com seus regimes políticos monárquicos, é percebida como ameaça à soberania brasileira. A diplomacia inglesa é acusada de maquiavelismo. A monarquia portuguesa, com seus laços de parentesco com a antiga família imperial brasileira, é suspeita de conspirar contra a nova República e de encorajar as tentativas de restauração monarquista (Alves, 1999:124).

Ao menos implicitamente, a política externa de Floriano Peixoto exprime em parte essa visão da política externa. O governo Peixoto é caracterizado por um nítido distanciamento entre a esfera diplomática e as autoridades brasileiras. As relações são mínimas, Peixoto se recusa frequentemente a receber diplomatas. Em nome da soberania nacional, o marechal tampouco hesita em denunciar a intromissão de diplomatas estrangeiros nos assuntos internos do Brasil.[20] A política externa de Floriano Peixoto não segue assim uma diretiva precisa, mas responde antes a interesses circunstanciais. Se o "marechal de ferro" brande o conceito de soberania nacional para satisfazer a corrente radical que o apoia, ele tampouco hesita bradar essa soberania no momento crítico da Revolta da Armada, quando os apoios da frota e da diplomacia lhe são necessários.

---

[17] Sobre o movimento "jacobino", ver Queiroz (1986).

[18] Ver sobre esse assunto principalmente Hahner (1976).

[19] Rui Barbosa suprime o monopólio da emissão monetária do Banco do Brasil e concede o privilégio a três outros bancos regionais (Salvador, Rio, Porto Alegre). Além disso, a moeda em circulação não é mais garantida apenas pelo ouro, mas também por obrigações do Tesouro. Ver Topik (1987:42).

[20] Sobre esse tema, ver Costa (1979:131-138 e 149-151) e Mauricio (1917:86-87).

A Revolta da Armada e as origens da ruptura diplomática

Nesse contexto, a missão do primeiro-ministro plenipotenciário de Portugal no Brasil após 1889 se revela difícil. O conde de Paço d'Arcos, antigo e famoso governador da cidade de Lisboa, é nomeado para o posto em 4 de dezembro de 1890 e chega ao Brasil alguns meses mais tarde. Se o governo português, desconfiado da mudança do regime e tributário do contexto interno e internacional, atrasa o reconhecimento oficial do novo regime, sua aspiração é em seguida reencontrar os laços cordiais que caracterizam as relações bilaterais antes de 1889. Além da escolha de uma importante personalidade da vida política portuguesa como representante diplomático de Portugal no Rio, as instruções dadas ao conde de Paço d'Arcos para cumprir sua missão perseguem claramente esse objetivo. O ministro português das Relações Exteriores o aconselha a não intervir nos assuntos internos do Brasil para privilegiar a manutenção de boas relações com o governo brasileiro (Portugal, 6 maio 1891). O diplomata português deve, entretanto, enfrentar certo número de dificuldades que não facilitam a execução dessas instruções.

- Ele deve sobretudo gerir, desde a sua chegada, as ameaças e as críticas do Centro Republicano Português do Rio. Em virtude das instruções de seu governo, Paço d'Arcos não pode se permitir pedir que autoridades brasileiras tomem medidas de repressão contra uma associação cujas motivações ideológicas são as que acabam de triunfar no Brasil. Ignorando os ataques dos republicanos portugueses, o diplomata, no entanto, faz alguns contatos oficiais e orais com o governo brasileiro acerca desse assunto. Ele comunica especialmente a disposição de Portugal impedir, em seu território, toda propaganda em favor de uma restauração monarquista no Brasil. A despeito dessa proposta, o governo brasileiro não adota nenhuma atitude contra a associação portuguesa (Portugal, 16 nov. 1891 e 20 jan. 1892).

- Em setembro de 1891, o Consulado Geral de Portugal no Rio é considerado culpado por fraude fiscal por um juiz brasileiro. Como mostra sua correspondência privada, Paço d'Arcos se revolta contra a prisão do cônsul e a tomada do consulado. Ele interpela o governo brasileiro pelo não respeito à imunidade diplomática. Apesar de sua intervenção, o procedimento judicial não é interrompido.[21]

- A missão de Paço d'Arcos no Brasil é igualmente marcada pelo fracasso das negociações comerciais entre os dois países. Após ter normalizado suas relações com o

---

[21] Silva (1974:18-33). O filho do conde de Paço d'Arcos publicou essa coleção de notas, relatórios, cartas e telegramas reunidos por seu pai sobre sua missão diplomática no Brasil entre 1891 e 1893.

novo regime político brasileiro, o governo português ressuscita a ideia de um tratado de comércio entre as duas nações, projeto que havia sido constantemente rejeitado no tempo do Império. Como propõem Amado Luiz Cervo e José Calvet de Magalhães (2000), as autoridades portuguesas procuram talvez encontrar nesse acordo uma solução econômica para compensar as perdas financeiras ligadas à queda das remessas de dinheiro dos emigrantes portugueses. Essa nova iniciativa do governo português é também, com muita certeza, encorajada pelo tratado de comércio que acabam de concluir os Estados Unidos e o Brasil em 31 de janeiro de 1891 (Topik, 1966:75-84): esse acordo encerra, assim, a política tradicional do Império de se recusar a assinar tratados comerciais com as potências estrangeiras. Em 21 de julho de 1891, Fernando Mattoso dos Santos é nomeado, pelo governo português, enviado extraordinário ao Brasil, sendo encarregado de negociar com as autoridades brasileiras a conclusão de um tratado de comércio e de navegação (Portugal, 23 jul. 1891). Os porta-vozes se comprometem com otimismo com o governo de Deodoro da Fonseca. A despeito da mudança na Presidência do Brasil, o diplomata português chega a assinar, em 14 de janeiro de 1892, um acordo que prevê importantes reduções recíprocas de barreiras alfandegárias.[22] Esse otimismo é, contudo, de pouca duração. A opinião pública brasileira é muito desfavorável ao projeto e Floriano se opõe pessoalmente a ele (Gonçalves, 1995:26-46). Finalmente, o tratado jamais é ratificado pelo Congresso brasileiro.

- O conde de Paço d'Arcos deve ao mesmo tempo fazer frente à emergência da corrente antiportuguesa, encarnada pelos "jacobinos". Ele é, em si, objeto de muitas críticas na imprensa nacionalista que denuncia sua arrogância e o acusa de ser hostil à República (Alves, 1999:124-125). Os ataques cometidos pelos "batalhões patrióticos" contra cidadãos portugueses levam o diplomata a se queixar frequentemente junto às autoridades brasileiras (Silva, 1974:52).

Mas as dificuldades do conde de Paço d'Arcos e das relações luso-brasileiras culminam no momento da Revolta da Armada brasileira.

Essa revolta tem como origem a guerra civil que se travava desde muitos meses (fevereiro de 1893) no Rio Grande do Sul. Ela opõe partidários do governador do

---

[22] Esse tratado estipula importantes reduções alfandegárias sobre a importação de vinhos portugueses, com 30% de diferença em relação às taxas impostas aos vinhos de outras procedências. Essas reduções se aplicam igualmente à importação de diferentes produtos alimentícios portugueses. Em troca, o governo português aceita reduções do mesmo tipo sobre as importações brasileiras, principalmente sobre o algodão bruto, o açúcar e a farinha.

Intelectuais e modernidades

estado, Júlio de Castilhos, originário do Partido Republicano Rio-grandense e que defende a ideia de uma república autoritária, aos combatentes do partido liberal, o Partido Federalista, comandado por Silveira Martins.[23] O conflito divide as forças políticas até na capital, onde os opositores do presidente Peixoto apoiam a ação dos federalistas. Diante do risco de extensão da guerra civil ao conjunto do país, o governo federal se engaja francamente no lado de Júlio de Castilhos. As rivalidades entre o Exército e a Armada e os ressentimentos do almirante Custódio José de Melo em relação a Floriano Peixoto levam o almirantado a tomar concretamente o partido do campo federalista. A partir de 6 de setembro de 1893, a frota bloqueia o porto do Rio de Janeiro e ameaça bombardear a capital.

O conde de Paço d'Arcos se encontra nesse conflito como porta-voz da diplomacia estrangeira, empenhada em preservar a vida e os bens de seus concidadãos. É principalmente na casa do diplomata português que se reúne, em 6 de setembro, uma parte do corpo diplomático estrangeiro que propõe desempenhar o papel de mediador para o governo federal e os rebeldes, a fim de impedir o bombardeio do Rio.[24] Essa intervenção estrangeira suscita imediatamente a hostilidade da corrente nacionalista brasileira, que percebe a Revolta da Armada como tentativa de restauração monarquista apoiada pela Europa (Alves, 1999:124). Se Floriano Peixoto, em nome da soberania nacional, recusa rigidamente a oferta de envio de uma tropa estrangeira de 750 homens (Costa, 1979:36), ele também sabe dispor inteligentemente da ajuda que a diplomacia estrangeira pode lhe fornecer. Assim, em 5 de outubro de 1893, o presidente brasileiro aceita assinar uma convenção com os rebeldes, sob a égide dos Estados Unidos, da Inglaterra, de Portugal e da França: ela define as regras de combate e declara o Rio uma cidade aberta no intuito de proteger os alvos civis e o funcionamento do porto. As potências estrangeiras, que dispõem de uma frota de navios na baía do Rio, comprometem-se a manter o respeito por esse acordo e ameaçam intervir à força em caso de qualquer ataque à capital. Bloqueando provisoriamente as hostilidades, esse acordo permite ao marechal Peixoto reforçar seu dispositivo militar no Rio e preparar um contra-ataque. Ele confia especialmente ao seu representante diplomático em Washington, Salvador de Mendonça, o cuidado de negociar a compra de novos navios de guerra nos Estados Unidos.

---

[23] O Partido Federalista exige notadamente a revogação da Constituição imposta por Júlio de Castilhos ao estado do Rio Grande do Sul em julho de 1891. Essa constituição, de inspiração positivista, dá amplos poderes ao Executivo e restringe consideravelmente os do Legislativo.

[24] Sobre o papel da intervenção estrangeira na Revolta da Armada, pode-se especialmente consultar Nabuco (1932), Bueno (1984a), Costa (1979), Cervo e Bueno (1991) e Rodrigues, Seitenfus e Rodrigues (1995).

Essa situação não impede Floriano Peixoto de acusar os diplomatas estrangeiros de se envolverem na política interna do Brasil e de denunciar as simpatias de certos governos pelos rebeldes (Costa, 1979:131-138 e 149-151). É verdade que, na maior parte dos países europeus, a crise política e econômica brasileira realça a imagem ruim da jovem República: ela é percebida como uma nova republiqueta sul-americana, incapaz de se autogovernar e de manter a unidade nacional.[25] A imprensa inglesa denuncia principalmente a necessidade de o Brasil reencontrar um monarca, de preferência alemão, para restabelecer a ordem e a tranquilidade (Cervo e Bueno, 1991:157). Mas a hostilidade de Floriano Peixoto ao corpo diplomático visa particularmente o conde de Paço d'Arcos. Este último acumula todas as críticas: é oficial de carreira da Marinha portuguesa, regularmente acusada pela imprensa nacionalista brasileira de ser uma feroz adversária da República. Ele se recusa a tomar abertamente partido do governo federal e é suspeito de apoiar implicitamente a ação dos rebeldes. É, sobretudo, o porta-voz das queixas dos diplomatas contra o rearmamento do Rio, ordenado pelo governo federal a despeito do acordo de 5 de outubro, e contrário aos preconceitos sofridos pela população estrangeira na guerra civil. Floriano Peixoto acusa o diplomata português de se imiscuir nos assuntos internos do Brasil e, por isso, ordena ao chefe da representação brasileira em Lisboa que exija sua demissão junto ao ministro português de Relações Exteriores (Cervo e Magalhães, 2000:217).

Para o historiador português Eduardo Gonçalves (1995:156), a correspondência do conde de Paço d'Arcos com o governo português mostra certa simpatia do diplomata português pela Armada revoltada, como é, aliás, o caso de vários diplomatas estrangeiros. Em uma carta de 6 de outubro de 1893, endereçada ao chefe do governo português Hintze Ribeiro, Paço d'Arcos evoca suspeitas em relação a Floriano Peixoto:

> Pelo lado do almirante Melo, tem-se procurado sempre proceder, por assim dizer, corretamente, e tendo assegurado logo no começo da revolta em seus manifestos que não bombardearia a cidade, reconhece-se que procura sempre evitar essa extremidade bárbara; mas por parte do governo do marechal tem havido ao contrário evidentemente o intuito de obrigar o almirante a esse ato selvagem que suscitaria muito ódio a seu respeito (Silva, 1974:281).

Todavia, em nenhum momento o chefe da diplomacia tomou partido oficialmente a favor de um dos dois beligerantes. Ele se contentou em se queixar junto às

---

[25] Sobre a imagem da República brasileira no exterior durante esse período, ver principalmente Bueno (1984b:32-53).

autoridades brasileiras da violação do pacto de 5 de outubro e das exações cometidas contra os estrangeiros, principalmente os portugueses. O conde de Paço d'Arcos envia efetivamente várias notas ao ministro brasileiro das Relações Exteriores para se queixar dos preconceitos da guerra contra os interesses estrangeiros e notadamente dos ataques dos "batalhões patrióticos" que se voltam particularmente contra os portugueses.[26] O conde de Paço d'Arcos é, antes de tudo, vítima da corrente antiportuguesa, que é particularmente virulenta no momento da Revolta da Armada, e de seu papel de líder das potências estrangeiras. Seja como for, o governo português prefere sacrificar antes o diplomata que as suas relações com o Brasil, e satisfazer as exigências do presidente brasileiro. Em 17 de novembro de 1893, Hintze Ribeiro chama Paço d'Arcos a Lisboa. A escolha de substituí-lo em fevereiro de 1894 pelo conde de Paraty, figura eminente da maçonaria portuguesa, não é neutra: o governo português espera que o novo diplomata esteja mais ao gosto do novo regime político brasileiro. Contudo, a vontade das autoridades portuguesas de não se indisporem com o governo brasileiro não é suficiente para amenizar a intransigência de Floriano Peixoto.

A estratégia do marechal brasileiro no conflito se revela eficaz. Graças ao acordo de 5 de outubro,[27] o governo federal teve tempo de rearmar e de fortificar a cidade do Rio à espera dos reforços logísticos. Ao reenviar o conde de Paço d'Arcos, Floriano Peixoto conseguiu enfraquecer o corpo diplomático. Sobretudo, graças à intervenção de Salvador de Mendonça em Washington, ele obtém o apoio tácito e isolado dos Estados Unidos no conflito. Com efeito, em janeiro de 1894, o governo norte-americano dá ordem ao comando de suas forças navais no Rio para romperem o bloqueio imposto pelo almirante Saldanha da Gama desde que este havia tomado a frente da rebelião (em dezembro de 1893). De fato, a frota norte-americana protege a aproximação dos navios de guerra e das munições que vêm reforçar o armamento do governo federal.[28] A ação dos Estados Unidos é então decisiva para o fim da revolta. Enfraquecidos pelas violentas batalhas às margens da baía de Guanabara e privados de sua única arma eficaz, o bloqueio, os rebeldes dispuseram-se então a capitular. Em 11 de março de 1894, Saldanha da Gama solicita ajuda e asilo ao comandante das forças

---

[26] Silva (1974:52). É preciso dizer que esses batalhões são particularmente ativos durante a Revolta da Armada. Sobre esse assunto, ver também Queiroz (1986:19-26).

[27] O acordo de 5 de outubro é rompido em dezembro de 1893. Os rebeldes, que denunciam a violação do acordo por Floriano Peixoto, que rearmou completamente a cidade do Rio, começam a estabelecer um novo bloqueio da capital.

[28] A frota norte-americana chega a afundar um navio rebelde, o *Trajano*, que se apressava a interceptar um barco que levava munições ao governo federal.

navais portuguesas no Rio, Augusto de Castilho. Antes de conceder asilo aos insurretos, o comandante português tenta reconciliar as partes e ser mediador do conflito em nome dos comandantes das frotas estrangeiras. Na noite de 11 de março de 1894, Castilho encontra Floriano Peixoto e lhe participa as condições exigidas por Saldanha da Gama para sua capitulação e a de seus homens. Em posição de força, o presidente brasileiro rejeita e exige a rendição imediata dos rebeldes.[29] Então, em nome do direito internacional e após se cercar do apoio das principais representações diplomáticas europeias,[30] o comandante português concede asilo ao almirante brasileiro e a seus homens. São finalmente quase 500 homens que se refugiam sob a proteção da bandeira portuguesa em 13 de março. Nessa questão, em razão da urgência e da distância física do chefe da diplomacia portuguesa (a sede da representação portuguesa se encontra em Petrópolis), Augusto de Castilho tomou sozinho suas decisões, sem instrução de seu governo. Ao ter conhecimento dos fatos, Hintze Ribeiro adota uma atitude hesitante, alterna ordens e contraordens.[31] Dividido entre o respeito ao direito internacional e o desejo de não provocar conflito com a República brasileira, o chefe de governo português aguarda sete dias para aceitar oficialmente o pedido de asilo de 11 de março, após se certificar do apoio formal dos governos europeus. Diante do consenso internacional, Floriano Peixoto tem que se curvar e aceitar a partida dos revoltosos para Portugal. As corvetas portuguesas, que se encontram em condições terríveis de insalubridade, dirigem-se primeiro para o Prata e chegam a Buenos Aires em 26 de março, de onde outro navio, fretado pelo governo português, deve levar os brasileiros para Portugal. Mas, graças à cumplicidade de autoridades locais, Saldanha da Gama e mais da metade de seus homens aproveitam essa escala para fugir e se reunir à revolução federalista que ainda incendeia o sul do Brasil.[32] Temendo uma reação intempestiva de Floriano Peixoto, Hintze Ribeiro se apressa a oferecer desculpas ao Brasil. Ele lembra ao governo brasileiro que Portugal manteve

---

[29] Sobre o papel do comandante Augusto de Castilho e da diplomacia portuguesa ao final da Revolta da Armada, que conduziu à ruptura diplomática luso-brasileira em 1894, uma abundante documentação de arquivos foi publicada em Castilho (1894). Pode-se igualmente consultar sobre esse tema Cervo e Magalhães (2000:214-223).

[30] Após sua visita a Floriano Peixoto, Augusto de Castilho encontra os representantes diplomáticos da Inglaterra, da França e da Itália, que julgam, por unanimidade, as condições de capitulação aceitáveis e dão seu apoio ao comandante português para que aceite o pedido de asilo.

[31] Castilho, 1894:80-82; Gonçalves, 1995:167-177.

[32] Em fins de 1893, os federalistas do Rio Grande do Sul avançam sobre Santa Catarina, onde recebem a adesão de parte das forças rebeldes da Armada brasileira. Após essa unificação, os federalistas invadem, ainda que provisoriamente, o Paraná. Finalmente obrigados a se retirar para o Rio Grande do Sul, eles mantêm os combates até agosto de 1895. Nessa data, chega-se finalmente a um acordo sob a presidência de Prudente de Morais, que põe fim ao conflito.

neutralidade absoluta durante todo o conflito da Armada. Ele promete esclarecer as razões da fuga, mas isenta de antemão o governo português de toda responsabilidade. Informa enfim que os comandantes das corvetas portuguesas, entre os quais Augusto de Castilho, foram destituídos e devem ser conduzidos a um conselho de guerra em Lisboa (Portugal, maio 1894). As desculpas e os argumentos do chefe de governo português não amenizam a animosidade do presidente brasileiro.

Em 13 de maio de 1894, Floriano Peixoto decide romper as relações diplomáticas com Portugal. A nota de ruptura, dirigida pelo ministro brasileiro das Relações Exteriores ao conde de Paraty, reconhece que Augusto de Castilho não deixou intencionalmente que os rebeldes fugissem. O governo brasileiro, entretanto, acusa o comandante português de ser responsável pela fuga em decorrência da falta de vigilância, e lembra que este último já foi culpado "de ofensa à soberania brasileira" (Portugal, 13 maio 1894) ao conceder, sem hesitar, asilo político aos insurretos. A partir de 13 de maio de 1894 e até 15 de março de 1895, as relações diplomáticas entre Portugal e Brasil estão completamente rompidas. Durante esse período, o chefe da diplomacia inglesa no Rio representa os interesses portugueses no Brasil, e a representação norte-americana defende os do Brasil em Lisboa. Dada a obstinação de Floriano Peixoto em retardar o restabelecimento de laços oficiais e a despeito dos esforços inversos do governo português, as negociações diplomáticas conduzidas pelo governo inglês para encontrar uma solução para a ruptura luso-brasileira avançam lenta e dificilmente. Finalmente, elas não se concluem senão ao término do mandato de Floriano Peixoto, sob a presidência de Prudente de Morais.[33]

Esses acontecimentos não são os únicos responsáveis pela ruptura. Além da conjuntura, outros fatores intervêm na ruptura que os acontecimentos "precipitam".

- A mudança de regime político em 1889 induz naturalmente a uma desconfiança recíproca entre o Brasil, convertido em republicano, e Portugal, ainda monárquico. A fragilidade das novas instituições brasileiras e a contestação, ao mesmo tempo, da legitimidade do sistema político português acentuam esse sentimento. O governo brasileiro é forçosamente mais desconfiado em relação aos representantes do regime monárquico, ao mesmo tempo que as autoridades portuguesas desconfiam dos diplomatas republicanos em seu território. É isso, aliás, o que mostra o historiador brasileiro Caio Boschi (1991) em um artigo sobre a

---

[33] Sobre o processo de negociação para o restabelecimento das relações diplomáticas entre Portugal e Brasil em 1895, ver Gonçalves (1995:178-182).

revolta republicana do Porto em janeiro de 1891: denunciado por uma violenta campanha na imprensa, o cônsul do Brasil na cidade do Porto é suspeito de ter participado da insurreição republicana. Sem prova formal da culpabilidade do diplomata, o governo português prefere pedir a retirada do cônsul às autoridades brasileiras, que o atendem.

- O desenvolvimento da corrente "jacobina" na cena política durante o governo de Floriano Peixoto não facilita o restabelecimento da confiança entre os dois países. A intransigência do "marechal de ferro" em relação a diplomatas e ao governo português responde em grande parte às expectativas dessa corrente nacionalista antiportuguesa que constitui a principal força militante do governo Peixoto.

- Enfim, o papel de porta-voz das diplomacias europeias que cabe à representação portuguesa em um conflito delicado, as hesitações do governo português, a audácia e a imprudência do comandante da frota portuguesa, motivado certamente também por certa simpatia pelos rebeldes, concorrem igualmente para a ruptura de 1894.

Essa ruptura pode ser percebida como um sinal de distanciamento político que caracteriza as relações luso-brasileiras, mas que caracteriza também a atitude geral do Brasil em relação à Europa no fim do século XIX. O governo republicano assinala sua vontade de se desvincular do europeísmo e de americanizar as relações do Brasil. Essa tendência manifesta da República brasileira é, contudo, anterior a 1889. A modernidade política no Brasil, na verdade, provocou conjunturalmente certa onda nacionalista da parte das autoridades brasileiras, agravada pelo compasso de espera em que entraram os governos europeus em matéria de reconhecimento.

A ruptura luso-brasileira é, antes de tudo, a manifestação de que uma mudança de regime, mesmo pacífica, pode ser responsável por graves interferências entre nações, em particular quando estas se encontram em períodos de transição institucional e econômica. A curto prazo, a mudança de regime político no Brasil provoca uma clara alteração nas relações diplomáticas entre Portugal e Brasil, cujas causas, porém, devem ser associadas, primeiramente, às dificuldades políticas e econômicas internas dos dois países. A mais longo prazo, as orientações diplomáticas entre as duas nações voltam a seguir o curso de antes de 1889.

Referências

Livros e artigos

ALVES, Jorge Luís dos Santos. *Imigração e xenofobia nas relações luso-brasileiras, 1890-1930.* Dissertação (Mestrado em História) — Programa de Pós-Graduação em História, Universidade Estadual do Rio de Janeiro, Rio de Janeiro, 1999.

BOSCHI, Caio C. O 31 de Janeiro no contexto das relações diplomáticas luso-brasileiras (1890-1894). *Estudos Ibero-Americanos*, Porto Alegre, v. 27, n. 1, p. 5-19, 1991.

BUENO, Clodoaldo. A diplomacia da "consolidação": a intervenção estrangeira na Revolta da Armada (1893-1894). *História*, São Paulo, n. 3, p. 33-52, 1984a.

_____. *A República e a sua política exterior (1889-1902).* Tese (Livre-docência em Formação Econômica, Social e Política do Brasil) — Faculdade de Filosofia e Ciências, Universidade Estadual Paulista, Marília, 1984b.

CASTILHO, Augusto. *Portugal and Brazil, conflito diplomático.* Lisboa: M. Gomes, 1894.

CERVO, Amado Luiz; BUENO, Clodoaldo. *História da política exterior do Brasil.* São Paulo: Ática, 1991.

_____; MAGALHÃES, José Calvet de. *Depois das caravelas.* As relações entre Portugal e Brasil, 1808-2000. Brasília: UnB, 2000.

COSTA, Sérgio Corrêa da. *A diplomacia do marechal*: intervenção estrangeira na Revolta da Armada. 2. ed. Rio de Janeiro: Tempo Brasileiro, 1979.

GONÇALVES, Eduardo Cândido Cordeiro. *Ressonâncias em Portugal da implantação da República no Brasil (1889-1895).* Porto: Reitoria da Universidade do Porto, 1995.

HAHNER, June. Jacobinos versus galegos. Urban radicals versus Portuguese immigrants in Rio de Janeiro in the 1890's. *Journal of Interamerican Studies and World Affairs*, Beverly Hills, v. 18, n. 2, p. 125-154, May 1976.

HOLANDA, Sérgio Buarque de (Dir.). *O Brasil monárquico*: do Império à República. São Paulo: Difel, 1985. (História Geral da Civilização Brasileira, t. II; v. 5).

JORGE, Araújo. *Ensaios de história diplomática do Brasil no regime republicano*: 1ª série, 1889-1902. Rio de Janeiro: Imprensa Nacional, 1912.

MARTINEZ, Pedro Soares. *História diplomática de Portugal.* Lisboa: Verbo, 1992.

MAURICIO, Domingos. A primeira missão diplomática portuguesa ao Brasil republicano: 1891-1893. *Broteria*, Rio de Janeiro, v. 104, n. 1, p. 83-95, jan. 1917.

NABUCO, Joaquim. *A intervenção estrangeira durante a revolta.* Rio de Janeiro: Freitas Bastos, 1932.

PENNA, Lincoln de Abreu. *O progresso da ordem*: o florianismo e a construção da República. Rio de Janeiro: Sette Letras, 1997.

QUEIROZ, Suely Robles de. *Os radicais da República.* São Paulo: Brasiliense, 1986.

RODRIGUES, José Honório; SEITENFUS, Ricardo A. S.; RODRIGUES, Leda Brecha. *Uma história diplomática do Brasil, 1531-1945.* Rio de Janeiro: Civilização Brasileira, 1995.

SILVA, Henrique Corrêa da (Ed.). *Missão diplomática do conde de Paço d'Arcos no Brasil, 1891 a 1893.* Lisboa: [s.e.], 1974.

TOPIK, Steven. *Trade and gunboats:* the United States and Brasil in the Age of Empire. Stanford: Stanford University Press, 1966.

_____. *A presença do Estado na economia política do Brasil de 1889 a 1930.* Rio de Janeiro: Record, 1987.

Fontes:

PORTUGAL. Arquivo Nacional da Torre do Tombo. BRASIL. Decreto nº 58 de 14 de dezembro de 1889. Rio de Janeiro: Imprensa Nacional, 1889.

_____. Ministério das Relações Exteriores. Correspondências dos consulados e legações de Portugal no Brasil, Legação no Rio de Janeiro, Caixa 222, ofício (série A/n. 50), 18 nov. 1889a, Rio de Janeiro, Manuel Garcia da Rosa a Hintze Ribeiro. Segundo nota de Quintino Bocaiuva.

_____. Ministério das Relações Exteriores. Correspondências dos consulados e legações de Portugal no Brasil, Legação no Rio de Janeiro, Caixa 224, ofício, 28 fev. 1890, Rio de Janeiro, Antonio da Franca a Hintze Ribeiro.

_____. Ministério das Relações Exteriores. Correspondências dos consulados e legações de Portugal no Brasil, Legação no Rio de Janeiro, Caixa 224, ofício, 14 maio 1894, Rio de Janeiro, conde de Paraty a Hintze Ribeiro. Segundo uma nota de Cassiano de Nascimento ao conde de Paraty de 13 de maio de 1894.

_____. Ministério das Relações Exteriores. Livro de registo de correspondência, Legação portuguesa no Rio de Janeiro, série II, v. 20, despacho, 18 nov. 1889b, Lisboa, Hintze Ribeiro a Manuel Garcia da Rosa.

_____. Ministério das Relações Exteriores. Livro de registo de correspondência, Legação portuguesa no Rio de Janeiro, série II, v. 20, instruções, Lisboa, 6 maio 1891, José Vicente Barbosa du Bocage ao conde de Paço d'Arcos.

_____. Ministério das Relações Exteriores. Livro de registo de correspondência, Legação portuguesa no Rio de Janeiro, maço 29, despacho, Lisboa, 23 jul. 1891, conde de Valbom a F. Mattoso dos Santos.

_____. Ministério das Relações Exteriores. Livro de registo de correspondência, Legação portuguesa no Rio de Janeiro, série II, v. 20, instruções, Lisboa, 16 nov. 1891 e 20 jan. 1892, conde de Valbom ao conde de Paço d'Arcos.

_____. Ministério das Relações Exteriores. Livro de registo de correspondência, Legação portuguesa no Rio de Janeiro, série II, v. 20, despacho, Lisboa, maio 1894, Hintze Ribeiro ao conde de Paraty.

PARTE II

INTELECTUAIS E MODERNIDADES RUSSAS

3 Ocidentalismo, eslavofilismo e eurasianismo: intelectuais e políticos em busca da identidade russa

Angelo Segrillo

A Rússia é o maior país da Europa. A Rússia é o maior país da Ásia. Afinal, os russos são europeus, asiáticos, uma mistura dos dois ou nenhum dos dois? Esta é uma dúvida que persegue os próprios russos desde há muito tempo. A questão de sua verdadeira identidade tem atravessado os séculos e intrigado não apenas os estrangeiros, mas também excitado e perturbado os nativos.

Grande parte dessa questão se cristalizou no debate dos "ocidentalistas *versus* eslavófilos", que nasceu, no século XIX, muito ligado à problemática herança de Pedro, o Grande. Esse monarca, na virada do século XVII para o XVIII, realizou radicais reformas modernizantes ocidentalizantes que escandalizaram os defensores do tradicional modo de vida russo até então. A partir dali um mal-estar se instalaria entre os defensores e detratores das reformas de Pedro; entre aqueles que achavam que a Rússia deveria seguir o caminho da modernização ocidental para elevar seu nível econômico, cultural e político e aqueles que pregavam a continuação de um modo de vida próprio, não guiado pelos moralmente decadentes valores ocidentais. A publicação da primeira das *Cartas filosóficas* de Chaadaev em 1836 detonaria a institucionalização do debate entre ocidentalistas e eslavófilos. No início do século XX, uma discussão paralela surgiria com o aparecimento dos eurasianistas, que enfatizavam as raízes eurasianas da Rússia, vendo como positivos, não negativos, diversos aspectos asiáticos da formação histórica do país.

Estas discussões sobre a "verdadeira" identidade russa não apenas têm dividido intelectualmente a sociedade até hoje, mas ocasionam reflexos na esfera do Estado. Por exemplo, desde que Vladimir Putin chegou ao poder na Federação Russa atual, como presidente e primeiro-ministro, o país tomou uma série de medidas internacionais que frequentemente o colocam em rota de colisão com o "Ocidente" (leia-se os EUA e aliados). Isso foi considerado uma grande mudança em relação ao curso bem mais pró-ocidental do presidente anterior, Boris Yeltsin. Alguns analistas derivam esta mudança do fato de que Putin seria antiocidentalista (ao contrário de seu ante-cessor, Yeltsin). Ou seja, um suposto posicionamento *a priori* eslavófilo (ou eurasia-nista, segundo alguns) de Putin estaria na base desta radical mudança de postura na política internacional da Rússia (que, na opinião de certos analistas, estaria chegando às raias de uma nova Guerra Fria ao final do segundo período Bush).

Analisaremos esta questão do posicionamento de Putin neste espectro do ocidentalismo/eslavofilismo/eurasianismo posteriormente, visto a questão ser importante e ter fortes repercussões práticas de poder em nível mundial. Antes, porém, façamos um retrospecto de como essa questão surgiu historicamente para que tenhamos uma base a partir da qual possamos analisar adequadamente este problema atual.

O surgimento do debate "ocidentalistas *versus* eslavófilos"

As radicais reformas modernizantes e ocidentalizantes de Pedro, o Grande (1682-1725) dividiram posteriormente as opiniões no país entre aqueles que consideravam a Europa o modelo para a Rússia e os que consideravam que esta deveria seguir seu caminho próprio. Esse mal-estar se institucionalizaria no debate entre eslavófilos e ocidentalistas, detonado pela publicação da primeira das *Cartas filosóficas* de Chaadaev em 1836. Nela, esse filósofo, um veterano das guerras napoleônicas que havia vivido na Europa, fazia uma crítica acachapante do atraso e da letargia russa em comparação com outras regiões do mundo:

> Posicionados entre duas das principais partes do mundo, Oriente e Ocidente, apoiando-se em um ombro na China e no outro na Alemanha, deveríamos fundir em nós os dois grandes princípios da natureza espiritual — a imaginação e a razão — e combinar, em nossa civilização, a história do mundo inteiro. Mas tal papel não foi determinado a nós pela providência (...) Solitários no mundo, não demos nada ao mundo, nada lhe ensinamos. Não introduzimos nenhuma ideia na massa de ideias da humanidade, não contribuímos para o progresso da razão humana. (...) Um dos traços mais deploráveis de nossa peculiar civilização é que ainda estamos descobrindo verdades já assumidas pelos outros povos (...) A razão é que nunca marchamos junto com os outros povos. Não pertencemos a nenhuma das grandes famílias da raça humana. Não somos nem Ocidente nem Oriente e não temos as tradições de nenhum deles. Colocados como que fora do tempo, a educação geral do gênero humano não nos alcançou (Chaadaev, 2009).

A resposta dos ocidentalistas (V. G. Belinskii, T. N. Granovskii, A. I. Herzen e outros) a este desafio era que a Rússia deveria seguir o caminho dos países mais avançados da Europa para se modernizar. Persistir no atraso das maneiras tradicionais retrógradas do país seria uma opção míope.

Já os eslavófilos (*e.g.*, A. S. Khomyakov, os irmãos Aksakov, os irmãos Kireevskii, Yu. F. Samarin) não apenas negavam o diagnóstico sombrio de Chaadaev como consideravam a Europa uma civilização moralmente decadente e que a Rússia deveria seguir seu caminho próprio, de acordo com suas tradições. Na literatura ocidental, costuma-se ver os eslavófilos como meros conservadores ou reacionários pregando simplesmente um apego à ortodoxia, ao absolutismo e ao tradicionalismo. Mas a realidade é mais complexa. Na verdade, o movimento eslavófilo também sofreu perseguição das autoridades czaristas e seus periódicos (*Leitura Moscovita, Conversa Russa, Rumor* etc.) frequentemente eram censurados. E apesar de a maioria dos eslavófilos se apegar ao tradicionalismo do absolutismo e da religião ortodoxa, havia neles preocupações sociais com a condição do povo russo (alguns deles se tornando líderes do movimento pela emancipação dos servos). Talvez a obra que melhor expresse as propostas políticas eslavófilas mais consequentes seja o memorando que Kostantin Aksakov endereçou ao czar Alexandre II em 1855. Nele é explorada como deveria ser a relação entre czar e povo, defendendo as tradições russas do antigo *zemskii sobor* ("Assembleia da Terra", uma espécie de Estados Gerais russa) e da separação entre "assuntos do czar" e "assuntos do povo", contra as deturpações que vieram com as reformas ocidentalizantes de Pedro, o Grande:

> A primeira e distintamente óbvia conclusão da história e das características do povo russo é que ele é não estatal, não busca participação no governo, não deseja limitar o poder governamental (...). Separando-se do governo estatal, o povo russo reteve para si a vida social e instruiu o Estado a dar-lhe (ao povo) a possibilidade de viver esta vida social (...). Assim, o povo russo, separando-se do elemento estatal, tendo provido o Estado com completos poderes governamentais, concedeu a si mesmo a vida, a liberdade social moral, o objetivo superior da qual é a sociedade cristã (...). Esta característica [se reflete] na antiga divisão de toda a Rússia, na concepção dos russos, em Estado e terra (governo e povo) e na expressão que deriva disso dos "assuntos do povo" e "assuntos do czar" (...) Reconhecendo o poder absoluto do Estado, o [povo russo] retém para si uma completa independência de espírito, consciência e pensamento. Assim, a primeira relação entre o governo e o povo é uma relação de mútua não ingerência. Mas esta relação negativa ainda não é completa. Deve ser complementada por uma relação positiva entre Estado e povo. A obrigação positiva do Estado em relação

ao povo é a defesa e preservação da vida do povo, seu provimento (...) de todas as liberdades e meios para que floresça seu bem-estar (...). A opinião pública: eis como o povo pode e deve servir seu governo de forma independente e eis aqui a ligação viva, moral e não política que deve haver entre o povo e o governo (...). Dizem que Pedro [o Grande] magnificou a Rússia. Evidentemente ele realçou sua grandeza externa, mas violou sua integridade interna, semeou nela destruição e inimizade (...). Sob Pedro começou o mal que continua atualmente (...). O desprezo pela Rússia e pelo povo russo logo tornou-se um atributo de todo russo educado que queria imitar a Europa. Foi assim que a ruptura entre povo e czar aconteceu (...). A condição atual da Rússia apresenta discórdia interna camuflada por mentiras inescrupulosas. O governo, e com ele as classes altas, se separaram do povo e se tornaram alienados dele. O povo e o governo seguiram caminhos diferentes e princípios diversos. Não apenas não se pergunta a opinião do povo, mas as pessoas têm receio de dizer sua opinião. O povo não confia no governo e o governo não acredita no povo. Em cada ato do governo o povo vê uma nova forma de repressão. O governo receia revolução o tempo todo e vê rebelião em cada expressão autônoma de opinião (...). É preciso retirar a repressão à palavra escrita e oral. Quando o Estado devolver ao povo o que lhe pertence, o povo devolverá ao governo o que lhe cabe: sua confiança e apoio. O homem foi criado por Deus como criatura pensante e falante (...). Por isso, a liberdade de palavra é um direito inalienável do homem (Aksakov, 2009).[1]

Esta seria a forma eslavófila de responder ao repto do ocidentalista Belinskii (2009), que disse em 1847: "As mais vitais questões nacionais contemporâneas da Rússia são a abolição da servidão, a anulação dos castigos corporais e a introdução tanto quanto possível da aplicação estrita das leis (...)".

Assim, ao longo do século XIX, ocidentalistas e eslavófilos debateram entre si a maneira mais adequada de modernizar a Rússia: seguir um modelo do tipo europeu ou (voltar a) trilhar um caminho baseado em suas próprias tradições.

O eurasianismo

No início do século XX, uma nova tendência ideológica surgiu paralela ao debate das duas correntes principais anteriormente mencionadas: o eurasianismo. Nascida entre a comunidade de emigrados russos no estrangeiro nos anos 1920, combatia os ocidentalistas, enfatizando a herança asiática da Rússia ao propor que o país representava um estado de equilíbrio equidistante entre Europa e Ásia, de características

---

[1] Ver também Mackenzie e Curran (1977:307-308).

Ocidentalismo, eslavofilismo e eurasianismo

únicas. Criticando concepções unilaterais e unilineares da ideia de progresso e do padrão europeu como modelo a ser adotado por outras civilizações, defendia que os russos não deveriam se envergonhar da porção asiática de sua personalidade e sim utilizá-la plenamente para seus objetivos finais. Entre os principais autores desta corrente nos anos 1920 estavam N. S. Trubetzkoi, P. N. Savitskii, P. P. Suvchinskii, K. A. Chkheidze e D. Mirskii. Os três primeiros participaram da coletânea *Êxodo para o Oriente*, publicada em Sofia, em 1921, e que pode ser considerada a obra de lançamento deste movimento filosófico. O movimento praticamente morreu na década de 1930, mas teve um renascimento na parte final da *Perestroika* por meio do neoeurasianismo, que partiu das ideias do etnólogo soviético Lev Gumilev (filho dos famosos poetas Anna Akhmatova e Nikolai Gumilev) e adquiriu feições de movimento político nos anos 1990 por meio dos escritos do controverso Aleksandr Dugin.

As ideias do príncipe e internacionalmente famoso filólogo russo emigrado, Nikolai Trubetzkoi, formaram uma das mais importantes plataformas do eurasianismo dos anos 1920. Apesar de ser contra o comunismo, achava que a Revolução Bolchevique, de certa maneira, tinha deixado claro o verdadeiro caráter da civilização russa. Terminando com a supremacia do czarismo russo sobre o resto do império, criando uma União de Repúblicas Socialistas Soviéticas iguais politicamente entre si, ela terminara com qualquer pretensão *a priori* imperial dos russos étnicos por sobre as outras nacionalidades da URSS: "De agora em diante, o povo russo é e será apenas um entre vários povos com iguais direitos" (Trubetzkoi, 2009). Mas isso não deveria amedrontar os que se preocupavam com a integridade territorial do país devido a separatismos, pois um novo tipo de nacionalismo surgiria:

> Assim, o substrato nacional do Estado que antes se chamava império russo, e agora se chama URSS, só pode ser o conjunto de povos que povoam este Estado, visto como uma nação multinacional especial (...). Nós denominamos esta nação eurasiana. Seu território é a Eurásia e seu nacionalismo é eurasiano (Trubetzkoi, 2009).

Petr Savitskii (2009) fez a distinção geopolítica entre o que chama o sentimento marítimo da Europa e o sentimento continental da Eurásia "mongólica":

> A situação da Rússia no mundo pode ser analisada de diversas maneiras (...). Ao longo da história mundial, o sentimento marítimo europeu ocidental se opõe, de igual para igual, apesar de polarmente, ao sentimento continental mongólico (...).

Nos exploradores russos, em suas conquistas e explorações, há o mesmo espírito, o mesmo sentimento continental (...). A Rússia é parte de um mundo litorâneo especial, portadora de tradições culturais profundas. Nela combinam-se simultaneamente os elementos históricos do "mundo da estepe" e do "mundo sedentário" (...). Tendo vivido nos séculos passados o desenvolvimento da influência dos povos das estepes como influência exterior, o próprio povo russo atual domina a estepe. O princípio da estepe, coberto de elementos russos como um de seus componentes de fora, reforça e aprofunda seu sentido, torna-se uma pertença permanente. Junto com o "povo-agricultor" e o "povo-industrial", mantém-se ou cria-se, dentro dos limites do universo nacional russo, o "povo-cavaleiro", mesmo que praticando o sistema [agrícola] de três campos (...). Assim se mostra em categorias econômicas a imagem da Rússia como "centro" territorial do Velho Mundo, como combinação econômica da Europa e Ásia, como "Eurásia" não apenas no sentido histórico e cultural geral, mas também no sentido econômico-geográfico.

P. N. Savitskii (bem como outros eurasianistas) julgava errada a tradicional descrição do jugo tártaro-mongol sobre a Rússia nos séculos XIII ao XV como uma espécie de "Idade das Trevas": ele teve consequências positivas para o futuro desenvolvimento do país e ajudou a moldar e dar estabilidade à identidade russa definitiva.

O movimento dos eurasianistas emigrados praticamente morreu nos anos 1930, mas teve um ressurgimento na fase final da Perestroika na forma do neoeurasianismo de Lev Gumilev. Este etnólogo soviético algo dissidente considerava que com o chamado jugo tártaro-mongol sobre os russos, seguido pelo avanço do império czarista sobre as estepes asiáticas, os eslavos orientais (russos, ucranianos e bielorrussos) se combinaram com os povos mongólicos e turcos da Ásia central, formando uma "superetnia" (assim como anteriormente uma superetnia germano-latina se havia formado na Europa ocidental). Para Gumilev (2009a, 2009b e 2009c), a influência da Europa ocidental representava um risco para a manutenção da integridade da biosfera desta superetnia eurasiana.

Com a abertura da Perestroika, as ideias de Gumilev encontraram eco entre russos e outros povos da Ásia Central (o presidente do Cazaquistão, Nursultan Nazarbaev, ordenou a criação da Universidade Eurasiana Lev Gumilev diante do palácio presidencial na capital cazaque).

Nos anos 1990 e 2000, o pensador Aleksandr Dugin levou adiante, com um viés mais radicalmente antiocidental e antiliberal, as ideias neoeurasianistas, introduzindo-as formal e institucionalmente na política com a fundação do Partido "Eurásia" na Rússia em 2002 e do Movimento Eurasiano Internacional em diversos países em 2003.

Diferenças entre eurasianistas e eslavófilos

Apesar de unidos pelo seu antiocidentalismo e antiliberalismo, eurasianistas e eslavófilos frequentemente se chocam em questões do nacionalismo russo. O nacionalismo proposto pelos eurasianistas (que, em muitos autores, se reflete na ideia de uma identidade supranacional eurasiana ou mesmo superetnia eurasiana) se choca com a concepção de um nacionalismo mais ortodoxo, mais puramente eslavo, dos eslavófilos. A figura de Dugin é emblemática. Apesar de ele se considerar um nacionalista ("a nação é tudo; o indivíduo é nada", e mesmo "o povo russo deve ser a força motriz unificadora da Eurásia", escreveu em seu livro *Princípios de geopolítica*), é visto por muitos eslavófilos como um internacionalista travestido devido à sua ênfase no bloco eurasiano e continental no qual deve se inserir a Rússia. Igualmente, Dugin (2009, pt. IV, cap. 3.5) rechaça projetos eslavófilos ao descrever por que seria inútil tentar reconstituir o império czarista na época atual.

> A volta a uma geopolítica czarista, e consequentemente "eslavófila", traz em si uma ameaça terrível. Nas últimas cinco décadas dos imperadores Romanov, a política externa foi determinada não pelas tradições eurasianas de Alexandre I e nas perspectivas de uma Sagrada Aliança continental (com as potências da Europa central) e, sim, em projetos anglófilos e francófilos, pelos quais a Rússia se meteu em conflitos suicidas ao lado de seus adversários naturais e contra seus aliados geopolíticos naturais (...). Tentando, em bases eslavófilas, se afirmar no Leste europeu e gradualmente entrando em conflito com as potências centro-europeias (aliadas naturais da Rússia), o regime czarista enfraqueceu as bases do Estado russo e levou a Rússia a um suicídio geopolítico [na I Guerra Mundial]. Este tipo de visão se aplica também às guerras contra a Turquia e o Japão (...). A utopia eslavófila custou à Rússia seu czar, sua igreja e seu império. Apenas a vinda dos eurasianamente orientados bolcheviques salvou o país e o povo da degradação total, da transformação em uma "potência regional".

Ocidentalismo, eslavofilismo, eurasianismo na Rússia hoje: o caso de Putin

Como vimos, a disputa entre ocidentalistas e eslavófilos, permeada pela discussão paralela dos eurasianistas, corre a pleno vapor na Rússia atual. Contribui para isso o contraste entre as duas fases pós-soviéticas vividas pelo país até hoje: a era Yeltsin nos anos 1990 e a era Putin na década de 2000. Yeltsin era considerado pró-Ocidente e Putin o contrário.

O caos econômico da época Yeltsin (o Produto Interno Bruto da Rússia nos anos 1990 caiu mais que o dos EUA na década da Grande Depressão dos anos 1930) provocou um grande descrédito dos políticos ocidentalistas em largos setores da população. Um reflexo disso é que os partidos liberais do tipo ocidental (Yabloko e SPS) dos anos 1990 não conseguiram nem suplantar a barreira mínima de 5% (posteriormente 7%) dos votos para obter representação no Parlamento russo nos anos 2000. A forte recuperação econômica sob Putin, assim como seu intencional programa de reforço da situação geopolítica da Rússia no mundo, granjearam-lhe uma popularidade imensa nas pesquisas de opinião e deram ao seu partido (o Rússia Unida), juntamente com aliados, uma maioria constitucional na Duma.

Juntamente com a recuperação econômica putiniana veio uma reafirmação da condição da Rússia como *derzhava* (grande potência) no cenário internacional. Em vez da aproximação com o Ocidente da época Yeltsin, em uma série de episódios, especialmente no segundo mandato de George W. Bush, a Rússia bateu de frente com os EUA em várias ocasiões: as revoluções Rosa e Laranja na Geórgia e na Ucrânia, a guerra do gás com a Ucrânia, a questão do reconhecimento da independência do Kosovo, as tensões sobre o sistema antimíssil da Otan na Polônia e na República Tcheca, as manobras conjuntas navais de Rússia e Venezuela no Caribe, o confronto da Ossétia do Sul e Geórgia etc. As tensões entre Rússia e EUA chegaram a um nível tão alto por volta do final do segundo mandato de Bush que alguns observadores já falavam na possibilidade da volta de uma Guerra Fria entre os dois países (Galeno, 2008:40).

Uma das explicações para a piora das relações com o Ocidente no período Putin é personalista. Ao contrário de Yeltsin, Putin seria antiocidental, seja como eslavófilo seja como eurasianista.[2]

Em relação às tendências "eurasianistas" de Putin, Shlapentokh escreveu em 2005:

Putin tem dado provas que está novamente pendendo na direção eurasiana. Durante a celebração do aniversário de mil anos da cidade de Kazan, Putin publicamente elogiou Lev Gumilev, o historiador e filósofo reconhecido como o fundador do movimento eurasianista moderno. Neste momento em que o

---

[2] E.g., Richardson (2007), Shlapentokh (2005).

pensamento eurasianista está novamente em ascensão em Moscou, vale a pena dar uma olhada mais de perto nos fundamentos ideológicos do eurasianismo.

Por outro lado, a socióloga Olga Kryshtanovskaya não hesitou em colocar Putin no campo dos eslavófilos em uma entrevista a Aleksei Nikolsky (2007:42):

Questão: O regime Putin é uma versão moderna dos eslavófilos?

Olga Kryshtanovskaya: Sim. O traço distintivo da história russa é que nosso Estado se torna forte apenas quando todo o poder está acumulado de forma piramidal e o espírito da autocracia une nossa terra vasta e esparsamente povoada. Na Rússia, as ideias ocidentalistas significaram um Estado enfraquecido e a destruição de todo o sistema. A elite assume que enfraquecer o Estado levará inevitavelmente à desintegração de todo o país. Consequentemente, os eslavófilos sempre ficaram mais tempo no poder que os ocidentalistas. Quando os ocidentalistas estão no poder, a empresa privada e a economia florescem, mas o Estado se enfraquece e problemas fronteiriços aparecem. Aí os tradicionalistas aparecem para restaurar a ordem, e isso eventualmente leva à estagnação econômica.

Questão: E então os ocidentalistas voltam ao poder para resgatar a economia e salvar o país do colapso?

Olga Kryshtanovskaya: Exatamente. Um grupo restaura a ordem, mas não consegue criar um sistema econômico efetivo. O outro grupo pode desenvolver a economia, mas nunca tem tempo suficiente para estabelecer uma nova ordem democrática.

Questão: Assim, os últimos sete anos foram a fase mais bem-sucedida de um governo eslavófilo, restaurando a ordem?

Olga Kryshtavnovskaya: Sim.

Putin: eurasianista, eslavófilo ou ocidentalista?

Neste ensaio, vou defender que Putin é um ocidentalista *moderado*. A qualificação de "moderado" é importante para distingui-lo dos ocidentalistas extremados, como são os membros de partidos políticos liberais no estilo ocidental como o antigo SPS ou o Yabloko, ou mesmo de Yeltsin que, no espectro ocidentalismo/eslavofilismo, estava bem mais próximo do primeiro polo que seu sucessor.

O que nos leva a defender esta classificação de Putin? Primeiro de tudo, algumas experiências pessoais do autor. Há alguns anos tive contato pessoal em um seminário diplomático em 2004 com Igor Shuvalov, então assessor especial do presidente Putin e atual vice-primeiro-ministro do país. Nessa ocasião, Shuvalov revelou que, nas reuniões com seu círculo de assessores mais íntimos, Putin deixou várias vezes claro que considerava a Rússia um país basicamente europeu.[3] Esta é uma posição ocidentalista.

Este *insight* pessoal foi importante para consolidar minha visão sobre o assunto, pois, naquela altura, não estava clara a posição de Putin a respeito deste ponto, confundindo seus observadores, como notamos nas posições de Shlapentokh e Kryshtanovskaya acima. A partir daí fui juntando partes do quebra-cabeça em declarações esparsas de Putin ao longo de sua carreira.

Antes de entrarmos na apresentação destas peças de evidências das tendências "ocidentalistas" de Putin, algumas palavras sobre o porquê da dificuldade de classificar Putin dentro do espectro ocidentalismo/eslavofilismo/eurasianismo.

Primeiro de tudo, como mencionamos anteriormente, ele é um ocidentalista *moderado*. Isso já denotaria certa discrição em seu posicionamento, não o tornando tão imediatamente óbvio. Mesmo assim, isso não seria suficiente para explicar a persistência das diversas visões sobre esse ponto. Outros fatores estão envolvidos.

Duas características, ao mesmo tempo pessoais e políticas, de Putin ajudam na elucidação da questão: ele é um político *pragmático* e é um *gosudarstvennik*. Esses dois traços estão, a meu ver, intimamente ligados ao passado de Putin como agente da KGB e chefe da FSB (o organismo sucessor da KGB na Rússia pós-soviética).

Os antigos agentes da KGB (principalmente os que trabalhavam no exterior, como Putin), ao contrário de certas visões estereotipadas, não eram meros gorilas violentos em defesa de uma ordem política específica. Na verdade, tinham uma *Weltanschauung* bastante apolítica e tecnocrática. Numa herança que vem dos conturbados tempos stalinistas, em que o campo da política era muito movediço e traiçoeiro e o envolvimento nele, com seus constantes câmbios inesperados, podia-se revelar fatal aos mais desavisados, os agentes da KGB evitavam se envolver em política: defensivamente procuravam executar seu trabalho da forma mais tecnocrática e neutra possível para prevenir problemas para si em outras áreas.

---

[3] Shuvalov, em comunicação pessoal ao autor, 16 nov. 2004.

Esse caráter pragmático foi importado por Putin à sua carreira política. Assim, ele não se apega a princípios ideológicos rígidos demais e, sim, busca resultados, dentro de um projeto político geral *gosudarstvennik* (como veremos posteriormente). O pragmatismo faz com que Putin evite apregoar publicamente sua posição no debate ideológico entre ocidentalistas e eslavófilos, por exemplo. Isso porque sabe que a maioria da população russa não é nem ocidentalista nem eslavófila ao extremo. No espectro entre ocidentalismo e eslavofilismo, a população se dispersa entre os diversos pontos da escala, e o russo "médio" (essa criação estatística artificial e inexistente, porém heuristicamente útil) parece situar-se em algum ponto intermediário, um pouco mais para o lado eslavófilo, mas não muito, e com variação no tempo.[4] Neste contexto não seria politicamente interessante para o pragmático Putin assumir claramente a posição extrema de um lado, o que poderia alienar a outra parte da população. Por isso ele mantém um *low profile* nestas questões de princípios e posições ideológicas deste espectro específico.

A outra razão que confunde aqueles que poderiam classificá-lo como ocidentalista é que Putin é um *gosudarstvennik* (defensor de um Estado forte). A experiência histórica russa com a questão do Estado forte foi diferente da de diversos países do Ocidente que acabaram desembocando em uma forte *Weltanschauung* liberal (ênfase no individualismo e minimização do Estado como forma de controlar seu potencial opressor).

O liberalismo, em países como a Inglaterra, foi uma forma de compromisso para resolver longos períodos de guerras civis, muitas de fundo religioso. Para romper o impasse de grupos que se digladiavam no poder, impondo sua doutrina ou religião e reprimindo a alteridade dos perdedores, pela exaustão chegou-se a um compromisso em que a religião (e convicções políticas em geral) passou a ser da esfera individual da consciência de cada um, não podendo ser imposta pelo Estado, e o jogo dos interesses conflitivos deveria ser resolvido por meio de negociações parlamentares. Assim, afastar o Estado (tradicionalmente visto como forma de um grupo religioso ou ideológico oprimir outros diferentes) e fortalecer a esfera individual (para onde foram exiladas as convicções religiosas/ideológicas tradicionalmente fontes de disputas armadas) foi a solução encontrada pelo liberalismo para resolver os problemas específicos da evolução daquelas sociedades.

---

4   Ver, por exemplo, as pesquisas de opinião sobre as atitudes e percepções russas em relação ao Ocidente em PIIE (2009:105-106) e Diligensky e Chugrov (2000:25 e 32).

A experiência histórica russa foi diferente. Sua psique social foi marcada pelas formas diferenciadas como as duas grandes civilizações eslavas orientais (a *Rus'* kievana e o Estado moscovita) evolveram. A origem dos povos russo, bielorrusso e ucraniano atuais se encontra não na Rússia, mas na Ucrânia. Foi o chamado Estado kievano, ou *Rus'*, que existiu dos séculos IX ao XIII. Era uma confederação solta de cidades-estado com vassalagem ao grande príncipe de Kiev. Foi uma civilização relativamente florescente para a época (em que a Europa Ocidental ainda passava pelas dificuldades da "Idade das Trevas"). Entretanto, essa civilização, da qual os russos têm orgulho, não conseguiu resistir militarmente às invasões e ao jugo mongol sobre ela nos séculos XIII ao XV, devido à sua fragmentação e desunião. Os russos somente conseguiram se livrar dos mongóis com a formação do império moscovita. E este novo império, ao contrário de *Rus'*, era extremamente centralizado, com um Estado forte, nas mãos do czar. O Estado moscovita não apenas expulsou os mongóis como criou um dos maiores impérios continentais do mundo.

Esta experiência de ter uma civilização florescente, mas descentralizada e desunida, que não pôde resistir militarmente a invasões estrangeiras, e outra civilização centralizada, com Estado forte, que foi capaz não apenas de recobrar a base original de poder, mas expandi-la em grandes proporções, marcou fortemente a psique russa. Afinal, foi com um Estado forte que a sociedade russa conseguiu seu auge de poder. Por isso, a psique russa não vê necessariamente o Estado como potencial repressor da sociedade, mas, sim, tem uma visão mais orgânica de Estado e sociedade, em que frequentemente o Estado russo forte é o meio pelo qual a sociedade russa pode florescer e ser pujante. Em suma, grande parte dos russos tem uma concepção de *gosudarstvennost'* (configuração estatal, "estadismo") forte.

E aí entra a figura de Putin, como o homem que recuperou a concepção de *gosudarstvennost'* tradicional dos russos, depois do caótico período Yeltsin em que o poder do Estado russo parecia declinar ladeira abaixo.

Assim, a chave para entender por que Putin, apesar de ser um ocidentalista, é visto por muitos observadores como algo diverso (eurasianista ou eslavófilo) é que Putin não é apenas um ocidentalista. Como todo ser humano, é multidimensional. Muito influenciado por sua experiência na KGB e FSB, é também um político pragmático e *gosudarstvennik*: ou seja, defende, de maneira firme, os interesses nacionais (federais) da Rússia, mesmo diante do Ocidente do qual não quer necessariamente se alienar. Assim, o fato de ele ter batido de frente contra os EUA, principalmente no segundo mandato de G. W. Bush, não significa que é necessariamente um antiocidentalista *a priori*, tanto quanto o fato de, por exemplo, o líder francês De Gaulle ter por vezes confrontado os EUA não faz dele um antiocidental. Disputas entre países existem mesmo dentro do campo ocidental.

A firmeza na defesa dos interesses nacionais (federais) russos deu uma impressão antiocidentalista a Putin também porque ela veio depois do período Yeltsin. Putin é um ocidentalista moderado, como vimos: Yeltsin estava mais próximo do extremo do polo ocidentalista do que seu sucessor. Isso também contribuiu para que o contraste maior entre as duas figuras passasse a impressão de estarem em campos diversos: na verdade, estavam em quadrantes diferentes do mesmo lado do eixo geral do ocidentalismo.

Evidências do ocidentalismo de Putin

Que evidências temos do ocidentalismo de Putin?

Um bom começo é coletar algumas das afirmações registradas do próprio Putin que podem caracterizá-lo como ocidentalista. Uma primeira pista está em que ele não apenas viveu parte significativa de sua vida em São Petersburgo (a mais ocidentalizada das grandes cidades russas), como tem em Pedro, o Grande, um de seus maiores ídolos, fato já noticiado em coberturas jornalísticas. Além disso, em seu livro de "recordações" ditadas em entrevistas a jornalistas, o então candidato presidencial Putin afirmou que "nós [russos] somos parte da cultura europeia. Na verdade, derivamos nosso valor exatamente disso. Onde quer que nosso povo habite, seja no Extremo Oriente ou no Sul, nós somos europeus".[5]

O que confunde essas evidências bem claras de um posicionamento ocidentalista são as vezes em que Putin assume um discurso que pode assemelhar-se ao de um eslavófilo ou de um eurasianista, como no episódio acima mencionado em que ele, na comemoração do aniversário de mil anos da cidade de Kazan, elogiou publicamente Lev Gumilev, o nome-mor do neoeurasianismo.

Para sair desta armadilha das afirmações de políticos sobre si mesmos (notoriamente um terreno escorregadio; *vide* o aspecto camaleônico e adaptável de muitos deles de acordo com a audiência), podemos citar um estudo científico sobre o grau de "ocidentalismo" de Putin e seu governo. Fazendo uma análise abrangente das

---

[5] Gevorkyan, Kolesnikov e Timakova, 2000:155-156.

Intelectuais e modernidades

medidas do governo Putin nas áreas de democracia/governança, economia, reforma judiciária e declarações públicas, Rivera e Rivera (2003:30) chegaram à conclusão de que Putin age como um eslavófilo na primeira e como ocidentalista nas três últimas, podendo-se concluir que Putin, *no geral*, é um ocidentalista.

Conclusão

A tradicional divisão ideológica na Rússia entre ocidentalistas, eslavófilos e eurasianistas, vista por muitos como válida apenas até o século XIX e início do XX, pode, a nosso ver, ser heuristicamente útil também em tempos posteriores, especialmente no período pós-soviético, que testemunhou o renascer de diversas correntes filosóficas e políticas submersas durante a existência da URSS. Um caso de extrema relevância contemporânea é o de Vladimir Putin, para muitos o líder máximo russo, seja como presidente ou primeiro-ministro. Visto variadamente como ocidentalista, eslavófilo ou eurasianista, Putin, em nossa opinião, é basicamente ocidentalista. Diversos fatores não deixam isso ficar obviamente claro. Putin é um ocidentalista *moderado*. Além disso, tendo em conta que a maioria da população russa não é extremamente eslavófila ou ocidentalista, Putin procura não alardear em excesso sua condição de ocidentalista, mantendo um *low profile* neste campo que o faz aceitável ao russo ("estatístico") médio, cuja posição no espectro ocidentalismo/eslavofilismo situa-se em algum ponto igualmente intermediário e discreto. Por fim, Putin, além de ocidentalista, possui dimensões de um *gosudarstvennik* pragmático, o que o faz defender os interesses do Estado russo, mesmo que seja contra países ocidentais, não denotando isso necessariamente um antiocidentalismo *a priori* seu.

A boa compreensão da posição de Putin e outros políticos russos (bem como das camadas populares) nesta questão é fundamental para um entendimento melhor entre as nações ocidentais e a Rússia.

Referências

AKSAKOV, Konstantin Sergeevich. *O Vnutrennem Sostoyanii Rossii* [Sobre a situação interna na Rússia]. Disponível em: <http://society.polbu.ru/radugin_philohrest/ch64_all.html>. Acesso em: 18 set. 2009.

BELINSKII, Vissarion Grigor'evich. *Pis'mo Gogolyu* [Carta a Gogol]. Disponível em: <http://az.lib.ru/b/belinskij_w_g/text_3890.shtml>. Acesso em: 30 set. 2009.

CHAADAEV, Petr Yakovlevich. *Filosoficheskie Pis'ma* [Cartas filosóficas]. Disponível em: <www.philosophy.ru/library/chaad/lettr/chaad1.html>. Acesso em: 18 set. 2009.

DILIGENSKY, Guerman; CHUGROV, Sergei. *The West in Russian mentality*. Moscou: Institute of World Economy and International Relations, 2000. Disponível em: <www.nato.int/acad/fellow/98-00/diliguenski.pdf>. Acesso em: 12 out. 2009.

DUGIN, Aleksandr Gel'evich. *Osnovy Geopolitika*: chast' IV [Princípios da geopolítica: parte IV]. Disponível em: <http://grachev62.narod.ru/dugin/chapt04.htm>. Acesso em: 11 out. 2009.

GALENO, Renato. Putin inicia a nova era da "Paz Quente". *O Globo*, Rio de Janeiro, p. 40, 10 jun. 2008.

GEVORKYAN, N.; KOLESNIKOV, A.; TIMAKOVA, N. *Ot Pervogo Litsa*: razgovory s Vladimirom Putinym [Na primeira pessoa: conversas com Vladimir Putin]. Moscou: Vagrius, 2000.

GUMILEV, Lev Nikolaevich. Etnogenez i Biosfera *Zemli* [A etnogênese e a biosfera da Terra]. Disponível em: <http://gumilevica.kulichki.net/EBE/index.html>. Acesso em: 9 out. 2009a.

_____. *Ot Rusi k Rossii* [De Rus' à Rússia]. Disponível em: <http://gumilevica.kulichki.net/R2R/index.html>. Acesso em: 9 out. 2009b.

_____. *Drevnnaya Rusi i Velikaya Step'* [A Rússia antiga e a Grande Estepe]. Disponível em: <http://gumilevica.kulichki.net/ARGS/index.html>. Acesso em: 10 out. 2009c.

MACKENZIE, David; CURRAN, Michael W. *A history of Russia and the Soviet Union*. Homewood: The Dorsey Press, 1977.

NIKOLSKY, Aleksey. The power of the Chekists is increadibly stable. *Kommersant-Vlast*, n. 10, p. 42, 19-25 mar. 2007. Disponível em: <www.wps.ru/en/pp/story/2007/03/22.html>. Acesso em: 11 out. 2009.

PIIE (PETERSON INSTITUTE FOR INTERNATIONAL ECONOMICS). *Russian attitudes toward the West*. Disponível em: <www.piie.com/publications/chapters_preview/4242/07iie4242.pdf>. Acesso em: 11 out. 2009.

RICHARDSON, Paul. *Solzhenitsyn and Putin*. Colchester: Vermont Public Radio, 12 nov. 2007. Disponível em: <www.vpr.net/episode/42353/#>. Acesso em: 10 out. 2009.

RIVERA, David; RIVERA, Sharon. *Putin, the West, and the roots of Russian-American cooperation* (paper presented at the annual meeting of the American Association for the Advancement of Slavic Studies, Toronto, Nov. 20-23, 2003).

SAVITSKII, Petr Nikolaevich. *Stepen' i Osedlost'* [A estepe e o mundo sedentário]. Disponível em: <http://redeurasia.narod.ru/biblioteka/savizki8.html>. Acesso em: 8 out. 2009.

SEGRILLO, Angelo. *O declínio da URSS*: um estudo das causas. Rio de Janeiro: Record, 2000a.

_____. *O fim da URSS e a nova Rússia*. Petrópolis: Vozes, 2000b.

SHLAPENTOKH, Dmitry. *Rossiiskaya Vneshnyaya Politika i Evraziistvo* [A política externa da Rússia e o eurasianismo]. New York: Open Society Institute (Eurasianet.org), 6 out. 2005. Disponível em: <www.eurasianet.org/russian/departments/insight/articles/eav090605ru.shtml>. Acesso em: 10 out. 2009.

TRUBETZKOI, Nikolai Sergeevich. *Obshchevraziiskii Natsionalizm* [Nacionalismo pan-eurasiano]. Disponível em: <www.philosophy.ru/iphras/library/evrasia/trub4.html>. Acesso em: 8 out. 2009.

4 "Meus senhores, a ciência é coisa séria." Cientificismo e ceticismo em Machado de Assis e Dostoiévski

Ana Carolina Huguenin Pereira

O objetivo deste trabalho é apontar alguns pontos de interseção temáticos nos escritos de Machado de Assis e Dostoiévski — as críticas, angústias, esperanças e ambiguidades diante de processos modernizantes, transformadas em poderosas expressões literárias e registros históricos. Nesse sentido faremos o recorte de dois textos exemplares das questões que nos propomos a explorar — *O alienista* e *Memórias do subsolo*. A ideia é aproximar os temas sobre os quais os autores escreveram em ambas as obras — no caso, a crítica ao racionalismo oitocentista, ingênuo e extremado.[1] Tal proximidade fica bastante evidente se compararmos, por exemplo, a crítica zombeteira que Dostoiévski (2000a:22) formulou ao racionalismo moderno nas *Memórias do subsolo*, cujo narrador apresenta-se como um "camundongo de consciência hipertrofiada", e, por sua vez, o ceticismo machadiano ao narrar a trajetória que leva à ruína Simão Bacamarte, legítimo representante do discurso científico moderno na província colonial de Itaguaí.

Há um paralelismo importante, além disso, na posição histórica de ambos os autores: eles lançam olhares ao racionalismo e ao arrivismo modernos partindo, fundamentalmente, de centros situados fora, ou para além, do modelo e/ou dos parâmetros europeus de modernidade — para nos valermos de uma expressão machadiana, irônica e sutil, ao narrar as desventuras do alienista, "dada a diferença entre Itaguaí e Paris..." (Assis, 2007:59). A observação, que figura como uma espécie de parênteses, interrompendo a narrativa para trazer uma informação aparentemente vaga e óbvia, é, na verdade, uma sentença: imbuído da mais alta missão científica, Simão Bacamarte procura descobrir o "remédio universal" (Assis, 2007:41), de Itaguaí para o mundo, capaz de restituir aos itaguaienses e à humanidade "o perfeito equilíbrio das faculdades

---

[1] Segundo Boris Schnaiderman (2006:270), em artigo intitulado "O alienista: um conto dostoievskiano?", é possível e proveitosa a comparação entre ambos os romancistas. O autor desenvolve um ponto de vista, que corrobora as hipóteses deste texto, segundo o qual "há uma proximidade muito grande entre a posição de Machado [em *O alienista*] e a crítica de Dostoiévski ao racionalismo extremo de seu tempo. E tal como na obra deste, há uma verdadeira advertência sobre o desvario a que ela pode levar".

mentais" (Assis, 2007:48). O estudioso reviraria pelo avesso, com teorias e métodos inovadores, incompreensíveis para o vulgo, o cotidiano da provinciana cidade, a ponto de provocar, entre outras reviravoltas, a "grande" rebelião dos Canjicas.

Na província colonial ressoam ecos da Revolução Francesa: "dada a diferença de Paris a Itaguaí", é claro, os 300 itaguaienses rebelados "podiam ser comparados aos que tomaram a Bastilha" (Assis, 2007:41). A um evento histórico de relevância e efeitos internacionais, contrasta-se, de forma ridicularizante e quase cruel, a rebelião dos Canjicas, sombra pálida que não conseguiria revolucionar, sequer, Itaguaí.

Diante da turba enraivecida, o sábio não estremeceu e, altivo, declarou:

— Meus senhores, a ciência é coisa séria, e merece ser tratada com seriedade. Não dou razão dos meus atos de alienista a ninguém, salvo aos mestres e a Deus. (...) Poderia convidar alguns de vós, em comissão com outros, a vir ver comigo os loucos reclusos; mas não o faço, porque seria dar-vos razão do *meu sistema*, o que não farei a leigos, nem a rebeldes (Assis, 2007:61, grifos meus).

A atitude segura e desdenhosa em relação ao povo, aos leigos de Itaguaí, afirma, sem receio ou hesitação, a autoridade da ciência. Bacamarte não daria satisfações às 300 cabeças rutilantes de (suposta) ignorância popular. Os populares, que tinham as vidas diretamente afetadas pelas hipóteses, metodologias, projetos e experimentos científicos do alienista deveriam calar-se, deixar de exaltações questionadoras e rumar, como objetos passivos do conhecimento científico, para casa — possivelmente a de cor verde. Só perante os iniciados, os mestres da ciência, coinvestidos do novo e revolucionário conhecimento, nosso herói se explicaria; afora eles, apenas Deus seria merecedor de suas justificativas.

Composto no conturbado *fin de siècle* brasileiro — mais especificamente em 1882, muito embora a trama se passe no Brasil Colônia —, *O alienista* é uma das obras mais importantes de um dos maiores nomes da literatura nacional. O período é marcado, mundo afora, pela expansão do capital e, de forma não menos significativa, da influência cultural dos europeus. A América Latina, recém-independente das ex-potências ibéricas — obsoletas diante do "admirável mundo novo" do capital, que revolucionara as formas de produzir e de pensar —, era herdeira e continuadora da tradição católica, patriarcal e escravista legada pelos antigos colonizadores; herança em relação à qual lutaria, e seria pressionada no sentido de desembaraçar-se, ao menos parcialmente, sob assédio irresistível — e irreversível — da cultura e do capital

"Meus senhores, a ciência é coisa séria"

estrangeiros, na forma de investimentos e empréstimos; além da disseminação de ideias, ideais, discursos, padrões estéticos, científicos e civilizacionais, inaugurados a partir do advento histórico da modernidade.[2]

A década que deu vida, por assim dizer, ao dr. Bacamarte, marcou para sempre a história do país com os adventos da Abolição (1888) e da República (1889), os quais foram semente e fruto de um período acelerado e traumático, como o são todas as reformulações históricas de modernização comprimidas em curto período de tempo.

O século XX encontraria o Rio de Janeiro, onde Machado iniciou, desenvolveu e finalizou seu percurso de vida — biológica, intelectual e literária —, investindo em um esforço violento (violência que atingira mais diretamente e sobretudo as camadas populares) de "Regeneração", como ficou conhecido o período. A cidade antiga, ex-capital da colônia e do Império, deveria desaparecer, cedendo espaço a um centro moderno e cosmopolita, uma "Paris dos trópicos"[3] devidamente "regenerada" da "defasagem" social, material, política e ideológica em relação ao grande centro cultural europeu, tomado enquanto parâmetro pela elite tropical. Vinte anos após a narrativa da fracassada trajetória do dr. Bacamarte, as "picaretas regeneradoras",[4] altivas e, ao que parecia, definitivamente vitoriosas do prefeito Pereira Passos, botariam abaixo "a cidade colonial imunda, retrógrada, emperrada nas velhas tradições", para celebrar "a vitória do bom gosto, da higiene e da arte" (Sevcenko, 2003:44) — segundo parâmetros modernos, bem entendido. O ano era 1904 e Olavo Bilac, junto a outros membros da elite cultural e social carioca, bendizia a fúria regeneradora das picaretas, que "vingavam" a capital de seu próprio passado, destruindo-a para reconstruí-la sem a mácula do "atraso," da "sujeira," das vielas e construções coloniais. Foi o ano de abertura da avenida Central, inspirada nos modernos *boulevards* parisienses e na tradicional violência brasileira — mas não apenas brasileira — em relação ao próprio povo, ao (mal) tratar as camadas populares como um subproduto indesejável e vergonhoso, o "resto" deplorável da "cidade colonial imunda, retrógrada, emperrada

---

[2] Em 1880, dois anos antes do surgimento de *O alienista*, o naturalista brasileiro, filiado ao materialismo científico, Aluísio Azevedo comentava: "(...) éramos, às forças das circunstâncias, arrebatados, malgrado o nosso patriotismo e nossa dignidade nacional, pela corrente elétrica de ideias que jorra na França". Citado em Sevcenko (2003:98).

[3] Na Rússia, uma "Paris do Leste", por assim dizer, ou, mais especificamente, uma "janela para a Europa", segundo expressão de Pedro, o Grande, foi, não reconstruída ou "regenerada", como o Rio de Janeiro de inícios do século, mas, antes, aberta ou criada a partir de região pantanosa e despovoada. São Petersburgo viria cumprir, assim, a função histórica de "abrir a janela" russa para as "luzes" europeias, substituindo a velha Moscou como capital do país.

[4] A expressão é de Olavo Bilac, citado em Sevcenko (2003:44).

nas velhas tradições". Esse "resto", e testemunha insistente do passado, deveria ser expulso, removido para a periferia e os morros da cidade. Como é plenamente sabido, a herança da segregação espacial permanece (cada vez mais) viva no século XXI, manifestada no crescente fenômeno da favelização, no desnível social e na brutalidade policial aplicada contra a maior parte da população carioca, "dada a diferença do Leblon ao — vizinho — Vidigal", é claro.

Foi também em 1904 que o Bruxo do Cosme Velho publicou *Esaú e Jacó*, voz dissonante, mordaz e lacônica em relação ao entusiasmado ingresso do Brasil na *belle époque* republicana, ao relembrar e apresentar, por exemplo, a mudança do regime político como um evento, longe de heroico ou revolucionário, alienado em relação a, e alienante da, realidade social, cultural e política da imensa maioria da população.

Uma imensidão de pessoas que se multiplicou nos anos iniciais do século XX e que, submetida às mais precárias condições de vida (ou, na pior e não muito rara das hipóteses, à absoluta falta delas), resistia e proliferava, não obstante, em meio ao pó levantado pelo "botar abaixo" do opróbrio colonial. Se "do pó vieste e ao pó retornarás", as "picaretas regeneradoras", imbuídas da missão de destruir a paisagem e a ordem tradicionais para abrir espaço à construção de um "admirável mundo novo", forçando o ingresso do Brasil, ou ao menos da capital federal, no êxtase geral da modernidade oitocentista, não se dobrariam à máxima fatalista da velha Bíblia. Do pó a nova cidade nascia, ao pó a modernização autoritária reduzia o passado colonial, mas ao pó, de acordo com as esperanças e vislumbres das elites sedentas de "civilização", não se retornaria, abrindo-se, antes, caminho rumo a um futuro digno da denominação. O voluntarismo e o desmando senhoriais não desapareceriam de todo, mas abriam espaço a uma violência comparável e a um voluntarismo mais ousado e ambicioso, incorporado no projeto moderno. Para tanto, os recursos à mais desabrida brutalidade contra os "humilhados e ofendidos", ainda que extinta a escravidão e os castigos corporais que a acompanhavam, foram acessados sem maiores hesitações ou constrangimentos. Diante, por exemplo, da crescente mendicância na cidade do Rio de Janeiro, a autoridade policial não hesitaria em agir, perseguindo e *alienando*, literalmente, os deserdados que "maculavam", como feridas expostas e, segundo se esperava, removíveis, as ruas "civilizadas" da Paris dos trópicos. Estes eram devidamente recolhidos no abarrotado "Asilo da Mendicidade", insuficiente para conter o enorme contingente de famintos e desesperados de nossa *belle époque*.[5] O desespe-

---

[5] Entre as abundantes citações de cronistas do período, publicadas em periódicos de relevância, como o *Jornal do Comércio* e a revista *Careta*, Nicolau Sevcenko (2003:85) elenca

ro social é revelado, inclusive, segundo dados apurados por Nicolau Sevcenko, no crescimento alarmante de internos no Hospício Nacional.[6] Pedintes, enlouquecidos, prostituídos e miseráveis, a horda de excluídos seria, como vínhamos apontando, não apenas recolhida em asilos ou (mal) abrigada no hospício, mas expulsa das áreas centrais da cidade (devidamente "higienizadas" da "imundice" das velhas tradições e da insistente miséria populares), tendo, como se não bastasse, as próprias casas invadidas, literalmente, pela autoridade científica, devidamente acompanhada da força policial, e empenhada em erradicar as doenças tropicais. Doenças inexistentes em Paris e empertigadas nos corpos, hábitos e condições miseráveis de vida dos "humilhados e ofendidos" do Rio de Janeiro.

A ordem e o progresso, para as elites modernizantes, eram "coisa séria, e merece[riam] ser tratados com seriedade". Pereira Passos não daria "razão dos seus atos [de prefeito reformador] a ninguém," muito menos aos "leigos e rebeldes" das camadas populares.

A autoridade, essencialmente moderna, das ciências biomédicas, higienizantes e sanitaristas, se arrogaria o direito de manipular os corpos maltrapilhos dos deserdados da *belle époque* como meros objetos científicos; e, caso algo residente e resistente dentro de tais objetos se manifestasse — a vontade, a indignação, o assombro e a desconfiança, por exemplo, ou o que o discurso religioso geralmente denomina como alma —, lá estaria a força bruta dos soldados para aquietar os ânimos (e a *anima*) dos "leigos e rebeldes" que se recusassem a receber a vacina obrigatória. Afinal, e mais uma vez, "meus senhores, a ciência é coisa séria, e merece ser tratada com seriedade. Não dou razão dos meus atos [de sanitarista] a ninguém" — e populares é que fossem injetados com um líquido misterioso, sem quaisquer esclarecimentos por parte das autoridades públicas, as quais não aceitariam "dar razão do *meu sistema* [o sistema modernizante e excludente das elites] a leigos" contaminados e contagiosos.

---

os seguintes trechos, muitíssimo ilustrativos do contexto de perseguição e exclusão social, inscrito, certamente, no âmbito de uma modernização autoritária e brutal: "A civilização abomina justamente o mendigo. Ele macula com seus farrapos e suas chagas o asseio impecável das ruas, a imponência das praças, o asseio dos monumentos". Ou ainda: "Se isso continua [a mendicidade], a polícia, obedecendo à sua intenção benemérita, ver-se-á obrigada a meter o continente no conteúdo: a cidade dentro do asilo". É irônico pensarmos como Bacamarte, também em nome da ciência e da civilização, e preocupado não meramente com o "asseio impecável" das ruas, praças e monumentos, mas, de forma muitíssimo mais ambiciosa, com o "asseio impecável" da própria mente humana, acaba por alienar a cidade inteira na Casa Verde, trancafiando o "conteúdo no continente, a cidade dentro do asilo".

[6] Entre 1889 e 1898 houve um aumento de 1.014% do número de internações no hospício (Sevcenko, 2003:86-87).

Contaminação perigosa e comprometedora da imagem do país era a varíola, a febre (amarela), e a peste (bubônica); o "atraso", a "ignorância" e a "feiura" — os trajes "vergonhosos", e logo perseguidos, das mangas de camisa, por exemplo —[7] representados pelo próprio povo; um povo marcado por anos de escravidão, desmando, penúria material, exclusão social e cultural.[8]

A aplicação autoritária dos benefícios modernizantes da ciência, sem dar quaisquer "razões do sistema" republicano "a ninguém", somada às condições de penúria a que foram submetidas grandes parcelas da população, marginalizada em termos sociais e espaciais, resultaria no motim conhecido como Revolta da Vacina. Vinte e dois anos após o motim popular itaguaiense contra o dr. Bacamarte, a população carioca se levantaria contra o "sistema" — ou, mais especificamente, o projeto sanitarista — do médico e cientista dr. Oswaldo Cruz. Isto é: contra o sistema elitista, modernizante e autoritário refletido nas ações e na própria iniciativa da reforma sanitária.

Violenta revolta, violenta reação por parte das autoridades. Ao fluxo de desespero popular, segue-se o refluxo "civilizador" da repressão brutal e retaliatória. Prisões, espancamentos e desterros — os amotinados eram deportados para o Acre de inícios do século, região então desabitada, remota, marcada pelo isolamento e a precariedade, uma espécie de Sibéria às avessas, quente e infestada por doenças tropicais que vacina alguma da capital civilizadora viesse remediar.

Mas, voltando ao doutor fictício — que a criação literária não poderia elaborar caso não estivesse, de maneira mais ou menos direta, relacionada ao contexto e a possibilidades históricas do período —, é interessante notar que no breve discurso de Bacamarte ao populacho, os mestres da ciência (estejam eles na Europa ou em Itaguaí) figuram bem ao lado de Deus ("Não dou razão dos meus atos de alienista a ninguém, salvo aos mestres e a Deus."). É a Ele que o doutor compara-se em termos de poder de cura, de decisão sobre os destinos humanos e de sabedoria. Está claro que os sistemas dos *mestres* e de Deus seriam de ordens diferentes, mas, em comum, pairariam, em tese, acima da sociedade, do tempo e do espaço, operando leis uni-

---

[7] No Rio de Janeiro, as mangas de camisa e os pés descalços seriam condenados por não serem compatíveis com o estilo europeu de vestimenta e apontados como marcas do "atraso", da "feiura" e da falta de asseio populares, os quais maculariam a imagem do país. É interessante notar que o tsar modernizador Pedro, o Grande, também procurou compatibilizar, de modo autoritário, a aparência popular com aquela da Europa, decretando, por exemplo, a raspagem obrigatória das barbas.

[8] Sobre perseguições e preconceitos em relação à cultura popular no Rio de Janeiro entre os séculos XIX e XX, ver, entre outros, Soihet (1998).

versais sem pedir ou prestar aos leigos, quer rebeldes, quer conformados, quaisquer razões ou licenças. Afinal, a ciência, como a religião, seria "coisa séria, e merece[ria] ser tratada com seriedade" — leia-se, com fé e obediência.

É evidente que as intenções do dr. Bacamarte, enquanto personagem literário e encarnação virulenta da ironia machadiana, são muitíssimo mais vastas, ambiciosas, e, em última análise, absurdas que as do dr. Oswaldo Cruz. O primeiro visa operacionalizar um discurso universal(izante), cientificista, para remediar não meramente o corpo doente, mas a própria alma. Aquilo que seria, até então, da alçada de Deus, e a decidir-se em outro mundo (o paraíso celeste; afinal, "Meu reino [capaz de curar almas e mágoas] não é deste mundo") ou, na pior das hipóteses, no dia derradeiro deste pobre mundo terreno — no Juízo Final — Bacamarte não só anteciparia como deslocaria: dos Céus aos mestres da Europa; dos mestres da Europa a Bacamarte, de Bacamarte a Itaguaí e de Itaguaí ao mundo — "dada a diferença de Paris a Itaguaí", ressalva-se.

Um dos primeiros mentecaptos recolhidos pelo alienista sofre, curiosamente, de monomania religiosa. O sujeito, "chamando-se João de Deus, dizia agora ser o Deus João e prometia o reino dos céus a quem o adorasse, e as penas do inferno a outros" (Assis, 2007:43). "Deus João", assim como os primeiros pacientes recolhidos na Casa Verde, era, reconhecidamente (isto é, como o senso comum reconhecia e a tradição consagrava), um louco delirante. Sua mania de grandeza só poderia ser fruto de uma mente perturbada, de uma imaginação doentia. É seu destino terminar isolado do restante das pessoas, por sua autopresumida grandeza e superioridade, na solidão de um asilo. Em sua ironia feroz contra o cientificismo e o racionalismo do *fin de siècle* brasileiro, mirando em seus adeptos e readaptadores — membros da elite econômica, intelectual e europeizada, caricaturada no próprio Bacamarte, um "doutor" de formação estrangeira, membro da elite provinciana —, Machado de Assis reservará um destino semelhante ao seu herói. Sem o resguardo de Deus ou a orientação dos mestres, tão distantes de Itaguaí, Bacamarte terminará inteiramente só, pelo restante de seus 17 meses de vida, na Casa Verde que ele mesmo idealizara. O alienista, que não prestaria contas de seu sistema a ninguém, Simão Bacamarte de Deus, ao ensaiar tornar-se o Deus Simão Bacamarte, operando leis misteriosas — para os leigos — e prometendo a cura universal das perturbações mentais, tornar-se-á alienado.

Outro personagem machadiano a sofrer de monomania, ao buscar um remédio universal, não contra a loucura, mas contra a hipocondria, é o melancólico Brás

Cubas. Membro da elite nacional, ex-estudante de Coimbra, assim como Bacamarte, Brás, mergulhado na melancolia, não procurava um futuro grandioso e revolucionário para si, para Itaguaí, para o Rio de Janeiro ou para o mundo. No entanto, um momento de grandes esperanças e de enlevo monomaníacos, no melhor estilo Bacamarte, o assalta ao fim da vida, quando o decadente aristocrata idealiza o emplasto antimelancolia.

O Emplasto Brás Cubas, do Brasil para o mundo, seria o antidepressivo universal, uma invenção revolucionária dos destinos da humanidade, a cura da melancolia via droga farmacêutica, uma espécie de Prozac brasileiro do século XIX — só que, a julgar pelas expectativas do inventor, de eficácia inteiramente garantida. É uma ideia sublime, convertida em ideia fixa, como as pretensões de Bacamarte de conquistar, via ciência, "a saúde da alma, (...) ocupação mais digna do médico" (Assis, 2007:39). Com dedicação obsessiva o alienista entregar-se-ia ao projeto, até perecer sozinho no asilo que ele próprio criara.

No que concerne a Brás Cubas, porém, o defunto-autor não colocara em prática o que seria o maior de todos os seus projetos — do mesmo modo, vale acrescentar, como não realizara tantos outros planos e intuitos, menos sublimes, de vida —, casar-se, ter filhos, tornar-se deputado. A invenção sublime que o tornaria imortal, transcendente em relação ao tempo e ao espaço, imortalizando seu nome ao lado da palavra emplasto — que nos remete à cura, solução — é abortada pela vida. Pandora, a mãe e a destruidora natureza, leva o brasileiro e seus sonhos de grandeza para o além túmulo. Brás não realizaria suas esperanças cientificizadas mais do que Bacamarte; mas ambos ficariam entregues, enquanto o tempo de vida os permitisse, a inventos e projetos tão sublimes quanto malsucedidos. De tão sublimes, as ideias dos personagens — para além de fixas, e malsãs, capazes de cegar, como toda ideia fixa, o sujeito que as carrega agarradas ao "trapézio do cérebro" — revelam-se um fracasso.

Há também, entre a atormentada galeria de personagens dostoievskianos, os monomaníacos, que carregam, como Bacamarte e o zombeteiro Brás, grandiosas ideias fixas. Podemos citar como exemplo Kirílov, que, sonhando atingir uma espécie de divindade ao inverter, como o paciente psiquiátrico de Itaguaí e o próprio alienista, a equação Deus-homem (Cristo) para Homem-Deus (moderno homem das "novas ideias"), elabora e realiza o plano de suicidar-se para proclamar a própria vontade e assim inaugurar o tempo dos homens deuses (Dostoiévski, 2004). Na ausência de

Deus, e, logo, da vontade divina governando o mundo, a vontade onipotente a ser proclamada era a humana, no caso, a *dele*, Kirílov, que não permitiria que a natureza o matasse à revelia de si mesmo — ele morreria por vontade própria, dentro dos quadros do que a personagem denomina um "suicídio lógico", uma espécie de manifesto capaz de provar à humanidade a onipotência de seu voluntarismo. O jovem Raskolnikov também é vítima da monomania e comete um "assassinato lógico" com o intuito de provar-se um "homem extraordinário", acima das leis, dono do próprio destino e dos rumos da história, conduzindo a humanidade até a "Nova Jerusalém" (Dostoiévski, 2001).

Engenheiro provinciano; estudante pobre em Petersburgo; cientista itaguaiense obcecado pela solução da loucura e herdeiro *bon vivant* do Rio de Janeiro, respectivamente, Kirílov, Raskolnikov, Bacamarte e Brás Cubas são autênticos — não obstante fictícios — apropriadores do discurso moderno e cientificizado, que parte da Europa e atinge os gigantes Rússia e Brasil. Países de contextos, costumes e tradições específicos, diferenciados, com seus desafios, mazelas e promessas próprias. A intelectualidade russa, como a intelectualidade brasileira, cindida entre o moderno e o tradicional, entre a Europa e, como Dostoiévski gostava de dizer, o "solo" pátrio, se apropria, combina e recombina, recorta e transforma as influências da "terra das santas maravilhas".[9]

Ambos os autores, Machado de Assis e Dostoiévski, dirigiriam críticas não só ao modelo importado em si mesmo, mas a seus entusiastas e (re)adaptadores russos e brasileiros — a elite intelectual nacional, com a qual os autores vão polemizar em inúmeros momentos, elaborando, no processo, grandiosos registros literários. Em meio ao entusiasmo e às esperanças oitocentistas quanto a um futuro moderno, de justiça social na Rússia (onde parte da intelectualidade se filiara ao socialismo) e liberalismo político no Brasil (o engajamento às causas republicana e abolicionista; tímido, não obstante, de projetos sociais), o egresso da casa dos mortos e o bruxo do Cosme Velho zombam da, e desafiam a, aparente harmonia esperançosa do baile da *belle époque*. Os autores colocam em questão as imposturas, readaptações, insuficiências, expectativas e desastres (possíveis e presentes) da adesão à modernidade.

---

[9] No relato de sua primeira viagem à Europa, Dostoiévski (2000b) utiliza, de forma irônica e repetida, a expressão "na terra das santas maravilhas" (*strane sviatir tchudes*) ao referir-se ao centro da modernidade oitocentista. A expressão foi retirada do poema *Sonho* (*Mietchtá*) do escritor eslavófilo A. Khomiakov (2004:277).

Intelectuais e modernidades

O ilustre doutor Bacamarte e o incógnito homem do subsolo podem ser apontados como alguns dos personagens que melhor dialogam entre si. Eles são, em grande medida, oposto e semelhante um do outro. Suas trajetórias, em princípio opostas e irreconciliáveis, acabam levando-os a um destino, como veremos, bastante semelhante.

Nas *Memórias do subsolo*, um funcionário público de baixa estratificação, porém instruído, isto é, marcado pela instrução moderna, encontra-se dilacerado entre o "belo e o sublime" e a realidade brutal e desigual, a rígida hierarquização social e as arbitrariedades que marcavam o contexto russo oitocentista. Desafiando a racionalidade e a crença de que tudo — todas as questões sociais e espirituais que afligem o ser humano — pudesse ser superado pelo ideal da cientifização ou racionalização absolutas, superando falhas constitutivas que marcam a vida concreta e atingindo a perfeição, o memorialista tece críticas caóticas, atormentadas e irônicas:

> O homem, às vezes, ama terrivelmente o sofrimento. (...) No palácio de cristal ele é simplesmente inconcebível. O sofrimento é dúvida, é negação, e o que vale um palácio de cristal do qual se possa duvidar? (...) Acreditais no palácio de cristal, indestrutível através dos séculos, isto é, um edifício tal que não se lhe poderá mostrar a língua, às escondidas, nem fazer figa dentro do bolso. Bem, mas talvez eu tema esse edifício justamente porque é de cristal e indestrutível através dos séculos e por não se poder mostrar-lhe a língua (...) (Dostoiévski, 2000a:48-49).

O palácio a que Dostoiévski se refere é o enorme edifício de vidro e ferro, erguido na capital inglesa em 1851 — o Palácio de Cristal, uma construção modernista, símbolo e templo (entre outros) da modernidade ocidental.[10] Os sentimentos ambíguos de admiração e desconfiança da intelectualidade russa em relação ao edifício — representado pelo revolucionário Tchernichévski como um sonho, a promessa de um futuro idealizado, e, por Dostoiévski, como um verdadeiro pesadelo — revela a ambivalência das relações entre os intelectuais russos e a modernidade ocidental.

O ideal da transparência, a nitidez cristalina por intermédio da qual a vida em comunidade é compartilhada, não se podendo "mostrar a língua", nem mesmo, "às ocultas", ou "fazer figa dentro do bolso", remete aos ideais do falanstério fourierista. Ao socialismo de Fourier (exaustivamente discutido nas reuniões de Petrachévski,

---

10 Para uma análise sobre a presença e a importância do Palácio de Cristal como símbolo da modernidade na obra dostoievskiana, ver Berman (2005) e Frank (2002).

"Meus senhores, a ciência é coisa séria"

frequentadas por Dostoiévski quando o autor esboçara posturas revolucionárias), Tchernichévski acrescentou, em *Que fazer?*, o racionalismo e o utilitarismo — a que Dostoiévski (2000a:38) se referiria como "novas relações econômicas plenamente acabadas e calculadas com precisão matemática" — em voga na Rússia dos anos 1860. Se a transparência absoluta repugna Dostoiévski (2000a:37), por cercear as discordâncias, a liberdade e a expressão humanas — submetidas à vigilância e ao controle —, os ideais racionalistas (a sensatez absoluta regulada segundo uma "tábua de logaritmos") também não o convencem ou o agradam.

Haveria sempre "algum cavaleiro de fisionomia pouco nobre, retrógrada e zombeteira", por mais que o "formigueiro" moderno, em sua versão socialista, burguesa e/ou pseudocientífica tentasse se impor, mandando "esses logaritmos para o diabo", e proclamando "nossa estúpida", pois nem sempre determinada pela razão, "vontade" humana.

O homem do subsolo é o cavaleiro de fisionomia pouco nobre e retrógrada, descrente e zombeteira, fazendo figas e caretas diante do ideal "homem novo", moderno, que pode fabricar maravilhas tecnológicas, construir palácios translúcidos e tábuas mágicas de logaritmos capazes de explicar, prever e controlar o comportamento humano. Ao mandar os logaritmos ao diabo, ele resiste ao formigueiro pseudocientífico e racionalista moderno, e alerta os entusiastas do progresso, chamados de "criancinhas de peito" (Dostoiévski, 2000a:33), para os perigos e impossibilidades de transpor e aplicar verdades matemáticas — puramente lógicas — ao comportamento humano. Um mundo sensato, perfeito, sem falhas e sem sofrimento — o paraíso terrestre — não é mais um mundo, mas uma aberração, que cede espaço ao fastio, à decadência, e que representa o fim da experiência humana, o fim da história. Pois, nele, todas as perguntas estariam respondidas, todos os problemas resolvidos; e o sofrimento, a incerteza e a falha que constituem a própria experiência humana — inclusive, e fundamentalmente, a experiência moderna, na qual "tudo que é sólido desmancha no ar" — revogados. A solidez definitiva de um palácio de vidro e ferro, a resolução de todas as questões, representaria uma traição aos ideais modernos que, em princípio, não reconhecem limites saciáveis e definições imobilizantes. A própria ciência moderna, mais especificamente, desmancha no ar, a cada dia, as certezas constituídas pelos próprios cientistas, já que seu caminhar, em princípio, é ilimitado, num processo incessante de continuações e rupturas. Grosseiramente exemplificando, a Galileu sobrevém Newton, a Newton, Einstein e a Einstein, certamente, uma quantidade ilimitável de gênios da física. Uma física resolvida, definitiva, é uma física morta.

Mas a postura do homem do subsolo, apesar de desafiadora, não transcende a careta, cética e desfigurada, que o mantém, por excesso de individualismo e voluntarismo, preso a um mundo próprio, subterrâneo.

O nosso alienista, entretanto, acreditava na possibilidade de construção de um "palácio" não propriamente de cristal, mas de grossas paredes e sólidas janelas verdes. A Casa Verde (como fora apelidado pela população o primeiro manicômio de Itaguaí) não teria a função de transparecer, para assim controlar, figas e caretas, dúvidas e negações. Em um movimento inverso, mas dentro de uma lógica muito semelhante ao "palácio-formigueiro de cristal", o "palácio" do dr. Bacamarte, ao invés de expor, esconderia e isolaria, *alienando* todo tipo de idiossincrasias, desvios morais, fraquezas, covardias, contradições, todo comportamento que se desviasse ou escapasse, enfim, da racionalidade moderna encarnada nos ideais científicos do sábio brasileiro.

Quando Bacamarte decide realizar seu estudo pioneiro e revolucionário a respeito da patologia cerebral, "não havia na colônia, e ainda no reino, uma só autoridade em semelhante matéria". A conquista gloriosa da "saúde da alma, ocupação mais digna do médico", deveria cobrir não o modesto alienista, pessoalmente, mas "a ciência lusitana, e particularmente, a brasileira (...) de 'louros imarcescíveis'" (Assis, 2007:39).

A população colonial, diante de experimento tão importante e inovador, demonstra curiosidade e resistência, "tão certo é que dificilmente se desarraigam *hábitos absurdos, ou ainda maus*" (Assis, 2007:40, grifos meus). O narrador faz a observação ainda no início do conto, antes mesmo de a Casa Verde ser construída, quando não passava de um projeto a ser aprovado pela vereança de Itaguaí. A resistência, daí por diante, com o aprofundamento das experiências científicas do alienista, só faria aumentar, mas desde já podemos escutar o eco da voz subterrânea de Dostoiévski (2000a:41), quando o homem do subsolo proclama:

Quereis desacostumar uma pessoa dos seus velhos hábitos e corrigir-lhe a vontade, de acordo com as leis da ciência e do bom-senso. Como concluir que as leis da razão e da aritmética são de fato sempre vantajosas para o homem e constituem uma lei para toda a humanidade?

Ou ainda:

Mesmo atualmente, embora o homem já tenha aprendido por vezes a ver tudo com mais clareza [sob as "Luzes" do pensamento moderno] que na época bárbara, ainda está longe de ter-se acostumado a agir do modo que lhe é indicado pela razão e pela ciência. Mas, apesar de tudo, estais absolutamente convictos de que ele há de se acostumar infalivelmente a fazê-lo, quando tiver perdido de todo alguns *velhos e maus hábitos* (...) (Dostoiévski, 2000a:37, grifos meus).

Mas toda a humanidade seria beneficiada, segundo supunha Bacamarte, tão logo os princípios universais da ciência fossem aplicados à alma humana. A correção dos "velhos e maus hábitos" (nas palavras de Dostoiévski), ou (nas palavras de Machado de Assis) dos "hábitos absurdos, ou ainda maus" itaguaienses vai se intensificando, e fracassando, à medida que o alienista aplica suas teorias científicas e tenta incutir na população as leis do bom senso — o perfeito equilíbrio das faculdades mentais. O médico lota o hospício e apavora os objetos vivos de seus experimentos — seres humanos distantes da mentalidade e do centro irradiador da ciência, mas, além disso, e por definição, aquém (ou muito além) do ideal científico aplicado às pessoas; essas não são ideais, tampouco são fenômenos regulares como as formigas ou as fórmulas matemáticas. Seja em Itaguaí, São Petersburgo ou Paris, elas são carne, ossos e "desvios" — ou, ainda, nas palavras do memorialista do subsolo, "estúpidas vontades" — em relação a seja qual for o modelo estabelecido, o "original" europeu ou as "adaptações" russa e brasileira. A adequação do comportamento e mesmo da alma humanos a uma espécie de "tábua de logaritmos" falharia, seja no Brasil, na Rússia (dentro das características peculiares aos complexos e colossais países), ou no próprio "país das santas maravilhas", mas também das hordas de excluídos, das guerras e dos massacres perpetrados pelos seus cidadãos civilizados.

Os "alienados" do dr. Bacamarte não cessariam de fazer figas e caretas, retrógradas e desafiadoras, até que a Casa Verde, "palácio" onde as idiossincrasias humanas deveriam ser exterminadas, é esvaziada, para abrigar um homem só — o próprio cientista.

"Se a vontade se combinar um dia completamente com a razão, passaremos a raciocinar ao invés de desejar. (...) Então, o que sobrará de livre em mim, sobretudo se sou um sábio e terminei um curso de ciência em alguma parte?" (Dostoiévski, 2000a:40), sentencia o memorialista do subsolo. Bacamarte raciocina, o "sábio que terminou um curso de ciência em alguma parte" da Europa contabiliza probabilidades biológicas, num organicismo algébrico, ao casar-se com d. Evarista, senhora "não bonita nem simpática" (Assis, 2007:38). Ele não desejava, mas raciocinava ao casar com aquela que as leis da natureza preestabeleceram como boa esposa e/ou procriadora, uma vez reunindo "condições fisiológicas e anatômicas de primeira ordem, digeria com facilidade, dormia regularmente, tinha bom pulso, excelente vista; estava assim apta a dar-lhe filhos robustos, sãos e inteligentes". A dimensão do desejo, da "adoração miúda e vulgar" (Assis, 2007:38-39), que seria a paixão, está descartada. Bacamarte não experimenta, neste sentido, a liberdade — no caso, um dos mais perigosos, irracionais e preciosos exercícios da liberdade humana: a paixão.

Mas o casamento estéril em termos amorosos, não menos seria estéril em termos fisiológicos:

D. Evarista mentiu às esperanças do dr. Bacamarte, não lhe deu filhos robustos. O Alienista, então, fez um estudo profundo da matéria, relendo escritores árabes e outros, que trouxera para Itaguaí, e enviando consultas às universidades italianas e alemãs; ao fim, aconselhou à mulher um regime alimentício especial. A ilustre dama, nutrida exclusivamente com a carne de porco de Itaguaí, não atendeu às admoestações do esposo; e à sua resistência — explicável, mas inqualificável, devemos a extinção da dinastia dos Bacamarte (Assis, 2007:40).

A "musa" do dr. Bacamarte, a bela que o médico contemplava exclusiva e obsessivamente, nunca seria d. Evarista, que não representava muito mais que uma frustrada esperança reprodutora. A adoração do sábio não era aquela "miúda e vulgar" de um homem, como tantos outros, apaixonado por uma mulher, mas grandiosa e elevada, digna de um "esclarecido" cientista — era a abstrata, a descarnada ciência; não a mulher de ossos e da carne (de porco).

Creio que podemos afirmar não ter sido propriamente d. Evarista quem mentiu às esperanças fisiológicas do médico. A ciência, diante da qual o doutor depositara fidelidade e expectativas, o enganara, o confundira, fornecendo-lhe o que mais tarde se revelariam pistas falsas. A objetivização, a formalização da natureza orgânica, quando encarnada na vida — não apenas a que concerne à biologia, mas à concretude da experiência —, foi um desapontamento, um desengano biológico que interromperia a continuidade da vida, tornando extinta a dinastia dos Bacamarte. Sua amada, a ciência, revelara-se, assim, capaz de mentir e trair as esperanças do enamorado cientista, como a bela Capitu, dos "olhos de cigana oblíqua e dissimulada", confundindo e desapontando Bentinho.

"Meus senhores, a ciência é coisa séria"

É interessante pensarmos na "resistência — explicável, mas inqualificável" de d. Evarista às admoestações do marido, tão solidamente embasado nos "escritores árabes e outros que trouxera à Itaguaí" e em consultas feitas a universidades europeias. Se a dieta especial, restritiva, é um incômodo explicável, a resistência inqualificável de d. Evarista é algo que intriga.

> Então, dizeis, a própria ciência há de ensinar ao homem (...) que, na realidade, ele não tem vontades nem caprichos e que não passa de uma tecla de piano ou de um pedestal de órgão; e que, antes de mais nada, existem no mundo as leis da natureza, de modo que tudo o que ele faz não acontece por sua própria vontade mas de acordo com as leis da natureza. Consequentemente, basta descobrir essas leis e o homem não responderá mais por suas ações e sua vida se tornará extremamente fácil (Dostoiévski, 2000a:37).

D. Evarista é um exemplo do capricho, do ciúme e da vaidade femininos, que resiste aos "interesses normais" e às "vantagens" racionais, abertos à escolha, ou à vontade, dos seres humanos, a despeito de quaisquer tentativas de construção de uma "Casa Verde", onde os males da alma seriam estudados e remediados, ou de um "Palácio de Cristal" — enfim, de empreendimentos modernos no sentido de atingir o paraíso terrestre.

É factível estabelecer aproximações entre as críticas e desconfianças machadianas e dostoievskianas em relação à modernidade, elaboradas a partir de países situados fora, ou para além, do centro irradiador das "santas maravilhas" modernizantes. Personagens construídos por ambos os artistas dão vida e ilustram, em cores dramáticas, as ambivalências de um Brasil e de uma Rússia mergulhados em processos alternativos de modernização. Estabelecer contrastes e simetrias entre tais personagens significa a possibilidade de engajá-los em ricos diálogos; diálogos estruturados pela história e elaborados pelo gênio literário, a imaginação e a arguta crítica social — em larga medida visionária — dos autores.

Machado e Dostoiévski são de países de onde o turbilhão moderno não *se* originou, mas onde o mesmo deu origem, como alhures, a profundas e específicas mudanças, esperanças e tormentos.[11] Ambos os autores, viveram em, e escreveram

---

[11] A expressão "turbilhão moderno" é de Marshall Berman (2005:16, grifos meus), que afirma: "O *turbilhão* da vida moderna tem sido alimentado (...) por grandes descobertas nas ciências físicas, com a mudança da nossa imagem do universo e do lugar que ocupamos nele; a industrialização da produção, que transforma conhecimentos científicos em tecnologia, cria novos ambientes humanos (...). (...) os processos sociais que dão vida a esse *turbilhão*, mantendo-o em um *perpétuo estado de vir a ser* vêm a chamar-se modernização".

sobre, contextos muito marcados pelas mutações modernas, e não se isentaram de discuti-las a partir de perspectivas críticas, em muitos pontos convergentes, embora tratando de contextos diferenciados. Assim, podemos notar grandes aproximações temáticas na obra dos romancistas.

A falência de ideais de liberdade e igualdade, da racionalidade capaz de redimir, "civilizando" por completo os seres humanos — leia-se, tornando-os mais conscientes de seus supostos interesses individuais e sociais, diluindo-os e eliminando idiossincrasias num ideal universal; os choques ambíguos do ideário com a concretude, por vezes tão grandiosa, por vezes tão mesquinha, da vida; e as fraturas daí advindas aparecem intensamente em ambas as obras, que apresentam, mais uma vez, grandes afinidades temáticas, embora discutindo contextos diversos e divergindo, fundamentalmente, de tom. Em Machado sentimos um cinismo melancólico, que perpassa críticas contundentes, porém quase sempre indiretas, veladas, contorcidas de ironia, descrença e, não raro, despeito. Em Dostoiévski, um tom desesperado, violentamente aberto ou explícito, oscilando, muitas vezes, entre o patético e o profético, mas nunca desviando da arguta crítica sociocultural colorida e descolorida — em tons resplandecentes de êxtases poéticos, e/ou em imagens sombrias de descida aos infernos — pelo gênio literário.

Se ambos os autores pintam um retrato de pessimismo e descrença em relação ao mundo moderno, Dostoiévski desenvolve, além disso, uma proposta alternativa e redentora, muito marcado pelo nacionalismo messiânico de origem eslavófila.[12] Tal proposta é incorporada em personagens dos romances "milagrosos" de Dostoiévski, tais como Sônia, de *Crime e castigo* (1866), romance no qual Raskolnikov, personalidade revoltada e arrogante, comete um assassinato procurando provar-se um "homem extraordinário" (autossuficiente e acima das leis) e é aconselhado por Sônia (mulher do povo, doce e religiosa) a confessar seu crime e pedir desculpas, humildemente, à sociedade — sugestão seguida pelo assassino, após exaustivo sofrimento e dura condenação, quando ele finalmente é capaz de deixar "a dialética dar lugar à vida". Há ainda o príncipe Míshkin, de *O idiota* (1868), que encarna, também, os ideais de

---

12 Dostoiévski (2004:356 a 358). Os eslavófilos eram membros da elite intelectual russa e defensores de um nacionalismo de fundo romântico. Eles mantinham grandes reservas — de fundo social, moral e cultural — em relação à Europa e, muito especificamente, à modernidade europeia. Sua visão crítica baseava-se em valores morais que estariam se perdendo no Ocidente (este, enredado na degradação econômica, na proletarização, no alto preço social e moral pago pelas nações industriais) e se encontrariam, supostamente, conservados nas bases comunitárias da sociedade agrária russa (em particular, a comuna rural — o *mir* — e suas assembleias consagradas pelo costume — a *obschina*), expressão máxima, segundo se acreditava, da mentalidade popular russa. Sobre os ideólogos eslavófilos e suas contribuições, ver Walicki (1975).

bondade, mansidão e compaixão. A "idiotia" de Mishkin não é estupidez, mas se refere, antes, ao idiota como aquele que reconhece os limites do saber e da vontade, e que, com doçura, sem a revolta ou a melancolia do "homem do subsolo" e outros "possessos" dostoievskianos, acolhe a impossibilidade de tudo saber e tudo poder.[13] Ainda podemos mencionar Chátov, de *Os demônios* (1871), que encarna os ideais eslavófilos dos quais Dostoiévski muito se aproximaria, e o monge Aliosha, de *Os irmãos Karamázov*. Tais personagens encarnam e concretizam o ideal dostoievskiano de redenção — o sacrifício espontâneo e desinteressado, a docilidade, o desapego material, o acolhimento, sem revolta, das agruras, falhas e sofrimentos da vida, sem a busca desesperada por um "palácio de cristal" eterno e acima da dor ou da dúvida. Representam o que seria, enfim, o verdadeiro espírito de Cristo (ortodoxo, russo, já que Dostoiévski acompanha os eslavófilos ao afirmar que o cristianismo católico seria a encarnação do anticristo) e fazem o contraponto às personalidades marcadas pelo egoísmo, a revolta e o voluntarismo "demoníacos" que compõem, de acordo com a visão dostoievskiana, o cenário moderno.

Machado de Assis, por sua vez, elaborou personagens, à semelhança de Dostoiévski, acometidos por "ideias fixas" e melancolia (ou *casmurrice*), apontando, como o autor russo, os "demônios" que atormentam os seres humanos. Mas, no que diz respeito ao vislumbre de uma possibilidade de alternativa, redentora do mundo e do homem modernos, Machado pode ser comparado *por contraste* às esperanças messiânicas do egresso da casa dos mortos. Nesse sentido, a frase que conclui as memórias póstumas do melancólico Brás Cubas é lapidar: "filhos não tive, não transmiti a nenhum ser humano o legado de nossa miséria". O legado humano, como podemos ver por meio desse exemplo, entre outros, é um legado miserável para Machado de Assis; já para Dostoiévski o mundo poderia ser redimido por meio do espírito cristão residente, e resistente, supostamente, segundo o romantismo nacionalista do autor, na "alma" do povo russo.

Nas obras dostoievskiana e machadiana encontram-se abordagens diferentes que guardam semelhanças e que podem, segundo sustentamos, confluir na elucidação de processos históricos.

Tanto Machado de Assis quanto Dostoiévski criticam não a ciência ou a razão em si, mas a transposição simplória e pretensamente definitiva de métodos, teorias e teoremas das ciências exatas para a sociedade e o comportamento humanos.

---

[13] Sobre a redenção em Dostoiévski, ver Fogel (1994).

Os autores, como adeptos e críticos severos das "santas maravilhas" modernas, colocam em questão os processos de modernização atravessados por seus países ao longo do século XIX. O escritor brasileiro satiriza, quase com crueldade, as injustiças do país escravista, de elite europeizada, e, nem por isso, de fato comprometida com os ideais "maravilhosos" de liberdade e igualdade. Mas, se Machado ironiza o Brasil, país de olhos fixos no, porém aquém do, ideal estrangeiro, o próprio ideal é, também ele, em si mesmo, ironizado. As denúncias e zombarias tecidas pelo autor aos valores (ou a perda de valores) modernos, tais como o enriquecimento como o grande objetivo — aberto, hipocritamente, a todos os "iguais" —; a valorização de quem ascende e o menosprezo a quem desce na escala econômica das virtudes; a visão rasteira dos seres humanos, marcada pelo utilitarismo monetário e o racionalismo científico; a arrogância do sujeito moderno, autoinvestido do papel de dominador absoluto da natureza e do próprio destino; apontam em Machado de Assis, como em Dostoiévski, as ambiguidades de escritores dilacerados entre valores modernos e tradicionais, entre as "santas maravilhas" e a treva espessa que as acompanha entre a Rússia, o Brasil e a Europa.

Referências

ASSIS, Joquim Maria Machado de. *Memórias póstumas de Brás Cubas*. São Paulo: FTD, 1992.

_____. *50 contos de Machado de Assis*. São Paulo: Cia. da Letras, 2007.

BERLIN, Isaiah. *Pensadores russos*. São Paulo: Cia. das Letras, 1988.

BERMAN, Marshall. *Tudo o que é sólido desmancha no ar*: a aventura da modernidade. São Paulo: Cia. das Letras, 2005.

CHALHOUB, Sydnei. *Machado de Assis historiador*. São Paulo: Cia. das Letras, 2003.

DOSTOIÉVSKI, Fiódor. *Os irmãos Karamázov*. Rio de Janeiro: José Olympio, 1952.

_____. *Memórias do subsolo*. São Paulo: Editora 34, 2000a.

_____. *O crocodilo e Notas de inverno sobre impressões de verão*. São Paulo: Editora 34, 2000b.

_____. *Crime e castigo*. São Paulo: Editora 34, 2001.

_____. *O idiota*. São Paulo: Editora 34, 2002.

_____. *Os demônios*. São Paulo: Editora 34, 2004.

FOGEL, Gilvan. Dostoiévski: voluntarismo = niilismo. *Revista Sofia*, Rio de Janeiro, ano I, n. 0, out. 1994.

FRANK, Joseph. *Pelo prisma russo:* ensaios sobre literatura e cultura. São Paulo: Edusp, 1992.

_____. *Dostoiévski*: sementes da revolta (1921-1949). São Paulo: Edusp, 1999a.

_____. *Dostoiévski*: os anos de provação (1850-1859). São Paulo: Edusp, 1999b.

_____.*Dostoiévski*: os efeitos da libertação (1860-1865). São Paulo: Edusp, 2002.

_____. *Dostoiévski*: os anos milagrosos (1865-1871). São Paulo: Edusp, 2003.

KOYRÉ, A. *Études d'histoire de la pensée scientifique*. Paris: Presses Universitaires de France, 1966.

_____. *Estudos galilaicos*. Lisboa: Dom Quixote, 1986.

_____. *Du monde clos à l´univers infini*. Paris: Gallimard, 2007.

SCHNAIDERMAN, Boris. O alienista: um conto dostoievskiano? *Teresa: Revista de Literatura Brasileira*, São Paulo, n. 6-7, p. 268-273, 2006.

SCHWARZ, R. *Machado de Assis*: um mestre na periferia do capitalismo. São Paulo: Editora 34, 2000a.

_____. *Ao vencedor as batatas*: forma literária e processo social nos inícios do romance brasileiro. São Paulo: Editora 34, 2000b.

SEVCENKO, Nicolau. *Literatura como missão*. Tensões sociais e criação cultural na Primeira República. São Paulo: Cia. das Letras, 2003.

WALICKI, Adrzej. *The slavophile controversy*: history of a conservative utopia in nineteenth century russian thought. Oxford: Clarendon Press, 1975.

_____.*A history of russian thought*: from the enlightenment to marxism. Stanford: Stanford University Press, 1979.

5   Os bandidos de Isaac Babel': a armadilha

Daniel Aarão Reis

A arte é real como a vida. E como a vida, não tem fim, nem sentido: ela existe porque não pode não existir.

Lev Luntz

E ele conseguiu o que queria, Benia Krik, porque era tomado de paixão, e a paixão rege o mundo.

Esqueça-se por um momento que V. tem óculos no nariz e o outono na alma.

Você é tigre, V. é leão, V. é gato.

I. Babel'

Os *Contos de Odessa*[1]

Os *Contos de Odessa* contam sobre bandidos, como Benia[2] Krik, o preferido, que não são ungidos por Deus, nem escolhidos pelos humanos. São homens e também mulheres de ação. Se as ameaças que fazem não produzem resultados, passam ao ataque.

Se exercem o puro arbítrio para extorquir, também podem exercê-lo para agradar ou fazer o bem. Tudo e todos para eles têm um preço. Que eles pagam, despendendo do dinheiro ganho com larguezas de aristocratas.

---

[1]   Isaac Babel' escreveu numerosos contos e pequenas novelas, além de peças de teatro e roteiros para cinema. Os *Contos de Odessa*, particularmente renomados, narram histórias que teriam se passado nos anos anteriores à I Grande Guerra, anos pré-revolucionários. Escritos em 1923 e 1924, publicados em jornais e logo em forma de livro, tiveram sucesso fulminante, contribuindo, juntamente com o clássico *O Exército de Cavalaria*, para a consagração imediata do autor. No presente texto trabalho também com a peça *Maria*, escrita em 1933, publicada em 1935 e, logo em seguida, censurada. Recorri à edição de 1990: Babel' Issaak. *Sotchinenia v dvuh tomah*. Rudodjestvenaia Literatura, Moskva, 1990. Os contos estão no primeiro volume/*pervy tom*, p. 120-152. A peça encontra-se no segundo/*vtaroi tom*, p. 316-356. Todas as referências a respeito, salvo indicação expressa em contrário, provêm desta edição. As traduções são de minha responsabilidade.

[2]   Diminutivo carinhoso de Benzion.

Bandidos astutos, cruéis, decididos. Nem sempre, porém, a vida lhes sorri vitórias. Às vezes, colhem reveses, mas os enfrentam com serenidade, coragem, audácia.

Autocontrole, frieza, determinação. Parecem não ter medo. Ousados. E conhecem as referências de sua gente, as comunidades judias de Odessa, os medos e as aspirações das pessoas, os símbolos que prezam, os valores que reverenciam, as qualidades que celebram, os defeitos que abominam.

Percebem a fragilidade da vida, uma fatalidade. Mas lidam com esta angústia pela ação.

Apaixonados bandidos. Apaixonantes. Conforme as circunstâncias, calculam, negociam, fazem acordos. Céticos como experimentados homens de negócios, não acreditam em leis, mas na palavra empenhada, que fazem cumprir e cumprem.

São irônicos, rudes, brutais. Podem dar e tirar, de acordo com as circunstâncias e o seu *bon vouloir*. Como os velhos imperadores romanos, com o polegar para cima, salvam. Para baixo, condenam à morte.

Gostam de velocidade, de vernizes e cores brilhantes. Cosmopolitas como a cidade onde vivem, Odessa, estendida à beira do imenso mar Negro, parecem modernos, mas, ao mesmo tempo, por seus vícios e virtudes, antigos, atemporais.

Os bandidos de I. Babel'

Teriam existido os bandidos de Odessa? Não passariam de construções da imaginação sensível de Babel'? Teria existido a Odessa pintada pelos contos? Ou apenas os olhos de Babel' a conseguiram ver?

Questões inteiramente irrevelantes. O que importa é que as histórias, logo que publicadas, evidenciaram irrecusável *expressividade* e *pertinência*.[3]

---

[3] Para o trabalho na fronteira entre história e literatura são, a meu ver, especialmente relevantes as obras que *exprimem* tendências fortes na sociedade, adquirindo, assim, *pertinência*. Para além da capacidade de *representar* o processo histórico, o que não é função precípua da literatura, nem da arte, a obra literária ganha densidade histórica quando *exprime* correntes interpretativas de fundo, afetivas e racionais, modos de ver, *olhares*, presentes em determinada sociedade ou época histórica. Neste preciso sentido, a literatura pode dar conta, mais do que qualquer outro tipo de texto, do processo histórico em curso, mesmo sem a pretensão de *representá-lo*. Para conferir expressividade a uma obra literária, não basta conferir a sua receptividade, embora este seja um índice importante. Não raro, uma obra mal acolhida, ou rejeitada, ou censurada, é também *expressiva*, ganhando *pertinência* para a análise histórica, na medida em que confirme — ou infirme — hipóteses formuladas. Distingui-lo releva da capacidade artística do pesquisador, pois a história *é uma arte*.

Os bandidos de Isaac Babel'

A primeira personagem é a cidade, Odessa, com suas gentes. Nem moldura, nem *décor*. Os cheiros e as cores, as ruas e os esplendores dos crepúsculos e das auroras, as esquinas e os cemitérios, os albergues e os prostíbulos, as roupas penduradas nas cordas, os homens de longas barbas, de variadas procedências, as misturas internacionais, entrelaçando línguas e sotaques, as sábias senhoras, experimentadas, o mar, Negro, vizinho, próximo e distante, pedaço essencial da cidade e fronteira pervasiva, mas quase intransponível, os bandidos desfilando pelas ruas, gente que segue, cala e consente, ou que se agita e atua, festas e *raids*, e tiroteiros e incêndios, que se sucedem, enterros, nascimentos e casamentos, assinalando os grandes momentos da história singular das gentes, vagas referências, marcos enganosos, conferindo ilusórias estabilidades, tudo isto vai impregnando, e tomando conta de cada uma e de todas as situações, de cada um e de todos os personagens. Quem lê os *Contos de Odessa* sente-se arrastado à cidade, como se numa correnteza. A cidade, uma personagem.

Teria existido *esta* Odessa? Quem saberá? É certo que existiu nos e aos olhos de Babel', e ela é bela esta Cidade onde emitem movimentos e sons objetos aparentemente inanimados: "as mesas... aveludadas... ondulavam como serpentes, o ventre cheio de tecidos diversamente coloridos... e cantavam com densas vozes..." (Babel', 1990:120).

Em Odessa, o dia luminoso, *como a língua rosada de um cão sedento*, vai ao encontro da escura noite: "o dia, sentado numa barca decorada... voga ao encontro da noite" (Babel', 1990:149), e é bela a noite, quando aparece a lua "que tudo espiava, e corria pelas negras nuvens como um novilho perdido", observando o farol vermelho, valente, perscrutando as imensidões do negro mar Negro "na água negra do golfo de Odessa, bandeiras minúsculas nos mastros submersos, e os penetrantes fogos iluminados nas vastas entranhas..." (Babel', 1990:151).

Uma cidade cosmopolita onde se entrecruzam os amores, ódios e preconceitos de um caleidoscópio de povos, russos, judeus, gregos, asiáticos de distintas procedências, e mais árabes, estadunidenses, alemães, sem contar os turcos, os ingleses e os malaios, cada nação, uma rua, cada rua com o nome de uma nação, em cada bar, loja, boticas e restaurantes, os povos misturados trocando mercadorias, ideias e afetos.

Uma terra de fronteira, sem eira nem beira, onde impera o puro arbítrio, e os burgueses nem pensam em chamar a polícia, quando achacados e extorquidos, mesmo porque ela é símbolo de injustiça e de opressão. Reinam ali os bandidos, e são bonitos e cheios de charme, como no casório da irmã de Benia Krik: "vestidos de coletes carmesins, paletós cor de ferrugem e botas de couro azuis..." (Babel', 1990:124).

Beni, o rei, está sempre nas elegâncias. Quando se apresenta para extorquir a filha do velho Eichbaum, vem com um terno cor de laranja e uma pulseira de brilhantes. Quando visita a desesperada mãe do pobre Munghistein, veste jaleco chocolate, calças creme e botinas cor de framboesa (Babel', 1990:134). E o seu esplêndido automóvel? Vermelho, os pneus gritando, os cobres reluzentes, cuspindo fumaça, cheirando forte à gasolina, a buzina tocando música de ópera....

Na Moldavanka, toda a tarde, os bandidos desfilavam

em viaturas envernizadas, os olhos fora das órbitas, vestidos como colibris, os casacos vivamente coloridos, uma perna no estribo, nas mãos de aço buquetes de flores embrulhados em papel de cigarro. As charretes laqueadas iam a passo... dirigidas por cocheiros sentados em bancos altos, a cabeça decorada por *rubans*... (Babel', 1990:138).

Eram os *reis* da Moldavanka, de sangue azul, e quando davam caríssimos presentes o faziam com *gestos negligentes*, típicos de uma *inesquecível aristocracia*.

Naquela cidade, em certos momentos, é como se todos estivessem fora da lei. Ou melhor, como se não houvesse lei. Os policiais exerciam a violência crua do poder arbitrário, inclusive quando participavam ativamente dos sinistros *pogroms*.[4] Os comerciantes ricos, sempre desonestos, envolvidos em sujas manobras, enriqueciam, como vampiros, à custa do sangue e do trabalho alheios, abomináveis criaturas.

Naturaliza-se assim o arbítrio dos bandidos e a violência por eles praticada.

Quando praticam extorsões, os bandidos comportam-se como se estivessem fazendo as coisas mais corriqueiras e o mesmo ocorre com as vítimas de seus malfeitos. Tudo muito natural, perfeitamente inserido no contexto daquela (des)ordem.

Descobrem-se aí chaves essenciais e associadas, diria mesmo, inseparáveis, para apreciar a construção dos bandidos de Babel': o culto da ação e da paixão e o deprezo pelos intelectuais, manifestado em reiterado anti-intelectualismo.

---

[4] Termo russo para designar os massacres que se abatiam sobre os judeus, particularmente em momentos de crise, quando estes eram chamados a desempenhar o ancestral e essencial papel histórico de "bodes expiatórios".

Benia Krik torna-se rei, antes e acima de tudo, porque ele *age*, porque *faz*. Faz as coisas acontecerem.

Quando o velho Arié-Lieb conta como as coisas se passavam em Odessa[5] e explica a ascensão gloriosa de Benia, enfatiza repetidas vezes esta qualidade, ou esta dimensão: a da *ação*.

Ao escrever cartas de extorsão, achacando os burgueses, desencadeando e chefiando numerosos *raids*; ao desferir golpe certeiro na polícia que pretendia atacar o casório da irmã, e parte para a ofensiva, tocando fogo no comissariado e ainda passando para dar as condolências ao chefe policial; ao organizar o enterro de Iossif Munghistein e de Savieli Butsisa, fazendo a cidade acompanhá-lo, transida de terror, como *carneiros*; quando levanta a mão e profere discurso famoso na hora da encomenda final dos corpos ou quando entra pelo cemitério num imenso carro vermelho, cuja buzina toca inflamadas árias, em todos estes momentos, o que se sente e o que se vê é a capacidade de decisão e de ação, o autocontrole, a astúcia, a determinação, a ousadia, a coragem. Benia é, ao mesmo tempo, "tigre, leão, gato", um homem capaz de proezas: "se a terra e o céu tivessem argolas, [ele] agarraria estas argolas e juntaria o céu e a terra" (Babel', 1990:127).

I. Babel' visivelmente admira os *seus* bandidos.

E de onde provém a força destes homens singulares? É da paixão que provém esta força porque "ele [Benia Krik] conseguiu o que queria porque era tomado de paixão, e **a paixão rege o mundo**".[6]

Diante da ação decidida e da paixão, o que podem os trabalhos elaborados dos intelectuais? Sempre em dúvida, e trêmulos diante das questões que suscitam? O que podem fazer os intelectuais? Nada! Nem compreender podem! Para isto teriam, pelo menos por um tempo, que esquecer "que têm óculos no nariz e o outono na alma..., e deixar de fazer escândalo nas escrivaninhas e gaguejar diante das pessoas" (Babel', 1990:127).

Precisam esquecer-se da condição de intelectual, demitir-se como tal, suicidar-se como pessoas pensantes e críticas.

---

5 Babel' (1990:127-136). Arié-Lieb/Leão-Leão.

6 Ibid., p. 122: "*a ctrast'vladytchestvuet nad mirami*". Negrito meu.

Os homens de ação não usam óculos, nem têm o outono na alma, provocam escândalos em praça pública, e se hesitam, é diante de uma folha de papel, mas não gaguejam nunca diante dos obstáculos reais, dos adversários e dos desafios que se lhes oferecem.

Virando-se para o jovem intelectual, que procura entender a saga dos bandidos de Odessa, o velho Leão-Leão indaga: "O que V. faria se tivesse um pai que só pensasse em vodka, em cavalos e em surrar as pessoas... e que te obrigasse a morrer vinte vezes ao dia?"

O que V. faria?

E o velho mesmo responde: "Não faria nada! Porque V. só é capaz de ficar esperando, passivo, com as mãos nos bolsos".[7]

Por isso os bandidos vencem. Por isso Benia é rei. E aos intelectuais nada mais resta senão "ficar sentados no muro do cemitério, protegendo os olhos dos raios do sol com as palmas das mãos" (Babel', 1990:132).

Maria

Babel' arrematou uma primeira versão de *Maria* em começos de maio de 1933,[8] em Sorrento, ensolarada e bela cidade na Riviera italiana, um lugar de céu azul, sonhos, vinhos, canções românticas e amores. Devia, na certa, suscitar em Babel' imagens de Odessa. Convidado por Gorki que, perto, tinha uma villa, Babel' viveu ali belos e felizes momentos.[9]

O autor logo se dá conta dos perigos que o texto encerra. Os amigos que o ouvem ler apreciam, mas apontam os ásperos ângulos. A peça é crítica, corrosiva, subversiva. O poder revolucionário a toleraria? Ao invés de enviá-la pelo correio, Babel' resolve então levá-la pessoalmente, antevendo e pressentindo eventuais intrigas,

---

[7] Babel' (1990:127) usa a expressão *dirjitie v karmanie*, traduzida livremente aqui no sentido de uma atitude passiva.

[8] Babel' (1967). Carta datada de Sorrento, 2 de maio de 1933.

[9] Ibid. Cartas de abril e maio de 1933. Na correspondência familiar, Babel' narra o emotivo encontro entre Gorki e antigos músicos italianos que o haviam conhecido ainda em tempos pré-revolucionários. Em homenagem ao grande escritor russo, saíram os instrumentos das velhas caixas onde jaziam e, caprichando, já sem a destreza dos jovens, mas com a sabedoria da experiência, os velhos tocaram e cantaram as canções românticas italianas. Foi então que Babel' ouviu Gorki, tocado pela bebida e pela emoção, dizer, chorando, que tinha o sentimento de estar ali "pela última vez". Era dos dois a última vez. Cf. carta de 5 de maio de 1933.

denúncias, ataques. "Como a peça não segue evidentemente a 'linha geral', é preciso esperar que seu destino seja difícil, mas todos reconhecem suas grandes qualidades artísticas. Consegui um meio e personagens novos, como nunca tinha ainda conseguido, se tiver sucesso, serei feliz".[10]

O autor ponderava.

De retorno à União Soviética, ainda matutou todo o ano de 1933, só terminando a versão definitiva em fins do ano.[11] *Maria* chegou a ser ensaiada no início de 1934, mas os ensaios tiveram que ser interrompidos e ela não foi apresentada então ao grande público.[12] Mesmo enfrentando resistências,[13] seria, contudo, publicada em março de 1935, na revista *Teatro e Dramaturgia* (*Teatr i Dramaturgia*), mas recebeu logo tão vivas e contundentes críticas, que foi retirada das livrarias. De que tratava a peça?

A história novamente conta sobre bandidos. Mas o cenário e os bandidos mudaram.

Odessa, a bela, amena e clara Odessa deu lugar a Saint-Petersburg, bela também, mas sombria e varrida pelos gelados ventos dos duríssimos invernos pós-revolucionários. Onde a épica revolucionária, o assalto aos céus? Em vez disso, escassez, fome e frio, muito frio e muita fome.

A claridade de Odessa e as sombras de St.-Petersburg. O sol quente virou neve fria. O azul do céu agora é o esverdeado dos vidros.

Mudaram também os tempos.

Não mais os anos pré-revolucionários, percorridos pelos contos de Odessa, mas os anos primeiros da revolução, cujo hálito forte ainda se sente.

Mas não é de revolucionários, é de bandidos que a fábula trata. Outros bandidos, porém.

Não mais reprimidos pela polícia tsarista, mas espremidos agora pela nova ordem revolucionária. Como se houvesse mudado a ordem, mas não a desordem do

---

[10] Cf. Babel' (1967). Carta de 2 de maio de 1933.

[11] Ibid. Carta de Prychbskaia, 13 de dezembro de 1933.

[12] *Maria* caiu no esquecimento e só foi redescoberta nos anos 1960, tendo então uma carreira digna de nota, sobretudo na Itália e na então República Socialista Tchecoslovaca.

[13] Babel' anota na correspondência: "minha peça suscita lutas, combates e discussões, o que prova que ela contém um germe de vida". Babel' (1967). Carta de Moscou, 15 de março de 1934.

puro arbítrio. A impressão que se tem é que os bolcheviques prendem, atiram e matam tanto ou mais que a velha polícia tsarista.

Tempos difíceis:

> Estão prendendo, liquidando... tiranizam demais... gente que chora, que cai... igualizaram a Rússia... agora pegaram a moda de atirar em qualquer um, às cegas... numa palavra, tirania... merda de vida! Desgraça de vida! Maldita sujeira... estou chocado com o comportamento de nosso povo...[14]

Quando as pessoas são presas, já ninguém sabe quem as prendeu...

Foi a Tcheka?

> Homens a levaram, mas quem iria perguntar quem eram? Agora, os homens não usam uniforme... não se identificam...[15]

Os belos bandidos de Odessa, coloridos e versáteis, colibris com os buquetes de flores nas mãos, metamorfosearam-se nos feios bandidos de St.-Petersburg. Três inválidos: Evstigneitch tem as duas pernas amputadas acima do joelho. Bichonkov é maneta. Felipe tem metade do rosto tomado por fungos. O chefe deles, o judeu Dymchits Isaak Markovitch, não é rei de coisa alguma, mas um homem de vil estatura, que calcula os lucros nos esconderijos e instrumentaliza mendigos patéticos, horrendos, monstruosos mutilados, resumos desfigurados da carnificina da guerra, que se esgueiram nas brechas, nos sótãos e porões mal iluminados, tentando fazer da própria invalidez um salvo-conduto para toda a sorte de tráficos escusos, proibidos, clandestinos.

Em outro plano, que vai ganhando força à medida que se desdobra a peça, uma família e figuras da velha elite russa: o general Nicolau Vacil'evitch e as duas filhas, Maria e Ludmila, a sra. Katerina Viatcheslavovna Fel'zen, o príncipe Serguei Illarionovitch Golitsyn e o capitão Visckovskii, ex-oficial da Guarda Imperial.

À exceção de Maria, parecem fantasmas de uma época que já passou. Evoluem como sombras, sabendo-se derrotados. O general destila sonhos delirantes, o príncipe Golitsyn, filosofias melancólicas, a sra. Viatcheslavovna, reflexões amargas, impregnadas pelo senso comum. Ludmila, filha mais moça, espelha a frivolidade dos irresponsáveis, enquanto Viscovsky baba fúrias revanchistas e impotentes.

---

[14] Babel' (1967). *Maria*, primeiro ato, p. 317-322. As falas são dos bandidos inválidos.

[15] Ibid. *Maria*, primeiro ato, p. 348.

Apesar de tudo, e mesmo em relação à repulsiva figura de Viscovsky, há uma atitude compreensiva de Babel' sobre essas personagens, incluindo-se aí os inválidos e seu chefe. Eles estão à margem, já massacrados pela revolução vitoriosa. Perderam o trem da história. E acenam de uma fantástica estação que se perdeu nas brumas do tempo. Não chegam a suscitar ódio, sequer desprezo. Certa pena (compaixão, talvez?), alguma compreensão, sem dúvida.

Não há então revolucionários nesta história que se passa em tempos revolucionários?

Maria é uma revolucionária. Alistou-se no Exército Vermelho e trabalha na seção política, editando e distribuindo jornais, alfabetizando soldados.

Mas é sintomático que *não apareça*. Fisicamente, não aparece.

Entretanto, é referida várias vezes. Quase sempre, notas positivas: "a nossa preferida", uma pessoa de caráter que não se dobrava, força, ousadia, "a única mulher verdadeira e feliz é Macha."[16]

Até que surgem notas dissonantes. Ela seria dada a bruscas reviravoltas, e nisto se distinguiria (Babel', 1990:329). Sugere-se ainda que a opção política de Maria teria sido resultante de um frustrado caso de amor (Babel', 1990:339).

A heroína surge, afinal, através de uma carta enviada da frente de batalha. Sua leitura ocupa todo o quinto ato.

Ao lado de palavras enérgicas e determinadas, parece confirmar-se a história de um caso de amor com o comandante do exército a que serve, evidenciando, além disso, atitudes e ações que fazem lembrar o antigo regime: eis que a revolucionária usa os postos que ocupa e os chefes aos quais é subordinada para proporcionar aos familiares proteção e auxílios, além de se beneficiar dos mesmos para usufruir vantagens e mordomias pessoais (Babel', 1990:341-343).

As ambiguidades de Maria... A condição humana, sem dúvida, mas nada muito edificante.

Há ainda na carta algo de sombrio, uma nota sinistra, quando Maria confessa: "É tarde, eu não consigo dormir... uma angústia inexplicável por vocês, porque eu *tenho medo dos sonhos. Em sonhos, vejo perseguições, torturas, morte*".[17]

---

[16] Macha: em russo, diminutivo carinhoso de Maria.

[17] Babel' (1990:342). Grifos meus.

Personagens populares, secundários, aparecem nos últimos atos. Uma empregada doméstica, espumando inveja, e ainda por cima, alcaguete (Babel', 1990: 6º ato, p. 344-345). Uma porteira, tradicionalmente submissa, agora, falante e mandona, gritando, cheia de ímpetos, transbordando autoconfiança, impertinente (Babel', 1990: 8º ato, p. 355-356). Um operário e a mulher, tímidos e pressurosos. E dois faxineiros, boas pessoas, aparentemente inteiras, quase inocentes, mas soprando outra nota dissonante, quase gratuita: "Penso que as crianças que se preparam agora devem encontrar uma vida melhor. *Ou não será assim?*"[18]

Em relação a todos estes personagens, certa distância, uma estranheza, uma notável exterioridade...

No contexto do processo revolucionário de plebeização do poder, a compreensão e a compaixão de I. Babel' parecem mais inclinadas pelos que já perderam do que pelos que imaginavam estar ganhando.

Sempre se poderia argumentar que Babel' tentou, talvez, apresentar um quadro de complexidade, destacando aspectos contraditórios dos personagens. Um convite à reflexão crítica, à tolerância, à perspectiva de um mundo não maniqueísta. Entretanto, a nota de melancolia é muito forte para ser desconsiderada.

Maria é o desespero de uma esperança que viveu.

Mas o que deseja Babel', falando destas gentes medonhas? Esganiçaram os críticos oficiais com as bocas cheias de dentes. Onde ele quer chegar, falando destas sombras que rastejam em luscos-fuscos, como répteis que, aliás, nem existem mais? E que insinuações são essas a respeito dos revolucionários? O propósito disto tudo? Onde está o propósito dessas incongruências?

Choveram as invectivas das línguas oficiais, obsequiosas ao poder.

Babel'e o amor imprudente das convicções...[19]

Não terá se dado conta da mudança dos tempos?

Sim, os sabia mudados, certamente.

---

[18] Babel' (1990, 8º ato, p. 355). Grifos meus.

[19] "Sou um homem de princípios: mesmo que minha filha morresse de fome, eu não escreveria o que não penso." Babel' (1990). Carta de Moscou, 17 de abril de 1935.

Quando escrevera e publicara os *Contos de Odessa*, em fins da primeira metade dos anos 1920, em 1923 e 1924, já corriam por ali sombrios pressentimentos, veladas profecias, prognósticos murmurados, melancolias rampantes. "Vivemos um novo catolicismo, atemorizado por qualquer palavra herética... é uma doença... e se não nos curarmos dela, a literatura russa só terá um futuro: o passado".[20]

A. Biely também advertia, como outros, no mesmo sentido. O poder revolucionário derrubava a floresta dos artistas e intelectuais, necessariamente diferentes, querendo fazer das diferentes árvores troncos de uma paliçada. Mesmo que ainda desiguais, tais troncos já não teriam folhas nem vida.[21]

A política se fechara em copas, a coisa pública sob regência de um único partido ou do partido único.[22] Contudo, no mundo da economia fervilhavam os pequenos interesses privados, autorizados no quadro da Nova Política Econômica, a NEP. A cultura, o cinema, a literatura e as artes permaneciam abertos a certo pluralismo, embora os bolcheviques, liderados por Lênin, não tivessem aberto mão da *partinost'*, doutrina segundo a qual o partido era o supremo árbitro e intérprete qualificado dos interesses da revolução, em todos os campos, inclusive nos das culturas e das artes.[23] Nestes campos sensíveis e sofisticados, porém, o partido ainda tateava, espreitando os intermináveis debates que grassavam entre os intelectuais, como o soberano observa se debaterem, agitados, os súditos em torno de uma questão sobre a qual ainda não há uma definição clara.

Daí a pluralidade cultural dos anos 1920, as escolas rivalizando, os ratos correndo livres e nervosos no tombadilho, em todas as direções, aproveitando-se da ausência, ou do consentimento tácito, temporário, do comandante do navio.[24]

---

[20] E. Zamiatin: Ia boius'. In: Dom Iskusstv, 1, Petrograd, 1920, citado por Strada (1988:31).

[21] Id..

[22] W. Benjamin, de passagem por Moscou, em 1927, à procura de um amor impossível e da revolução que se perdia, flagrou a melancolia do ambiente, o que só serviu para aprofundar a própria, que já a carregava como um peso, e que levaria até o fim de seus dias. Cf. Benjamim (1989).

[23] Cf. Lênin, *Organização do partido e literatura partidária* (*Partinaia organizacija i partiyinaia literatura*), escrito em 1905, citado por Strada (1988:37).

[24] A metáfora dos ratos não aparece para conotar em chave negativa os intelectuais. Inspira-se em A. Spiegelman (2005), *Maus*, onde os nazistas, representados pelos cruéis gatos, tangem, perseguem e se preparam para exterminar os judeus, figurados como ratos, pois, ainda que se debatendo e tentando escapar, já se encontravam armadilhados. O que proponho, retomando a metáfora de *Maus*, é a analogia entre os ratos e os intelectuais soviéticos dos anos 1920.

Estes tempos não mais existiam em meados dos anos 1930. Já houvera a grande orgia de sangue da coletivização compulsória, a revogação da aliança com os camponeses e os pequenos interesses privados, espremidos agora pela voracidade de um Estado que recuperava sua dinâmica impetuosa e épica rumo ao futuro desconhecido. Uma nova revolução ocorrera, pelo alto, um salto novo para o desconhecido.

O pluralismo desaparecera, silenciados os focos de elaboração autônoma, como a Frente de Esquerda (LEF), a Associação Russa dos Escritores Proletários(Rapp) ou a Cultura Proletária (Prolekult),[25] devastadas por extensos expurgos e, finalmente, dissolvidas.

Os que não se reconheciam no processo, os descontentes, os marginalizados, matavam-se de desilusão e de desesperança,[26] ou eram caçados e mortos, sucedendo-se pavorosos expurgos, as cotas de sangue e carne humana, festiva e entusiasticamente acolhidas por multidões impacientes, participativas, sedentas de justiça e de vingança.[27]

Neste quadro e nesta atmosfera, contar sobre bandidos, da forma como Babel' fez em *Maria*, era construir labirintos. Pelo menos dois me parecem muito evidentes.

Um deles levava à crítica ao poder revolucionário. Afinal, como se poderia explicar que bandidos continuassem existindo apesar da revolução, já tendo sido ganha a parada pelos revolucionários? Por outro lado, como justificar a brutal, arbitrária e cega repressão, que não poupava sequer os inválidos? Era como se tudo continuasse igual, bandidos e polícia numa eterna e infindável perseguição. E o que dizer dos

---

[25] A efervescência cultural dos anos 1920, evidenciada numa multiplicidade de revistas e associações, quando se pode, de fato, cultivar margens consideráveis de autonomia, foi formalmente encerrada em 23 de abril de 1932, data de criação de uma União de Escritores Soviéticos, por decreto do Comitê Central. A condição única (*sic*) para ingresso era a aceitação de uma plataforma comum: o realismo socialista, definido como a "representação verídica, historicamente concreta, da realidade em seu desenvolvimento revolucionário". Cf. Aucouturier (1988:232). Para outra aproximação sobre os anos 1920, cf. Clark (1988:378-406). Para o precoce enquadramento dos futuristas, cf. Jangfeldt (1988:39-50). Para uma reflexão sobre a repressão em fins dos anos 1920, cf. Heller (1979).

[26] Entre muitos outros, relevem-se os casos de S. Essenin (1925) e de V. Maiakovski (1930). Os estampidos de despedida soariam como outros tantos adeuses à revolução. O suicídio de Maiakovski abalou profundamente I. Babel': "A morte de Vladimir Maiakovski me perturbou muito... que morte assustadora...". Cf. Babel' (1967). Carta de Moscou, 27 de abril de 1930.

[27] Os expurgos soviéticos dos anos 1920 e 1930, segundo a melhor historiografia, não foram obra apenas da polícia política surgindo nas madrugadas, mas adquiriram caráter social, evidenciado na participação ativa e consciente de amplas massas populares, sem contar os consideráveis apoios, também ativos, ou de outro tipo, das elites políticas e intelectuais que então emergiam. Cf. Werth (1984, 1992) e Lewin (1985, 1995 e 2005). Com apreciações próprias, retomo, em grandes linhas, as interpretações destes autores. Cf. Reis (2007).

revolucionários (Macha e seus chefes), envolvidos já tão precocemente no processo da corrupção do poder?

Em relação aos bandidos de Odessa, significativas mudanças, perceptíveis a olho nu: o charme desaparecera, junto com o sol. E o belo se tornara feio.

Contudo, havia um segundo labirinto. Ao narrar sobre bandidos e puro arbítrio, reforçavam-se, talvez involuntariamente, valores éticos e políticos. No plano dos valores, prevalecem, e são por isso celebrados, os mais fortes e astutos, os capazes de ação, ousados. Corajosos, determinados. Em termos políticos, mesmo que implicitamente, a sombra da violência, necessária porque inevitável, no quadro do Estado de exceção, a ditadura revolucionária.

No primeiro labirinto, Babel' dava mostras de notável imprudência, parecendo um personagem trágico, caminhando por escolha própria para o cadafalso. No segundo, com outros, e tantos outros ratos, contribuía para construir a própria ratoeira, uma armadilha.

A armadilha

É notória a tradição de autodesmerecimento entre os intelectuais.[28] E a sedução que experimentam, não raro, pela ação prática, apaixonada, não fundamentada em ponderadas e complexas elaborações. Em determinadas circunstâncias, intelectuais de diversa procedência não se privam de cultuar as ações práticas violentas, embora não se concebam capazes de realizá-las. Tremem diante delas. Mas admiram os que as fazem e, sobretudo, o autocontrole com que as fazem. O anelo da ação violenta em detrimento da reflexão. A ação é pura, a ação violenta é *purificadora*. A destruição seduz os intelectuais, a *sedução destruidora*.[29] Os intelectuais negam então a própria atividade e a si mesmos. A formulação tem o seu charme.

A tradição russa contemporânea neste sentido remonta ao século XIX. Nicolau Tchernychevski e Mikhail Bakunin fixariam parâmetros básicos e arquétipos inconfundíveis: os *anjos vingadores*.[30]

---

28 O conceito de intelectuais é objeto de infindáveis controvérsias. Adoto-o no sentido como foi cunhado em fins do século XIX por ocasião do *affaire* Dreyfuss na França. São intelectuais os que pensam a cidade, independentemente de vinculações outras (sociais, políticas etc.). A partir da sugestão de A. Gramsci sobre as sociedades ocidentais e orientais, trabalho com os conceitos de intelectuais ocidentais e orientais, estes últimos, no caso russo, bifurcados em reformistas revolucionários e revolucionários catastróficos, os *anjos vingadores*. Cf. Reis (2006).

29 "O melhor de nosso contrabando contribuía com sua obra de destruição e sedução." Cf. Babel' (1990:123).

30 Esta categoria, proposta por mim, designa toda uma galeria de personagens, mulheres e homens, que se revoltam diante de situações, consideradas intoleráveis, de opressão e injustiça,

Na esteira deles, outros viriam, até aparecer a figura terrível e temível, apaixonada e apaixonante de S. Netchaiev e o sinistro Catecismo do Revolucionário.[31]

A intransigência, a consequência, a *principail'nost*,[32] os raciocínios simples e primitivos, a expressão de força, a absoluta falta de escrúpulos, a devoção sem limites, a capacidade de trabalho, a vocação ao martírio, a instrumentalização de tudo e de todos quando está em jogo o que se considera serem os interesses da *revolução*, uma deusa que a História com h maiúsculo autoriza a devorar vidas, um espectro que tudo sacrifica em proveito da própria realização e expansão.[33]

Bakunin, entre tantos outros, enlevou-se por S. Netchaiev. Mais: experimentou por ele um sentimento de amor: "terno, profundo, apaixonado".[34] Dele diria que era, "entre nós, o homem mais precioso à Causa, o mais puro, o mais santo".

Um bandido.

É o próprio Bakunin que, admirativa e carinhosamente, o chama de *abriek*, o homem solitário das montanhas do Cáucaso, banido do clã, possuído apenas pelo juramento de vingança sangrenta.[35]

Personagem polêmico.

Ainda Bakunin diria dele, mais tarde, quando se desiludira, que era um mentiroso, um chantagista, um déspota, um jesuíta, um monstro, um candidato a ditador, a *principail'nost* convertendo-se agora em *bezprincipnost*.[36] Outros contemporâneos compartilhariam desses juízos, não poupando o grande anarquista de críticas por ter demorado demais a chegar a essas conclusões. Muitos ensaístas acompanhariam

---

e tomam a decisão de *vingar* os oprimidos e injustiçados deste mundo.

[31] M. Confino fez notável trabalho de garimpagem ao trazer à evidência correspondência inédita e textos políticos de intelectuais russos sobre o personagem e a saga de S. Netchaiev. Cf. Confino (1973). Como se sabe, a perturbadora figura de S. Netchaiev suscitou inúmeras interpretações e obras de ficção, entre as quais o romance Bes (*Os demônios*), de F. Dostoiévski, e o ensaio crítico L'homme revolté (*O homem revoltado*), de A. Camus.

[32] Em russo: consciência firme dos princípios.

[33] Todas estas características, figuradas como virtudes, aparecem na correspondência de M. Bakunin sobre S. Netchaiev, mesmo *depois* que Bakunin se desiludiu com aquele *jovem prodígio*. Cf. Confino (1973:19-21) e a correspondência transcrita na segunda parte do volume.

[34] Cf. Confino, 1973:21 e correspondência anexada na segunda parte do volume.

[35] Cf. Confino (1973:50, nota 73). Em um sentido mais amplo, o termo *abriek* pode designar combatentes movidos pela coragem do desespero.

[36] Em russo: ausência de princípios.

as críticas severas. A. Camus diria dele que foi o primeiro revolucionário a justificar a violência feita aos irmãos.[37]

Em fins do século XIX a figura de S. Netchaeiv suscitava ainda indagações: *principail'nost* ou *bezprincipnost'*? Revolucionário devotado ou homem sem caráter? Santo ou canalha?

O interessante é que nos anos 1920 soviéticos a polêmica seria retomada, e com força.

A. Gambarov sustentou que S. Netchaeiv era uma heroica personalidade, um gênio, um comunista e precursor dos bolcheviques. Os *narodniks*[38] não o teriam compreendido por terem um espírito "pequeno-burguês".[39]

Instaurou-se o debate. Não faltaram adeptos da reabilitação de S. Netchaeiv. O que se alegava em seu favor? Que era, para além de eventuais erros, um *homem de ação*. Enquanto muitos ficavam enchendo papel, com os *óculos no nariz*, e o *outono na alma*, e brincavam de revolução, Netchaeiv *agia*. Cometia erros, sem dúvida, mas o que fazia, o fazia pela *Causa*.

Já antes de Gambarov, A. Uspenskaia diria dele que era um homem honesto, inteligente, fiel a seus camaradas, enérgico, devotado de corpo e alma à Causa e disposto a todos os sacrifícios para a sua realização.[40] Outros iriam mais longe ainda: S. Netchaeiv era uma personagem grandiosa na trajetória da revolução russa, defensor de uma nova ética, uma ética revolucionária para o bem da qual todos os meios são bons; um caso sem igual nos anais revolucionários russos e ocidentais; nele vivia o espírito de um verdadeiro herói, isto a história não o negaria jamais...[41]

---

[37] Camus (2005) diria que a chantagem, a astúcia, a mistificação são, sem dúvida, recursos utilizados por todos os partidos políticos, mas S. Netchaeiv cultivava a insuportável e inumana virtude da sinceridade: dizia abertamente o que todos apenas pensavam... Cf. Confino (1973:37).

[38] *Narodniks* refere-se ao termo russo *narod* (povo). Os que iam ao povo, tentando suscitar movimentos populares revolucionários.

[39] O termo era então um dos piores insultos, um estigma, que se podia lançar contra alguém ou alguma tendência política. Cf. Confino (1973:23, nota 18). O artigo de Gambarov em que se defendeu a tese foi publicado em Moscou, em 1926: *V sporah o Netchaeve. K voprosu ob istoritchesksoi reabilitacii Netchaeva. Moskva-Leningrad, 1926.*

[40] Cf. Confino (1973:63). O testemunho da Uspenskaia, mulher de um revolucionário morto no exílio siberiano, ela também exilada, foi publicado em 1922.

[41] Formulações respectivamente de M. Kovalenskij, E. Schechegolev e V. Polonskij, citados por Confino (1973:74-75).

V. Zazulitch, autoridade no assunto e uma das principais decanas do movimento revolucionário russo, formularia um depoimento compreensivo, ambíguo: era um autodidata, endurecido e amargurado pelos obstáculos que enfrentara durante a vida. Um ódio intenso, não apenas contra o governo e os exploradores, mas contra toda a sociedade e todos os meios instruídos... Via todos como meios ou instrumentos. Para ele, ninguém era camarada nem mesmo discípulo... (Confino, 1973:64)

Houve protestos, evidentemente, também publicados. S. Netchaeiv não passava de um fanático amoral, um canalha acabado, não tinha espírito nem talento (Confino, 1973:76). Mas tais protestos não prevaleceram.

Em meio aos elogios e às críticas, e às ambiguidades inerentes às avaliações mais sofisticadas, uma constante: S. Netchaeiv tinha o sentido da revolução, grande capacidade de trabalho e notável força de vontade, um *homem de ação*: "se a terra e o céu tivessem argolas, agarraria estas argolas e juntaria o céu e a terra..." (Confino, 1973:76).

Ações e não palavras. Quando o assunto era *palavras*, Netchaeiv não escondia o pensamento: "Nós perdemos toda a fé nas palavras: elas só têm importância para nós no caso único em que, imediatamente depois delas, possamos sentir e ver a ação".[42] "Os livros não instruem, adormecem..." (Cofino, 1973:69). "Os piores inimigos: a imobilidade e a trégua e, em consequência, todo o trabalho preparatório e de longo fôlego..." (Confino, 1973:67).

Outro grande revolucionário, Tkatchev, na mesma linha, enfatizaria: "Quando se deve fazer a revolução? Imediatamente porque daqui a pouco será muito tarde..." (Confino, 1973:68).

No princípio *não* era o verbo, era a *ação*. "Ele (S. Netchaeiv) se entrega inteiramente, os demais não passam de amadores; ele é um operário, os outros usam brancas luvas; ele age, os outros ficam de conversa fiada; *ele age, logo, ele é*".[43]

A redescoberta e a reabilitação de S. Netchaeiv são indício e sintoma. O debate é expressivo, indica tendências profundas. Os próprios intelectuais empreendendo a relativização, quando não a demolição, do prestígio do trabalho intelectual. A pá

---

[42] Citado por Confino (1973:68, nota 105).

[43] As palavras são de M. Bakunin no tempo ainda do enlevo (grifos meus). Citado por Confino (1973:71).

de suas fórmulas contribuindo para cavar o abismo em que poderão ser eventualmente jogados.

O mal-estar de uma revolução que se estiolava. A carência de uma épica. No contexto soviético dos anos 1920, tais propósitos pareciam estimulantes. Retrospectivamente, aparecem como sinistros, inquietantes.

Os ratos anelando e armando a ratoeira.

Babel' percebeu o cerco que se formava. Vinha de longe.

Já na época da publicação de *O Exército de Cavalaria*, sua obra mais famosa, ao lado da consagração, choveram protestos. Eles seriam retomados em 1928, na diatribe formulada pelo comandante do próprio Exército de Cavalaria, general I. S. Budieny, em carta enviada a M. Gorky:

> A obra deveria ser: Na retaguarda da Cavalaria... nos transmite conversas fiadas de mulherzinhas, fofocas, e nos conta (histórias), horrorizado como uma mulherzinha... a obra de Babel' é uma obscena caricatura, toda impregnada de espírito pequeno-burguês... parece inútil, e mais ainda, nociva. (...) uma obra vulgar e difamatória... parece-me que não se tem o direito de descrever o heroísmo dos tempos que vivemos da maneira como faz Babel'...[44]

Apesar disso, Babel' registrou a crítica com alegria: "...li no *Pravda* a carta de Budieny a Gorky: me senti alegre, e mesmo dilatado de prazer, como meu coração transborda..."[45]

Em julho de 1930, um novo incidente. Um jornal literário polonês atribuiu a Babel' declaração no sentido de que era "impossível trabalhar livremente na URSS". Houve gente mordendo os dentes, imprecações. Reuniu-se o Secretariado da Federação dos Escritores Soviéticos para apreciar o assunto e o escritor foi obrigado a redigir extenso desmentido.

Babel', porém, minimizou a crise: "Toda esta ignomínia acabou com minha vitória completa... A *Literaturnaia Gazeta* [jornal que havia dado asas à polêmica]... recebeu a resposta merecida...".[46]

---

[44] A carta na íntegra está em N. Babel' (1990:369-371).
[45] Cf. Babel' (1990). Carta de Moscou, 28 de outubro de 1928.
[46] Ibid..

Evidenciava, ao mesmo tempo, consciência das ações de seus críticos e determinação e coragem em enfrentá-las: "esta febre que cerca meu trabalho (vocês não têm ideia da intensidade desta febre) haveria demolido qualquer homem menos resistente que eu... mas resisto heroicamente e vou propondo orgulhosamente meu exemplo...".[47]

Sou feito de uma pasta à base de teimosia e paciência, e é apenas quando estas duas qualidades são testadas ao máximo que experimento a *joie de vivre*... em última análise, por que vivemos? Para o prazer, compreendido... como a afirmação do próprio orgulho e da própria dignidade...[48]

"Eu considero a crítica, elogiosa ou injuriosa, com um sangue frio total. Conheço seu preço e quase sempre ela vale menos do que um tostão".[49]

Ao longo dos anos, multiplicam-se as alusões cifradas e mesmo, em alguns poucos momentos, explícitas: "Estou curioso para saber se a censura deixará passar meus últimos contos..."; "rumores corriam, absurdos, mas de mau augúrio..."; "considerando que as fofocas maldosas acompanham cada um de meus atos, mesmo os mais inocentes..."; "levo uma vida austera, reclusa... e, apesar disso, as ondas sobem com tal força em assalto de minha célula que esta oscila como uma árvore na tempestade...".[50]

Babel' se queixa várias vezes de *aborrecimentos*, associados às delongas burocráticas, à mesquinha e infindável *guerra* para a obtenção das autorizações de viagem e da concessão do passaporte.[51]

Perigos que rondavam, aproximando-se, presentes, mas ainda invisíveis, como se estivessem em pontos cegos.

---

[47] Babel' (1990). Carta de Moscou, 22 de julho de 1930.

[48] Ibid. Carta de Moscou, 14 de dezembro de 1930.

[49] Ibid. Carta de Moscou, 17 de junho de 1931. Babel' usa a palavra *liard*, velha moeda francesa, equivalente a um quarto de um *sou*, habitualmente conhecida como a menor unidade monetária.

[50] Cartas, respectivamente, de Paris, 28 de maio de 1933; Moscou, 1º de setembro de 1933; Moscou, 26 de novembro de 1934; Moscou, 7 de janeiro de 1936 (Babel', 1990).

[51] Babel' efetuou três viagens ao exterior, onde se encontravam a irmã e o cunhado (na Bélgica), a ex-mulher (França, desde 1925) e a mãe (na Bélgica, com a irmã, desde 1926). A primeira viagem, na primavera e verão de 1928 (cinco meses), quando concebeu com a ex-mulher a filha, nascida em julho de 1929, em sua ausência; a segunda, mais longa, entre setembro de 1932 e agosto de 1933. A terceira, finalmente, no verão de 1935. Três oportunidades... perdidas. Para as datas das viagens, cf. Babel' (1990:9).

Em 1931, nova escaramuça com o texto *Karl-Yankel*, considerado uma provocação pelos *esquerdistas* oficiais de plantão:[52] "a infelicidade esgueirava-se sob as janelas como um mendigo na aurora..." (Babel', 1990:131).

Mesmo depois da censura de *Maria* , Babel' teria uma nova chance, outra *janela*, em 1935, quando, participando da delegação oficial de escritores soviéticos, foi à França tomar parte num encontro político de intelectuais.[53]

O que o terá feito retornar à URSS? Como um passarinho imantado pela cobra?

Os familiares falam de um inalcançável otimismo, a atitude positiva diante dos obstáculos da vida, um *heroísmo cego*, segundo N. Babel', um traço de caráter. Houve um testemunho que afirmou ter visto Babel', já na Lubianka,[54] jovial e risonho, aparentando tranquilidade, afirmar, irônico, que:"[parece] que eles não querem que eu termine meu trabalho..."[55]

Outra leitura possível, baseada também na correspondência de Babel', fala da ideia, cara a muitos intelectuais, de que o escritor tende a secar longe da seiva das raízes nacionais. E tudo faz, mesmo atos imprudentes, para não se afastar, ou não ser afastado, dessas famosas raízes...[56] Suposições rasantes sublinhariam a confiança de Babel' na proteção de M. Gorki.[57] Registros ainda mais mesquinhos enfatizariam as excelentes condições materiais concedidas pelo Estado soviético ao escritor até o dia da prisão.[58]

---

[52] A história é sobre um casal formado por um russo soviético e uma judia. O pai quer chamar o filho de Karl Marx, mas a mulher, esperta, o registra com o nome judeu de Yankel. Dá-se então o desaguisado. Cf. Markish (1988:441-457).

[53] Um congresso internacional de intelectuais antifascistas (Congresso pela Defesa da Paz e da Cultura) realizou-se em junho de 1935, em Paris. Babel' fazia parte da delegação oficial soviética.

[54] O prédio central da polícia política soviética, pesado, maciço, sinistro, se encontrava na praça Lubianka, em Moscou.

[55] Segundo a filha Nathalie Babel', ele teria dito: "*Ne dali kontchit*". Cf. Babel' (1990:26).

[56] Esta ideia é defendida por estudiosos do escritor e também pela filha (Babel', 1990:21).

[57] M. Gorki, desde os anos 1920, foi o primeiro a reconhecer o talento de I. Babel', publicando duas de suas histórias ainda em 1916. Mais tarde os dois escritores construíram sólida amizade, amplamente evidenciada na correspondência de Babel'. Entretanto, M. Gorki morreu em junho de 1936, desaparecendo, a partir de então, o suposto anteparo.

[58] Quando da prisão, I. Babel', como outros laureados escritores soviéticos, dispunha de um apartamento em Moscou, uma *datcha* em Peredelkino, nas cercanias da capital, rações fartas e especiais, automóvel, chofer e empregadas domésticas. A partir de 1935, de fato, as condições materiais das elites intelectuais soviéticas iriam passar por melhorias consideráveis.

Intelectuais e modernidades

São aspectos que não se excluem num concurso complexo de circunstâncias.

Mas não ficariam faltando ainda referências aos valores éticos e às concepções políticas do escritor? Não desempenhariam elas papel absolutamente crucial na formação das opções de vida de Babel'? Na decisão de não se afastar da URSS?

Em sua última intervenção pública, no congresso de escritores soviéticos, em 1934, Babel' (1967:382) produziu uma fala enigmática.[59] Ao lado da celebração exaltada de Stalin — de praxe —, pérolas de Esopo:

> É preciso respeitar o leitor... em mim, trata-se de um sentimento hipertrofiado. Tenho pelo leitor um respeito sem limite. Diante dele, eu perco a palavra, eu me calo.... Quando o assunto é calar-se, vs. não podem me esquecer, porque nesta arte tornei-me um mestre.

Os registros indicam risos na sala. O mal-estar dos mais argutos não foi registrado. Ainda haveria uma segunda pérola, no encerramento da fala:

> O partido e o governo nos deram tudo e não nos tiraram senão uma coisa: o direito de escrever mal. Não é uma pequena coisa o que se nos recusa, é um direito muito importante, era mesmo um privilégio a que muito recorríamos. Então, camaradas, digamos neste Congresso de escritores: renunciamos completamente a este privilégio que era nosso (Babel', 1967:382).

O rato cutucava o gato.

Superestimava o escritor sua condição de *intocável*? O prestígio imenso, na URSS e no exterior, potencializado por sua participação nas articulações antifascistas internacionais?

O fato é que se debatia.[60] Mas sem renunciar nem fazer a crítica aos valores e às concepções que legitimavam a exceção como regra e o primado da ação — revolucionária. Ao contrário, oferecendo sua contribuição, embora artesanal, mas de modo nenhum negligenciável, à fúria anti-intelectual, à ação cega, apaixonada, brutal.[61]

---

[59] A íntegra da intervenção, formulada em 23 de agosto de 1934, está registrada em Babel' (1967:379-382).

[60] I. Babel' ainda teria outro choque com a censura oficial, bastante grave, em virtude de um roteiro que escreveu para um filme de S. Eisenstein, em 1936. O cineasta foi obrigado a formular autocrítica pública e humilhante, envolvendo na mesma I. Babel'. Para a íntegra da autocrítica, cf. Babel' (1967:384).

[61] O mesmo aconteceria com outros intelectuais soviéticos. Entre muitos outros, confira-se

O rato debatia-se. Quanto ao gato, "olha para ele com lascívia carnívora... e o segurando... com a boca, o acaricia docemente com os dentes..." (Babel', 1990:126).

Até que um dia a ratoeira fechou-se. O gato veio, calou a voz, prendeu e matou.

O gato era Stalin. Ele "era tigre, leão e gato" (Babel', 1990:127).

Apaixonado pelo poder, não usava óculos nem tinha o outono na alma.

À guisa de epílogo depois do fim

De que valem aqui as palavras? Indagava, melancólico, o velho Leão-Leão: "Estava aqui a pessoa... já não está mais aqui a pessoa".[62]

Babel' não estava mais. Desaparecera por todas as eternidades.[63]

Morto o corpo, ficaram por aí zanzando as palavras que escreveu, reluzentes diamantes, como o sol de Odessa, "tremendo no meio do céu como uma mosca esmagada pelo calor" (Babel', 1990:149).

Referências

AUCOUTURIER, M. La vie littéraire des années vingt. In: ETKIND, Efim et al. (Eds.). *Histoire de la littérature russe*. Le XXème siècle. Paris: Fayard, 1988. cap. III, p. 213-233. v. 2: La révolution et les années vingt.

BABEL', Isaac. *The lonely years*. Unpublished stories and private correspondance. New York: [s.e.], 1964.

_____. *Entre chien et loup, suivi de Maria*. Paris: Gallimard, 1970.

_____. *Cotchinenia v dvuh tomah*. Rudodjestvenaia Literatura, Moskva, 1990. Tom piervy. Raskazy, Publitsistika, Pic'ma. Tom vtaroi. Konarmia. Raskazy. Piecy. Vospaminania, portriety. Stati i Vystuplenia. Kirostsenarii.

---

o caso emblemático de M. Gorky com suas diatribes contra o *atraso* camponês, legitimando (involuntariamente?) a carnificina protagonizada mais tarde pela revolução pelo alto. Cf. Gorkii (1915 e 1922), citado por Strada (1988:16-19).

[62] Ao se referir à morte do pobre Munghistein: "*Nujní tut slová? ... Byl tchilavek, net tchilavek*". Cf. Babel' (1990:131).

[63] Babel' foi preso em 15 de maio de 1939. Por muitos anos a sorte dele permaneceu envolvida em mistério. A versão oficial, afinal comunicada à família, data a morte de 17 de março de 1941, mas sem indicar o lugar preciso e a *causa mortis*. Uma decisão da Corte Suprema do Colégio Militar da URSS, de 23 de dezembro de 1954, anunciou a revisão do processo de Babel', cassando o julgamento do Colégio Militar de 26 de janeiro de 1940, "na falta de elementos criminais" (*sic*). Cf. Babel' (1990:26-27) e Markish (1988:441-457).

_____. *Cavalerie rouge* suivi du *Journal de 1920*. Traduction de *Cavalerie* par Irène Markowicz et Cécile Térouanne. Traduction du *Journal de 1920* par Wladimir Berelowitch. Paris: Balland, 1997.

_____. *O Exército de cavalaria*. São Paulo: Cosac & Naify, 2006a.

_____. *Sobranie Sotchinenii v tchetireh tomah*. Moskva, 2006b.

BABEL', N. (Ed.). *I. Babel'*. Correspondance, 1925-1939. Traduzido do russo por Maya Minustchin. Paris: Gallimard, 1967.

BENJAMIN, Walter. *Diário de Moscou*. São Paulo: Cia. das Letras, 1989.

CAMUS, Albert. *O homem revoltado*. Rio de Janeiro: Record, 2005.

CLARK, K. A prosa dos anos 20. In: ETKIND, Efim et al. (Eds.). *Histoire de la littérature russe*. Le XXème siècle. Paris: Fayard, 1988. cap. VI, p. 378-406. v. 2: La révolution et les années vingt.

CONFINO, Michael. *Violence dans la violence*. Le débat Bakunin-Netchaev. Paris: François-Maspero, 1973.

DOSTOIÉVSKY, Fiódor. *Os demônios*. São Paulo: Editora 34, 2004.

ETKIND, Efim et al. (Eds.). *Histoire de la littérature russe*. Le XXème siècle. Paris: Fayard, 1988. v. 2: La révolution et les années vingt.

GORKIJ, M. A. Dve duchi. *Letopis*, p. 124, 1º dez. 1915.

_____. *O russkom krest'janstve*. Berlin: [s.e.], 1922.

HELLER, M. Premier avertissement: un coup de fouet. L'histoire de l'expulsion des personalités culturelles hors de l'Union Soviétique en 1928. *Cahiers du Monde Russe et Soviétique*, n. 2, 1979.

JANGFELDT, B. L'avant-garde et le pouvoir: le futurisme russe de 1917-1919. In: ETKIND, Efim et al. (Eds.). *Histoire de la littérature russe*. Le XXème siècle. Paris: Fayard, 1988. p. 39-50. v. 2: La révolution et les années vingt.

LEWIN, M. *The making of the soviet system*. New York: Pantheon Books, 1985

_____. *Russia/USSR/Russia*. New York: New Press, 1995.

_____. *The Soviet century*. London/New York: Verso, 2005.

MARKISH, S. Isaak Babel' (1894-1941). In: ETKIND, Efim et al. (Eds.). *Histoire de la littérature russe*. Le XXème siècle. Paris: Fayard, 1988. p. 441-457. v. 2: La révolution et les années vingt.

PARIJANINE, M. Préface. In: BABEL', Isaac. *Cavalerie rouge*. Tradução do prefaciador em colaboração com o autor. Paris: Gallimard, 1959. [Reimpressão de uma edição de 1930].

REIS, Daniel Aarão. Os intelectuais russos e a formulação de modernidades alternativas: um caso paradigmático? *Estudos Históricos*, Rio de Janeiro, n. 37, p. 7-28, jan./jun. 2006.

_____. *Uma revolução perdida*. A história do socialismo soviético. São Paulo: Fundação Perseu Abramo, 2007.

SICHER, E. The road to a Red Cavalry: myth and mythology in the works of Isaak Babel of the 1920s. *The Slavonic and East European Review*, New York, London, v. 60, p. 528-546, Oct. 1982.

SPIEGELMAN, Anja. *Maus, a história de um sobrevivente*. São Paulo: Cia. das Letras, 2005.

STRADA, V. La révolution et la literature. In: ETKIND, Efim et al. (Eds.). *Histoire de la littérature russe. Le XXème siècle*. Paris: Fayard, 1988. cap. 1. v. 2: La revolution et les années vingt.

TRILLING, L. Introduction. In: BABEL, Isaac. *The collected short stories*. Edited and translated by W. Morison. London: Methuen and Co., 1957.

WERTH, N. *Etre communiste en URSS sous Staline*. Paris: Gallimard, 1984.

_____. *L'histoire de l'Union Soviétique*. Paris: PUF, 1992.

PARTE III

INTELECTUAIS, MODERNIDADE E DITADURA

6 Maçom, socialista de esquerda e antifascista: o exílio euro-americano de Francesco Frola (Itália, Brasil, Argentina, Uruguai, México e Itália, 1925-1945)[*]

Dévrig Mollès

Este texto questiona a trajetória de um homem livre, nascido em uma família de intelectuais de Estado e empurrado ao exílio pelas circunstâncias do entreguerras. Animado desde jovem pelo espírito de "trabalho e aventura",[1] procurou entre a Europa e a América uma alternativa socialista à crise da civilização liberal ocidental. Antifascista de primeira hora, deixou na Itália sua família, bens e nacionalidade. Sem pátria nem fronteiras, Francesco Frola foi um entre os milhares de apátridas espalhados no exílio entre as duas guerras mundiais. A partir de 1925, navegou e ancorou sua tristeza entre a França e a América Latina. Em 1938, convidado pelo presidente Lázaro Cárdenas, emigrou para o México, onde foi professor e assessor a serviço do Estado socialista. Só voltou à Itália em 1946. Emigrou novamente para o Brasil, em 1954.

Entre 1926 e 1938, o Brasil foi a base operativa de Francesco Frola. Durante esses anos, foi tenazmente perseguido pelos serviços secretos italianos, mas também pela polícia política brasileira. Porém, entre 1926 e 1929, conseguiu unificar os emigrados antifascistas italianos, organizar um serviço de contraespionagem e desenvolver no Centro-Sul uma campanha "militante direta". Conseguiu uma surpreendente adesão na opinião pública brasileira, tradicionalmente sensível às questões italianas, mas indiferente à propaganda antifascista até então. Essa atividade teve ressonância na opinião pública internacional, especialmente na França, Argentina e Uruguai, por onde viajou entre 1929 e 1931. De volta ao Brasil, dedicou-se a transferir sua cultura e sua experiência socialista e sindical. Como pôde sobreviver, pensar e agir? Quais redes lhe permitiram navegar?

---

[*] Tradução de Daniel Aarão Reis.

[1] Frola emigrou aos 22 anos para os Estados Unidos, onde foi operário. Foi tanto "trabalhador" quanto "aventureiro". O historiador brasileiro Sérgio Buarque de Holanda utilizou entre outras esta tipologia antropológica do indivíduo para explicar "a tentativa de implantação da cultura europeia" no Brasil (Buarque de Holanda, 1936:31, 44).

A figura de Francesco Frola já foi trabalhada por alguns especialistas do antifascismo italiano. Por que voltar a ela? As fontes utilizadas aqui — brasileiras e estrangeiras, públicas e privadas — são inéditas. Iluminam o papel das redes maçônicas, que os historiadores do exílio e das migrações italianas no Brasil julgam essencial, mas desconhecem, enquanto a historiografia especializada sobre maçonaria (universitária ou militante) ainda não pesquisou o tema para além da perspectiva nacional.[2]

Qual é a relação com este seminário, "Intelectuais e movimentos sociais em busca de modernidades alternativas"? Este texto procura mostrar que as redes maçônicas cruzam não somente as histórias nacionais, mas também questões transversais como as relações internacionais, o exílio e as migrações ou a história das esquerdas. Mostra que as redes maçônicas — ainda pouco estudadas de forma "descompartimentada" — foram uma alternativa para certos intelectuais de esquerda entre as duas guerras mundiais. Francesco Frola tem o arquétipo de uma geração cultural que, derrotada e exilada, procurou nas Américas um "Novo Eldorado da Civilização".[3]

Circunstâncias

O caso Frola permite refletir sobre a derrota das esquerdas durante a "Guerra de 31 anos" (1914-1945).[4] O século XIX tinha sido uma Idade de Ouro para a civilização liberal, uma era de "fé num progresso contínuo e irresistível" (Zweig, 1944:17-18). O século XX foi uma era de ceticismo e destruição. Entre 1914 e 1945, duas dinâmicas estruturaram esta crise: territórios (a recomposição dos equilíbrios geopolíticos entre as principais potências que compunham o sistema internacional) e ideologia (uma verdadeira guerra civil ideológica internacional dividiu as sociedades ocidentais entre herdeiros da modernidade atlântica e das grandes revoluções modernas, por um lado, e seus inimigos, por outro: o que o século XIX teria chamado "progresso" e "reação"). As direitas ocidentais — tradicionais e modernas — acharam o caminho de uma

---

[2] Entre as fontes utilizadas aqui, destaca-se o primeiro manuscrito autobiográfico de Francesco Frola (1935), conservado no catálogo "Delegacia Especial de Segurança Política e Social" do Arquivo Público do Estado do Rio de Janeiro. Esse manuscrito parece oferecer diferenças substanciais com autobiografias posteriores (1938 e 1947), às quais ainda não tive acesso, mas que foram utilizadas — sobretudo — pelo historiador João Fábio Bertonha (1999, 2000). Uma edição dessa autobiografia está atualmente em preparação (agradecimentos especiais a Paulo Knauss, diretor do Aperj).

[3] Expressão utilizada em 1943 pelo exilado e maçom espanhol Alfonso Lamadrid (1943).

[4] Esta rápida análise é inspirada por, entre outros, Hobsbawm (1994:82-84, 197 e seg.)

aliança natural que explica parcialmente seus êxitos. Ao contrário, os herdeiros da ideologia do progresso dividiram-se entre liberais conservadores, esquerdas liberais e esquerdas antiliberais. O enfrentamento entre estes dois últimos grupos de mentalidade chegou a seu paroxismo durante a Guerra Civil Espanhola.

A questão maçônica sintetiza esta situação. Produto e agente da modernidade atlântica, a maçonaria reunia em 1914 mais de 24 mil lojas e 2 milhões de membros, oriundos de várias origens nacionais, sociais ou políticas. Repartidos entre América, Europa, Austrália e nos enclaves coloniais da África e do Oriente, não formavam um bloco, mas uma rede flutuante e polimórfica da opinião pública internacional. Agrupavam-se em duas grandes tradições: "anglo-saxônica" (89%) e "latina" (11%), respectivamente identificadas aos modelos estadunidense/britânico e francês. Na encruzilhada dessas duas influências, a América Latina representava 2% do total mundial.[5]

Durante a Guerra de 31 anos, o sistema maçônico internacional sofreu uma dupla crise, interna e externa. No plano interno, exacerbaram-se as rivalidades territoriais e as divergências ideológicas. Portanto, a organização da solidariedade internacional fracassou parcialmente.

No plano externo, sofreu uma dupla ofensiva. Por um lado, a esquerda leninista excomungou os maçons com a "21ª condição" adotada pela Internacional Comunista em 1922 e 1923. A maçonaria era vista como uma "grande força social (...) Estado no Estado", uma ameaça de "infiltração da pequena burguesia em todas as classes sociais", um "obstáculo à ação proletária", seus ritos lembravam "costumes religiosos", sua liberdade de pensamento era "uma concepção burguesa, oposta à ditadura do proletariado".[6] Esta resolução não apontava essencialmente para as esquerdas latinas, e mais particularmente a francesa? Teve consequências importantes, porém, foi a menor ofensiva.

Sem dúvida, as direitas católica e fascista foram a ponta de lança desta ofensiva. Cultivada pela Igreja Católica desde 1738, reatualizada a partir de 1915, a teoria católica do "complô judeu-maçônico-comunista" foi utilizada pelos regimes fascistas (então aliados com a Igreja) para justificar a repressão. Essa aliança antimaçônica de

---

5   Dados disponíveis em Birm (1914). Sobre maçonaria anglo-saxônica e latina, ver, por exemplo, o maçom francês Gloton (1936).
6   Citado por Ferrer-Benimeli (1982:217 e seg.). Cf. Manifestes, thèses, résolutions... (1934:196-198), Novarino (1996) e Ligou (1998:288-289).

Intelectuais e modernidades

direita teve dupla motivação: territórios e ideologia. Além da doutrina, pode-se pensar — apoiado tanto nas fontes quanto na historiografia especializada sobre a diplomacia do Vaticano — que foi uma arma simbólica utilizada pelas potências fascistas contra as potências liberais, em particular a França: enquanto o Vaticano apoiava o Reich (antes, durante e depois da I Guerra Mundial), e sua cúpula era dominada pelos italianos, alguns maçons francófonos perguntavam se "o Vaticano e sua campanha antimaçônica" não eram uma ferramenta "a serviço do imperialismo italiano" contra a influência francesa; ou se a repressão da maçonaria alemã — cuja tradição era quase totalmente *völkish* e ultraconservadora — não tinha sido "o prato de lentilhas com o qual Hitler pagou o apoio do partido católico".[7] Em síntese, em 1941, a maçonaria europeia só sobrevivia no Reino Unido, Escandinávia e Suíça.

A Itália foi o primeiro símbolo dos novos tempos. Entre 1922 e 1925, o fascismo e a Igreja destruíram a poderosa maçonaria italiana, cuja principal organização era claramente de tradição latina e francófila. De alguma forma, a destruição da maçonaria preparou o caminho da hegemonia católico-fascista. Foi nesse contexto que o intelectual comunista Antônio Gramsci pronunciou seu único discurso parlamentar, dedicado à maçonaria, quando foi votada a lei definitiva sobre o tema (maio de 1925). Gramsci dava uma grande importância metodológica à maçonaria na sua reflexão — por certo fundamental e atual — sobre os aparatos de hegemonia do Estado ampliado. Porém não via na maçonaria uma possibilidade, mas um obstáculo. Tinha sido o primeiro partido oficial da burguesia imperialista italiana. Era um agente da reação antiproletária. Seu conflito com o fascismo explicava-se pela rivalidade territorial (os dois recrutavam, segundo ele, a mesma base social). Por certo, as fontes e a historiografia mostraram que vários dirigentes maçônicos tinham colaborado com o fascismo durante seu período anticlerical, republicano e anticomunista (1919-1921). Mas muitas zonas de sombra ficam por iluminar fora das simplificações.

Depois de muitas deserções e traições, a principal organização, o Gran Oriente d'Italia, se reorganizou no exílio, principalmente na França e na Argentina. Em contrapartida, foi ignorado pelos "irmãos" ingleses. Assumiu uma orientação antifascista, participando, por exemplo, das exéquias de Piero Gobetti (1924) e dos irmãos Rosselli (1937). De sensibilidade liberal-democrática, manteve certa distância do Partido Comunista Italiano e relações tensas com Guistizia e Libertà, organizou uma seção italiana da Ligue des Droits de l'Homme, colaborou na Concentrazione

---

[7] Cf. Mossaz (1933:568-572) e Bayard (1936). Sobre a política externa do Vaticano, antes e depois da I Guerra Mundial, ver o estudo da professora Lacroix-Riz (1996).

Antifascista, criou lojas no seio das obediências francesas e animou uma Alliance des Maçonneries Persécutées com portugueses, austríacos e espanhóis. Segundo as fontes, estas iniciativas fracassaram. Porém, não participaram os exilados da constituição de uma opinião pública internacional? Em 1931, Francesco Saverio Nitti comentava que a "classe cultivada" e os "intelectuais" constituíam o núcleo duro do exílio.[8] O caso Frola ilustra o papel-chave das redes maçônicas neste processo.

Um intelectual procurando alternativas entre a Europa e a América

Francesco Frola nasceu em Turim, em 1886, numa família nobre e abastada. Seu pai era um intelectual ligado aos serviços do Estado. Rebelde, emigrou aos 22 anos para os Estados Unidos, onde foi operário. De volta à Itália em 1911, abraçou o socialismo. Mobilizado em 1915 como oficial de reserva do 35º Regimento de Artilharia, foi degradado por ter publicado, em 1914, *O triunfo da multidão*, escrito socialista e anticlerical. Segundo o informe do seu comandante, sua "inteligência e sua formação em ciências exatas e sociais", seu "carácter leal e franco" e seus "sentimentos altamente patrióticos e democráticos" permitiram-lhe readquirir seus graus.[9]

Depois da guerra dedicou-se à advocacia, tal como seu pai, e intensificou sua atividade política e cultural. Pertenceu — até sua dissolução pelos fascistas — ao diretório do Partido Socialista Unitário chefiado por Giacomo Matteotti. Eleito deputado em 1919, participou em 1920 do movimento de ocupação das fábricas, "que a alma trabalhista italiana considera uma derrota". Não foi reeleito em 1924. Colaborou com revistas (nacionais e estrangeiras), publicou livros, foi "consultor jurídico do Consórcio das Cooperativas Italianas" e de "numerosas câmaras de trabalho".[10]

O que era seu socialismo? Era um socialismo humanista, evolutivo e reformista, liberal, marxista e unitário. Seu imaginário alimentava-se do 14 de julho de 1789, do 20 de setembro de 1870 e dos clássicos autores socialistas franceses, ingleses e

---

[8] Cf. Bergami (1987), Mola (1983, 1985 e 1992:12, 542-552, 1037), Buci-Glucksmann (1988:137) e Combes (2001:17-18). Fontes aludidas: Rygier (1929), De Szigethy (1947), *La Cadena de Unión* (ago. 1930, p. 8120; set. 1930, p. 8143; ago. 1931, p. 8343-8345), AMI (1934:21-28) e Nitti (1931).

[9] Seu pai, Secondo (1850-1929), ostentava os títulos de conde e advogado. Tinha sido deputado de Chivasso (1882), subsecretário de Estado no Ministério do Erário Público (1891/1892), ministro (1898), senador (1900) e duas vezes prefeito de Turim (1903, 1911). Fontes: Frola (1914 e 1935:14-30), *O Estado de S. Paulo*, 4 mar. 1929 e Aperj-Desps 00517.

[10] Frola (1935:6, 16-17) e *Socialismo*, 1933 (Aperj-Desps 517).

alemães.[11] A ética tinha uma importância central, porque "o socialismo deve viver primeiramente nas consciências, amadurecidas num clima de alta moralidade e de capacidade técnica", sob a "lei da evolução gradual". A emancipação do proletariado implicava sua independência política (o partido), econômica (o cooperativismo) e sindical (o sindicato classista). Mas não excluía uma aliança tática com as classes médias. Preconizava os "métodos democráticos", os "meios legais no Parlamento, pelos jornais e pela palavra", a unidade popular (pequenos proprietários rurais, classes médias e proletariado urbano) e a unidade das esquerdas (socialistas, anarquistas e comunistas). Manteve essa linha unitária até o final da sua vida.[12]

Francesco Frola também foi um antifascista de primeira hora. Como — em 1935 — explicava o fascismo? Para ele, não era "um simples episódio regional", mas um modelo global que ameaçava tanto

a fórmula da democracia liberal como a da democracia social (...). O fascismo é filho da guerra psicológica e economicamente. Psicologicamente porque é a continuação do estado criminoso de violência próprio da guerra. Economicamente por representar a reação armada das classes conservadoras contra a evolução das classes proletárias (Frola, 1935:4-5).[13]

A coincidência com a teoria da "contrarrevolução preventiva" — formulada pelo intelectual anarquista Luigi Fabbri em 1922 — era clara. Segundo Frola, no começo, o fascismo tinha sido "revolucionário". Fracassada a ocupação das fábricas, dividido o Partido Socialista (janeiro de 1921), nasceu o segundo fascismo, partidário da força, do monarquismo, do clericalismo, do capitalismo, financiado pelos proprietários de terras e indústrias, comerciantes, capitalistas, banqueiros (...) para abater o movimento operário — dirigido pelos reformistas — e depois o liberalismo e a democracia. O *perigo vermelho* não passou de pretexto (...) para conseguir apoio e dinheiro (Frola, 1935:6).

---

[11] G. Babeuf, Saint Simon, Louis Blanc, E. Cabet, Leroux, R. Owen, Marx, Engels etc.: Aperj-Desps 517: *Che cosa é il socialismo, parole per il popolo,* fol. 19-34; *Il XX de settembre e il patto de laterano,* fol. 40-54; *Il socialismo nell'presente,* fol. 169 e seg.

[12] Frola (1935:16-17, 143). Sobre o conceito de unidade popular: Frola (1923) e *Articolo di fondo: il socialismo e le clase medie,* Aperj-Desps 517, p. 55-62. Sobre os anarquistas: "Nunca tive razão alguma de antipatia contra os anarquistas de boa fé: são homens muito respeitáveis" (Frola, 1935:30). "Defender o movimento bolchevique da difamação" era um "dever moral" (Fascismo e bolchevismo, *Folha da Manhã,* 9 jan. 1927, Aperj-Desps 517). Em 1947-1953, mantinha uma linha unitária para a fusão do PCI e do PSI numa grande força proletária. Frola (1947a, 1947b e 1953) e Bertonha (2000:232).

[13] É notável a coincidência com a análise do intelectual anarquista Luiggi Fabbri (1922).

Assim, Frola denunciava a "mistificação (...) do Estado corporativo (...) a lenda, que a muitos ainda seduz, das origens sindicalistas do Estado fascista". Ao contrário, o fascismo mantinha uma "absoluta incompatibilidade" com as "organizações trabalhistas independentes".[14]

Exilado na França

Pouco antes da marcha sobre Roma, Francesco Frola obteve um passaporte. Em 1924, era novamente degradado dos seus graus militares. Em 28 de junho de 1925, aos 39 anos, exilava-se na França. O que fez lá? De Paris a Toulouse, gerenciou dois jornais de língua italiana. Manteve relações com outros exilados italianos, cooperativistas, sindicalistas, políticos e intelectuais. Em Toulouse, aderiu ao Partido Socialista. Com a ajuda do professor Étienne Billières, prefeito de Toulouse e dirigente do Partido Socialista de Alta Garona, organizou um banco franco-italiano de crédito destinado aos camponeses imigrados; porém, as autoridades italianas fizeram a operação abortar.[15]

Qual foi o papel das redes maçônicas? A pergunta é legítima: a historiografia e as fontes mostram que a maçonaria francesa — tradicionalmente vinculada às esquerdas e vanguarda da corrente "latina" — se expandia e albergava muitos exilados.

Durante a I Guerra Mundial, tinha procurado a solidariedade das maçonarias aliadas e neutras que — reunidas em dois congressos (Paris, 1917) — aprovaram uma ação favorável à Sociedade das Nações. Durante o entreguerras, expandiu-se. Porém, com 45 mil membros e 700 lojas (das quais uma centena no estrangeiro) em 1934, tinha menos peso que sua rival britânica. Em 1917, felicitou-se com a queda do regime tsarista. A partir de 1919, seus debates internos evidenciaram duas correntes: uma enfatizava a supressão das liberdades, a perseguição aos socialistas e aos maçons pelos bolcheviques; outra mantinha as esperanças. Os maçons SFIO dividiram-se no Congresso de Tours (1920) e, entre os fundadores do PCF, figurava pelo menos uma centena de maçons (entre os quais André Marty). A excomunhão dos maçons pela

---

[14] *Apelo contra a guerra e o fascismo*, Aperj-Desps 517, fol. 135-136.

[15] Cf. Frola (1935:6-17). Na França, Francesco Frola foi codiretor de dois jornais: *Il Corriere degli Italiani* (Paris) e *O Mezzogiorno* (Toulouse). Os principais contatos citados no manuscrito são: Ernesto Caporali (CGT italiana, Toulouse) e, em Paris, Nullo Baldini ("um dirigente cooperativista"), Pedro Gobetti, João Amendola ("chefe da corrente liberal"), Francisco Nitti, A. Tarchiani (ex-redator-chefe do *Corriere della Sera* de Milão), Arthur Labriola (político e economista italiano, sindicalista e socialista revolucionário inicialmente, mais moderado nos anos 1920), Bruno Buono (secretário da CGT italiana), Filiberto Smorti (deputado socialista de Florença), Caetano Salvemini (historiador) etc.

Internacional Comunista (1922) marcou uma mudança: progressivamente, o recrutamento diminuiu na classe operária e progrediu nos partidos radicais e socialistas, na CGT, na LDH, no Sindicato Nacional dos Maestros, nas juventudes republicanas, na federação nacional dos antigos combatentes republicanos etc. Nos anos 1920-1940, a maçonaria francesa procurou ser a grande força moral das esquerdas não comunistas (republicanas, socialistas, radicais, anarquistas e sindicais). Seu papel na "política de aproximação de esquerdas [e] a criação do Cartel das Esquerdas, triunfante no ano de 1924",[16] inspirou, por exemplo, os espanhóis. Em 1929, o Grand Orient de France (GODF) chamava para uma "mobilização geral dos maçons [contra] os progressos dos adversários do espírito laico". Em 1930, pedia às lojas estudar "as teorias socialistas" e fornecia uma bibliografia que incluía Proudhon, Jaurès, Lafargue, Engels, Marx etc. Em 1934, chamava para "uma ação coordenada e ofensiva" contra "a dominação econômica (...) os poderosos organismos financeiros e industriais (...) a imprensa" e suas "aliadas naturais": as "forças de regressão intelectual e de dominação espiritual". Em síntese, existiam tendências iniciáticas, mas a maçonaria francesa se inclinava maioritariamente para as esquerdas laicas, democráticas e sociais.[17]

Além disso, a historiografia e as fontes mostram que a França continuava sendo uma "terra de asilo maçônico"[18] para muitos exilados: russos (monarquistas liberais, cadetes, socialistas e anarquistas como Voline), mas também espanhóis, armênios, italianos etc. Quanto aos italianos, o testemunho de Maria Rygier e os estudos da historiadora Anne Morelli mostram a proteção dada pelas lojas francesas e belgas aos exilados italianos (que, ao contrário, não foram bem acolhidos pelos irmãos ingleses). Portanto, a ausência de referências claras à maçonaria francesa no manuscrito de Frola é curiosa. Só consta a sua presença no relato de vários italianos identificados com a reorganização do *Gran Oriente d'Italia* no exílio.[19]

---

[16] Citação do espanhol Diego Martínez Barrio, dirigente radical de esquerda, em GOE (1930:174).

[17] Citações: GODF (1930 e 1934). Fontes: entre muitas, Servera (1934). Na historiografia, ver Combes (2000:147-157) e Gourdot (1998).

[18] Título de um documento impresso pela Grande Loge de France, sem data, conservado em Agla.

[19] Entre os personagens mais citados na autobiografia de Frola (1935), os maçons identificados são: Francisco Nitti (não era maçom, mas relacionado com numerosos dirigentes maçônicos franceses, ingleses e belgas), A. Tarchiani, Artur Labriola (muito vinculado à Bélgica e França, presidente do Grande Oriente d'Itália no exílio em 1930/1931), Caetano Salvemini (membro do GOI, posteriormente exilado nas Ilhas Britânicas). Algumas fontes: Vandervelde (1928), Labriola (1929), Rygier (1930) etc. Bibliografia: Morelli (1986:12 e seg.) e Mola (1983).

Exilado no Brasil

Em maio de 1926, Francisco Frola foi convidado para dirigir *La Difesa,* o principal periódico antifascista de São Paulo. A partida da Itália foi dificultada pelo consulado do Brasil. O prefeito de Marselha, o senador socialista Flaissières e vários conselheiros municipais intervieram energicamente. Em 15 de setembro de 1926, embarcava no *Ipanema* com destino a Santos. Degradado da sua nacionalidade em outubro de 1926, Frola era apátrida.[20]

Os anos do exílio no Brasil não foram um passeio. Finalmente instalado entre Rio de Janeiro e São Paulo, perseguido pelos serviços secretos italianos, sofreu atentados. Também sofreu a hostilidade de Ibrahim Nobre, chefe da Delegacia da Ordem Política e Social (Deops, criado em 1924), "moço inteligente e culto, admirador sincero do fascismo e do *duce*", animado pelo "firme propósito de perseguir Frola e seus amigos",[21] segundo fontes fascistas citadas por Frola.

Apesar disso, Francesco Frola conseguiu organizar uma importante campanha de propaganda antifascista e até um serviço de contraespionagem.[22] Conseguiu um eco importante na opinião pública brasileira e acedeu a altas esferas políticas, especialmente no Centro-Sul do Brasil. Teve, por exemplo, encontros pontuais mas significativos com Getúlio Vargas e Osvaldo Aranha.

Redes públicas

Podem as redes antifascistas italianas do Brasil explicar esta trajetória singular? Dificilmente. O historiador João F. Bertonha[23] sublinhou que os antifascistas italianos eram, no princípio dos anos 1920, ultraminoritários, divididos e isolados. Frola até reivindicou ter reorganizado todo o movimento. Exagero? As fontes fascistas da época reconheceram a mudança quantitativa e qualitativa. Frola impôs uma estratégia unitária entre republicanos, socialistas, anarquistas e comunistas (contra a vontade da Concentrazione d'Azione Antifascista de Paris e dos socialistas moderados de São

---

[20] Relato, citações de fontes (*Gazeta Oficial do Reino da Itália*, imprensa brasileira etc.) em Frola (1935:7-17).

[21] Consulado-Geral da Itália, ao ministro dos Negócios Exteriores, São Paulo, 7 abr. 1928, citado em Frola (1935:110-119, 71 e seg.).

[22] Frola reproduziu no seu manuscrito documentos do consulado italiano, que ele apresentou como produto do trabalho dos Atalaias de Itália, "organização antifascista de contraespionagem (...) instituída com estatutos rigorosos (...) constituída secretamente por italianos que não participavam pessoalmente da atividade das organizações antifascistas". Frola (1935:71 e seg., 110-119).

[23] Bertonha, 1999:79, 223-224 e 2000:216-220.

Paulo que o haviam convidado). Em síntese, não se pode explicar o êxito relativo de Francesco Frola pelas redes antifascistas italianas. Ao contrário, sua chegada no Brasil parece explicar o efêmero desenvolvimento dessas redes. Portanto, é necessário procurar as solidariedades de Francesco Frola no seio da sociedade brasileira.

O historiador Amado Luís Cervo mostrou o tradicional interesse da sociedade civil brasileira pelos assuntos italianos. Quais foram os principais companheiros de estrada de Francesco Frola? No seu prontuário policial aparecem numerosos periódicos brasileiros.[24] Entre eles, *O Estado de S. Paulo* sobressai. A historiografia já sublinhou seu apoio sistemático aos italianos antifascistas. O manuscrito de 1935 fornece vários exemplos desse apoio incondicional: entre outros, Plínio Barreto — redator-chefe — foi testemunha do casamento de Frola (1928), que, em 1929, foi contratado pelo jornal como repórter na França.[25]

Na esfera política, o historiador João F. Bertonha — apoiado na imprensa da época — registra relações com o Partido Democrático (PD) de São Paulo. De inspiração liberal, o PD representava uma burguesia ilustrada que, para os socialistas mais moderados desta época, tinha a vocação de modernizar o Brasil. No seu manuscrito, Francesco Frola também nomeia reiteradamente os intelectuais do grupo nacional-estatizante Clarté. Evaristo de Moraes — seu fundador — foi íntimo aliado de Frola e, por exemplo, redigiu a apresentação do manuscrito de 1935. Nascido em 1871, advogado, tinha militado nos partidos operários do fim do século XIX. Acreditava na evolução gradual pela ação política, econômica e sindical. Candidato a deputado pelo Partido Socialista em 1918, fundou o grupo Clarté em 1920, com Nicanor do Nascimento, Agripino Nazareth, os deputados Bergamini, Adalberto Corrêa e Maurício de Lacerda (que também aparecem no manuscrito). Em 1925, fundou um novo Partido Socialista. Em 1928, participou da criação do Partido Democrático e, em 1929, da Aliança Liberal.

Globalmente, a fragilidade dessas solidariedades públicas está clara. Certamente, o apoio da imprensa liberal foi importante. Porém, nem os antifascistas italianos, nem os socialistas reformistas, os intelectuais de Clarté e os liberais do PD tinham muita influência. A intransigência da burguesia, a repressão, o clima asfixiante da República Velha etc. explicam "a inviabilidade do reformismo no Brasil da Primeira

---

[24] Brasil e Itália: cf. Cervo (1992). Periódicos mais citados por Frola: *Comércio*, de Santos (SP), *A Manhã*, *A Esquerda*, *A Vanguarda*, *O País*, *Correio da Manhã*, *Diário Carioca* (RJ), *Diário de Notícias* e *Correio do Povo* (Porto Alegre), *A Tarde*, de Curitiba (PR), *Comércio do Jahú*, *Diário* e *Democrata* (Jaú), e *Globo*, *O Sul*, *Folha da Noite* etc.

[25] Sobre o apoio do jornal *O Estado de S. Paulo* aos antifascistas, ver Bertonha (1999:222). Sobre o casamento, ver Frola (1935:72-73, 126-127).

República".[26] Portanto, o êxito de Frola no Centro-Sul do Brasil entre 1926 e 1929 não pode ser explicado por sua solidariedade.

Redes maçônicas

Era a maçonaria "o epicentro das lutas", como pensava o cônsul-geral da Itália?

> Informei outrora a V.E. que o epicentro das lutas contra o regime devia ser procurado na Maçonaria e que o instrumento desta é o renegado Frola (...) A Maçonaria, recobrando o alento após o golpe padecido pelo antifascismo na ocasião da visita do embaixador e de seu discurso, lançou-se ao contra-ataque (Consulado Geral do Rei de Itália, doc. cit., S. Paulo, 7 abr. 1928 apud Frola, 1935:115-116).

Em 1928 Mussolini mandou dois agentes especiais para reorganizar os fáscios e a imprensa fascista do Brasil. Segundo Frola (1935:61, 85), os dois tinham pertencido à maçonaria italiana. Casualidade?

AS LOJAS ITALIANAS

Conforme os historiadores Maria R. Ostuni (1990:101) e Luís E. Vescio (2000), a relação entre maçonaria e imigração italiana no Brasil — mal conhecida — ainda está por ser estudada. Para isso, é necessário distinguir lojas italianas "autônomas" e "regulares", isto é, reguladas por uma obediência.

O que sabemos? Segundo o historiador Ângelo Trento, há registros da existência de lojas italianas em 1888. Essas lojas provavelmente eram autônomas: segundo o historiador Aldo Mola, as lojas americanas do Gran Oriente d'Italia (GOI, criado em 1861) se desenvolveram sobretudo na Argentina. Em 1898, o GOI regulava 20 lojas nas Américas, das quais algumas criadas nas pegadas da imigração italiana que procuravam enquadrar. Em 1914, o Bureau International de Relations Maçonniques só recenseava duas lojas do GOI no Brasil (São Paulo), contra oito na Argentina e seis nos Estados Unidos (sobre um total de 427 lojas na Itália e 51 no exterior). Limitava-se a isso o movimento maçônico italiano no Brasil? Na realidade, Ângelo Trento registrou a criação, em 1915, de um Grande Oriente Autônomo composto exclusivamente por lojas italianas de São Paulo. Documentos conservados na Argentina mostram sua atividade durante a guerra.[27]

---

[26] Bertonha (1999:220-223). Sobre os intelectuais do grupo Clarté, ver Frola (1935:1-16, 1937 e 1938:34).

[27] Na bibliografia sobre o assunto, ver Trento (1989:174, 365-366) e Mola (1993:323-324). As informações aqui reunidas foram pesquisadas em Birm (1914:233, 271, 285, 311, 344) e Piccarolo (1915).

Qual público parecem ter reunido essas lojas? A historiografia é pouco precisa, mas menciona intelectuais progressistas e elites migratórias. Eram respeitáveis: em 1924, o *Libro d'Oro degli Italiani nel Brasil* as assimilava a uma associação patriótica (Ruottolo, 1924:43-50, 77).

Como evoluíram após a interdição da maçonaria na Itália? Segundo Aldo Mola, em 1922, o GOI regulava 16 lojas na América Latina, das quais 10 na Argentina e quatro no Brasil. Ante a repressão, as lojas ítalo-americanas (sobretudo as argentinas) se converteram em sua reserva estratégica. Rapidamente, suas pegadas se perdem na neblina de uma semiclandestinidade organizada. Porém, muitas referências — tanto na bibliografia quanto no material brasileiro de época — indicam que foram uma retaguarda essencial. João Bertonha sublinhou que os maçons italianos ficaram fortes nas instituições civis e políticas italianas locais. Assinalou que, no Riò de Janeiro e em São Paulo, as primeiras organizações de luta apareceram em 1924, por iniciativa de velhos militantes do socialismo e da maçonaria. Menciona pelo menos oito lojas italianas para os anos 1925-1930. Além do segredo com que se protegeram, sua ação moral e material fica muito clara nos documentos da época, tanto na imprensa antifascista quanto nos relatórios dos cônsules italianos. Surgem sinais da relativa convergência, no seio das lojas, de uma corrente favorável à unidade das esquerdas (chefiada por Francesco Frola e pela loja Giacomo Matteotti) e de uma corrente socialista e republicana mas anticomunista (chefiada por Antônio Picarrolo e Mariano Mariani).[28]

Foram uma retaguarda estratégica as lojas italianas para os antifascistas? Sem dúvida, aportaram um apoio moral e material essencial à imprensa e ao movimento antifascistas. Um dos seus aportes fundamentais foi provavelmente suas redes internacionais: por exemplo, certos documentos — conservados na Argentina — mostram que seguiam colaborando, nos anos 1930, com as lojas hispano-argentinas, socialistas e republicanas, muito ligadas à incipiente diplomacia republicana espanhola. Porém, além do seu voluntarismo, essas lojas eram estrangeiras, pouco numerosas, semiclandestinas e, portanto, relativamente isoladas. Assim, não explicam a inserção de Francesco Frola no Brasil, que limitou seus comentários sobre elas à loja/grupo socialista Giacomo Matteotti. É preciso aprofundar a pesquisa. É necessário, também, procurar as solidariedades de Frola fora da comunidade italiana.

---

[28] Mola, 1993:323-324 e 1983; Trento, 1990:365-366; Bertonha, 1999:60-68, 83, 101, 213-225.

AS LOJAS BRASILEIRAS

Problemática, historiografia e fontes

Qual foi o papel das lojas brasileiras? A questão é malconhecida. No Brasil, poucos autores especializados resgatam o papel das relações internacionais, dos exilados ou dos emigrados na história maçônica. O século XX, pouco estudado, não escapa a essa tendência.[29]

O que diz a historiografia especializada sobre os italianos no Brasil? João F. Bertonha — apoiado na imprensa antifascista da época — registra sinais de colaboração. Em São Paulo, o Partito Republicano Italiano, a Lega Italiana dei Diritti delle'Uomo e o periódico *O Resorgimento* albergaram-se no templo da rua José Bonifácio. Vários dos seus companheiros brasileiros eram socialistas e maçons, como os intelectuais do grupo Clarté, que participavam das manifestações e intervinham no Parlamento. Além deles, muitas lojas de outros estados apoiaram Frola.[30]

O prontuário Francesco Frola — conservado nos arquivos da Desps — confirma estes elementos e permite um aprofundamento. Porém, é interessante começar com um panorama da maçonaria brasileira, apoiado na bibliografia disponível e no *Boletim do Grande Oriente do Brasil*.

A maçonaria brasileira nos anos 1920

A partir de 1830, a maçonaria tinha sido, no Brasil, um laboratório da opinião pública, um elemento do poder moderador imperial, mas também um caldeirão das alternativas republicanas. Segundo o historiador Sérgio Buarque de Holanda, a transição republicana de 1889 provocou a passagem "da maçonaria ao positivismo".[31] Porém, qual era a situação no princípio do século XX?

Depois de um século de existência ininterrupta, a maçonaria brasileira era uma instituição nacional. A historiografia universitária reconhece, por exemplo, que era mais espalhada e estruturada que a Igreja Católica ou o Exército, que só iniciavam seus processos de institucionalização. Por certo, desde 1830, era um mosaico de polos,

---

[29] Uma exceção foi Gonçalves (1998) e, até certo ponto, Castellani.

[30] Fontes citadas em Bertonha (1999:213-220). Principais nomes citados: Evaristo de Moraes, Nicanor do Nascimento, Agripino Nazareth, os deputados Bergamini, Adalberto Corrêa e Maurício de Lacerda.

[31] Buarque de Holanda (1985:289-305). Sobre a relação entre maçonaria e Império do Brasil, cf., por exemplo, Mollès (2009).

redes e públicos. A partir de 1893, a multiplicação das dissidências regionais tinha complicado esse mosaico. A maior organização era, sem dúvida, o Grande Oriente do Brasil (GOB) que, com suas filiais regionais, estava presente em mais de 21 estados e reunia entre 28.853 membros (1909) e 15.204 membros (1914).[32]

Qual público se reunia neste espaço? A historiografia especializada — maçônica e universitária — sublinha a forte e contínua presença de maçons nos vários níveis de poder republicano com, por exemplo, oito dos 12 presidentes da Primeira República. No Sul, o Grande Oriente do Rio Grande do Sul tinha realizado um pacto com o Partido Republicano Riograndense. As fontes indicam que, em 1914, o GOB recrutava seus quadros na sociedade política (nacional e estadual), civil (universitários, profissionais liberais, comerciantes etc.) e militar (numerosos oficiais da Marinha e do Exército).[33] Sem dúvida, a maçonaria brasileira era um aparato ideológico do Estado republicano. No plano interno, dominavam correntes preocupadas — como os militares positivistas — com a consolidação da unidade nacional. No plano externo, a legitimidade do GOB era amplamente reconhecida pela comunidade maçônica internacional, especialmente na França, Inglaterra, Portugal, Itália, Estados Unidos e Argentina. Durante a I Guerra Mundial, passou de um neutralismo francófilo a um intervencionismo atlântico. Em 1918, era chefiado pelo ministro das Relações Exteriores.[34]

Porém o público maçônico se limitava às elites republicanas? As fontes e a historiografia evidenciam sua permeabilidade às classes médias, elites operárias e elites migratórias.

O maçom paulista José Castellani resgatou o caso do Everardo Dias: filho de um exilado republicano espanhol (maçom), tipógrafo e professor, foi um importante sindicalista de esquerda, emblemático de uma geração que, após 1917, se dedicou à

---

[32] Cf. por exemplo Morel e Souza (2009:181 e seg.) e Barata (1999). Fontes sobre as filiais regionais do GOB em 1914: Bogob (jun. 1914, p. 351 e 358-374), Birm (1909 e 1914).

[33] Fontes: Bogob (jun. 1914, p. 335, 339, 343, 358-374). (Em 1914, o comitê central do GOB reunia um senador, 13 universitários e três oficiais. O Supremo Conselho do Brasil reunia 13 oficiais e sete universitários. O Grande Capítulo do Rito Moderno Francês tinha 38 membros, sete oficiais e 10 universitários). Historiografia maçônica: Castellani (2007:89-122). Historiografia universitária: Morel (2009), Vescio (2000). GO Rio Grande do Sul: fundado em 1893, 2.142 membros e 39 lojas em 1914 (Birm, 1914).

[34] Militares positivistas e defesa da unidade nacional: cf. Fausto (2008:246-247). Maçonaria e defesa da unidade nacional: cf., por exemplo, a mensagem anual do grão-mestre Lauro Sodré (senador do Pará) em Bogob (jun. 1914, p. 332-333). Em junho de 1918, dirigiam o GOB o doutor Nilo Peçanha (ministro das Relações Exteriores), o contra-almirante Veríssimo José da Costa, dois oficiais superiores, dois advogados e dois funcionários públicos (Bogob, jun. 1918, p. iniciais).

emancipação feminina e operária, numa fase de industrialização acelerada. Daqui talvez, conforme o historiador Marcelo Ridenti, a presença de maçons entre os fundadores do PC do Brasil (e a desconfiança inicial de Moscou).[35]

Há vários sinais de ligações de afinidade com os movimentos ligados às classes médias urbanas. A presença de uma *intelligentzia* de esquerda — ilustrada pelos intelectuais do Clarté — fica por pesquisar. Conforme as fontes e a historiografia — maçônica e universitária —, vários maçons do GOB envolveram-se no Tenentismo (Rio de Janeiro, 1922) e na revolução paulista (1924), dois movimentos ligados às classes médias.[36] Além disso, a presença maçônica parece ter sido forte na imprensa liberal desenvolvida após 1875 com o *Estado de S. Paulo* (fundado e dirigido por maçons, segundo José Castellani). Finalmente, as fontes primárias evidenciam a presença — também ignorada pela historiografia — de uma constelação de lojas inglesas, italianas, francesas, alemãs, sírio-libanesas, armênias etc. Reuniam uma elite migratória como no Rio da Prata?[37]

Muitos pontos ficam por pesquisar: elites republicanas, classes médias, militares, elites operárias, elites migratórias, *intelligentzia* de esquerda acharam nas lojas um centro de união relativa? Não eram as lojas um laboratório de cultura política, de sociabilidade e de educação alternativas? A comum oposição à ofensiva clerical desenvolvida após o Congresso Eucarístico de 1922 pode explicar parcialmente esta convergência. Além do anticlericalismo, os planos de estudo fornecidos pelo Grande Oriente estimulavam, como na França, os debates científicos, filosóficos, políticos e sociais (e poucos litúrgicos). Estimulavam a criação de escolas e bibliotecas populares. Nesse contexto, é surpreendente a permeabilidade às teorias socialistas? É sur-

---

[35] Informação dada por Marcelo Ridenti no seminário Modernidades Alternativas, nov. 2009 (UFF). Everardo Dias: filho de um exilado republicano espanhol (maçom), tipógrafo, professor de história e jornalista (*O Estado de S. Paulo*), iniciado em 1904 por um argentino (Loja Filhos do Universo), educador militante e anticlerical nos estados de São Paulo, Rio de Janeiro, Minas Gerais e Paraná, fundador de um Partido Operário e sindicalista de esquerda em 1917, preso e torturado várias vezes nos anos 1917-1945, apesar da solidariedade maçônica, individual e corporativa. Traduziu várias obras francesas e publicou obras maçônicas importantes até 1966. Cf. Dias (1922) e Castellani (2007:115-118).

[36] Dirigida contra o presidente católico Artur Bernardes (1922-1926): católico e reacionário, foi combatido pelo Parlamento por dirigentes maçônicos como Nilo Peçanha e Moniz Sodré, liderando a "Reação republicana". Fontes: Bogob (jul. e ago. 1922 e 1924). Historiografia universitária: Morel e Souza (2009:191). Historiografia maçônica: Castellani (2007:119).

[37] A historiografia não estudou a imprensa liberal nem as elites migratórias. Sobre *O Estado de S. Paulo*: Castellani (2007:122-123). Sobre o Rio da Prata: Mollès (2006 e 2010a). Fontes sobre as lojas estrangeiras no Brasil: Bogob (todos os números), Swanson (1928), Weathley (1916) e Loge Capitulaire Française "14 Juillet" (1922).

preendente que o GOB promovesse, em 1926, uma anistia política? É surpreendente que cedo houvesse sido sensível à questão antifascista, quando a opinião pública se desinteressava do tema?[38]

Francesco Frola e "orquestra passional brasileira"

O DESEMBARQUE

A chegada de Frola nas costas do Brasil em outubro de 1926 não passou despercebida: o governo brasileiro foi induzido pelo italiano a bloquear seu desembarque. Segundo seu manuscrito, Frola foi salvo pela "orquestra passional brasileira".[39] Quais foram seus móveis?

Ainda no *Ipanema*, o ex-deputado perseguido pediu proteção ao presidente do estado de São Paulo, ao presidente da República, à Associação de Imprensa e ao grão-mestre da maçonaria.[40] Seus amigos de São Paulo enviaram ao Rio um emissário para consultar o advogado Evaristo de Moraes. No Rio de Janeiro, esperavam-lhe numerosos jornalistas e uma "delegação da classe operária". Os deputados Nicanor do Nascimento e Adolfo Bergamini conferenciaram com o ministro das Relações Exteriores. Nesse contexto favorável, Frola fugiu do *Ipanema* e se refugiou na sede do jornal socialista *A Vanguarda*. O manuscrito de 1935 deixa uma pergunta: Foram as lojas brasileiras um dos motores da "pressão da opinião pública"?

> Entretanto, chegam os jornais da manhã. Estão cheios de notícias a meu respeito. A campanha jornalística intensifica-se. Estão anunciadas quatro interpelações na Câmara dos Deputados. A imprensa brasileira, num gesto magnífico, coloca-se inteira ao meu lado. Torna-se avalanche a pressão da opinião pública. Os jornais do meio-dia publicam na primeira página meu retrato. Artigos ardorosos proclamam meu direito. Alguém mais audaz pede a demissão do ministro das

---

[38] Historiografia: Sobre estes temas, cf. os historiadores Morel e Souza (2009:192-197 e 203-211: a propaganda antimaçônica) e Castellani (1995, anistia). Fontes: Bogob (jun. 1914, p. 328 Planos de estudos; 1892, n. 12, p. 765 e seg. —"cooperar com o socialismo para o triunfo definitivo"; 1917, n. 5, p. 427 e seg. — 1º de maio; 1925, n. 4, p. 273 e 1930, n. 3, p. 106-107 fascismo italiano) etc.

[39] Expressão de Frola (1935:18). Sobre o desembarque, ver também as fontes do consulado italiano em Bertonha (2000:215).

[40] O presidente do estado de São Paulo era o dr. Carlos de Campos (maçom?). Em outubro de 1926, era presidente da República Arthur Bernardes, católico (substituído pelo maçom e republicano paulista Washington Luís em novembro). O grão-mestre era Vicente Saraiva de Carvalho Neiva, ministro do Supremo Tribunal Militar, falecido em fevereiro de 1926 e substituído pelo seu adjunto, João Severiano da Fonseca Hermes (Castellani, 1995:85-86).

Relações Exteriores. Os jornais reproduzem as moções a meu favor em diversas lojas maçônicas. A Ordem dos Advogados se reúne e resolve intervir. Os oficiais do "Ipanema" e a tripulação vibram comigo neste maravilhoso crescendo da orquestra passional brasileira (Frola, 1935:15-26).

1926-1929, FASCISMO E ANTIFASCISMO NO BRASIL

A polícia de São Paulo — e seu chefe dr. Norberto Moreira — proibiu as conferências de Frola, que foi para o Rio de Janeiro. Em 15 de dezembro de 1926, o Grande Oriente do Brasil recebia "com solenidade"[41] o exilado, sob a presidência dos deputados Bergamini e Nicanor do Nascimento. As conferências se multiplicaram, acompanhadas por emigrados italianos e atores políticos e sociais brasileiros.[42] Qual foi a função das lojas? Sem dúvida, ajudaram-lhe a construir esta relação com a opinião pública nacional. Forneceram-lhe um território: São Paulo (cidade e estado), Jaluí, Juiz de Fora, Porto Alegre, Florianópolis, Itu, Jaú, Bom Retiro, Água Branca, Piracicaba e outras cidades do interior. Possibilitaram seu encontro com a imprensa liberal, com membros de tradicionais famílias republicanas, com autoridades escolares e municipais etc. Em julho, contra a vontade do cônsul italiano, o presidente do estado de Minas Gerais garantiu a realização de uma conferência. No seu público, assinala reiteradamente a presença de maçons, funcionários públicos etc.[43]

Em 2 de julho de 1928, Frola casou-se com uma brasileira, Germana Misasi. Foram padrinhos Abelardo Vergueiro César (deputado federal em 1935), Plínio Barreto (redator-chefe do *Estado de S. Paulo*) e seu companheiro Antônio Cimatti. Germana Misasi era maçom? Isso não é claro, mas estava capacitada para presidir a reunião da loja Luz Invisível em Curitiba, em agosto de 1928.[44]

---

[41] Frola (1935:33-34). Ver também Frola recebido pela maçonaria brasileira, *La Difesa*, p. 126, 23 dez. 1926.

[42] Em particular: N. do Nascimento e E. de Moraes, Plínio Barreto (redator-chefe de *O Estado de S. Paulo*), Atilio Salvaterra ("homem de absoluta confiança de Oswaldo Aranha"): Frola (1935:33-38, 75).

[43] Por exemplo, em Piracicaba (abr. 1927), sua conferência foi apresentada pelo dr. João Silveira Mello, neto de Prudente de Moraes: Frola (1935:36). Posteriormente, em São João da Boa Vista, foi recebido privadamente pela loja local (Templários da Justiça) e acolhido publicamente pelo prefeito (dr. José Procópio Andrade Júnior), o presidente do Conselho Municipal (dr. Antônio Cândido de Oliveira Filho) e o diretor do colégio público local (Hugo Vasconcelos Sarmiento) (Frola, 1935:35-41).

[44] Tinha conhecido sua esposa em 1911, através do seu pai, comissário de São Paulo na Exposição Internacional de Turim. Sobre sua esposa presidir a reunião da loja Luz Invisível, ver Frola (1935:72-73 e 82).

Frola dedicou o ano de 1928 ao Sul do Brasil. Os comitês de organização eram, segundo seu relato, marcados pela presença maçônica, especialmente em Paranaguá, Curitiba, Porto Alegre e Rio Grande. Em Pelotas, por exemplo, foi recebido por uma comissão guiada pelo grão-mestre da Grande Loja do Estado do Rio Grande do Sul, dr. Manoel S. G. de Freitas. Pouco depois, foi o centro de uma recepção solene no templo do Grande Oriente do Rio Grande do Sul (20 julho). As conferências eram assistidas por quadros civis e políticos, jornalistas e maçons. Em Curitiba, despediu-se "do presidente do estado (dr. Alfonso Alves de Camargo), da imprensa e dos amigos. Visitei a universidade e, à noite, pronunciei uma última conferência na Loja Luz Invisível".[45]

Na verdade, a campanha do Rio Grande do Sul foi bem preparada. As autoridades do estado tinham garantido sua realização, contra os protestos do cônsul italiano. Em 25 de julho de 1928, foi recebido "com grande cortesia" pelo doutor Getúlio Vargas (presidente do Estado), para conversar — em italiano — sobre organizações econômicas e cooperativismo. Em Porto Alegre, visitou "frequentemente" Osvaldo Aranha (secretário de Justiça). O cônsul italiano publicou uma *Carta aberta à maçonaria riograndense* para denunciar a cumplicidade das lojas. O Grande Oriente do Rio Grande do Sul e *A Tarde*, de Curitiba, exigiram a expulsão do cônsul.[46]

De Paris a Buenos Aires e Montevidéu

Segundo o cônsul, citado no manuscrito de 1935, Frola também conspirava com "expoentes antifascistas e maçônicos da Argentina e do Uruguai [para] estabelecer acordos sobre uma mais cauta ação antifascista, que deveria ser desenvolvida na América do Sul e que teria por centro Buenos Aires, com a certeza de que o presidente Yrigoyen estará a seu lado".[47]

A agenda pessoal de Francesco Frola — conservada nos arquivos da Desps — esclarece também que ele mantinha muita correspondência com Paris e Marselha, Buenos Aires, Rosário e Córdoba, Chicago e Nova York. Em 1929, era uma referência no antifascismo internacional. Amigos de Nova York propuseram-lhe dirigir *Il Novo*

---

[45] Entre os maçons, Frola cita um militar (cap. Ferreira de Moraes), vários universitários (prof. Dario Velloso, dr. Teixeira de Freitas, dr. Francisco Routari, dr. Theodorico Bittencourt, dr. Barbosa Lima), jornalistas (Zigarelli, diretor de *O Sul*; Carlos de Bonhomme, diretor de *A Tarde* de Curitiba; João Ferreira de Souza, redator-chefe do *Diário da Tarde*; Rodrigo de Freitas, diretor de *O Dia* de Curitiba) e Dario Velloso (Frola, 1935:74-82).

[46] Testemunho de Frola e fontes jornalísticas citadas em Frola (1935:77-78, 85-86).

[47] Consulado ao ministro dos Negócios Exteriores, 24 jun. 1928 (Frola, 1935:120-122).

Mundo, editado pela Italia Libera Association. Preferiu viajar para a França, como correspondente de *O Estado de S. Paulo*.[48] É impossível relatar esse novo episódio francês. Pode-se sublinhar que as redes de Frola foram basicamente as mesmas que em 1925.

Em 1930, o cônsul brasileiro em Marselha negou-lhe o visto. A imprensa brasileira protestou, mas o exilado e sua mulher desembarcaram no Paraguai e finalmente Buenos Aires, onde ele foi acolhido pela imprensa liberal (*Crítica, Buenos Aires Herald*) e pelos dirigentes do Partido Socialista Argentino. Frola multiplicou as conferências nas províncias do litoral argentino. Lá também, segundo seu manuscrito, as lojas — italianas (semiclandestinas), do Grande Oriente Espanhol (de sensibilidade republicana e socialista), do Gran Oriente para la República Argentina (dirigido por um deputado radical) — foram sua retaguarda-chave. Portanto, não é casual a presença nos arquivos da atual Gran Logia Argentina de alguns exemplares do *Risorgimento, Quotidiano dell'antifascismo militante directo*, que Frola publicou na Argentina. Essa atividade durou até o golpe civil-militar de setembro de 1930 (de inspiração católica e fascista). Passou a Montevidéu em dezembro. Publicou um novo periódico, conferenciou, se relacionou com os socialistas Emilio Frugoni — historiador socialista, decano da Faculdade de Direito — e Luigi Fabbri — "discípulo de Henrique Malatesta, editor da revista *Studi Sociali*".[49]

De volta ao Brasil

Em maio de 1931, obteve finalmente um visto. Confirmado pela historiografia, afirma que o movimento antifascista estava "destruído" por divisões e infiltrações. Frola abriu um gabinete de advogado, teve um filho, solicitou a nacionalidade brasileira (concedida em dezembro de 1933), reorganizou o grupo socialista Giacomo Matteotti. A partir deste momento, a maçonaria brasileira desaparece do manuscrito. Apenas menciona sua participação na campanha das lojas de São Paulo em favor da política de laicidade escolar do interventor federal de São Paulo. Por outro lado, os arquivos da Desps esclarecem que editava um periódico quinzenal socialista em um templo de São Paulo.[50]

---

[48] A esposa viajava então com o passaporte do esposo. Fonte: Aperj-Desps 517, fol. 83 e seg. Frola (1935:125-126).

[49] Na Argentina, seus principais contatos no PS foram Mario Bravo, Nicolás Repetto, Enrique Dickman, Antonio Solari (maçom), Jacinto Oddone e Alfredo Palacios (ex-maçom). Fontes: Frola (1935:125 e seg.), O conde Frola não pode desembarcar! Uma perfídia policial que envolve talvez piores desígnios, *A Manhã*, s./d. [1929-1930], Aperj-Desps 00517. Sobre a maçonaria na Argentina nos anos 1920-1930, ver Mollès (2007 e 2010). *Risorgimento, Quotidiano dell'antifascismo militante directo* de Francisco Frola, 18 out. 1930 (Agla).

[50] Historiografia sobre a decadência do antifascismo neste momento: Bertonha (1999 e 2000). Fontes: Frola (1935:137-142) e *Socialismo* (1933).

Como explicar a curiosa desaparição das lojas no relato de Frola?

A crise econômica (mundial e nacional), a radicalização das classes médias e de parte da pequena burguesia cristalizada no tenentismo, a crise do Partido Republicano Paulista e o assassinato de João Pessoa,[51] companheiro político de Getúlio Vargas na Aliança Liberal, provocaram o golpe político-militar de outubro de 1930, a Segunda República de 1934 e o Estado Novo (1937-1938). Este período ainda permanece obscuro. Porém, as fontes e a historiografia mostram que a relação entre maçonaria e poder político foi flutuante e polifacética. Por exemplo, no princípio de 1932, conforme José Castellani, Vargas escolheu um ex-grão-mestre do Grande Oriente de São Paulo para negociar com as elites paulistas. Contudo, muitos maçons e lojas — assim como *O Estado de S. Paulo* — participaram da Revolução Constitucionalista. O *Boletim do Grande Oriente do Brasil* (Rio de Janeiro) mostra, por sua vez, uma espetacular progressão do poder militar na principal área maçônica brasileira. Os novos dirigentes do GOB procuraram adaptar-se à conjuntura: a partir de 1930, multiplicaram-se as depurações (expurgos) e declarações contra os integralistas e comunistas (mas sem condenar, pelo menos até 1934, o materialismo dialético). Globalmente, entre 1930 e 1940, o discurso dos dirigentes do GOB passou de um liberalismo progressista para um liberalismo conservador, do cosmopolitismo a um nacionalismo chauvinista. A censura interna e (segundo José Castellani) a infiltração de elementos parapoliciais se generalizaram. O apoio ao governo Vargas foi divulgado várias vezes entre 1935 e 1940. A repressão da maçonaria, promovida por certos setores desse governo, não chegou a se generalizar e parece ter sido regional. Em 1941, a reabertura das lojas de São Paulo marcou certo retorno à normalidade.[52]

Nos primeiros anos deste período, Francesco Frola dedicou-se a divulgar elementos da sua cultura socialista, sindical e cooperativista, temas sobre os quais publicou pelo menos 18 impressos no Brasil entre 1926 e 1935, conforme seus papéis.[53] Sua incansável atividade inscreveu-se na sensibilidade da Fédération Syndicale Internationale (dirigida em Paris por Léon Jouhaux) e do Ufficio Internazionale del Lavoro (secção italiana da Sociedade das Nações).[54] Frola tinha amigos nas esferas políticas;

---

[51] Certas fontes assinalam João Pessoa como maçom (Grande Loja da Paraíba, 1938a e 1938b).

[52] Fonte principal: Bogob, 1930-1940 (Agoerj). Historiografia: Morel e Souza (2009:207-214) e Castellani (2007:118-126).

[53] Pubblicazioni, Prontuário F. Frola, Aperj-Desps 00517, fol. 85-97.

[54] Aperj-Desps 517, fol. 77 e seg., 82 e seg.. Léhon Jouhaux não era maçom, mas muito relacionado com as lojas francesas, como sua corrente sindical (cf., por exemplo, Combes, 2000:147-157).

por exemplo, o diretor do Banco do Brasil.[55] Evaristo de Moraes, Agripino Nazareth e seus irmãos do Clarté colaboraram com o governo de Getúlio Vargas, interessado pela política de massas. O grupo integrou o Ministério de Trabalho entre 1930 e 1932, data da ruptura. Os antifascistas brasileiros se converteram assim em funcionários de um governo com claros componentes fascistas em sua composição. Em 1932, seus amigos apresentaram-lhe Lindolfo Collor, ministro do Trabalho: a colaboração não se concretizou. No mesmo ano, com duas revistas teóricas, participou da fundação do Partido Socialista Brasileiro de São Paulo, chefiado pelo general Valdomiro Lima, novo interventor federal. Em 3 de julho de 1932, foi nomeado por unanimidade chefe do Departamento de Assistência ao Cooperativismo pelo comitê central. A pressão italiana frustrou a tentativa e o partido desapareceu nas rivalidades internas. Contratado pelo dr. Lacerda Werneck, diretor do Departamento do Trabalho do Estado de São Paulo, Frola teve novamente que se demitir diante das pressões italianas.[56] Participou então da criação da Federação Operária de São Paulo (1932) e, em 1934, do Sindicato Unitivo Ferroviário da Central do Brasil, sindicato classista e unitário concebido como eixo de uma futura confederação geral dos trabalhadores, cuja primeira missão era promover a educação, a higiene, a saúde e a cooperação da classe operária. Em 1934, vigiado pela polícia do Rio, participou do Partido Democrático Socialista, logo de um novo Partido Socialista Brasileiro, do Partido Trabalhista do Brasil e da sua escola popular.[57]

Conclusões

Francesco Frola era herdeiro de uma tradição liberal e de esquerda desenvolvida nos países latinos da Europa e da América no século XIX e que encontrava um espaço nas redes maçônicas internacionais. Herdeira da ideologia do Progresso e das grandes revoluções modernas, essa tradição acolheu favoravelmente a Revolução Russa.[58] Durante a Guerra de 31 Anos (1914-1945), foi derrotada na Europa. Impregnada pelo mito do Eldorado, achou no Novo Mundo um refúgio instável. Sem pátria nem

---

[55] Leonardo Trudi, diretor do Banco do Brasil em 1935, foi diretor do *Correio do Povo* (Porto Alegre) em 1926-1929 (Frola, 1935:75).

[56] Fontes: Frola (1935:141-143), *Socialismo* (1933) e *Crítica Social* (s.d.).

[57] Aperj-Desps 517: Sindicato Unitivo Ferroviário da Central do Brasil, 1934, fol. 137 e seg., Esquema de organização social-econômica do Sindicato Unitivo Ferroviário da Central do Brasil, 8 de janeiro de 1935, fol. 143 e seg., Informe policial: 1934, fol. 63 e seg., 29 de abril de 1934; Partido Trabalhista do Brasil, fol. 95 e seg., Partido Socialista Brasileiro, fol. 133, Confederação da Juventude Trabalhista, Departamento de Instrução, Escola Sadock de Sá, Rua Itinguy 133, Madureira (DF), fol. 39.

[58] É o que ensina, por exemplo, a imprensa maçônica na França, Espanha, México, Argentina ou Brasil.

Intelectuais e modernidades

fronteiras, Francesco Frola pertencia a uma geração cultural que procurava — como Arthur Koestler — a confraternização além das diferenças políticas:

> Ainda que pareça raro, nunca falávamos de política. Não era necessário, porque instintivamente a nossa orientação era idêntica. Apesar de que nos separavam vinte anos, éramos produtos da mesma época e do mesmo ambiente (...) imunes ao chauvinismo alemão, graças ao traço hereditário judeu-cosmopolita (...) antibélicos, antimilitaristas, antirreacionários (...) de parte da colaboração franco-germana e russo-germana. Pela Inglaterra sentíamos certa frieza, porque tinha um império colonial (também os franceses tinham um, mas ninguém o levava a sério), e porque mantinha a Europa dividida com sua "política maquiavélica" do equilíbro de potências. Cremos na vontade das nações, e na liberdade das colônias, e no progresso social. Este último estava representado pela "esquerda", que incluía liberais, socialistas e comunistas. Estes três grupos diferiam na sua forma de entender o "progresso", mas diferiam em intensidade e não em essência (...) detrás deles estava a Rússia, o Grande Experimento Social, que naturalmente observávamos com simpatia e sem preconceitos (...) Lutávamos as nossas honrosas batalhas como podíamos (...) Em resumo, éramos muito ilustrados e razoáveis. Só esquecíamos de compreender que a Era da Razão e da Ilustração chegava a seu fim.[59]

Pode-se questionar o papel do sectarismo na derrota das esquerdas. A lógica leninista não contribuiu para dividir o movimento socialista e operário internacional por várias décadas, como sublinhou Eric J. Hobsbawm? A militarização e burocratização de parte das esquerdas foi uma transposição do modo de produção biopolítico gerado pela sociedade industrial e a I Guerra Mundial? A rigidez e a intransigência explicam a incapacidade de se adaptar às circunstâncias nacionais?[60] Não é inútil lembrar algumas das 20 condições adotadas pela Internacional Comunista:

> 1: (...) A imprensa e a edição ficarão inteiramente submetidas ao Comitê Central do Partido (...) 9: Estes núcleos comunistas nos sindicatos ficarão subordinados ao partido (...) 12: Nessa época de guerra encarniçada, o Partido só cumprirá com sua função se estiver organizado da forma mais centralizada (...) uma disciplina de ferro (...) uma disciplina militar (...) uma autoridade incontestada (...) 13: Os

---

[59] Arthur Koestler, lembranças do ano de 1929 e da Agência Informativa Socialista de Berlim (Koestler, 2000: I, 203).

[60] Pode-se notar esta incapacidade de se adaptar às circunstâncias nacionais na América Latina (Löwy, 2003).

PCs dos países nos quais os comunistas militam legalmente devem proceder a depurações periódicas para afastar aos elementos oportunistas e pequeno-burgueses (...) 16: todas as decisões do Congresso da IC, *inclusive as do Comitê Executivo*, são obrigatórias para todos os países filiados.[61]

A ofensiva leninista apontava para as esquerdas latinas e sua relação histórica com as redes maçônicas? Foi um conflito entre dois tipos antropológicos de indivíduo? Durante a maior parte do século XIX, a classe operária dos países que se industrializavam se autoconstituiu com uma ética humanista, se alfabetizou de forma autônoma, fez emergir um tipo de indivíduo que confiava nas suas forças e no pensamento crítico. O leninismo substituiu este tipo de indivíduo pelo tipo do militante doutrinado na fé num evangelho "científico", nos chefes que a interpretavam, na obediência total ao partido e não houve quem pudesse romper com isso sem se arruinar.

A divisão internacional do movimento operário e socialista internacional só foi aproveitada pelas direitas, como analisava lucidamente um amigo do intelectual anarquista Rudolf Rocker, em Berlim, em 1918:

A existência de diversas tendências, inclusive, poderia ser muito favorável ao desenvolvimento das ideias e suprimir mais de um obstáculo dogmático se fosse possível tomar a decisão de caminhar separados e de golpear juntos. Mas isso não é possível. A dissidência interna e a luta infecunda pela hegemonia partidária ocupam hoje um lugar maior que a luta contra o inimigo comum. A reação não foi vencida ainda. Hoje só está morta nas aparências, porque não pode fazer outra coisa. Mas graças à luta interna do proletariado, ganha tempo para se reagrupar. O que temo é que nos encontremos num tempo mais ou menos próximo diante de um bloco de ferro contra o qual um movimento operário completamente desmoralizado internamente já não poderá fazer nada, tanto mais quando a Inglaterra e a França apoiarão toda reação para impedir a difusão do bolchevismo na Europa (tradução livre de Rocker, 1952:30-32).

As redes maçônicas poderiam ter contribuído para a unidade das esquerdas? Os obstáculos eram numerosos e poderosos. Por exemplo, a questão das "liberdades individuais e populares nas quais (...) se nutre a democracia".[62] Porém, é notável que,

---

[61] Traduzido livremente a partir de Castoriadis (1996:45-46). Ver também Manifestes, thèses, résolutions... (1934:196-198).

[62] Frola, *Apelo contra a guerra e o fascismo*, Documento mecanografado, Aperj-Desps 00517, fol. 135-136.

Intelectuais e modernidades

nos anos 1930, as frentes populares exitosas incluíam — da França à Espanha, passando pelo México e o Chile — um claro elemento maçônico. Ficam abertos amplos campos de pesquisa sobre Frola, estas experiências e outros muitos exilados.[63]

Referências

Fundos

AEL-Unicamp. Arquivo Edgar Leuenroth, Universidade de Campinas.

AESP-DEOPS. Arquivo do Estado de São Paulo — Departamento Estadual de Ordem Política e Social.

AGLA. Arquivos da Gran Logia Argentina (Buenos Aires).

AGOB-RJ. Arquivos do Grande Oriente do Brasil no Rio de Janeiro.

AGOB-SP. Arquivos do Grande Oriente do Brasil em São Paulo.

AGODF. Arquivos do Grand Orient de France (Paris).

AGOFA. Arquivos do Gran Oriente Federal Argentino (Buenos Aires).

AGOFRA. Arquivos do Gran Oriente Federal de la República Argentina (Mendoza).

APERJ-DESPS. Arquivo Público do Estado do Rio de Janeiro, Catálogo Delegacia Especial de Segurança Política e Social.

BNRJ. Biblioteca Nacional, Rio de Janeiro.

ALADN-BA. Arquivos da loja francesa L'Amie des Naufragés (Buenos Aires).

USP-FFLCH. Universidade de São Paulo — Faculdade de Filosofia, Letras e Ciências Humanas.

Fontes citadas

AESP. Arquivo do Estado de São Paulo. Delegacia de Ordem Política e Social, Prontuário F. Frola, Aesp/Dops 152.

APERJ. Arquivo Público do Estado do Rio de Janeiro. Delegacia Especial de Segurança Política e Social, Prontuário 00517.

AMI. La maçonnerie en Italie, rapport présenté au Convent de Luxembourg, septembre 1934. *Bulletin Trimestriel de l'Association Maçonnique Internationale*, Paris-Lausane, XIIIe année, p. 21-28, oct. 1934.

BAYARD, Georges. Le Vatican au service de l'impérialisme italien et les campagnes anti-maçonniques. *Les Annales Maçonniques Universelles*, Paris, v. VII, p. 134-138, 1936.

BIRM. Bureau International des Relations Maçonniques. *Annuaire de la Maçonnerie Universelle*, Berne, n. III, 1909; n. VIII, 1914.

---

[63] Por exemplo, o francês Marceau Pivert, maçom, socialista e sindicalista de esquerda, muito ativo durante a Frente Popular, exilado em 1939 (?) no México. Historiografia: Kergoat (1994). Fontes: González (1937:8) e Morin (1995 e 1998).

BOGOB. *Boletim do Grande Oriente do Brasil* (vários anos).

DIAS, Everardo; BASTOS, Octavio; CARAJURÚ, Optato (Orgs.). *Livro maçônico do centenário*. Rio de Janeiro: Grande Oriente do Brasil, 1922.

FABBRI, Luigi. *La controrivoluzione preventiva, Riflessioni sul fascismo*. Bologna: s.n., 1922.

FROLA, Francesco. *Os anos do exílio (1925-1935);* Fascismo e antifascismo no Brasil. Prólogo de Evaristo de Moraes, 1935. Manuscrito autobiográfico. Aperj-Desps 00517.

_____. *Il trionfo della folla*. Milano: Vampa, 1914.

_____. *I contadini piccoli proprietari e il PSU*. Rome: s.n., 1923.

_____. *La strage di Firenze*. São Paulo: Libertà, 1925.

_____. *Di Parigi a São Paulo, storia documentata d'un fiasco fascista*. São Paulo: s.l., 1927.

_____. *Risorgimento*. Quotidiano dell'antifascismo militante directo da Francesco Frola. Document imprime. Buenos Aires, 18 oct. 1930 (Agla2).

_____. *I tre furfanti, Piccarolo, Mariani e Cilla*. São Paulo: s.n., 1931.

_____. *Bolletino del Gruppo Socialista Giacomo Matteoti*. São Paulo: Francesco Frola Editor, 1931.

_____. *Clericalismo y fascismo:* horda de embrutecedores!; Maria Lacerda de Moura. Prólogo de Juan Lazarte; tradução de Clotilde Bula. Rosario, RA: Librería Ruiz, 1936.

_____. *A cooperação livre, a economia espontânea do povo*. Prólogo de Evaristo de Moraes. Rio de Janeiro: Athena, 1937.

_____. *Mussolini:* los "rases" fascistas, un mariscal del imperio. Tradução de Enrique González Rojo, prólogo de Mario Sousa. México: s.n., 1938.

_____. *Trabajo y salario:* ensayo sobre la organización científica del trabajo y la determinación de los salarios en el régimen capitalista. México: Dapp, 1938.

_____. *La cooperacion libre*. México: J. Porrua e Hijos, 1938.

_____. *Recuerdos de un antifascista, 1925-1938*. México: México Nuevo, 1938.

_____. *El fascismo y la masonería, la matanza de Florencia, octubre de 1925*. México: s.n., 1940.

_____. *Ventun'anni di esilio, 1925-1946*. Turim: Quartara, 1947a.

_____. *Il vecchio scemo e i suoi compari*. Turim: Fiorini, 1947b.

_____. *Sangue e petróleo*. Rio de Janeiro: Livraria Prado, 1954.

GLOTON, Edmond. Maçonnerie anglo-saxonne et maçonnerie latine. *La Chaîne d'Union*, Paris, p. 197-201, 1936-1937.

GODF (Grand Orient de France — Suprême Conseil pour la France et les possessions françaises). *Le Conseil de l'Ordre aux loges du Grand Orient de France*: défense de la laïcité. Paris: Imprimerie Nouvelle, 29 jan. 1930; et Supplément à la circulaire n. 3, Questions A et B, Paris, 1929-1930. (ALADN-BA)

_____. *Déclaration du Grand Orient de France*. Paris: Imprimerie Nouvelle, 1934.

GOE (Grande Oriente Español). *IX Asamblea Nacional del G. O. Español*. Sevilha: Minerva, 1930. (Agofra)

GONZALEZ, Ceferino. *La franc-maçonnerie universelle en face de la grande tragédie de l'Espagne.* Bruxelles: Lucifer, 1937.

GRANDE LOGE DE FRANCE. *La Grande Loge de France, terre d'asile maçonnique.* Paris: s.n., s/d. (Agla2)

GRANDE LOJA DA PARAÍBA. Resenha histórica, 1938. (USP-FFLCH).

_____. *Grande Oriente de João Pessoa — Grande Loja de Paraíba.* s.l.: s.n., 1938. (Agla2)

KOESTLER, Arthur. Souvenirs des années 1929 et Le l' Agence d' Information Socaliste, Berlin. In: _____. *Autobiografia completa.* Madrid: Debate, 2000. v. 1: Flecha en el azul.

LABRIOLA, Arturo. Fase heroica. *La Cadena de Unión*, Buenos Aires, p. 7609-7610, mayo 1929; Arturo Labriola. Ibid., p. 7595, abr. 1929; p. 7611-7612, mayo 1929; p. 7634-7637, jun. 1929; p. 7644-7646, jun. 1929; p. 7666-7667, jul. 1929.

L'ACACIA, Revue d'études et d'action maçonnique et sociale, Paris (vários anos).

LA CADENA DE UNIÓN, Órgano de la masonería universal y de propaganda liberal. Buenos Aires (vários anos).

LA CHAÎNE D'UNION, Paris (vários anos).

LAMADRID, Alfonso, soberano gran inspector del Supremo Consejo del Grado XXXIII para España y sus dependencias. *El nuevo Eldorado de la civilización:* América. Doc. imp. México: s.n., 1943. (Agofa 721)

LOGE CAPITULAIRE FRANÇAISE "14 JUILLET". *A mulher e a maçonaria* — conferência realizada em sessão magna branca da Aug. & Resp. Loj. Cap. Fr. "14 juillet", pela exma. sra. Maria Lacerda de Moura e mandada publicar pela Aug. Loj. em homenagem à ilustre oradora. São Paulo: Typ. do Globo, 1922. (AEL-Unicamp)

MANIFESTES, thèses, résolutions des quatre premiers congrès mondiaux de l'Internationale Communiste, 1919-1923, textes complets. Paris: Bibliothèque Communiste, 1934.

MARIANI, Mariano. El fascismo, síntesis de la conferencia pronunciada por el Q. H. Mariano Mariani en nuestro templo central. *Verbum*, Buenos Aires, v. II, n. 33, p. 10-11 e 17, abr. 1937.

MORIN, Gilles. Le fonds Marceau Pivert. *Bulletin du Centre d'Histoire Sociale*, n. 18, 1995 e n.. 21, 1998. Disponível em: <www.lesamisdumaitron/biosoc.univ-paris1.fr/histoire/chs/cnrs3. htm>.

MOSSAZ, John. En Allemagne: crépuscule sur le temple. *L'Acacia*, Paris, n. 100, p. 568-572. 1933.

NITTI, Francesco Saverio. Declaraciones trascendentales del ex-ministro del Estado italiano, Hon. Nitti, sobre la situación de Italia bajo el fascismo. *La Cadena de Unión*, Buenos Aires, año XXXIX, p. 8310-8313, mayo/jun. 1931.

PICCAROLO, Antonio. *Per l'Italia e per la tradizione latina, conferenze.* São Paulo: Livraria Magalhães, 1915. (Agla)

_____. La massoneria e l'indipendenza brasiliana. *Rivista Coloniale*, São Paulo, 1922.

_____. *Gli italiana nel Brasile, dalla scoperta ai nostri giorni.* São Paulo: s.n., 1924. 2 v.

_____. Prefácio. In: NITTOI, Francesco Saverio. *Problemas contemporâneos.* Rio de Janeiro: Livraria José Olympio, 1933.

_____. *Livio Zambeccari, apóstolo de liberdade na América e na Itália*. São Paulo: Typ. Rossolillo, 1934. (Agosp)

_____. *Il fenomeno Frola*. São Paulo: s.n., 1934.

_____. *Iniciação à economia social*. São Paulo: Livraria Editora Record, 1936.

_____. História das doutrinas políticas. *Revista do Arquivo Municipal*, São Paulo, v. LXXI, 1942.

_____. *Valor histórico e moral de Joaquim José da Silva Xavier, o Tiradentes*. São Paulo: Imprensa Oficial, 1944.

RUOTTOLO, Francesco. *Il libro d'oro degli italiani nel Brasile*. Rio de Janeiro: s.n., 1924. (maçonaria: espec. p. 43-50 e 77).

RYGIER, Maria. *La franc-maçonnerie italienne devant la guerre et devant le fascisme*. Préface de Lucien Le Foyer, ancien député de Paris; ouvrage récompensé par la loge Le Portique (1929). Paris: V. Gloton, 1930. (Agla2)

SERVERA, Miguel. Sobre la masonería internacional nos habla el H. Servera. *Verbum*, Buenos Aires, v. I, n. 3, oct. 1934.

SWANSON, Peter. *The history of craft masonry in Brazil*. Rio de Janeiro: Grand Council of Craft Masonry in Brazil, 1928.

VANDERVELDE, Emile. La dictature fasciste, un livre de Gaëtano Salvemini. *L'Acacia*, Revue d'études et d'action maçonnique et sociale, Paris, n. 51, p. 4-7, sept. 1928.

VERBUM. Revista masónica argentina fundada em 1934, Buenos Aires (vários anos).

WHEATLELY, R. W. Bro. *Some account of the Eureka Lodge of freemason´s*. São Paulo: s.n., 1916.

Bibliografia

BARATA, Alexandre Mansur. *Luzes e sombras*: a ação da maçonaria brasileira (1870-1910). Campinas: Unicamp, 1999.

BERGAMI, Giancarlo. Illuminismo, anticlericalismo e massoneria nell pensiero di Antonio Gramsci. In: *Luigi Capello, un militare nella storia d'Italia*. Cuneo: L'Arciere, 1987. p. 85-110.

BERTONHA, João Fábio. O fascismo na visão de Antônio Piccarolo: antifascismo e reformismo no Brasil dos anos 20. *História e Perspectivas*, Uberlândia, n. 11, jul./dez. 1994.

_____. *Sob a sombra de Mussolini*. Os italianos de São Paulo e a luta contra o fascismo (1919-1945). São Paulo: Fapesp/Annablume/Unicamp, 1999.

_____. Um antifascista controverso: Francesco Frola. *História Social*, Campinas, n. 7, p. 213-240, 2000.

CASTELLANI, José. 1926: um projeto de anistia para presos políticos no Grande Oriente do Brasil. *Do pó dos arquivos, Cadernos de estudos maçônicos*, Londrina, n. 26, p. 35-39, 1995.

_____. *A ação secreta da maçonaria na política mundial*. 2. ed. São Paulo: Landmark, 2007.

CASTORIADIS, Cornelius. Marxisme-léninisme: la pulvérisation. In: _____. *La montée de l'insignifiance (IV)*. Paris: Seuil, 1996. p. 45-46.

CERVO, Amado Luís. *As relações históricas entre o Brasil e a Itália, o papel da diplomacia*. Brasília: UnB, 1992.

COMBES, André. *Les trois siècles de la franc-maçonnerie française*. Paris: Edimaf, 2000.

_____. *La franc-maçonnerie sous l'Occupation, persécution et résistance (1939-1945)*. Paris: Rocher–J.P. Bertrand, 2001.

FERRER BENIMELI, José-Antonio. *El contubernio judeo-masónico-comunista*. Madrid: Ediciones Istmo, 1982.

GONÇALVES, Ricardo Mario (Org.). *Quintino Bocaiúva n. 10:* a trajetória de uma loja maçônica paulistana (1923-1998). São Paulo: Arquivo do Estado/Imprensa Oficial, 1998.

GOURDOT, Paul. *Les sources maçonniques du socialisme français, 1848-1871*. Monaco: Rocher, 1998.

HOBSBAWM, Eric J. *L'âge des extrêmes, le court XXe siècle*. Bruxelles: Complexes/Monde Diplomatique, 1994.

HOLANDA, Sérgio Buarque de. Da maçonaria ao positivismo. In:_____ (Org.). *O Brasil monárquico*: do Império à República. São Paulo: Difel, 1985. t. II, v. 5.

_____. *Raízes do Brasil*. São Paulo: Cia. das Letras, 1995.

KERGOAT, Jacques. *Marceau Pivert, socialiste de gauche*. Paris: Éditions de l'Atelier, La Part des Hommes, 1994.

LACROIX-RIZ, Annie. *Le Vatican, l'Europe et le Reich*. Paris: Armand Colin, 1996.

LIGOU, Daniel (Dir.). *Dictionnaire de la franc-maçonnerie*. 4. ed. Paris: PUF, 1998.

LÖWY, Michael. *O marxismo na América latina, antologia de 1909 aos dias atuais (1980)*. 2. ed. São Paulo: Perseu Abramo, 2003.

MOLA, Aldo A. *Il Grande Oriente d'Italia in esilio, 1930-1938*. Rome: Erasmo, 1983.

_____. La massoneria e Giustizia e Libertà. In: GALASSO, Giuseppe et al. *Il Partito d'Azione dalle origine all'inizio della resistenza armata*. Rome: Archivio Trimestrale, 1985.

_____. *Storia della masonería italiana dalle origini ai nostri giorni*. Milano: Gruppo Editoriale Fabbri, Bompiani, Etas, 1992.

_____. Las logias italianas en Latinoamérica (1860-1940). In: SYMPOSIUM INTERNACIONAL DE HISTORIA DE LA MASONERÍA ESPAÑOLA: MASONERÍA ESPAÑOLA Y AMÉRICA, 5. *Actas...* Zaragoza: Cehme, 1993.

MOLLÈS, Dévrig. Un puente entre Europa & Latinoamérica: la Gran Logia Filial Hispano Argentina del Grande Oriente Español en su circunstancia histórica (1920-1935). In: SYMPOSIUM INTERNACIONAL DE HISTORIA DE LA MASONERÍA ESPAÑOLA, 11. *Actas...* Zaragoza: Cehme, 2007.

_____. Au carrefour des modernité républicaine: la franc-maçonnerie et les jeunes générations atlantiques (Mexique, Brésil, 1830-1870). In: ROLLAND, Denis; REIS, Daniel Aarão (Orgs.). *Modernités alternatives*. Europe-Amériques, XIXe-XXe siècle. Paris: L'Harmattan; Rio de Janeiro: UFF, 2009.

_____. Exiliados, emigrados y modernizadores: el crisol maçônico-euro-argentino (1830-1880). In: SYMPOSIUM INTERNACIONAL DE HISTORIA DE LA MASONERÍA ESPAÑOLA, 12. *Actas...* Zaragoza: Cehme, 2010a.

_____. La masonería internacional ante la guerra civil española (1936-1939). In: SYMPOSIUM INTERNACIONAL DE HISTORIA DE LA MASONERÍA ESPAÑOLA, 12. *Actas...* Zaragoza: Cehme, 2010b.

MOREL, Marco; SOUZA, Françoise Jean de Oliveira. *O poder da maçonaria*: a história de uma sociedade secreta no Brasil. Rio de Janeiro: Nova Fronteira, 2008.

MORELLI, Anne. Les exilés antifascistes italiens et la franc-maçonnerie. *BTNG-RHBC*, Bruxelles, n. 1, p. 3-34, 1986.

NOVARINO, Marco. Las resoluciones antimasónicas de la Internacional Comunista y sus repercusiones en Francia y en España. In: SYMPOSIUM INTERNACIONAL DE HISTORIA DE LA MASONERÍA ESPAÑOLA, 7. *Actas...* s.l.: Universidad Castilla La Mancha, 1996.

OSTUNI, María Rosaria. L'archivio di Feditalia a Buenos Aires. *Altreitalie*, Torino, v. II, n. 3, p. 98-113, avr. 1990.

ROCKER, Rudolf. *Revolución y regresión (1918-1951)*. Continuación de *La juventud de un rebelde (1873-1895)* y *En la borrasca (1895-1918)*. Traducción del manuscrito alemán por Diego A. de Santillán. Buenos Aires: Tupas, 1952.

ROSSELLI, Carlos. *Socialisme liberal*. Paris: Valet, 1930.

TRENTO, Ângelo. *Do outro lado do Atlântico*: um século de imigração italiana no Brasil. São Paulo: Instituto Italiano de Cultura, 1990.

VESCIO, Luís Eugênio. *O crime do padre Sório*: maçonaria e Igreja Católica no Rio Grande do Sul (1893-1928). 2 v. Dissertação (Mestrado em História) — Faculdade de Filosofia, Letras e Ciências Humanas, Universidade de São Paulo, 2000.

7 Artistas da revolução brasileira nos anos 1960[*]

Marcelo Ridenti

A brasilidade revolucionária nos anos 1960

O termo brasilidade talvez não seja facilmente compreensível para um estrangeiro. Mas talvez ele soe familiar, por analogia, em outros países da América Latina, que também se afirmaram nacionalmente nos últimos 200 anos, onde se fala por exemplo em argentinidade, peruanidade, mexicanidade e assim por diante. Brasilidade significa "propriedade distintiva do brasileiro e do Brasil",[1] fruto de certo imaginário da nacionalidade próprio de um país de dimensões continentais, que não se reduz ao nacionalismo ou ao patriotismo, mas pretende-se fundador de uma verdadeira civilização tropical. Seria possível encontrar elementos dessa brasilidade ao menos desde o século XIX, mas foi a partir dos anos 1930 que ela se desenvolveu — de formas distintas e variadas — no pensamento social brasileiro, nas artes, em políticas de Estado e também na vida cotidiana.

Este texto trata de uma expressão particular dessa brasilidade nos anos 1960, quando amadureceu o sentimento de pertencer a uma "comunidade imaginada" — para usar o termo de Benedict Anderson (2008) —, sobretudo nos meios intelectuais e artísticos de esquerda, engajados em projetos para uma revolução brasileira. Compartilhavam-se ideias e sentimentos — presentes, por exemplo, nas mais diversas produções artísticas — de que estava em curso uma revolução brasileira, e que artistas e intelectuais teriam um papel expressivo no seu devir, pela necessidade de conhecer o Brasil e de aproximar-se de seu povo. Recuperavam-se as representações da mistura do branco, do negro e do índio na constituição da brasilidade, tão caras, por exemplo, ao pensamento conservador de Gilberto Freyre. Nos anos 1960, contudo, eram formuladas novas versões para essas representações, não mais no sentido de justificar a ordem social existente, mas de questioná-la: o Brasil não seria ainda o

---

[*] Este texto foi publicado em espanhol com o título "Artistas de la revolución brasileña en los años sesenta" (ver Ridenti, 2009) e resulta da composição e da síntese de estudos publicados anteriormente

1 Essa é a definição que consta do *Novo dicionário Aurélio* (Ferreira, s.d.:225).

país da integração entre as raças, da harmonia e da felicidade do povo, pois isso não seria permitido pelo poder do latifúndio, do imperialismo e, no limite, do capital. Mas poderia vir a sê-lo como consequência da revolução brasileira.

Partir das reflexões de Raymond Williams sobre as "estruturas de sentimento" é uma possibilidade de aproximação teórica para tratar do tema. Talvez se possa falar na criação de uma estrutura de sentimento compartilhada por amplos setores de artistas e intelectuais brasileiros a partir do final dos anos 1950 e de como ela se transformou ao longo do tempo. Williams (1979:134-135) reconhece que "o termo é difícil, mas 'sentimento' é escolhido para ressaltar uma distinção dos conceitos mais formais de 'visão de mundo' ou 'ideologia'", os quais se referem a crenças mantidas de maneira formal e sistemática, ao passo que uma estrutura de sentimento daria conta de significados e valores tais como são sentidos e vividos ativamente. A estrutura de sentimento não se contrapõe a pensamento, mas procura dar conta "do pensamento tal como sentido e de sentimento tal como pensado: a consciência prática de um tipo presente, numa continuidade viva e inter-relacionada", sendo por isso uma hipótese cultural de relevância especial para a arte e a literatura.

O caráter de experiência viva que o conceito de estrutura de sentimento tenta apreender faz com que essa estrutura nem sempre seja perceptível para os artistas no momento em que a constituem. Torna-se clara, no entanto, com a passagem do tempo que a consolida — e também ultrapassa, transforma e supera. Nas palavras de Williams (1987:18-19), "quando essa estrutura de sentimento tiver sido absorvida, são as conexões, as correspondências, e até mesmo as semelhanças de época, que mais saltam à vista. O que era então uma estrutura vivida, é agora uma estrutura registrada, que pode ser examinada, identificada e até generalizada".

Nesse sentido, hoje se pode identificar uma estrutura de sentimento que perpassou boa parte das obras de arte a partir do fim da década de 1950 no Brasil. Ela poderia ser chamada de diferentes modos — necessariamente limitadores, pois uma denominação sintética dificilmente seria capaz de dar conta da complexidade e diversidade do fenômeno. Pode-se propor, sem excluir outras possibilidades, que seja chamada de brasilidade (romântico-) revolucionária.

Essa expressão leva a outro conceito, útil para compreender a brasilidade revolucionária: o de "romantismo", tal como formulado por Löwy e Sayre (1995:33-36). Para esses autores, o romantismo não seria apenas uma corrente artística nascida na

Europa na época da Revolução Francesa e que não passou do século XIX. Muito mais que isso, seria uma visão de mundo ampla, "uma resposta a essa transformação mais lenta e profunda — de ordem econômica e social — que é o advento do capitalismo", que se desenvolve em todas as partes do mundo até nossos dias.

A crítica a partir de uma visão romântica de mundo incidiria sobre a modernidade como totalidade complexa, que envolveria as relações de produção (centradas no valor de troca e no dinheiro, sob o capitalismo), os meios de produção e o Estado. Seria uma "autocrítica da modernidade", uma reação formulada de dentro dela própria, não do exterior, "caracterizada pela convicção dolorosa e melancólica de que o presente carece de certos valores humanos essenciais que foram alienados" no passado e que seria preciso recuperar (Löwy e Sayre, 1995:38-40).

A hipótese que venho desenvolvendo em outros escritos (Ridenti, 2000, 2008) é a de que o florescimento cultural e político dos anos 1960 e início dos anos 1970 na sociedade brasileira pode ser caracterizado como romântico-revolucionário. Valorizavam-se acima de tudo a vontade de transformação, a ação para mudar a história e para construir o *homem novo*, como propunha Che Guevara, recuperando o jovem Marx. Mas o modelo para esse *homem novo* estava, paradoxalmente, no passado, na idealização de um autêntico homem do povo, com raízes rurais, do interior, do "coração do Brasil", supostamente não contaminado pela modernidade urbana capitalista.

Vislumbrava-se uma alternativa de modernização que não implicasse a submissão ao fetichismo da mercadoria e do dinheiro, gerador da desumanização. A questão da identidade nacional e política do povo brasileiro estava recolocada, buscava-se ao mesmo tempo recuperar suas raízes e romper com o subdesenvolvimento, o que não deixa de ser um desdobramento à esquerda da chamada era Vargas, marcada pelo desenvolvimento nacional com base na intervenção do Estado, a partir da Revolução de 1930.

É polêmico caracterizar como romântico-revolucionárias a cultura e a política de parte significativa das esquerdas nos anos 1960, afinal o romantismo costuma ser associado à reação, não à revolução (cf. Romano, 1981). Mas o conceito não deixa de ser interessante justamente pela sua ambiguidade — que possivelmente tenha paralelo com a do objeto em estudo. No contexto social, econômico, político e cultural brasileiro a partir do final dos anos 1950, recuperar o passado na contramão da modernidade era indissociável das utopias de construção do futuro, que vislumbravam o horizonte do socialismo. Por isso devem ser relativizadas algumas análises, como a de Sérgio Paulo Rouanet (1988:D3), para quem o povo das esquerdas "dos anos 60 tinha muitas vezes uma semelhança inconfortável com o *volk* do romantismo alemão (...): a nação como individualidade única, representada pelo povo, como singularidade irredutível".

Ora, a semelhança não geraria desconforto, pois não se tratava da mesma coisa, embora ambos fossem parecidos em alguns aspectos, ao resgatar as ideias de povo e nação para colocar-se na contramão do capitalismo. Naquele contexto brasileiro, a valorização do *povo* não significava criar utopias anticapitalistas passadistas, mas progressistas; implicava o paradoxo de buscar no passado (as raízes populares nacionais) as bases para construir o futuro de uma revolução nacional modernizante que, ao final do processo, poderia romper as fronteiras do capitalismo.

Aqueles que compartilhavam da brasilidade revolucionária tinham relação ambígua com a ordem estabelecida no pré-1964, principalmente com o governo Goulart, que contava com o apoio de vários artistas e intelectuais. Difundia-se na época o dualismo que apontava a sobreposição de um Brasil moderno a outro atrasado. A "razão dualista" — para usar o termo de Francisco de Oliveira (1972) — era disseminada pelos teóricos do Instituto Superior de Estudos Brasileiros (Iseb), pela Comissão Econômica para a América Latina (Cepal), organismo das Nações Unidas, e pelo Partido Comunista Brasileiro (PCB), cuja teoria das duas etapas da revolução era incorporada difusa e diversamente pelos artistas que compartilhavam daquela estrutura de sentimento. Na versão do PCB do dualismo, haveria resquícios feudais ou semifeudais no campo, a serem removidos por uma revolução burguesa, nacional e democrática, que uniria todas as forças interessadas no progresso da nação e na ruptura com o subdesenvolvimento (a burguesia, o proletariado, setores das camadas médias e também os camponeses), contra as forças interessadas em manter o subdesenvolvimento brasileiro, a saber, o imperialismo e seus aliados internos, os latifundiários e setores das camadas médias próximos dos interesses multinacionais. A revolução socialista viria numa segunda etapa — bem próxima ou ainda muito distante, dependendo da corrente partidária (cf. Prado Júnior, 1966).

Nesse sentido, a brasilidade revolucionária não nasceu do combate à ditadura, mas vinha de antes, forjada no período democrático entre 1946 e 1964, especialmente no governo Goulart, no começo dos anos 1960, quando diversos artistas e intelectuais acreditavam estar na crista da onda da revolução brasileira em curso. A quebra de expectativa com o golpe de 1964 — ainda mais, sem resistência — foi avassaladora também nos meios artísticos e intelectualizados, como atesta o depoimento do compositor Chico Buarque (1999:4-8):

> Nos anos 50 havia mesmo um projeto coletivo, ainda que difuso, de um Brasil possível, antes mesmo de haver a radicalização de esquerda dos anos 60. O Juscelino, que de esquerda não tinha nada, chamou o Oscar Niemeyer, que por acaso era comunista, e continua sendo, para construir Brasília. Isso é uma coisa fenomenal. (...) Ela foi construída sustentada numa ideia daquele Brasil que era visível para todos nós, que estávamos fazendo música, teatro etc. Aquele Brasil foi cortado evidentemente em 64. Além da tortura, de todos os horrores de que eu poderia falar, houve um emburrecimento do país. A perspectiva do país foi dissipada pelo golpe.[2]

A brasilidade revolucionária está presente em várias obras e movimentos culturais no início dos anos 1960, por exemplo: a) a trilogia clássica do início do Cinema Novo, composta por filmes rodados em 1963 e exibidos já depois do golpe: *Vidas secas*, de Nelson Pereira dos Santos; *Deus e o Diabo na Terra do Sol*, de Glauber Rocha; e *Os fuzis*, de Ruy Guerra; b) a dramaturgia do Teatro de Arena de São Paulo (de autores como Gianfrancesco Guarnieri, Augusto Boal, Francisco de Assis e Oduvaldo Vianna Filho, o Vianinha), e também de dramaturgos como Dias Gomes; c) a canção engajada de Carlos Lyra e Sérgio Ricardo; d) o *agitprop* dos Centros Populares de Cultura (CPCs) da União Nacional dos Estudantes (UNE), especialmente em teatro, música, cinema e literatura — como os três livros da coleção *Violão de rua* (Felix, 1962 e 1963), com o subtítulo revelador de *poemas para a liberdade*, cujo poeta mais destacado foi Ferreira Gullar, ou ainda o filme *Cinco vezes favela*, dirigido por jovens cineastas, entre eles Carlos Diegues, Leon Hirszman e Joaquim Pedro de Andrade.

Depois do golpe de 1964, essa estrutura de sentimento pode ser encontrada nas canções de Edu Lobo, Geraldo Vandré e outros; nos desdobramentos da dramaturgia do Teatro de Arena — como a peça *Arena conta Zumbi* e sua celebração da comunidade negra revoltosa; e especialmente no romance *Quarup*, de Antonio Callado (1967), que exaltava a comunidade indígena e terminava apontando a via da revolução social,[3]

---

[2] Essas palavras trazem o eco da interpretação hoje clássica de Roberto Schwarz (1970), elaborada no calor dos acontecimentos e publicada em Paris, logo que se exilou. Segundo ele, o país estava "irreconhecivelmente inteligente" no pré-1964.

[3] Callado, na época em que escreveu o livro, estava organicamente vinculado à guerrilha comandada por Leonel Brizola, conforme admite expressamente em longa entrevista que me concedeu sobre o tema e foi publicada quase na íntegra em "A guerrilha de Antonio Callado" (Kushnir, 2002:23-53).

tendo sido chamado por Ferreira Gullar (1967) de "ensaio de deseducação para brasileiro virar gente". Gullar observa que,

> enquanto lia o romance, não podia deixar de pensar nos índios de Gonçalves Dias, em *Iracema* de Alencar, em *Macunaíma* de Mário de Andrade, em *Cobra Norato*, mesmo nos *Sertões*, de Euclides, em Guimarães Rosa. Pensava na abertura da Belém-Brasília, no Brasil, nesta vasta nebulosa de misto e verdade, de artesanato e eletrônica, de selva e cidade, que se elabora, que se indaga, que se vai definindo.

Essas palavras — e o conjunto da resenha em que se inserem — resumem bem a brasilidade revolucionária.

As obras citadas buscam no passado uma cultura popular autêntica para construir uma nova nação, ao mesmo tempo moderna e dasalienada. Deixam transparecer certa evocação da liberdade no sentido da utopia romântica do povo-nação, regenerador e redentor da humanidade (cf. Saliba, 1991:53-67). Revelam a emoção e a solidariedade dos autores com o sofrimento do próximo, a denúncia das condições de vida sub-humanas nas grandes cidades e, sobretudo, no campo. Enfoca-se especialmente o drama dos retirantes nordestinos. A questão do latifúndio e da reforma agrária é recorrente, em geral associada à conclamação ao povo brasileiro para realizar sua revolução, em sintonia com as lutas de povos pobres da América Latina e do Terceiro Mundo.

Os artistas engajados das classes médias urbanas identificavam-se com os deserdados da terra, ainda no campo ou migrantes nas cidades, como principal personificação do caráter do povo brasileiro, a quem seria preciso ensinar a lutar politicamente. Propunha-se uma arte que colaborasse com a desalienação das consciências. Recusava-se a ordem social instituída por latifundiários, imperialistas e — no limite, em alguns casos — pelo capitalismo. Compartilhava-se certo mal-estar pela suposta perda da humanidade, acompanhado da nostalgia melancólica de uma comunidade mítica já não existente. Mas esse sentimento não se dissociava da empolgação com a busca do que estava perdido, por intermédio da revolução brasileira. Pode-se mesmo dizer que predominava a empolgação com o "novo", com a possibilidade de construir naquele momento o "país do futuro", mesmo remetendo a tradições do passado.

Sem dúvida, essa estrutura de sentimento era portadora de uma idealização do homem do povo, especialmente do campo, pelas classes médias urbanas. Mas ela se ancorava numa base real: a insurgência dos movimentos de trabalhadores rurais no início dos anos 1960. Era o tempo das Ligas Camponesas, celebradas em obras como *João Boa-Morte (cabra marcado para morrer)*, de Ferreira Gullar, ou no filme de Eduardo Coutinho, inacabado à época, que tomou emprestado o subtítulo do poema de Gullar. Os operários também eram tematizados — como na peça pioneira de Guarnieri, *Eles não usam black-tie*, encenada pelo Teatro de Arena em 1958 —, mas com menor intensidade que os trabalhadores rurais. Era a categoria de povo que, acima das classes, tendia a predominar nessa estrutura de sentimento: os pobres, seres humanos miseráveis, desumanizados, deserdados da terra.

Ademais, vivia-se o impacto de revoluções camponesas no exterior, especialmente em Cuba e no Vietnã. Também é preciso lembrar que a sociedade brasileira ainda era predominantemente agrária pelo menos até 1960; estava em andamento um dos processos de urbanização mais rápidos da história mundial: de 1950 a 1970, a população brasileira passou de majoritariamente rural para eminentemente urbana, com todos os problemas sociais e culturais de transformação tão acelerada.

Está-se vendo que a brasilidade revolucionária tem uma história peculiar ao devir das artes e da cultura no Brasil, ao mesmo tempo que estava sintonizada com o cenário cultural e político internacional. Polos contraditórios conviviam em diferentes intensidades e arrumações internas em diversos movimentos e obras de artistas específicos: brasilidade e internacionalização; passado e futuro; raízes culturais e modernidade.

Brasilidade-mundo

É esclarecedora a constatação de Carlos Diegues numa entrevista a Zuleika Bueno: "a minha geração foi a última safra de uma série de redescobridores do Brasil. O Brasil começa a se conhecer, sobretudo com o romantismo (...) aquele desejo de uma identidade (...) Minha geração, do Cinema Novo, do tropicalismo, é a última representação desse esforço secular". A tradição cultural de busca da identidade nacional atravessou todo o século XX. Não é à toa que dois destacados artistas dos anos 1960 — o cineasta Carlos Diegues e o compositor Chico Buarque — são filhos respectivamente de dois pensadores da brasilidade: Manoel Diegues Jr. e Sérgio Buarque de Holanda. Tampouco é acaso que Chico Buarque tenha composto a letra da canção *Bye, bye, Brasil* para o filme homônimo de Carlos Diegues, de 1979, constatando o esvaziamento da estrutura de sentimento em que foram criados e ajudaram a forjar — e que continua a pairar como um fantasma sobre suas obras.[4]

---

4 Procurei desenvolver essa ideia, no tocante a Chico Buarque, em Ridenti (2008:35-84).

O modernismo nas artes brasileiras desenvolveu-se ao longo do século passado, indissociável do processo de instauração e consolidação da racionalidade capitalista moderna no Brasil — que autores como Florestan Fernandes (1976) chamariam de "revolução burguesa". As ondas modernistas desde 1922 podem ser caracterizadas contraditória e simultaneamente como românticas e modernas, passadistas e futuristas. Tomar as supostas tradições da nação e do povo brasileiro (que são construídas seletivamente por autores ou movimentos específicos) como base de sustentação da modernidade foi característica dos mais diferentes movimentos estéticos a partir da Semana de Arte Moderna de 1922: Verde-amarelismo e Escola da Anta (1926 e 1929, afinados na política com o integralismo de Plínio Salgado, próximo do fascismo), seus adversários Pau-Brasil e Antropofagia (1926 e 1928, comandados por Oswald de Andrade), em seguida a incorporação do folclore proposta por Mário de Andrade ou por Villa-Lobos.

A crítica da realidade brasileira, associada à celebração do caráter nacional do homem simples do povo, viria nos anos 1930 e 1940, por exemplo, na pintura de Portinari e nos romances regionalistas, até desaguar nas manifestações dos anos 1960, herdeiras da brasilidade, agora indissociável da ideia de revolução social — fosse ela nacional e democrática ou já socialista, contando com o povo como agente, não mero portador de um projeto político. Nas palavras de Ferreira Gullar (1967:256), referindo-se ao romance *Quarup*, "a realização pessoal deságua no coletivo. Não se trata de apagar-se na massa, mas de entender que seu destino está ligado a ela". Nos termos de Glauber Rocha, o "miserabilismo" na literatura e nas artes em geral no Brasil até os anos 1960 era "escrito como denúncia social, hoje passou a ser discutido como problema político" (Pierre, 1996:127).

A brasilidade revolucionária consolidada nos anos 1960 como estrutura de sentimento não pode ser dissociada do cenário externo. Até mesmo a afirmação da nacionalidade no período tem um componente internacional significativo. No contexto da Guerra Fria, surgiam esforços dos países "não alinhados" para organizar autonomamente o que então ficou conhecido como Terceiro Mundo, para além do Primeiro Mundo alinhado aos norte-americanos e do Segundo Mundo na órbita soviética. Todo o globo vivia o clima do "terceiro-mundismo", da libertação nacional diante do colonialismo e do imperialismo, da solidariedade internacional com os povos subdesenvolvidos que se liberavam em Cuba, no Vietnã, na Argélia e noutros países.

Assim, por exemplo, a conhecida máxima nacionalista da revolução cubana, "Pátria ou morte! Venceremos!", encontrava eco internacional nos países subdesenvolvidos, especialmente na América Latina, onde muita gente não hesitaria em dar a vida em nome de suas respectivas revoluções. Ou seja, o lema da revolução cubana valia para qualquer outro país cujos sentimentos nacionais fossem ameaçados pelo colonialismo ou pelo imperialismo. Haveria uma "aura de desprendimento" que envolveria a "grandeza de morrer pela revolução", nas mais diversas "comunidades imaginadas" nacionais, para usar termos de Benedict Anderson (2008:203).

Talvez o adepto mais representativo do terceiro-mundismo na cultura brasileira tenha sido Glauber Rocha, que o explicitaria em seu conhecido manifesto "Estética da fome", de 1965 (Pierre, 1996:123-131), típico da brasilidade revolucionária. O documento foi influenciado pelo pensamento de Frantz Fanon, o médico negro das Antilhas que batalhou na Argélia contra o colonialismo francês, autor em 1961 de *Os condenados da terra* (1979).[5] Também está em clara afinidade com as propostas de outro ícone do terceiro-mundismo, o argentino que lutou em Cuba, na África e morreu na Bolívia, Che Guevara — talvez a referência internacional mais significativa do romantismo revolucionário do período.

Outros componentes internacionais constituintes dessa estrutura de sentimento foram as sucessivas revoluções socialistas do século XX, notadamente a soviética e depois a chinesa, a cubana e outras. Elas teriam repercussão no Brasil, especialmente entre artistas e intelectuais, muitos do quais foram militantes de esquerda. Ademais, a brasilidade revolucionária não se dissociava de traços do romantismo revolucionário em escala internacional nos anos 1960: a fusão entre vida pública e privada, a ânsia de viver o momento, a liberação sexual, a fruição da vida boêmia, o desejo de renovação, a aposta na ação em detrimento da teoria, os padrões irregulares de trabalho e a relativa pobreza de jovens artistas e intelectuais.

Portanto, não seria exagerado dizer que a experiência da brasilidade revolucionária foi uma variante nacional de um fenômeno que se difundiu mundo afora. Além das especificidades locais — no caso brasileiro, as lutas pelas reformas de base no pré-1964 e contra a ditadura após essa data —, o florescimento cultural e político na década de 1960 ligava-se a uma série de condições materiais comuns a diversas socie-

---

[5] Diz Glauber no texto, sem fazer citação explícita, mas com referência evidente a Fanon: "uma estética da violência antes de ser primitiva é revolucionária, eis aí o ponto inicial para que o colonizador compreenda a existência do colonizado: (...) foi preciso um primeiro policial morto para que o francês percebesse um argelino" (Pierre, 1996:129).

dades em todo o mundo: aumento quantitativo das classes médias, acesso crescente ao ensino superior, peso significativo dos jovens na composição etária da população, num cenário de crescente urbanização e consolidação de modos de vida cultural típicos das metrópoles, num tempo de recusa às guerras coloniais e imperialistas, sem contar a incapacidade do poder constituído para representar sociedades que se renovavam e avançavam também em termos tecnológicos, por exemplo, com o acesso crescente a um modo de vida que incorporava ao cotidiano o uso de eletrodomésticos, especialmente a televisão. Essas condições materiais por si sós não explicam as ondas de rebeldia e revolução. Mas foi em resposta às mudanças na organização social na época que se construíram certas estruturas de sentimento, como aquela da brasilidade revolucionária.

Atração e afastamento da brasilidade revolucionária

Evidentemente, nem todos os artistas e intelectuais compartilharam da brasilidade revolucionária nos anos 1960. Para tomar um exemplo significativo, o músico da Bossa Nova Roberto Menescal (2003:60-61) conta um caso pitoresco que merece ser reproduzido:

> Teve um dia nessa época em que eu fui gravar no Campo de Santana [na gravadora CBS]. (...) ia gravar com a orquestra, (...) e quando nós chegamos no estúdio não tinha ninguém. (...) o técnico falou: "Vamos passando a guitarra e o baixo". E passamos, gravamos a música do Tom e Aloysio de Oliveira chamada "Inútil paisagem". Depois de um tempo começamos a falar: "Bom, a orquestra não vem, será que a gente errou o dia?" (...) resolvemos ir embora. Pegamos o carro e saímos. Quando fui passando ali em frente à Cinelândia, passaram uns soldados a cavalo e eu pensei: "O que está havendo, que coisa estranha...". Quando chegamos ali perto da UNE, estava um rolo danado. Vimos que havia acontecido alguma coisa a mais. Era simplesmente o dia da revolução [1º de abril de 1964] e a gente estava gravando "Inútil paisagem". A gente até brincou que "Inútil paisagem" era o "melô" da revolução. Mas isso é para mostrar que a alienação era total! A gente gostava era de música e pescaria, o resto a gente não sabia.

O caso ilustra como um contingente significativo de artistas estava desligado dos acontecimentos políticos. Para ficar no campo da canção popular depois de 1964, Roberto Carlos e todo o pessoal da Jovem Guarda nada tiveram a ver com a brasilidade revolucionária. Vale notar que o depoimento de Menescal incorpora de um lado o vocabulário de esquerda ("a alienação era total"), mas de outro refere-se ao golpe de 1964 como "revolução", expressão adotada e difundida pela direita.

Em contraste, certos bossa-novistas viriam a compartilhar da brasilidade revolucionária, alguns de modo mais explícito e militante, como os pioneiros Carlos Lyra e Sérgio Ricardo, logo em seguida, Nara Leão. Outros, de modo mais distanciado, como Vinícius de Moraes, autor de poemas engajados no pré-1964 — publicados no *Violão de rua* do CPC (Felix, 1962 e 1963) —, bem como da letra do *Hino da UNE*, em 1962, com música de Carlos Lyra, e ainda de *O morro não tem vez*, com Tom Jobim, em 1963, que dizia, bem no espírito da época: "quando derem vez ao morro toda cidade vai cantar". Vinícius também compôs, com Edu Lobo, a canção vencedora do I Festival da TV Excelsior, em 1965. Trata-se de *Arrastão*, que exalta a comunidade popular de pescadores e seu trabalho. Também foi parceiro de Edu Lobo em canções como *Zambi*, que celebra o líder negro revoltoso dos tempos da colônia.

A força da brasilidade revolucionária também se revela na assimilação, voluntária ou não, por seus críticos. Por exemplo, ainda no âmbito da canção popular: com a letra de *A resposta* — gravada em 1965 no LP de Marcos Valle, *O compositor e o cantor* —, Marcos e Paulo Sérgio Valle deram o troco aos que os acusavam de alienados, ironizando os adeptos da canção engajada:

> Se alguém disser que teu samba não tem mais valor / porque ele é feito somente de paz e de amor / não ligue não (...) essa gente (...) / não pode entender quando o samba é feliz / (...) / o samba bom é aquele que o povo cantar / de fome basta o que o povo na vida já tem / por que fazê-lo cantar isso também? / Mas é que é tempo de ser diferente / e essa gente não quer mais saber de amor / falar de terra na areia do Arpoador / quem pelo pobre na vida não faz nem favor / falar de morro morando de frente pro mar / não vai fazer ninguém melhorar.

A letra explicita a recusa dos autores ao engajamento político, bem como critica uma elite de esquerda que fala em "povo" e "morro", quando em seu cotidiano não teria nenhuma relação com isso.[6] O negócio dos autores era fazer um samba feliz, "feito de céu e de mar" para "o povo cantar", expressando uma vivência na elegante Zona Sul carioca, parecida com aquela relatada por Roberto Menescal no trecho citado anteriormente. Contudo, parece surpreendente — e atesta a força da brasilidade revolucionária — que pouco tempo depois, em 1968, os irmãos Valle, cujas canções já frequentavam assiduamente as paradas de sucesso, não resistiram aos ventos daquele ano emblemático: quase todas as letras do LP *Viola enluarada* expressam "preo-

---

[6]   Ouçam-se canções como a já mencionada *O morro não tem vez* e *O morro*, de Edu Lobo e Guarnieri, gravada por Nara Leão em 1964: "feio não é bonito/ o morro existe mas pede pra se acabar (...) ama, o morro ama/ o amor aflito, o amor bonito que pede outra história".

cupação social", nas palavras de Marcos Valle (2004:4). A canção que dá título ao LP tornou-se um clássico da canção engajada, chegando a conclamar à revolução social pela identidade entre os artistas e o povo:

> A mão que toca um violão / se for preciso faz a guerra / mata o mundo, fere a terra / a voz que canta uma canção se for preciso canta um hino — louva a morte / viola em noite enluarada / no sertão é como espada / esperança de vingança / (...) quem tem de noite a companheira / sabe que paz é passageira / pra defendê-la se levanta e grita: eu vou / Mão, violão, canção, espada / e viola enluarada / pelo campo e cidade/ porta-bandeira (...) vão cantando / Liberdade!

Era "esperança de vingança" daqueles que sabem que "a paz é passageira" e iam desfilando e cantando em passeatas contra a ditadura, exigindo liberdade. Se preciso, o artista usaria "a mão que toca o violão" para fazer a guerra. A sonoridade da canção afasta-se da herança da Bossa Nova (marca dos irmãos Valle) e incorpora a tradicional viola do interior, sem contar as referências na letra ao sertão, à viola, à capoeira e à porta-bandeira — todos símbolos das raízes da cultura popular brasileira, evocadas pelos compositores responsáveis pela canção engajada de enorme sucesso na época, como Geraldo Vandré, Theo de Barros, Edu Lobo e outros cuja origem social assemelhava-se à dos Valle. Poucas canções seriam tão expressivas da brasilidade revolucionária como *Viola enluarada*. Entretanto, pouco tempo depois, acompanhando as exigências do mercado, as composições dos irmãos Valle voltariam ao seu leito habitual, muitas delas tornando-se sucessos em telenovelas da Rede Globo, fato que dá margem a uma breve observação.

Especialmente depois de 1964, com a consolidação da indústria cultural no Brasil, surgiu um segmento de mercado ávido por produtos culturais de contestação à ditadura: livros, canções, peças de teatro, revistas, jornais, filmes etc. De modo que a estrutura de sentimento da brasilidade revolucionária, antimercantil e questionadora da reificação, encontrava contraditoriamente grande aceitação no mercado — como atesta, por exemplo, o sucesso da *Revista Civilização Brasileira*, publicação de esquerda em forma de livro que chegava a tirar mais de 20 mil exemplares entre 1965 e 1968. Numa escala muito mais ampla, havia o enorme sucesso de canções engajadas, por exemplo, nos festivais musicais na televisão (cf. Napolitano, 2001). Eram sinais de mudanças na organização social brasileira sob a ditadura, que viriam a alterar a estrutura de sentimento constituída no pré-1964 e anunciar o seu declínio e superação.

Para retomar o exemplo dos irmãos Valle, eles já diziam na canção citada de 1965 que "o samba bom é aquele que o povo cantar". Predispunham-se assim a estar em sintonia com os sinais do mercado, sensíveis ao que o povo queria ouvir e cantar. Ora, no auge do período dos festivais televisivos de música popular brasileira (MPB), de 1965 a 1968, que davam índices de audiência impressionantes, o "povo" cantava as canções engajadas, que vendiam muito. Daí não ser tão surpreendente, como poderia parecer à primeira vista, que Marcos Valle tenha gravado o disco engajado politicamente, *Viola enluarada*, nem que depois ele acompanhasse o que o povo cantava nas telenovelas da Globo. Seguia a direção do público (ou do mercado?), mesmo que não o fizesse de caso pensado.

Divergências e rivalidades na brasilidade revolucionária

O fato de vários artistas do período terem compartilhado da brasilidade revolucionária não significa que havia total identidade entre eles, que por vezes eram mesmo rivais, nem que suas obras deixassem de ser diferenciadas, ainda que de algum modo expressassem essa estrutura de sentimento. Nesse aspecto, talvez valha a pena incorporar ensinamentos de Pierre Bourdieu (1996 e 2001), desde que a brasilidade revolucionária não seja reduzida a uma espécie de doença infantil dos campos artísticos e intelectuais ainda em processo de formação.[7] Eles podem servir como instrumento para afinar a análise das especificidades dos diferentes campos artísticos, incluindo artistas que compartilham de certa estrutura de sentimento. Um exemplo: vistos hoje, fica claro pertencerem a uma mesma estrutura de sentimento filmes como O *grande momento*, dirigido por Roberto Santos em 1957, *Assalto ao trem pagador*, de Roberto Faria em 1962, O *pagador de promessas*, filme de Anselmo Duarte baseado na peça homônima de Dias Gomes, premiado em Cannes em 1963, e ainda outros, como A *hora e a vez de Augusto Matraga*, dirigido em 1965 por Roberto Santos, com base no conto de Guimarães Rosa.

Todos eles valorizam a brasilidade arraigada no homem simples do povo (no campo ou habitante da periferia das grandes cidades), denunciam as desigualdades sociais, buscam desvendar "a realidade do Brasil",[8] entre outras características

---

[7] O recurso à obra de Bourdieu pode ser útil, mas não é indispensável, nem necessariamente suficiente. Por exemplo, o próprio Williams dá conta com muita propriedade do grupo de Bloomsbury sem usar a noção de campo (cf. Williams, 1982).

[8] Nelson Pereira dos Santos afirma: "Quanto ao conteúdo, meus filmes não diferem muito, (...) é o reconhecimento da realidade do Brasil" (cf. Salem, 1987:274). E ainda: "Amo o povo e não renuncio a essa paixão" (p. 326). Esse apego à "realidade brasileira" e a "paixão pelo povo" foram marcantes da brasilidade revolucionária.

que lhes dá pertencimento à mesma estrutura de sentimento dos filmes do Cinema Novo, criados por cineastas tão unidos mas ao mesmo tempo tão diferentes entre si como Glauber Rocha, Nelson Pereira dos Santos, Joaquim Pedro de Andrade, Cacá Diegues, Leon Hirszman, Ruy Guerra, Zelito Viana, Walter Lima Jr., Gustavo Dahl, Luiz Carlos Barreto, David Neves, Paulo César Saraceni, Eduardo Coutinho e Arnaldo Jabor. Entretanto, aqueles filmes não eram reconhecidos pelo grupo cinema-novista, que os acusava de seguir a estética holywoodiana, de ser herdeiros do projeto cinematográfico industrial da Vera Cruz dos anos 1950, de apego à narrativa clássica, enfim, de ser representantes do velho cinema que se queria combater (cf. Bernardet e Galvão, 1983:156). Também os cineastas radicados em São Paulo — como João Batista de Andrade, Renato Tapajós, Francisco Ramalho, Maurice Capovilla e Luiz Sérgio Person —, embora plenamente identificados com as propostas cinema-novistas, não eram reconhecidos por eles.

As divergências não são perceptíveis só pelo recurso à noção de estrutura de sentimento, afinal ela era na essência a mesma para todos esses cineastas, guardadas as distinções e peculiaridades de cada obra e autor. Talvez as divergências possam ser mais bem compreendidas ao se adentrar pela lógica da constituição do campo do cinema brasileiro, no qual o grupo do Cinema Novo buscava ganhar poder e prestígio, desbancando outros agrupamentos e evitando rivais.

Outro exemplo: o pessoal do Teatro Oficina teve, desde o início dos anos 1960, uma sólida ligação com o Teatro de Arena, particularmente com Augusto Boal. Todos compartilhavam da mesma estrutura de sentimento, no caso do Oficina com uma influência forte também da dramaturgia e da filosofia existencialista de Sartre — que na época esteve no Brasil e, entre outras coisas, ajudou a difundir a simpatia pela revolução cubana, que incendiava o imaginário do pessoal do Oficina, como conta Renato Borghi em sua peça autobiográfica exibida em São Paulo em 2004, intitulada *Borghi em revista*. No livro *Oficina: do teatro ao te-ato*, Armando Sérgio da Silva (1981:132) observa que, em 1964, a encenação de peça do revolucionário russo Máximo Gorki, "*Pequenos burgueses*, bem como o golpe de Estado no País, foram um marco decisivo na história do Teatro Oficina. A partir de então a balança que oscilava entre o existencial e o social começou a pender para esse último". Mas seria em 1967, com a encenação da peça de Oswald de Andrade, *O rei da vela*, que o Oficina viria a distinguir-se claramente da tradição do Teatro de Arena e ganhar impacto artístico e político nacional no campo teatral, propondo uma "revolução ideológica e formal" que o aproximaria do nascente tropicalismo — o que remete a um último exemplo.

Parece que o tropicalismo musical também é constituinte — talvez o derradeiro — da brasilidade revolucionária, ao mesmo tempo que aponta para seu esgotamento e sua superação, quem sabe anunciando uma nova estrutura de sentimento.[9] Mas ele tinha suas peculiaridades, tais como, de um lado, o acento na sintonia internacional, e, de outro, a valorização e a recuperação de tradições populares do "Brasil profundo", esquecidas pela então dominante canção engajada, acusada de baratear as linguagens e de adular os desvalidos, nos termos do livro de memórias de Caetano Veloso.[10] Isso levaria os tropicalistas — cuja denominação fazia referência à utopia de uma civilização livre nos trópicos — a brigar em família com a brasilidade nacional-popular. Essas peculiaridades e lutas de indivíduos e grupos que compartem ou não uma mesma estrutura de sentimento podem ser compreendidas lançando mão da ideia de campo, proposta por Bourdieu, como espaço de concorrência entre agentes em busca de legitimidade, prestígio e poder — ou seja, de capital social.

Os tropicalistas baianos vinham de fora do eixo dominante culturalmente. Por exemplo, nunca privaram da intimidade do círculo de expoentes da Bossa Nova, como Tom Jobim e Vinícius de Moraes.[11] Sob a luz da formulação de "campo", é possível interpretar de modo inesperado um verso de *Miserere Nobis*, parceria de Gilberto Gil e Capinam em 1968. Eles advertiam na canção que "já não somos como na chegada/calados e magros, esperando o jantar" — como no tempo em que chegaram a São Paulo e fizeram o espetáculo engajado e de notoriedade secundária, intitulado *Arena canta Bahia*, sob direção de Augusto Boal, em 1965. Dois anos depois, eles já não se contentavam em ocupar posição subalterna no campo da música popular. Não mais esperariam as sobras na porta: os tropicalistas arrombaram-na para avançar sobre o banquete na sala de jantar. Essa insubordinação vinha junto com os valores socializantes da brasilidade revolucionária, por exemplo, nos versos da mesma canção a evocar que "um dia seja/ para todos e sempre a mesma cerveja/ tomara que um dia de um dia não/ para todos e sempre metade do pão".

O movimento tropicalista foi a última expressão do florescimento cultural dos anos 1960, antes da escalada repressiva da ditadura militar e civil brasileira, a partir

---

[9] Tratei do tema no livro já referido, embora não tivesse recorrido então ao conceito de estrutura de sentimento, nem ao de campo (Ridenti, 2008:85-131).

[10] Caetano propõe a "sensibilidade popular", diferenciada do "populismo, substituidor da aventura estética pela adulação dos desvalidos e barateador das linguagens" (Veloso, 1997:504).

[11] Tom e Vinicius eram íntimos e parceiros do jovem Chico Buarque, que polemizava com os tropicalistas, por exemplo, no artigo "Nem toda loucura é genial, nem toda lucidez é velha" (Holanda, 1968).

Intelectuais e modernidades

do final de 1968. Junto com a repressão política vieram o aumento da censura e o chamado "milagre econômico", que gerou um crescimento médio anual do produto interno bruto na casa dos 10%, de 1968 até 1973. A ditadura também era defensora de certa brasilidade, mas bem diversa daquela que considerava subversiva. Propunha realizar a promessa de um "Brasil grande", cujo desenvolvimento só seria possível pela associação de esforços da iniciativa privada nacional e internacional com aqueles do Estado brasileiro, que daria segurança para o bom andamento dos negócios — entre eles, o da indústria cultural. A sociedade brasileira foi ganhando nova feição, o cenário internacional também se modificava, o que tenderia a dissipar nos anos seguintes a estrutura de sentimento da brasilidade revolucionária.

Referências

ANDERSON, Benedict. *Comunidades imaginadas*. Reflexões sobre a origem e a difusão do nacionalismo. São Paulo: Cia. das Letras, 2008.

BERNARDET, Jean-Claude; GALVÃO, Maria Rita. *O nacional e o popular na cultura brasileira — cinema*. São Paulo: Brasiliense, 1983.

BOURDIEU, Pierre. *As regras da arte*. São Paulo: Cia. das Letras, 1996.

_____. Entrevista a Marcos Augusto Gonçalves e Fernando de Barros e Silva. *Folha de S. Paulo*, 18 mar. 1999. Caderno 4, p. 8.

_____. Campo de poder, campo intelectual e "habitus" de classe. In: _____. *A economia das trocas simbólicas*. 5. ed. São Paulo: Perspectiva, 2001.

CALLADO, Antonio. *Quarup*. 2. ed. Rio de Janeiro: Civilização Brasileira, 1967.

FANON, Frantz. *Os condenados da terra*. 2. ed. Rio de Janeiro: Civilização Brasileira, 1979.

FELIX, Moacyr (Org.). *Violão de rua — poemas para a liberdade*. Rio de Janeiro: Civilização Brasileira, 1962. v. I e II.

_____. *Violão de rua — poemas para a liberdade*. Rio de Janeiro: Civilização Brasileira, 1963. v. III.

FERNANDES, Florestan. *A revolução burguesa no Brasil*. 2. ed. Rio de Janeiro: Zahar, 1976.

FERREIRA, Aurélio Buarque de Holanda. *Novo dicionário Aurélio*. Rio de Janeiro: Nova Fronteira, s.d.

GULLAR, Ferreira. Quarup ou ensaio de deseducação para brasileiro virar gente. *Revista Civilização Brasileira*, Rio de Janeiro, n. 15, p. 251-258, set. 1967.

HOLANDA, Chico Buarque de. Nem toda loucura é genial, nem toda lucidez é velha. *Última Hora*, São Paulo, 9 dez. 1968.

KUSHNIR, Beatriz (Org.). *Perfis cruzados*: trajetórias e militância política no Brasil. Rio de Janeiro: Imago, 2002.

LÖWY, Michael; SAYRE, Robert. *Revolta e melancolia*: o romantismo na contramão da modernidade. Petrópolis: Vozes, 1995.

MENESCAL, Roberto. A renovação estética da Bossa Nova. In: DUARTE, Paulo Sérgio; NAVES, Santuza Cambraia (Orgs.). *Do samba-canção à tropicália*. Rio de Janeiro: Relume Dumará, 2003. p. 56-62.

NAPOLITANO, Marcos. *Seguindo a canção*. Engajamento político e indústria cultural na MPB (1959-1969). São Paulo: Annablume/Fapesp, 2001.

OLIVEIRA Francisco de. Economia brasileira: crítica à razão dualista. *Estudos Cebrap*, São Paulo, n. 2, 1972.

PIERRE, Sylvie. *Glauber Rocha*. Campinas: Papirus, 1996.

PRADO JÚNIOR, Caio. *A revolução brasileira*. São Paulo: Brasiliense, 1966.

RIDENTI, Marcelo. *Em busca do povo brasileiro*: artistas da revolução, do CPC à era da TV. Rio de Janeiro: Record, 2000.

_____. Chico Buarque y Caetano Veloso: volver a los sesenta. In: *Enciclopedia latinoamericana de sociocultura y comunicación*. Tradução de Víctor Pesce. Bogotá: Grupo Editorial Norma, 2008.

_____. Artistas de la revolución brasileña en los años sesenta. *Prismas. Revista de Historia Intelectual*, Buenos Aires, ano 13, n. 13, p. 211-224, 2009.

ROMANO, Roberto. *Conservadorismo romântico* — origem do totalitarismo. São Paulo: Brasiliense, 1981.

ROUANET, Sérgio Paulo. Nacionalismo, populismo e historismo. *Folha de S. Paulo*, 12 mar. 1988. Caderno D, p. 3.

SALEM, Helena. *Nelson Pereira dos Santos* — o sonho possível do cinema brasileiro. Rio de Janeiro: Nova Fronteira, 1987.

SALIBA, Elias Thomé. *As utopias românticas*. São Paulo: Brasiliense, 1991.

SCHWARZ, Roberto. Remarques sur la culture et la politique au Brésil, 1964-1969. *Les Temps Modernes*, Paris, n. 288, 1970.

SILVA, Armando Sérgio da. *Oficina*: do teatro ao te-ato. São Paulo: Perspectiva, 1981.

VALLE, Marcos. Depoimento para o encarte do CD *Antologia*, compilado por Charles Gavin. 2004.

VELOSO, Caetano. *Verdade tropical*. São Paulo: Cia. das Letras, 1997.

WILLIAMS, Raymond. *Marxismo e literatura*. Rio de Janeiro: Zahar, 1979.

_____. The Bloomsbury fraction. In: _____. *Problems in materialism and culture*. London: Verso, 1982. p. 148-169.

_____. *Drama from Ibsen to Brecht*. London: The Hogarth Press, 1987.

8 Quando a versão é mais interessante do que o fato: a "construção" do *mito* Chico Buarque

Gustavo Alves Alonso Ferreira

> Repórter: E aquele famoso verso "você não gosta de mim, mas sua filha gosta": há a versão de que você fez em homenagem à filha do presidente Geisel, que comprava seus discos enquanto o pai mandava censurar...
>
> Chico: O problema é que quando a versão é mais interessante do que o fato, não adianta você querer desmentir. Aquela música falava de uma situação que eu vivi muito: os caras do Dops (Departamento de Ordem Política e Social) iam me prender e, enquanto me levavam para depor, pediam para eu autografar discos para as filhas, que gostavam de mim.
>
> Rezende Jr., 1999

Em 1999, a revista *IstoÉ* realizou uma pesquisa para escolha das personalidades do "Brasil do Século". A partir de escolhas prévias de 30 jurados "gabaritados", o leitor foi convocado a participar da eleição dos melhores brasileiros do século XX, seja no esporte, na música popular ou em outras áreas. Aproveitando as celebrações da virada de milênio, os leitores da revista elegeram Ayrton Senna o esportista do século — Pelé ficou em 2º lugar. No campo musical, o vencedor foi Chico Buarque, com 76,48% dos votos.[1]

Em 2006, o compositor "do século" completou 60 anos de idade com ares de "unanimidade nacional".[2] Nenhum meio de comunicação passou incólume à referência louvatória ao mito sexagenário. O *Jornal do Brasil* dedicou cinco páginas da revista semanal *Domingo*, de 6 de junho, para uma série de quadros de artistas plásticos home-

---

[1] O músico do século. Artigo da revista *IstoÉ*, 29 fev. 1999, lido no site do compositor: <www.chicobuarque.com.br>. Acesso em: 30 ago. 2007. Todos os acessos ao site do compositor listados adiante foram feitos na data referida.

[2] A revista *IstoÉ* o define como "uma das raras unanimidades do Brasil". Justo ele. *IstoÉ*, 28 dez. 2005, p. 84.

nageando o artista.[3] Não satisfeito, o jornal carioca fez do caderno cultural de domingo de 13 de junho um espaço de glorificação *buarquiana*.[4] Poucos foram os articulistas que tentaram se posicionar de forma menos pedante diante do *herói* da *resistência*.[5]

De forma repetitiva, o jornal *O Globo* dedicou-lhe integralmente o caderno cultural do domingo seguinte, 18 de junho. Os autores repetiram a glorificação do mito em 18 páginas de aplausos.[6]

Jornalistas e colunistas de várias outras publicações parabenizaram os 60 anos do compositor. Em todas elas o tom era de louvação. Louvou-se o herói dos *anos de chumbo*, o *guerrilheiro* musical contra o regime ditatorial. Rememoraram-se as "querelas" com a censura, o peso da tesoura sobre suas músicas e peças teatrais. Dissertaram-se sobre as diversas idas de Chico à polícia política durante a ditadura militar. Celebraram-se os subterfúgios criados pelo compositor para fugir da "caneta vermelha" dos censores. Fizeram-se enquetes nas quais fãs "ilustres" apontaram sua música favorita: soube-se assim que o presidente Lula adora *A banda*, assim como seu inimigo político, o prefeito da cidade do Rio de Janeiro, César Maia; o então técnico da Seleção Carlos Alberto Parreira gosta da "genial" *Quem te viu, quem te vê*; o humorista Chico Anysio prefere *A Rita* e o cineasta Walter Salles exaltou o jogo de palavras e as metáforas de *Construção*. Comentou-se o amor do compositor pelo futebol, esporte que pratica três vezes por semana, pelo menos. Esmiuçaram-se as letras de suas canções. Desvendaram-se suas metáforas. Decifraram-se seus livros. E, afinal, investigou-se: "por que Chico é tão bonito?" Na capital da nação, a Câmara dos Deputados realizou uma homenagem ao artista, proposta feita por outro Chico, o Alencar,[7] seu colega deputado. Revistas não passaram incólumes à overdose buarquiana: o compositor estava também na capa de *Carta Capital*.[8]

Chico Buarque conseguiu, ao longo de 40 anos de carreira, construir uma imagem bastante favorável a si próprio e muito afinada aos interesses de certo público

---

[3] *Jornal do Brasil*, 6 jun. 2004. Domingo, p. 16-22.

[4] *Jornal do Brasil*, 13 jun. 2004. Caderno B.

[5] Daquela edição de 13 longas e elogiosas reportagens, somente dois artigos se colocaram de forma crítica em relação ao legado de Chico Buarque. Seus autores são o historiador Paulo Cesar de Araújo (Chico Buarque e as raízes do Brasil) e o jornalista Lula Branco Martins (Chico Buarque e a imagem do artista). *Jornal do Brasil*, 13 jun. 2004. Caderno B, p. B8-B9.

[6] *O Globo*, 18 jun. 2004. Segundo Caderno.

[7] Na época, Chico Alencar, hoje integrante do Psol, era quadro do Partido dos Trabalhadores, o mesmo do presidente Lula.

[8] Maia, 22 jun. 2004. Lido no site do compositor.

dito "formador de opinião", especialmente entre as classes médias e altas. A ovação dos jornais e revistas pode ser compreendida como de interesse dos próprios leitores. Publicações como *O Globo, Jornal do Brasil, Veja, IstoÉ* e *Carta Capital* são muito vendidas na classe média alta do país. Enquanto os jornais e revistas celebravam a carreira, Chico comemorou seu aniversário em Paris com amigos e familiares.

Apesar das diferentes abordagens, a temática buarquiana tem eixos simbólicos bastante elucidativos: parece ser difícil contar a trajetória do compositor sem mencionar suas críticas à ditadura. É quase impossível não falar de seu exílio na Itália, assim como de suas músicas "de protesto". Essa foi a imagem que ficou consolidada: Chico, o herói da *resistência*, o mito quase intocável, o "gênio" *descoberto* jovem (aos 22 anos já ganhara um festival). Sua imagem tem apelo tanto entre jornalistas quanto entre acadêmicos. Presidentes, humoristas, universitários, artistas plásticos, técnicos de futebol, cineastas, atores: todos parecem louvar o herói da *resistência*. O compositor Gilberto Gil garante que essa é a faceta preponderante de Chico:

> O nome e a obra de Chico estão ligados à ideia de música de protesto no Brasil. O Chico é o grande símbolo dessa dimensão, por ter ela permeado, de maneira exemplar, toda a sua trajetória. Surgimos juntos com a ditadura, e juntos acompanhamos a redemocratização, mas [nós, tropicalistas] privilegiamos outros *fronts*. Chico perseverou, continuou (Enigma de Hollanda. *O Globo*, 18 jun. 2004, Segundo Caderno, p. 6).

De fato, Gil legitima a trajetória do compositor vendo-o como figura ativa do processo de redemocratização do país, identidade muito importante no jogo político nacional no pós-ditadura, seja no meio musical, seja na política propriamente dita. As eleições de Fernando Henrique Cardoso e Lula simbolizam muito esse novo panorama político nacional que vê na *resistência* à ditadura uma identidade em si.[9] Chico é um dos principais beneficiários dessa memória.

Mesmo quando o assunto não tem a ver com música, sua aura paira onipresente toda vez que se fala de ditadura. Por exemplo: em recente reportagem sobre a violência urbana, o jornal *O Globo* dedicou sete matérias aos sofridos habitantes das favelas cariocas, brasileiros que, segundo o diário carioca, "ainda vivem na ditadura". Para os jornalistas, tais pessoas vivem sob a marca do terror ditatorial pois não são

---

[9] É de se notar que o discurso atual do presidente Lula enfatiza muito mais sua trajetória de retirante nordestino do que sua luta contra a ditadura. Talvez isso aconteça porque o discurso da *resistência* seja um tipo de oratória que tem muito mais efeito nos setores médios. Ao enfatizar sua origem humilde, talvez Lula queira ir além desses grotões de classes médias e altas.

atendidas pelo Estado, têm seus direitos violados pela polícia e pelo tráfico, vivem numa guerra cotidiana, não têm o direito de ir e vir, não desfrutam da inviolabilidade do lar etc. Enfim, suas vidas não mudaram em *nada* após a redemocratização.[10] Para fazer o paralelo com os anos ditatoriais, mostrou-se o caso ilustre de Chico Buarque. Forçado a se exilar em 1969, o compositor viveu quase dois anos na Itália, onde tentou uma carreira internacional sem sucesso. *O Globo* também relembrou a censura à música *Apesar de você* em 1970.[11]

A imagem do Chico *resistente* vem sendo construída desde o início da década de 1970, como deixa claro o texto do jornalista Zuenir Ventura (1976), que serviu de *release* do LP *Meus caros amigos*:

> De todos eles, compositores e cantores, Chico foi quem melhor soube aproveitar as dificuldades e desafios de uma época para instaurar uma estética, elaborar uma estilística e forjar uma estratégia próprias para, com elas, construir uma obra que, pela qualidade e pela quantidade, dificilmente encontra paralelo mesmo nas outras artes do país. (...) Do Tropicalismo até os dias atuais, a nossa cultura perdeu-se em desvios, frequentou vazios e desceu aos subterrâneos da irracionalidade e da evasão. Muitos não resistiram. Sem ser o único, Chico no entanto será talvez o mais completo símbolo de resistência desses tempos.

No entanto, a "unanimidade" de Chico Buarque não encontra respaldo em outros países. É curioso que o endeusamento ao *mito* da *resistência* seja referido a um artista que, como lembrou Paulo Cesar de Araújo (2004:B8), chegou aos 60 anos "sem que sua obra tenha conquistado uma projeção internacional — como a de um Tom Jobim — nem alcance nacional popular — como a de um Roberto Carlos".

A trajetória do compositor nada teve de unânime. Poucas vezes ele foi ovacionado antes da redemocratização. Curiosamente, talvez só nos primeiros dias de sua

---

[10] De forma pedagógica, o jornal comparou os cerceamentos impostos durante a ditadura aos atuais. No sábado, 25 de agosto de 2007, o jornal *O Globo* perseverou na denúncia e mostrou como os jovens de comunidades carentes têm sido cerceados por traficantes e milícias. A reportagem noticiava jovens que moravam em favelas às margens da Linha Vermelha que haviam sido proibidos de frequentar *lan houses* onde, suspeitava-se, trocavam mensagens com familiares banidos das comunidades por grupos paramilitares. Outro jovem levou tiros nas pernas, pois não acatou um traficante descontente com a música funk que ouvia, que fazia apologia de uma facção rival. Tratava-se, para o jornal, de um caso típico de censura bastante semelhante aos vividos pelos artistas da MPB durante a ditadura militar.

[11] É importante dizer que não foi só Chico Buarque quem foi lembrado por *O Globo*. Nas várias reportagens entre os dias 19 e 26 de agosto, as carreiras atribuladas de artistas com a ditadura foram contadas, entre elas a do teatrólogo Augusto Boal, dos cineastas Neville de Almeida e Cacá Diegues, além dos tropicalistas Caetano Veloso e Gilberto Gil.

carreira ele tenha sido uma unanimidade realmente popular. Tudo por causa de uma música. Entre setembro e outubro de 1966 ele concorreu no II Festival da Música Popular da TV Record e saiu vitorioso com a música *A banda*.[12] Esta canção transformou-o da noite para o dia numa estrela nacional. O jovem garoto de olhos verdes, de "boa família", que cantava a tradição perdida do interior tornou-se, como se dizia na época, "o genro que toda sogra adoraria". Junto com *A banda*, Chico já havia lançado um compacto simples com as canções *Pedro pedreiro* e *Sonho de carnaval*, que havia sido muito bem recebido pela crítica. Sua popularidade pós-festival só aumentou as vendas dos discos, então produzidos pela nacional RGE. Era o começo do que o poeta concretista Augusto de Campos chamou de "chicolatria". A canção foi gravada em diversos países, o que rendeu alguns ganhos ao compositor que tinha fama de introvertido e "bom moço". Todos pareciam afinar-se com aquele compositor jovem que dava um passo além da Bossa Nova sem, no entanto, abandoná-la. As comparações com Ismael Silva e, principalmente, Noel Rosa, sambistas das décadas de 1930/40, realçavam as *qualidades estéticas* de sua obra. De fato, a aceitação da crítica deve-se em parte ao fato de Chico aglutinar anseios de uma elite em busca de sua identidade nacional tangida entre a *modernidade e a tradição*.[13] As letras marcadamente líricas comentavam a realidade humilde e colocavam seus fãs mais perto daquele Brasil "real", popular por excelência.

Chico era visto como moderno, pois era filho da Bossa Nova, sem se desligar das "tradições" aceitas pelas elites culturais (especialmente os sambas dos anos 1930/1940). Esse encontro estético o legitimava como artista da nascente Música Popular Brasileira (MPB), gênero preocupado com a origem "popular" das canções e a modernização do som via João Gilberto e Tom Jobim.[14] Essa invenção estética só seria válida se servisse para um maior contato com o povo, no que Chico Buarque tornou-se um *expert* no início da carreira:

Chico: Eu estou sempre procurando novos caminhos. Eu não quero repetir o que está feito, então eu tenho que descobrir outras formas de dizer outras coisas. (...)

---

[12] "Aliás, eu vivo em casa, e não saio muito. E então eu faço questão de, podendo, morar bem. Mas como eu ia dizendo, tudo o que eu tenho quase é consequência da música chamada *A Banda*". Entrevista de Chico Buarque, 1970.

[13] Como afirmou Paulo César de Araújo (2004): "para ser bem qualificada ou aceita pelo público intelectual, a obra precisa estar obrigatoriamente identificada ao que se considera 'tradição' (folclore, samba de raiz, samba de morro) ou então ao que se considera 'modernidade' (influências de vanguardas literárias ou musicais, como o jazz, a bossa nova, o rock inglês). Fora desse receituário não há salvação".

[14] Para um debate aprofundado sobre a tradição na MPB, ver Napolitano (2007).

Entrevistador: Pelo que você falou, desde que haja estes caminhos, sempre existe uma identificação da sua música com todas as camadas do povo.

Chico: É verdade. Acho que música popular tem que ser popular (entrevista cedida ao Museu da Imagem e do Som, 11 nov. 1966).

Os anos 1960 foram fundamentais para a definição da moderna identidade nacional. A música popular não se colocou fora deste debate: na verdade, ela foi fundamental para a invenção da própria noção moderna de nação. Chico Buarque foi um dos fundadores desse conceito, engajado na formulação de canções que eram bem -aceitas entre os críticos da então nascente MPB. A grande questão a ser respondida pelos músicos da época era: como modernizar-se sem perder as raízes nacionais? Chico propôs um caminho que, em princípio, foi muito bem-aceito.

Além do respaldo da crítica, ele ganhou um grande cortejo de fãs. É preciso diferenciar o Chico atual, compositor das elites culturais do país, do Chico de *A banda*. Se hoje a vendagem do compositor é incompatível com a fama e respaldo que possui nos principais meios de comunicação, na década de 1960 ele era um ótimo vendedor de discos. Sua popularidade é confirmada pelo fato de seus compactos venderem bem mais do que os LPs, que também eram bem vendidos. Isso denotava a grande popularidade do compositor entre setores mais humildes, que não tinham recursos suficientes para comprar os LPs e se satisfaziam com os compactos (Napolitano, 2007). Gradualmente, à medida que o compositor adotou o discurso da *resistência* e se elitizou, a vendagem de LPs manteve-se relativamente estável e boa, enquanto a de compactos caiu, denotando a queda da popularidade do começo da carreira.

Paralelamente ao sucesso de vendas, Chico entrou de cabeça no mundo comercial. Poucos se lembram que Chico Buarque foi receber o prêmio pelo primeiro lugar do Festival da Record de 1966 com o boneco Mug na mão (Mello, 2003:139). O boneco Mug foi fruto de uma jogada publicitária da indústria têxtil no ano de 1966. Tratava-se do mascote da marca de roupas da Indústria Santa Balissa que visava fazer concorrência à Calhambeque, que fabricava produtos da marca Jovem Guarda.[15] O Mug é o símbolo esquecido da luta mercadológica da MPB contra a Jovem Guarda. A memória da MPB quase sempre apagou o envolvimento dos artistas deste gênero com o mercado. Essa é a razão pela qual Chico Buarque recentemente admitiu com

---

[15] Cabe lembrar que, além de Chico, o intérprete Wilson Simonal, os humoristas Jô Soares e Stanislaw Ponte Preta e o cartunista Maurício de Sousa, entre outros, também fizeram propaganda do boneco sucesso de vendas do Natal de 1966.

certo embaraço: "tenho um pouco de vergonha disso, mas é verdade. Eu andava com o Mug e dizia que o Mug dava sorte. Aí venderam uma porção de Mugs. Essa história, na verdade, era o ponto de partida para uma grife de roupas que acabou não acontecendo" (Zappa, 1999:64). Seu desconforto aponta uma relação difícil de aceitar. Ei-la: a MPB também esteve muito próxima ao mercado e como produto foi muito mais eficaz do que a Jovem Guarda. Além de criar um nicho no mercado fonográfico, o produto MPB foi capaz de forjar uma identidade própria que sobrevive até hoje, enquanto os roqueiros da Jovem Guarda se esfacelaram como movimento estético e não conseguiram forjar uma identidade política (Napolitano, 2001:101).

Ainda em 1966, Chico Buarque foi chamado para dar seu depoimento no Museu da Imagem e do Som (MIS), organização então recém-fundada para arquivar a "história" da música popular. Então com meros 22 anos e apenas um LP lançado, Chico foi conclamado a dar seu testemunho sem se dar conta da importância que os críticos, muito elogiosos, lhe atribuíam. Ainda aparentemente sem consciência do quanto sua obra respondia a certos anseios preexistentes, Chico mostrava-se fugidio diante dos entrevistadores que pediam que ele tocasse algumas músicas:

MIS: E a primeira, primeiríssima música que você compôs? Você poderia recordá-la aqui para o museu?

Chico: Nem sei se vale a pena.

MIS: Vale a pena como um documento. Isso é um depoimento pessoal, mas é acima de tudo um documentário. Chico, você fica à vontade, para nós é importante isso. Porque esse documentário é uma coisa que vai ficar aqui e você vai ver o registro histórico daqui 30, 40 ou 50 anos. Você tem que projetar no espaço esse tipo de importância.

(Chico toca sua primeira música)

MIS: Depois desse você lembra de outros sambas compostos nesta época?

Chico: Lembro. Tudo isso que vocês estão perguntando é pra tocar?

MIS: Seria interessante se você pudesse lembrar.

A fama se expandia e ele começou a entrar na "roda-viva" do mundo do showbiz. Em 1967 cedeu a música *Com açúcar com afeto* para uma propaganda publicitária de açúcar.[16] No final desse ano foi condecorado "cidadão de São Paulo". Citando *A banda*, o

---

[16] Anos mais tarde ele justificou a utilização da canção: "a música popular tem uma vida curta. Não posso impedir (e parece que os do direito autoral também não) que uma canção minha seja utilizada, de velha, como mero veículo publicitário. *Com açúcar com afeto*, por exemplo, virou

vereador paulista Leonardo Mônaco louvou-o: "Esta casa legislativa, conquanto nunca estivesse e nem nunca estará à toa na vida, também parou para ver, ouvir e dar passagem ao senhor Francisco Buarque de Hollanda".[17] Era de fato o auge do compositor que dali a pouco seria "passado pra trás" pelo Tropicalismo, um movimento renovador dentro da MPB, que visava expandir as fronteiras estéticas do som brasileiro mesclando as diversas tradições musicais existentes (samba, baião, boleros etc.) com as vanguardas poéticas e a cultura de massa (leia-se rock, no Brasil conhecido como iê-iê-iê).

O auge do Tropicalismo aconteceu entre 1967/1968, pouquíssimo tempo depois do próprio surgimento de Chico, que apesar da tenra idade já estava sendo apontado como "peça de museu". Diante da modernização do som pelos tropicalistas e da incorporação do rock, os sambas de Chico Buarque pareciam relíquias do passado. Encurralado, ele proclamou corajosamente: "nem toda loucura é genial, nem toda lucidez é velha" (Araújo, 2004:B8-B9). Trata-se de uma reposta bastante ousada se levarmos em conta os *slogans* da época: "poder aos jovens" e "não confie em ninguém com mais de 30 anos". Mas o fato é que, à medida que o Tropicalismo foi ganhando adeptos,[18] Chico Buarque foi sendo tachado de lírico, romântico, retardatário e até de... alienado:

> Havia um movimento de vanguarda, o tropicalismo, e eu simplesmente estava procurando outra coisa: estava querendo aprender música. Foi quando comecei a elaborar meu trabalho, melódica e harmonicamente. Pode ser uma coisa acadêmica, mas que me ajudou muito. Não era uma posição tradicionalista, e frutificou mais tarde. Mas naquele momento o resultado desse esforço foi contraposto ao tropicalismo. Eu fui usado, mas não estava ligado a um grupo antitropicalista. E por estar muito ligado à música, nesse tempo — 1968, não me embalei no movimento estudantil. Depois da desilusão muito forte que foi 1964, 1968 me pegou

anúncio de bombom, açúcar e afeto. O que importa é o momento de criação. Componho aquilo que quero. Depois a canção será consumida ou não, mas não como simples objeto e, de preferência, jamais como mero adorno". *Realidade*, dez. 1972, p. 24.

[17] *Jornal da Tarde*, 29 dez. 1967.

[18] Embora a memória acerca do Tropicalismo enfatize seu caráter inovador e as dificuldades de aceitação perante o público, cabe perceber que ao longo do ano de 1968 eles foram gradualmente incorporados pela sociedade (Napolitano, 2001:275). Se Caetano foi vaiado durante uma apresentação, em compensação, o tropicalista Tom Zé ganhou o IV Festival da Record com *São São Paulo, meu amor*. Gal Costa ficou em quarto, com *Divino maravilhoso* de Gil e Caetano, que teve recepção triunfal, grande parte da plateia pedindo a vitória. Naquele mesmo ano, Os Mutantes foram muito aplaudidos ao defenderem *Caminhante noturno* no FIC da Globo. O maestro Rogério Duprat ganhou o prêmio de melhor arranjador pela canção de Os Mutantes, prêmio que já havia ganhado no ano anterior com *Domingo no parque*. As guitarras "trazidas" pelos tropicalistas ao festival também já não eram tão malvistas assim. No festival da Record, das 18 músicas apresentadas na primeira eliminatória, pelo menos 10 usavam guitarras elétricas nos arranjos. Araújo (2006:194).

meio descrente. O movimento de música estava muito ligado ao movimento estudantil, mas eu, na verdade, só fui participar de uma passeata, a dos 100 mil, porque a pressão era demais: eu me arriscava a ser confundido com um reacionário se não fosse a essa passeata (*Playboy*, fev. 1979. Lido no site do compositor).

Anos mais tarde, em 1970, Chico Buarque compôs *Essa moça tá diferente*, na qual radicalizou a crítica à música tropicalista que o tranformou, nas palavras do tropicalista Tom Zé, em "avô".[19]

Essa moça tá diferente

Já não me conhece mais

Está pra lá de pra frente

Está me passando pra trás

Essa moça tá decidida

A se supermodernizar

(...)

Eu cultivo rosas e rimas

Achando que é muito bom

(...)

Faço-lhe um concerto de flauta

E não lhe desperto emoção

Ela quer ver o astronauta

Descer na televisão.

A "moça" é a nova canção tropicalista, que relegou sua trajetória a peça de museu. Através das temáticas novas, da incorporação do rock, da liberdade criadora e da poética diferenciada, os tropicalistas abriam um caminho modernizador diferente do de Chico, que, no calor do debate, foi usado como bastião daqueles que defendiam a música "realmente" brasileira.

A imagem de "lírico" e "alienado" o incomodava. Até porque de fato não condizia com o compositor que já havia feito até algumas canções mais críticas, especialmente *Pedro pedreiro* (1965). Para desconstruir essa imagem ele escreveu a peça *Roda-viva* no ano de 1968, uma crítica bastante contundente do mundo do showbiz. Nela, o

---

[19] Apesar de chamá-lo de avô, Tom Zé era oito anos mais velho que Chico. Trata-se de uma clara referência à "inaptidão" de Chico em acompanhar os tropicalistas (O tropicalismo é nosso, viu? *Realidade*, dez. 1968).

popular Benedito da Silva transforma-se no cantor de iê-iê-iê Ben Silver e é consumido na "roda-viva" do sucesso. Apesar do tom crítico, muitos viram na peça uma "arte menor" e colocaram toda a polêmica gerada em torno da montagem como fruto da direção do tropicalista José Celso Martinez Correa, que se utilizou de agressões ao público, xingamentos e uma encenação incomum para tentar chocar a plateia, principal meta do seu teatro. Chegou a ser dito que Chico teria sido "usado" por José Celso, que viu na peça um questionador da própria "chicolatria":

> José Celso: eu aceitei dirigir a peça por isso. Talvez sinceramente não tivesse o mesmo empenho se fosse de outro autor. Mas como diretor, que oportunidade rara para optar e me manifestar sobre este material que é o fenômeno Chico e seu público! Meu estímulo para o espetáculo foi poder, como diretor de teatro da minha geração, lidar com o material mais consumido da minha geração. Mesmo se eu detestasse a peça e o Chico, eu seria uma besta de perder a oportunidade de trabalhar com esta matéria nas mãos. Neste sentido acho que a peça será de imenso sucesso, pois ela trata de um fenômeno nacional. Estes fenômenos estão aí para serem expostos pra jambar, pra serem analisados, elucidados e sentidos.

> Entrevistador: "Roda-viva" é uma autobiografia de Chico Buarque de Hollanda?

> José Celso: Não! A não ser em um pequeno trecho do segundo ato. Mas introduz uma nova visão na biografia do Chico. Eu até sugeri que o cartaz da peça fosse o Chico num açougue. Ou os olhos verdes do Chico boiando como dois ovos numa posta de fígado cru. Foi assim que eu vi o Chico do "Roda-viva" (texto de José Celso Martinez Corrêa publicado no programa original da peça *Roda-viva*. Lido no site do compositor).

Na montagem da peça em Porto Alegre em 1968, os atores foram vítimas do ataque de um grupo autointitulado Comando de Caça aos Comunistas (CCC), que chegou a sequestrá-los e infligir-lhes injúrias, depois de quebrar o cenário. Deslocada da realidade, a paranoia anticomunista via na peça algo que nem o público em geral via no autor. O público e os formadores de opinião não compravam a imagem do jovem rebelde e questionador, como lembrou Chico Buarque alguns anos mais tarde: "Eu ia à televisão, falava e falava de dom Hélder e tal... no fim a [apresentadora] Hebe Camargo dizia 'gracinha, olhos verdes', e coisa e tal. Todo mundo só se lembrava disso".[20] De fato, José Celso ganhou, à época, os louros pela peça, incorporando a montagem à memória do movimento tropicalista, como reconheceu o autor

---

[20] Apesar do governo. *Veja*, 14 maio 1980, p. 63.

estreante: "Em *Roda-viva*, minha estreia como dramaturgo, vejo, a nível de texto, uma experiência simples, simplória. Não tenho nenhum orgulho especial em relação ao texto, mas tenho a consciência de que é um marco no teatro brasileiro. Foi um trabalho do Zé Celso".[21]

Mesmo quando crítico do regime, seu tiro saía pela culatra. Cabe lembrar que Chico foi "passado pra trás" não só pelo Tropicalismo, mas também pela música de protesto, que ganhava público entre os setores médios que demandavam canções com novas temáticas. A música de "protesto" tão desejada pelos universitários deveria esboçar a romantização da solidariedade popular, deixar clara a crença no poder da canção como forma de mudar o mundo, a denunciar o presente opressivo e proclamar a crença no futuro libertador (Napolitano, 2007:73). Chico chegou a sofrer na pele as ofensas de grupos que não concordavam com sua linha por demais "lírica". No III Festival Internacional da Canção, em 1968, ele e Tom Jobim foram vaiados pelo público quando sua nostálgica *Sabiá* foi apresentada. Os presentes queriam a vitória da canção concorrente *Pra não dizer que não falei das flores*, de Geraldo Vandré, uma música de protesto afinada com os interesses de juventude prestes a entrar na luta armada. Tamanho o impacto da canção de Vandré que ela chegou a ser chamada pelo jornalista Millôr de "a nossa Marselhesa" contra o regime militar.[22]

Visto como ingênuo, "lírico" e até alienado, não é de se espantar que o próprio presidente Costa e Silva também o tenha visto como o "genro ideal". Em 1968 foi lançado o LP *As minhas preferidas*, no qual o presidente militar selecionou temas ufanistas e canções de amor que lhe agradavam. O cantor Agnaldo Rayol encarregou-se de cantar os temas românticos e ufanistas, cuja capa do LP trazia uma ilustração de Costa e Silva ao lado da primeira-dama e netinhos. Entre as escolhidas do presidente estava *Carolina*, de Chico Buarque.[23] Para Costa e Silva não havia contradição em ouvir e dançar as canções de Chico Buarque e arrochar a repressão aos inimigos políticos.

---

[21] *IstoÉ*, 2 ago. 1978. Em outras entrevistas Chico demarcou as imagens diferentes que ele e o diretor possuíam: "Lá [em *Roda-viva*] era a imagem do garoto de olhos verdes, aquela coisa que existia e não é mais, junto com Zé Celso, um diretor maldito". *Folhetim*, ago. 1978. Anos mais tarde, o compositor diminuiu o valor de sua peça: "Zé Celso é um criador genial. Agora, [a peça] não tem texto. *Roda Viva*, antes que você fale, digo: é uma merda". Entrevista que foi publicada no livro de entrevistas d'*O Pasquim*, de 1975. Entrevistas lidas no site do compositor.

[22] O cartunista Millôr assim a caracterizou em 1968 (Mello, 2003:299).

[23] Araújo (2004:B8); Veloso (2005:49). Texto originalmente proferido em forma de conferência no Museu de Arte Moderna do Rio de Janeiro em 26 de outubro de 1993.

Então aconteceu o "golpe dentro do golpe". O Ato Institucional nº 5, de 13 de dezembro de 1968, tornou possível a repressão em larga escala e limitou os canais possíveis entre 1964-1968. O ato fechou o Congresso, impediu o *habeas corpus* e o *habeas data*, calou a oposição, tornou legal o terror de Estado. Enquanto os tropicalistas Caetano Veloso e Gilberto Gil foram presos, Chico Buarque foi convocado a prestar depoimento em uma delegacia, sem maiores consequências. Mas o clima realmente não estava bom e ele ouvia ameaças indiretas.

Diante dos problemas da repressão e do sumiço de alguns artistas,[24] ele achou por bem dar um tempo fora do país. Chico embarcou com a mulher Marieta Severo grávida para a Itália. *A banda* tinha feito muito sucesso e já havia vários shows marcados mesmo antes do AI-5. Com ou sem o "arrocho" da ditadura, Chico iria para a Itália. Ao contrário do exílio forçado de Caetano e Gil, o de Chico foi um autoexílio. No entanto, seus breves meses na Itália são constantemente relembrados como anos de martírio impostos pelo regime. De fato, não se pode dizer que a situação era confortável. De todo modo, esse período no exílio foi de fundamental importância para a própria construção da personalidade do compositor, assim como um marco na sua postura diante do regime e dos próprios fãs.

Ao chegar à Europa, em 3 de janeiro de 1969, ele viu-se numa forte campanha publicitária da RCA, empresa que cuidava da distribuição dos seus discos lá.[25] Antes de chegar ao destino final, exibiu-se na Feira da Indústria Fonográfica, em Cannes, na França, e partiu logo depois para a Itália. Tendo conseguido algum êxito naquele país, os diretores da RCA italiana tentaram mudar a imagem do jovem compositor para aumentar as vendas.[26] Sabendo da sede da juventude italiana pelos mitos da América Latina, especialmente Che Guevara, a RCA criou uma campanha publicitária que colocava Chico Buarque como vítima da ditadura (Bacchini, 2007:12). Passou-se a vender a ideia de que ele era um exilado político, cantor de protesto expulso do país. Paradoxalmente, foi na Itália que Chico tornou-se o *resistente ideal*.

Para atingir o objetivo, a RCA mudou as capas dos discos de Chico lançados na Itália. Na capa do primeiro disco, seu nome aparecia em caracteres laranjas sobre um

---

[24] Caetano Veloso e Gilberto Gil ficaram sumidos e presos por quase dois meses e Geraldo Vandré fugiu do país para não ser encarcerado.

[25] Chico gravou os três primeiros discos pela RGE, fábrica nacional de pequeno porte. A RCA cuidava da distribuição europeia apenas.

[26] Bacchini (2007). Artigo ainda no prelo, lido por mim em 2006. O artigo é fruto da tese *Francisco-Francesco. Chico Buarque de Hollanda e l'Italia* (Università di Roma Tre, 2006).

fundo negro, como que a retratar a sombria conjuntura política do país de origem. A foto original do cantor sorridente da capa do primeiro LP nacional foi trocada por outra na qual ele aparecia sério. Não pegava bem um cantor exilado sorrir.

Os jornais italianos logo noticiaram a chegada do "exilado" brasileiro. A primeira aparição foi no jornal *Paese Sera*, de 7 de janeiro de 1969, que retratou a chegada de um "ex-prisioneiro" do regime (Bacchini, 2007:11-12).

E o cantor brasileiro Chico Buarque de Hollanda chegou de avião a Roma vindo do Rio de Janeiro. Também ele esteve preso pelo governo brasileiro. O compositor de vinte e quatro anos, famoso na Itália por ser o autor do sucesso *La Banda*, aparecerá em alguns programas de televisão (...). Chico Buarque de Hollanda, que também é teatrólogo, durante os recentes acontecimentos brasileiros ficou preso por vinte e quatro horas.

Poucos dias depois, o mesmo jornal *Paese Sera* publicou outra reportagem intitulada "Chico contra gorilas" (*"Contro Chico i 'gorillas'"*), na qual comparou a canção *Juca*, cuja primeira gravação é de 1966, à repressão dos militares à subversão (Bacchini, 2007:14). Exagerada, a interpretação termina por dizer que Chico ficou preso por poucos dias. De "vinte e quatro horas", a estada carcerária passou para alguns "poucos dias".

Além de campanha publicitária, a ênfase dos meios italianos no Chico *resistente* cumpria os desejos de grande parte das esquerdas italianas, como já dissemos, ansiosas por ver no compositor um herói latino-americano. Nesse sentido, a revista *TV, Sorrisi e Canzoni*, de 19 de janeiro de 1969, fez uma reportagem sobre o compositor intitulada *"Combatterò con le mie canzoni"*. No final, o texto aumentou a biografia de Chico, ao mencionar que ele teria ficado preso por algumas semanas em um campo de concentração! (Bacchini, 2007:17). A ditadura brasileira nunca manteve prisioneiros em campos de concentração, ao contrário da chilena que torturou e matou no campo do Estádio Nacional, em Santiago. E mais uma vez o cantor que não fora preso e não fora exilado tornou-se um ex-prisioneiro de campo de concentração! E como "exilado" Chico não poderia voltar ao Brasil, sendo forçado a estender a temporada na Itália. Cooperou para a estada em Roma a repressão instaurada pela ditadura brasileira, evidentemente.

Em 1970 a RCA lançou o segundo disco do compositor cujos sambas foram traduzidos para o italiano. O LP continha algumas canções inéditas, o que talvez tenha desagradado o público italiano que esperava mais uma *A banda*. A pressão por um novo *hit* incomodava o cantor: "no final dos anos 60, quando morei em Roma, eles queriam que eu fizesse outra música como *A Banda*, 'orecciabile'. E eu acabei não fazendo outras músicas 'orelháveis', frustrando muitas expectativas".[27] Apesar da coragem, Chico não ficou muito contente com o resultado do LP, e muito menos o público italiano, que não comprou o disco.

Bizz: Você gravou com Ennio Morricone, na Itália. Como foi essa experiência?

Chico: Bom, ele é um grande orquestrador. Ele pegou umas músicas minhas e fez aquele som dele, o som do Ennio. O disco se chama *Per un Pugno di Samba*. "Por um Punhado de Samba" (N. da R.: referência ao filme "Por um Punhado de Dólares", que tem trilha de Morricone). É um disco híbrido. É samba e tal — são canções minhas —, tudo gravado lá. O som do Ennio, que é da maior competência, é muito bonito, mas a marca dele é muito forte. O disco fica a meio caminho entre música brasileira e música italiana. Mas foi uma experiência interessante. Esse disco é raríssimo. Eu mesmo não sei se tenho (*Revista Bizz*, abr. 1988. Lido no site do compositor) [N. da R.: *Per um Pugno di Samba* não foi lançado no Brasil].

Parece que a RCA forçou a barra demais. Chico nunca chegou a ser popular na Itália. Depois de breves aparições na televisão italiana, ele conseguiu fazer alguns shows que logo rarearam. Então a grana começou a escassear e diante do desconhecimento do público italiano Chico foi obrigado a apelar.

Chico: Fiz shows que... Uma hora [o violonista] Toquinho foi me dar uma mão lá. Fizemos um show pra 20 pessoas, na casa de uma marquesa. Começamos a cantar e vimos que não tinha nada a ver, ninguém tava sabendo nada. "Vamos mandar um carnaval!" (risos) Apelamos pro carnaval. Depois "A banda". Aí o pessoal cantava. Depois da "A banda", não tinha outra marcha... Aí ia de "Mamãe eu quero". Levamos muitos canos também (entrevista publicada no livro de entrevistas de *O Pasquim*, de 1975. Lida no site do compositor).

Uma oportunidade nova surgiu quando ele dedicou-se a abrir o show da então decadente Josephine Baker. Tratava-se de uma oportunidade proporcionada pela mudança de gravadora. Ainda na Itália, Chico abandonou a nacional RGE e foi contratado pela Philips. Mas nem assim sua situação financeira melhorava.

---

[27] *Folha de S. Paulo*, 6 maio 2006. Lido no site do compositor.

Chico: Eu e Toquinho, fizemos uma temporada de 45 dias pela Itália inteira, fazendo o final da primeira parte do show da Josephine Baker. Tinha vários artistas. Tinha uma cantora canadense, um conjunto não sei de onde, e terminava com eu e Toquinho cantando músicas brasileiras.

O Pasquim: Mas conseguiam fazer alguma coisa?

Chico: Nada, porra, o pessoal ia ver Josephine Baker! Média de idade pelo menos 75 anos. Foi uma merda! A gente cantou num negócio que parecia sede do Partido Monarquista. Tinha retrato do rei Umberto (risos). Não era teatro, era um salão (entrevista publicada no livro de entrevistas de *O Pasquim*, de 1975. Lida no site do compositor).

Chico Buarque sobrevivia com os parcos rendimentos dos shows, mas a situação apertava. Sua família ainda lhe enviava dinheiro, mas era difícil sustentar mulher e filha. Na Itália nasceu a primeira filha do compositor. Sem músicas que agradassem os ouvidos italianos, o dinheiro não entrava. Chico Buarque só ficou um pouco famoso na Itália quando associou-se a outra figura muito mais conhecida, o ex-craque Garrincha.

Garrincha chegou a Roma como marido da [cantora] Elza [Soares], que tinha ido lá fazer uns shows. Na época, em 1969, ele jogava umas peladas remuneradas, e gostava muito daquilo. Geralmente eram jogos em campinhos perto de Roma. Mas era impressionante a popularidade do Garrincha. Ele foi lá em casa umas três vezes, e eu só sei que ganhei um prestígio imenso com o sujeito do bar que ficava no térreo do meu prédio quando ele soube que eu conhecia o Garrincha. Ganhei um prestígio imenso lá. A gente saía de carro e eu levava ele para essas peladas. Era impressionante como, sete anos depois da Copa de 62, todo mundo ficava atrás: "Garrincha, Garrincha". E eu era o chofer dele (*O Globo*, 10 maio 1998. Lido no site do compositor).

Sem muitas perspectivas na Itália, Chico resolveu voltar ao Brasil. Como não havia sido expulso pelo regime, não haveria problemas para voltar. Aliás, a mudança de gravadora, da RGE para a Philips, muito se deve à vontade do compositor de retornar ao país. A Philips prometeu ao compositor a gravação de um disco no Brasil e a promoção de shows em teatros e na TV Globo. Ao chegar ao Brasil foi recebido com festa. No aeroporto do Galeão estavam a sua espera a Jovem Flu — parte da torcida organizada do Fluminense, seu time —, a Banda de Ipanema, músicos contratados pelos amigos que o carregaram nos ombros, enquanto Chico sorria meio encabulado.[28] Em

---

[28] *Jornal da Tarde*, 20 mar. 1970. Lido no site do compositor.

1970 ele lançou o quarto LP da carreira: *Chico Buarque nº 4*, um disco que considerou, anos mais tarde, "confuso",[29] de "transição".[30] Tratava-se de um disco no qual o cantor fazia uma metamorfose, como ele mesmo deixou claro anos mais tarde.

> Eu tenho três discos que são praticamente iguais. São discos que reúnem as músicas que eu fiz ainda quase não profissionalmente. Eu era um estudante de arquitetura que fazia música e tomava cachaça. No meu terceiro disco tem músicas que eu já tinha composto na época do meu primeiro disco. Um disco é continuação do outro. São de uma fase [que] hoje eu chamo de carreira, mas na época eu não tinha a menor ideia de que estava criando pra mim uma profissão, uma carreira. Era uma brincadeira. Uma extensão da minha vida de estudante. (...) Já o quarto disco é um disco complicado, porque eu gravei na Itália, eu morava na Itália. É o disco mais irregular que eu tenho. Eu gravei esse disco, que chama-se *Chico Buarque de Hollanda nº 4*, quando eu morava na Itália (...), vivendo com uma certa dificuldade. Esse disco é um disco de transição. É o disco da minha maturidade, não como compositor, mas como ser humano. Eu estava morando na Itália, com problemas pra voltar pro Brasil, com uma filha pequena... Virei um homem. Eu era moleque. Virei um homem e não sabia o que dizer. Então, as músicas estavam com um pé ali e outro aqui. Um pé no Brasil e outro na Itália. E eu sem saber exatamente o que ia fazer da minha vida: Ah! Bom... vou ser compositor? Vou viver disso... vou ter que encarar isso a sério... vou ter que encarar a vida a sério. Uma série de circunstâncias me levaram a isso. A estar morando fora do Brasil e estar casado e com uma filha, e a ter que pensar pra valer na vida. Eu tive dificuldade. São as músicas mais arrancadas a fórceps que eu tenho. (...) A história é essa. É um disco feito por necessidade. Os outros três discos anteriores são desnecessários (risos). Eu precisei passar por isso pra chegar ao disco seguinte, que é *Construção*, que já é um disco maduro como compositor. Aqui é um disco em que eu estou maduro como homem, como ser humano. Pera aí. Sou gente grande. Tenho uma filha pra criar. Acabou a brincadeira. Mas eu não sabia ainda como exprimir essa perplexidade (Semana Chico Buarque. *Rádio Eldorado*, 27 set. 1989. Lido no site do compositor).

A caracterização do quarto LP como "confuso", feita *a posteriori* pelo compositor, talvez também se explique por certa "esquizofrenia" estética do disco, especialmente

---

[29] "O disco anterior ao 'Construção' é muito confuso. Há atenuantes para isso: eu gravei a voz na Itália, os arranjos foram feitos aqui, mas a própria criação das músicas é confusa, você percebe que eu estava um pouco perdido. Já não queria fazer o que estava fazendo e estava sem encontrar uma linguagem". *Folha de S. Paulo*, 9 jan. 1994. Fonte lida no site do compositor.

[30] *Chico Buarque nº 4* é o quarto LP lançado no Brasil, sem contar os dois lançados na Itália durante seu autoexílio.

aos olhos pós-AI-5. Chico falava de coisas sérias e tristes em *Rosa dos ventos* ("E do amor gritou-se o escândalo/ Do medo criou-se o trágico"); ironizava a camisa do Flamengo em *Ilmo. Sr. Ciro Monteiro*; debatia-se contra os tropicalistas em *Essa moça tá diferente*; ironizava seu próprio lirismo em *Agora falando sério*; cantava *Os inconfidentes*, tema de peça com texto da poetisa Cecília Meireles; mantinha a parceria criticada com Tom Jobim em *Pois é*; retornava ao lirismo em *Samba e amor*. A capa apresentava um compositor garoto, sorridente. A "confusão" que Chico constata *a posteriori* explica-se pelo fato de que o disco ainda está muito preso às temáticas dos anos 1960, ao debate com os tropicalistas, às ingenuidades do samba "alegre", à ausência de críticas contundentes, à capa na qual aparece sorridente. A época não suportava mais os sambas "ingênuos". De fato, as músicas da MPB que fizeram sucesso no período conhecido como "anos do milagre econômico" (1969-1973) são marcadamente músicas tristes, melancólicas.[31] Não pegava bem aos artistas da "resistência cultural" rir, ato que ficou muito associado às propagandas do regime ditatorial. Mesmo os tropicalistas, conhecidos pela exaltação à alegria e à espontaneidade, assumiram um tom bastante melancólico durante os anos do "milagre". Assim, a *contracultura* musical no Brasil, desviando-se do alegre desbunde dos países do Primeiro Mundo,[32] afinou-se ao discurso da *resistência*: soturno, sério e bastante melancólico. Se Chico andava "confuso" na Itália, ele parece ter "se encontrado" no Brasil da *resistência*.

Alguns meses depois de chegar ao Brasil Chico compôs *Apesar de você*, lançada como um compacto simples com *Desalento*. A canção já tocava nas rádios quando os censores perceberam as metáforas e proibiram a distribuição do disco e a radiodifusão. Os partidários do regime ficaram irritados com a comparação do governo com uma amante dominadora.[33] O fato de a censura ter liberado e depois censurado a canção ao constatar seu potencial transgressor tornou o episódio um marco na memória nacional, o que talvez se explique pelo fato de exacerbar a concepção largamente difundida na sociedade de que a censura "era burra". Apesar dos trabalhos acadêmicos que compreendem a censura de forma menos alegórica,[34] a sociedade quase sempre prefere reproduzir essa visão mais arquetípica. Fato é que, depois de *Apesar de você*,

---

[31] Para uma discussão acerca da tristeza como temática da MPB durante os anos do milagre econômico (1969-1973), ver: Ferreira (2007). No prelo pela editora Record.

[32] Segundo o próprio Chico, "não dá para abstrair a ditadura. Uma coisa é Maio de 68 na França. Outra, completamente distinta, o nosso dezembro de 68". *Folha de S. Paulo*, 6 maio 2006. Lido no site do compositor.

[33] *Apesar de você* foi lançada num compacto cujo lado B trazia a bela *Desalento* (Chico Buarque/ Vinicius de Moraes).

[34] Fico, 2002:251-286 e Kuschnir, 2004.

ele conseguiu deixar de ser o "genro que todas as sogras gostariam de ter". Mesmo proibido, este foi o compacto mais vendido de sua carreira, e logo se tornou peça de colecionador.[35]

Em 1971, Chico gravou o LP *Construção*, o segundo pela multinacional Philips. Na capa uma pequena foto de um compositor mais maduro, de bigode, sério. O disco trazia canções que falavam da monotonia da vida de um proletário (*Construção*), das tristezas de um exilado (*Samba de Orly*), do sombrio ar da época (*Acalanto*), da revolta contra a censura (*Cordão*) e terminava lançando ironias ao regime (*Deus lhe pague*). Essa obra colocou definitivamente Chico entre os *resistentes*, tornando o compositor uma figura frequente na censura e órgãos de repressão política. Acostumados à imagem de "bom moço" do artista, alguns estranharam a nova postura, como constata-se nos jornais *Opinião* e *Balaio*.

> Opinião: No meio dos estudantes, algumas mães questionam uma mudança. Você ficou muito agressivo. Parece com raiva de tudo e de todos. Por que no outro show, no ano passado, você cantou coisas que não canta mais?
>
> Chico: Os tempos mudam. As coisas mudam muito rapidamente.[36]
>
> Balaio: Por que, durante quase todo o show, você canta amargo, com raiva, em tom de angústia e quase desesperado?
>
> Chico: Eu não acho tanto.
>
> Balaio: Deu pra notar bem no primeiro dia, principalmente quando você canta *Caçada*, parece que você trinca os dentes... (*Balaio*, 1972. Lido no site do compositor).

A revista *Realidade* também notou a transformação na carreira de Chico ao comentar que "não foram as músicas que mudaram; ele é que mudou".[37] Gradualmente construiu-se em torno do compositor a imagem do *resistente* à ditadura. De fato, *Construção* foi um marco. Especialmente porque deixava clara a tristeza do artista

---

[35] Segundo Chico: "Aliás, disco compacto que mais vendeu foi o *Apesar de você*, apesar de tudo. Mas disco grande foi *Construção*, mesmo com letra comprida e aquela trapalhada toda". Quando concedeu esta entrevista, em 1976, Chico ainda não havia batido o recorde de vendas de *Construção*, o que ocorreria exatamente naquele ano com o disco *Meus caros amigos*. *Revista 365*, 1976. Lida no site do compositor.

[36] Chico Buarque: "as coisas vão piorar e pode ser o fim do espetáculo". *Opinião*, n. 22, 2 abr. 1973. Lido no site do compositor.

[37] *Realidade*, dez. 1971, p. 12-13. De fato, o discurso de Chico também mudou. Anos mais tarde, ao defender a "classe musical", Chico viu-se como proletário, e justificou-se: "vivo do meu próprio trabalho e não exploro ninguém". Chico e Xênia. *Veja*, 6 fev. 1980.

diante de seu cotidiano, sem margem para dúvidas. Marco de sua trajetória, foi o segundo LP que mais vendeu em toda sua carreira, somente atrás de *Meus caros amigos* (1976). A revista *Realidade* espantou-se com a aceitação do disco, mas dimensionou seu sucesso de forma precisa.

> Também, nunca antes a Philips tinha vendido tantos elepês em tão pouco tempo (140.000 nas primeiras quatro semanas). E um fato novo se deu no mercado. Dezembro é o mês em que Roberto Carlos (campeão absoluto de venda de elepês no Brasil há quase seis anos) lança o seu disco anual e tradicionalmente subverte a parada de sucessos, indo de pronto para o primeiro lugar e lá permanecendo, incontestável, por quase seis meses. Dessa vez, Roberto encontrou uma construção pela frente e teve dificuldade para desbancá-la no Rio, enquanto continuava perdendo em São Paulo durante todo o primeiro mês. Ao final da corrida, Roberto venderá mais discos do que o Chico, pois sua procura é quase uniforme em todo o país, enquanto Chico é consumido em quase 80% no eixo Rio-São Paulo (*Realidade*, dez. 1971, p. 12-13).

À medida que afinava o discurso da resistência, Chico tornava-se o cantor das classes médias. Gradualmente, ao longo da década de 1970, a vendagem de discos continuou boa, mas grande parte do seu público constituía-se de setores médios. A partir de 1971 começou um período de embates entre o cantor e o regime, que nunca levou-o a prisões ou confinamentos, mas cuja pressão transformaram-no em mito da luta contra o regime. Em 1971 ele fez a letra para uma música de Carlos Lyra que chamou de *Essa passou*, nome que nada tinha a ver com a canção, mas denunciava de forma indireta a existência da censura. Em 1973, foi vetada a montagem da peça *Calabar*, que debochava da história oficial oferecida nos bancos escolares. Algumas músicas que seriam cantadas na apresentação também foram censuradas, especialmente *Bárbara*, pois tematizava o amor de duas mulheres, e *Vence na vida quem diz sim*, uma ironia ao governo. Para evitar novas censuras, o compositor fazia letras maiores, sabendo que ia ter de ceder à tesoura ditatorial. Em outros casos fez músicas "bois de piranha", que serviam para distrair o foco central do disco então produzido. Sua intenção era, segundo suas próprias palavras, "iludir a censura". Músicas nunca gravadas e recentemente descobertas em arquivos dão conta desta prática, especialmente *Vigília* e *Noturno*, que têm carimbo de liberadas. Já *Primeiro encontro* (que tem como subtítulo *Susana*) foi vetada por ser contrária "à moral e aos bons costumes".[38] No mesmo ano de 1973 a letra de Chico para *Cálice* foi proibida, embora

---

[38] Algumas surpresas no meio da poeira. *Jornal do Brasil*, 13 jun. 2004, p. B2.

Intelectuais e modernidades

a música (leia-se melodia) composta por Gilberto Gil tenha sido permitida. Numa afronta ao regime, os compositores resolveram cantar a música no Festival Phono 73, balbuciando a letra de forma quase incompreensível. Os organizadores do festival cortaram o som do palco quando Chico e Gilberto Gil tentaram subverter a proibição através dos murmúrios. Em 1975 ele recusou-se a receber o prêmio Molière por sua peça *Gota d'água*, pois achava que não havia sido fruto de uma competição justa, já que outras peças haviam sido censuradas integralmente.[39]

A memória da *resistência* também vê em Chico, além de vítima, um "driblador" da censura. Quando a censura apertou, ele inventou pseudônimos para enganar o órgão estatal. A invenção da então "desconhecida" dupla Julinho da Adelaide/Leonel Paiva serviu para o cantor afrontar o regime com *Acorda amor* e *Jorge Maravilha* ("você não gosta de mim/ mas sua filha gosta").[40] Curiosamente, a mesma memória que louva a inteligência do Chico "driblador", frequentemente tacha a censura de "burra", sem perceber o paradoxo. Ou Chico é inteligente ou a censura é "trouxa", "ignorante". A não ser que suponhamos que os dois se complementassem, servindo de mote para uma memória louvatória, que pouco problematiza o período.

É preciso, no entanto, relativizar a própria noção de que Chico Buarque foi pura e simplesmente vítima do sistema, opositor sem nenhum vínculo com o regime, ou mesmo a do "driblador" sagaz, capaz de contornar a censura para delírio da plateia. Não custa lembrar que seus discos nunca venderam tanto quanto na época da ditadura. Como lembrou o jornalista Lula Branco Martins (2004:B5), "canções como *Pedro pedreiro*, *A banda*, *Carolina*, *Construção*, *Cotidiano*, *O que será*, *João e Maria* e *Vai passar* — os maiores sucessos de sua carreira — foram compostas, gravadas e veiculadas no tempo do regime 'dos generais'. Mas a imagem mais forte que vem à cabeça do público é a do Chico proibido, impedido de gravar suas músicas ou de cantá-las nos shows".

Essa memória se deve muito aos constantes embates do compositor com a TV Globo, inimizade que começou durante o Festival Internacional da Canção em 1972, quando ele liderou um grupo de artistas que se colocou contra a autocensura que a TV carioca queria impor (Mello, 2003: cap. 15). O próprio compositor deixou claro que sua desavença devia-se mais à postura autoritária do diretor Paulo César Ferreira do que a uma inimizade radical com o veículo televisão.

---

[39] *Veja*, 27 ago. 1976, p. 3-5.

[40] Canta essa aí pra mim. *Jornal do Brasil*, 13 jun. 2004, p. B5.

Entrevistador: A Rede Globo anda usando suas músicas nas novelas. É uma manobra de sedução?

Chico: Eu tenho repetido que não estou a fim de fazer nada lá. Isso depois de ter sido proibido na Globo. Proibido mais de uma vez, e na mais grave com outras pessoas: foi todo um grupo de compositores que se recusou a participar do penúltimo Festival Internacional da Canção. Não era nada contra a Globo, era um protesto contra a censura — foi naquele ano mais bravo da censura, acho que 1972. A gente escreveu uma carta protestando e retirando as músicas. A Globo, que tinha muito interesse em jogo, quis forçar a gente a participar. E isso chamando todo mundo no Dops. O Secretário da Segurança, general França, os compositores todos lá de pé e um diretor da Globo — um cara chamado Paulo César Ferreira — aos berros, chamando todo mundo de comunista. Apoplético, queria enquadrar todos na Lei de Segurança Nacional, queria deixar a gente preso lá. E, como não conseguiu, vingou-se proibindo a execução de músicas nossas na Globo durante um bom tempo. Houve vários incidentes assim com a Globo. Eu simplesmente não tenho interesse nenhum em participar de seus programas.

Entrevistador: E da parte deles?

Chico: Eles estão usando músicas minhas aí em novelas. É uma coisa que podem fazer independentemente de mim, através da editora (*Playboy*, fev. 1979).

A partir desse episódio e do ódio a Paulo César Ferreira, algumas declarações de Chico durante os anos 1970 eram realmente ofensivas à emissora carioca, no que ele tinha razão, já que a Globo era de fato um dos principais pilares de sustentação do regime.

Nunca estive brigado com a televisão, nunca disse que não transava TV. Não concordo com o monopólio, com o tipo de censura que a Globo andou fazendo, por exemplo. O que houve foi isso: estive cortado da televisão, em parte pela censura oficial, em parte pela censura da Globo (*Coojornal*, jun. 1977. Lido no site do compositor).

Porque a Globo é prepotente, resolvi me afastar voluntariamente de seus programas. Chegaram a dizer que não precisavam de mim. Eu também não preciso dessa máquina desumana, alienante. Então estamos quites (*Veja*, 27 ago. 1976, p. 4).

O que a gente sente é que na época mais negra, mais dura, não precisava de uma ordem expressa do governo para apertar o sujeito. Aquelas proibições de rádio, na TV Globo aqui no Rio e várias rádios não eram por ordens vindas de Brasília. São coisas mais realistas que o rei, dos puxa-sacos, isso em todos os níveis (*Coojornal*, jun. 1977. Lido no site do compositor).

Eu não tenho muita questão de honra com a TV Globo. Acho que esse valor não existe muito lá. Mas eu acho que há interesse, não só da Globo, mas de tudo o que ela representa, em colocar todo mundo dentro daquele quadrado (*Folha de S. Paulo*, 11 set. 1977. Lido no site do compositor).

A virulência do compositor, em entrevista junto com Edu Lobo, espalhava farpas também para a Som Livre, a gravadora da Rede Globo.

Entrevistador: Até que ponto a Som Livre tem prejudicado ou favorecido a música popular brasileira?

Edu Lobo: Só tem prejudicado.

Chico: Concordo. (...) Hoje em dia só sabem que a música é da "Marcela", personagem da novela tal. (...) Nesse esquema desleal não estão só as músicas de novelas, mas também aqueles discos em que a Som Livre encaixa vinte músicas. Poderia encaixar até trinta, se quisesse, mas sucede que, para isso, têm de comprimir os sulcos da gravação e o disco não presta. Essa jogada não é invenção brasileira, existe também lá fora, mas é uma vigarice. O cara pensa que está levando a maior vantagem se comprar um disco com vinte faixas, julgando-se mais malandro que o otário que compra um disco só com dez. Acha que está recebendo mais por seu dinheiro. Só que a qualidade de som do disco vai pras picas. O sulco fica tão estreito que a agulha já não chega ao fundo...

Edu Lobo: O som se achata, os graves e os agudos somem...

Chico: O malandro bota esse som na aparelhagem que a TV Globo convenceu ele a comprar e ouve aquela porcaria. E depois de ouvir o disco umas dez vezes a agulha já começa a pular...[41]

A ênfase nos embates de Chico frequentemente esconde uma dimensão mais complexa e menos dicotômica de sua relação com a TV. Como o próprio Chico lembrou alguns anos mais tarde, ele só voltou ao Brasil depois de assinar contrato com a Philips para aparecer na Rede Globo.

Bondinho: Você, quando voltou da Itália, teve a sensação de que voltou porque está melhor, daria pra trabalhar?

---

[41] Esta entrevista foi obtida no site do compositor. Trata-se de um especial da revista *Homem*, sem data. Sabe-se que *Homem* é o nome da revista *Playboy* entre 1975 e 1978, antes de poder assumir o nome internacional por causa da censura. Presumo que a entrevista seja de 1976. Ela pode ser obtida através do link: <www.chicobuarque.com.br/texto/mestre.asp?página=entrevistas/homem.htm>.

Chico: Eu voltei porque me garantiram que aqui estava tranquilo e me ofereceram contratos. E na verdade estava lá já de saco cheio, não é? Aí apareceu o negócio de poder voltar que "não tem problema"; pelo contrário, a TV Globo me ofereceu pra fazer um programa especial, 20 milhões, e fazer um show na [boate] Sucata, eu achei que dava pé. Tava chato paca, no fundo era isso (*O Bondinho*, dez. 1971. Lido no site do compositor).

Como se vê, apesar dos diversos choques com a emissora, a relação de Chico com a Globo deve ser mais bem analisada. Para além da oposição simples enfatizada pela memória, havia mediações e envolvimentos mútuos. É importante lembrar que, embora apoiadora do regime, a TV carioca incorporou toda a MPB resistente dentro do que ficou conhecido como "padrão Globo de qualidade". Nas trilhas sonoras das novelas globais é difícil encontrar músicas que não sejam da MPB. Chico não ficou de fora das trilhas de novelas globais, apesar das disputas com a direção da emissora: *Olhos nos olhos* foi tema da novela *Duas vidas* (1976/1977), *Carolina*, de *O casarão* (1976), *Vai levando*, de *Espelho mágico* (1977), *Não existe pecado ao sul do Equador*, tema de abertura de *Pecado rasgado* (1978/1979), *João e Maria* foi cantada em *Dancin'days* (1978).[42] A "odiada" Globo contribuiu para a vendagem dos discos do compositor e foi fundamental na criação da noção de "música de qualidade", tão enfatizada pela memória da MPB. Ao menos em questão musical, a Globo incorporou os opositores do regime que tanto apoiava.

Em 1982, 10 anos depois do FIC onde tudo começou, Chico Buarque comentou a reaproximação com a TV Globo, que havia mudado os diretores que incomodavam o compositor. A saída de Paulo César Ferreira da emissora carioca foi fundamental.

É evidente que houve uma quebra de gelo. Durante a fase da censura, eu sentia uma simpatia recíproca entre eu, que estava censurado, e uma parte da imprensa que sofria a censura também. Essa imprensa me tratava como aliado. Eu, idem. Acontece que, acabada a censura e depois de um ano e meio debaixo do malho dessa imprensa que antigamente me mimava, eu descobri que estava fazendo bobagem. "Ué", pensei, "por que fazer diferença com a Globo, se toda a imprensa me trata igual?" (...) Não é porque me critiquem. Pode malhar, pode criticar à vontade, eu não gosto é de jogo sujo ("Sou um boi de piranha", entrevista com Chico Buarque. *Veja*, 17 fev. 1982, p. 3-6).

---

42 Araújo (2003:301-302). Até 1978, contudo, não era o próprio Chico quem as interpretava. A primeira canção na sua voz como tema de novela da TV Globo foi *João e Maria*. Ney Matogrosso havia cantado *Não existe pecado ao sul do Equador*; Miúcha e Tom Jobim, *Vai levando*; Agnaldo Timóteo, *Olhos nos olhos*; e o grupo Acquarius interpretara *Carolina*.

Intelectuais e modernidades

A situação mudou tanto nos anos 1980 que Chico chegou a gravar pela antes "odiada" Som Livre. O LP *O grande circo místico*, que fazia parte da trilha sonora de uma peça teatral, foi composto em parceria com Edu Lobo e lançado pela Som Livre em 1983. Ainda vivia-se na ditadura, a mesma que era tão bem sustentada pela Rede Globo nos anos 1970. Cabe lembrar que a emissora carioca foi um dos últimos órgãos de imprensa a noticiar o movimento das Diretas Já, em 1984, até o momento em que, acuada pela pressão popular, não deu mais para esconder tal fato. Nesse ano, Chico estava envolvido com o grande sucesso de *Vai passar*, samba em parceria com Francis Hime que falava sobre os "anos negros" da ditadura e as esperanças da redemocratização: "Dormia/ A nossa pátria mãe tão distraída/ Sem perceber que era subtraída/ Em tenebrosas transações (...) Meu Deus, vem olhar/ Vem ver de perto uma cidade a cantar/ A evolução da liberdade/ Até o dia clarear".

Seguindo sua postura de fazer as pazes com a emissora, Chico apresentou a música no programa do Chacrinha, que também voltara a fazer as pazes com a Globo depois de quase 10 anos de rompimento.[43] Em 1985 suas composições para a trilha de *O corsário e o rei* também foram produzidas pela Som Livre. No ano seguinte foi a vez do LP *Melhores momentos de Chico e Caetano*, fruto do programa dos dois astros da MPB na Rede Globo durante todo o ano de 1985. O disco, obviamente, saiu pela gravadora da emissora.

A memória do Chico *resistente* encontra outros silêncios paradoxais. Antes de retornar da Itália para o Brasil, Chico foi contratado pela Philips, gravadora multinacional que abrigava grande parte dos artistas da MPB. Embora crítico do regime em suas músicas, sua prática artística refletia bastante os interesses de internacionalização econômica e defesa da indústria nacional promovida pela política intervencionista dos ditadores. Chico era um compositor de samba, gênero "genuinamente" brasileiro, numa gravadora multinacional. Nada mais adequado à abertura modernizadora e nacionalista do regime.[44]

---

[43] Chacrinha voltou à Globo em 1982. O vídeo de Chico Buarque no seu programa pode ser visto no site: <www.youtube.com/watch?v=Wou7D1abpwM>.

[44] Essa leitura é quase sempre desprezada especialmente por aqueles que viram no regime um engodo do imperialismo transnacional. Mas, é preciso perceber que o discurso nacionalista não era uma simples falácia, porém ponto de contato com identidades bastante enraizadas no povo, assim como uma prática que levou a alguns choques com as ditas "potências imperialistas", especialmente com os EUA em duas questões: a ampliação das milhas marítimas brasileiras e a compra de reatores alemães para criação de usinas nucleares no Brasil. Para uma análise do discurso nacionalista durante o regime ditatorial, Fico (1997).

E se Chico formava seu público contestador através da gravadora multinacional, cabe lembrar que a gravadora Philips lucrou muito nos anos 1970 vendendo a imagem de *resistência* da MPB.[45] O então diretor executivo da gravadora, André Midani, recorda como transformou a Philips em sinônimo de MPB.

A Philips estava aqui no Brasil havia 12 anos e tinha grandes dificuldades de rentabilidade. Os alemães e os holandeses estavam começando a se impacientar. A palavra é horrorosa, mas fui para liquidar um montão de artistas, entre 150. Os importantes estavam lá no meio, a companhia nunca chegava a eles. Fiquei em casa dias ouvindo, separando. De 150 fui para cem, daí para 80, até chegar a uns 50. Foi penoso. Mas a companhia se abriu mais para a juventude brasileira.[46]

Então fiz essa primeira peneira. E a segunda coisa foi separar o que posteriormente viria a se chamar de MPB do que seria chamado de música popular, em dois selos. Philips para um [MPB] e Polydor para outros [todos aqueles que não se enquadravam dentro do rótulo MPB]. (...) Tendo artistas tão fabulosos e uma dedicação inteira à promoção deles, fez com que os que vendiam 4,5 mil discos passassem a vender 40, 50 mil. E num instante, essa companhia que tinha penado durante quase dez anos, perdendo dinheiro, sem grande participação no mercado, no espaço de dois anos tornou-se muito lucrativa. E ao mesmo tempo com algo da ordem de 18%, 19% do mercado, vindo de 7% ou 8%. A companhia ficou como porta-voz dos artistas que estavam lutando por uma linguagem não somente mais contemporânea, mas que também contestava a situação política da época, no caso a ditadura.[47]

A construção do Chico *resistente* aconteceu a partir da elitização do artista, ou seja, seu público, antes muito numeroso com o sucesso dos primeiros sambas, foi se tornando cada vez mais associado à classe média e aos meios universitários de oposição. Sua obra era bem-vista por esses setores pois suas canções trabalhavam com a "linguagem de fresta",[48] ou seja, através dos subterfúgios que "driblavam" a

---

[45] No início dos anos 1970, quase todos eles estavam sob as asas da gravadora multinacional: Jair Rodrigues, Caetano Veloso, Elis Regina, Jorge Ben, Jards Macalé, Sérgio Sampaio, Hermeto Paschoal, Erasmo Carlos, Raul Seixas, Os Mutantes, Gilberto Gil, Nara Leão, Toquinho e Vinicius de Moraes, Os Novos Baianos, MPB-4, Fagner, Jorge Mautner, Ronnie Von, Wanderléa, Chico Buarque, Gal Costa, Maria Bethânia.

[46] "Eu fui um catalisador da bossa nova": entrevista de André Midani a Pedro Alexandre Sanches. *Folha de S. Paulo*, 28 dez. 2001. Folha Ilustrada, p. E5.

[47] Entrevista de André Midani a Tarik de Souza em agosto de 2005. Encarte da caixa *Phono 73: o canto de um povo*. Universal Music, 2005.

[48] Para uma análise da "linguagem da fresta", ver Vasconcelos (1977).

Intelectuais e modernidades

censura. No entanto, ao mesmo tempo que demandava uma escuta mais acurada, a "linguagem da fresta" afastava ouvintes mais populares e seduzia setores médios comprometidos com uma música "séria" e "de qualidade". Grande parte das metáforas só eram compreendidas por aqueles envolvidos na luta ideológica contra o regime, fundadores da MPB *resistente*. O Chico *resistente* estava "de olho na fresta".

> Tem gente pensando que eu tenho vocação de herói, ou pretenda me transformar em bandeira ou num líder das oposições do Brasil. Não é isso, eu não sou político. Sou um artista. Quando grito e reclamo é porque estou sentindo que se estão pondo coisas que impedem o trabalho de criação, do qual eu dependo e dependem todos os artistas. Mas, se defender a liberdade de criação é hoje um ato político, também não tenho por que fugir dele (*Realidade*, dez. 1972, p. 24).

> Se a gente continuar dividindo [em fases] o [meu] trabalho, você vai ter, desde *Construção* (1971) até *Meus caros amigos* (1976), toda uma criação condicionada ao país em que eu vivi. Tem referências a isso o tempo todo. Existe alguma coisa de abafado, pode ser chamado de protesto... eu nem acho que eu faça música de protesto... mas existem músicas aqui que se referem imediatamente à realidade que eu estava vivendo, à realidade política do país. Até o disco da "samambaia" [*Chico Buarque*, de 1978],[49] que já é o disco que respira, o LP onde as músicas censuradas aparecem de novo. Não havia mais a luta contra a censura. Enfim, a luta contra a censura, pela liberdade de expressão, está muito presente nesses cinco discos dos anos 70 (Semana Chico Buarque. *Rádio Eldorado*, 27 set. 1989. Lido no site do compositor).

A luta através da "fresta" é constantemente superestimada pela memória da *resistência*. De fato, grande parte do público não compreendia o que era *cantado*, o que limitava seu alcance. E os que buscavam significados encontravam os que mais lhes agradavam, que muitas vezes nem os próprios compositores tinham pensado.

> Correio: E tinha que ter muita metáfora para driblar [*sic*] a censura, não?

> Chico: Algumas tão obscuras que se tornaram incompreensíveis. Às vezes, eu mesmo não sei o que eu quis dizer com algumas metáforas de músicas como *Cálice* (parceria com Gilberto Gil), por exemplo. Já disseram que o verso "de muito gorda a porca já não anda", de *Cálice*, era uma crítica ao Delfim Netto, que era ministro [da Fazenda]. E gordo. (Risos)

> Correio: E o que quer dizer "de muito gorda a porca já não anda"?

---

[49] No plano de fundo da foto da capa há a planta mencionada.

Chico: Não faço a mínima ideia. (Risos) Esse verso é do Gil (*Correio Braziliense*, 2 set. 1999. Lido no site do compositor).

Apesar de assumir o discurso da *resistência*, Chico não aceitava a imagem de herói. Certa vez foi citado pelo cineasta Glauber Rocha como o "Errol Flynn brasileiro":

Ziraldo: O que você achou do Glauber ter te chamado de nosso "Errol Flynn"?

Chico: Acho o Glauber muito engraçado.

Ziraldo: Você entendeu o que quis dizer?

Chico: O que você acha que quis dizer?

Ziraldo: Que você virou um pouco o herói que tá fazendo as coisas pra gente. Muita gente quieta em casa, puta da vida, que diz: "Isso Chico! Dá-lhe Chico!" E não faz nada.

Chico: É. Pode ser colocado assim.

Ziraldo: Porque você sabe do negócio de catarse do teu trabalho (*O Pasquim*, 1975. Lido no site do compositor).

Essa imagem de herói lhe incomodava, pois fazia dos seus shows apoteoses de desabafo da *resistência*. Por isso diversas vezes ele posicionou-se criticamente.

Playboy: Você tem feito declarações sobre a inutilidade de fazer shows, que para a plateia têm um efeito catártico. O pessoal vai lá, te aplaude freneticamente, sai em paz com suas consciências.

Chico: Isso aconteceu nos últimos shows que fiz, em 1975, no Canecão. (...) Porque o pessoal, parece, estava querendo um espetáculo grotesco mesmo, em nível de desabafo. Coisa que eu já fiz quando era necessário para mim. Mas não estou aí para ser um profissional do protesto. Renego também essa imagem de líder, nunca me propus a ser isto (*Playboy*, fev. 1979. Lido no site do compositor).

Se nos anos 1970 Chico era visto como *resistente*, a partir de 1978, ano da promulgação da Anistia e da volta dos exilados políticos, ele começou a ser visto como *unanimidade*. O movimento pela redemocratização foi ganhando vulto nas capitais e aqueles que passaram anos indiferentes ao regime incorporaram o discurso da *resistência*. À medida que o regime se corroía, erguia-se a imagem do mito. A mitificação consagrava todo o passado do "herói" passando por cima das sutilezas de suas próprias lembranças, como fica claro nesta entrevista à revista *Afinal*, concedida em 1987.

Chico: Acabado, eu voltei para o Brasil como um artista terminado, isso em 1970, 1971...

Afinal: Mas a lembrança é de que você era endeusado, nessa época.

Chico: Não, a crítica em geral, a opinião impressa era muito desfavorável. Meus discos eram mal recebidos, assim que saíam. A crítica era um pouco apressada. Depois que eu fiz o show no Canecão, em 1971 [época de *Construção*], é que começou a haver um certo reconhecimento (*Afinal*, 1987. Lido no site do compositor).

De fato, a partir de 1978, quando engrossou o caldo dos descontentes com o regime, Chico Buarque tornou-se "unanimidade".[50] A memória construída acerca da ditadura foi a memória daqueles que foram derrotados politicamente em 1964 e 1968. Aliás, muitos militares são unânimes em relatar que mesmo sendo vitoriosos em 1964 e, especialmente, contra a luta armada, foram derrotados em relação à memória histórica do período.[51] Como lembra o historiador Daniel Aarão Reis (2000:7-9), as esquerdas derrotadas parecem ter conseguido impor uma memória que vitimiza a sociedade perante o governo ditatorial. Aliás, na própria sociedade, poucos são aqueles que não se reconhecem ou não se identificam com a *resistência* ao regime militar.[52] Diante disso, parte da bibliografia prefere demonizar a ditadura, e especialmente os anos do milagre econômico pós-AI-5, frequentemente associado a termos como "anos de chumbo",[53] "era do terror", "auge das torturas", "período negro"[54] de suplícios nos "porões da ditadura".[55] Essa imagem começou a ser escrita logo após o golpe de 1964, mas ganhou vulto e tornou-se hegemônica somente no início da "Abertura democrática". Gradualmente criou-se uma imagem que polarizou sociedade e regime, e Chico tornou-se um *mito* através deste encontro, à revelia das críticas pessoais à sua própria mitificação.

---

[50] Várias publicações o chamaram de "unanimidade", entre elas a revista *Playboy* (em 1979) e a revista *Senhor Vogue* (em março de 1979). Anos mais tarde essa imagem perdurou e outras publicações continuaram a tratá-lo como tal, entre elas a revista *Afinal* (1987); o jornal *O Globo* o chamou de "o maior compositor de MPB" e a revista *IstoÉ* (28 dez. 2005, p. 84) de "rara unanimidade nacional". O ex-presidente Fernando Henrique Cardoso também o chamou de unanimidade (*Jornal do Brasil*, 13 jun. 2004. Caderno B, p. B3).

[51] Gaspari, 2002:278.

[52] Reis, Ridenti e Motta, 2004.

[53] Souza (2000:646). Em outras obras a referência ao *chumbo* está presente no título, muito embora se queira dar voz aos perdedores no campo da memória. Ver D'Araujo, Castro e Dillon (1994).

[54] Gaspari (2002) chama o capítulo que instaura o AI-5 de "A missa negra".

[55] O historiador Paulo Cesar de Araújo escreveu um capítulo cujo título é "Tortura de amor (Waldick Soriano e os porões da ditadura)". Araújo (2003:69). Devo a análise das palavras ao texto de Reis (2004).

No auge da euforia da volta da democracia, em 1985, o próprio presidente Tancredo Neves o chamou de "unanimidade nacional".[56] A redemocratização e o movimento "Diretas Já" pela eleição popular para presidente encontraram um Chico ao mesmo tempo incomodado com sua posição de herói, mas também capaz de adubar ainda mais essa imagem.

Me perguntaram por que essa música política no meio do show. Mas ela é na verdade um pouco a negação disso tudo. A música se chama *Pelas tabelas*. É um sujeito procurando uma mulher, apaixonado, no meio da manifestação pelas Diretas Já. É essa confusão do individual com o coletivo e apontando muito para o individual naquele momento coletivo. Mas a leitura predominante é a política (*Folha de S. Paulo*, 9 jan. 1994. Lido no site do compositor).

O Globo: *Vai passar* foi transformado quase em hino deste momento pelo qual estamos passando. Ela foi feita recentemente?

Chico: Está pronta praticamente há um ano. É evidente que os acontecimentos externos influenciam demais a criação, mas *Vai Passar* não é reflexo de uma imagem, somente (*O Globo*, 4 fev. 1985. Lido no site do compositor).

Em 1984, por exemplo, estávamos todos envolvidos na campanha pelas eleições diretas que iriam mudar o país. Aquele clima efervescente era, em si, uma espécie de encomenda, como já fora o clima político entre 1964 e 1968 e, muito antes, e por outros motivos, a agitação cultural dos anos de Juscelino até o golpe militar. Em 1984, eu sentia necessidade de dizer o que as pessoas queriam ouvir. Era, sim, um estímulo que vinha do cotidiano. Uma encomenda (*Nossa América*, 1989. Lido no site do compositor).

A "construção" da *resistência* se solidificou no imaginário nacional especialmente entre as classes médias. Talvez esse seja o principal paradoxo da carreira do compositor. De artista popular de *A banda* ele tornou-se o cantor das elites, a mesma elite que apoiara o golpe em 1964. Suas vendas ficaram concentradas no Sudeste, especialmente no eixo Rio-São Paulo, e nos bolsões universitários e de classes médias das capitais. Como compreender esse paradoxo? O próprio compositor nunca teve resposta.

Repórter: Além dos estudantes, a alta burguesia é parte do seu público. Por quê?

Chico: Não sei muito bem. Ela aceita e aplaude até as músicas que de certa forma a agridem, porque não se sente ameaçada. Daí as minhas músicas serem mais

---

[56] *O Globo*, 4 fev. 1985. Lido no site do compositor.

Intelectuais e modernidades

ouvidas nas chamadas rádios classe A do que nas mais populares. Tem também o fato da gente não aparecer muito na televisão. Isso é ruim porque dá um caráter meio elitista à nossa música (*Revista 365*, 1976. Lido no site do compositor).

Penso que uma forma de compreender esse paradoxo é evitar a polarização resistência-colaboracionismo, como sugere o historiador francês Pierre Laborie. Grande parte do público de Chico era ao mesmo tempo resistente e colaboracionista do regime. Como compreender que um chefe de polícia peça seu autógrafo ao prendê-lo? E se nem todos foram colaboracionistas diretos, é provável que os indiferentes estivessem prontos a colaborar ou *resistir*, dependendo dos acontecimentos concretos. Laborie ajuda a compreender que ser *resistente* não exclui ser *colaboracionista*.[57] Ao invés de buscar uma resposta rápida para o dilema das sociedades que viveram regimes autoritários, o historiador francês lembra que, mais importante do que buscar uma posição clara dos indivíduos, é trabalhar com as sutilezas das opiniões múltiplas e cambiantes. Mais do que constatar a veracidade de uma posição política (quem é ou não *resistente*), é preciso problematizar a própria noção de "clareza política", que é sempre uma construção *a posteriori*. A memória quase sempre prima por buscar uma linha retilínea, da qual os fatos menos "dignos" são apagados. Mais do que isso, há de se problematizar a postura que busca uma memória sem apagões, sem tropeços, sem arranhões. Nesse sentido, a louvação ao *mito* Chico Buarque é muito significativa, pois apaga a trajetória conturbada do compositor que de unanimidade do samba-bossa tornou-se "lírico" e "alienado"; depois *resistente* e novamente "unanimidade". O louvor da democratização denota a preferência da classe média pela versão do Chico "heroico" e o compositor nunca ignorou essa escuta.

> Chico: Mas é claro também que, uma vez bloqueado o contato mais assíduo do artista com seu público, a arte vai perdendo seu compromisso com o popular. O público que hoje se identifica mais com a minha música está na faixa universitária (*Revista 365*, 1976. Lido no site do compositor).
>
> Chico: Olha, eu faço música para a classe média. Não acredito que um LP que eu faça seja comprado pelo povão.
>
> Folhetim: Ele [o povo] escuta no rádio.

---

[57] O historiador francês Pierre Laborie (2003) estudou o comportamento e a opinião pública dos franceses durante o regime de Vichy (1941-1944). Para ele, o dilema *resistência-cooptação* não dá conta da realidade da sociedade nestes anos. Laborie defende outro olhar para relações e compromissos entre sociedade e ditadura, enfatizando-se as ambivalências. Impõe-se uma tarefa de compreensão e revisão teórico-metodológica que tente abraçar questões paradoxais, fugindo das respostas diretas e simplistas do mito da *resistência*.

Chico: E mesmo as rádios, se tomarmos o Brasil como ele é, e não Ipanema ou rua Augusta, você vai ver que na verdade eu não existo, não tenho impressão de existir... agora também há uma barreira intransponível aí. Quando fiz *Meus Caros Amigos*, [em 1976], atingi uma vendagem como nunca havia acontecido com um disco meu — mais de 500 mil. Então é o público classe média que hoje consome. Quando eu era garoto eu podia comprar um disco por mês e se hoje eu fosse garoto poderia comprar vinte, meu pai em vez de um carro teria dois e fumaria o cigarro fino que o satisfaz... Para esse público aumentou a margem de consumo: vai mais ao teatro, compra mais LPs. Agora eu vou dizer: resolvi fazer um disco mais barato, um compacto simples com Milton Nascimento. Sabe o que acontece? Uma grande parte das lojas não vende compacto simples, não se interessa. Está tudo dirigido para a classe média e como (...) fugir a isso? Não pode. Sei lá, há um milhão de pessoas no Brasil que podem comprar vinte discos, jogar cigarro fora, bater com o carro (*Folhetim*, ago. 1978. Lido no site do compositor).

Curiosamente o *mito* Chico Buarque só parece fazer sentido para os brasileiros de uma classe social bem demarcada, um público majoritariamente de classe média alta, da Zona Sul carioca ou de áreas nobres das grandes cidades brasileiras. Fora desse mapa, seja em outros "planetas" sociais, sua obra não tem o mesmo peso e seu caráter *mítico* simboliza muito pouco.[58] Se Chico é o herói antiditadura, ela, a ditadura, parece ainda não ter acabado para muitos brasileiros.

Referências

AFINAL, Rio de Janeiro, 1987.

ALEXANDRE, Ricardo. *Nem vem que não tem*: a vida e o veneno de Wilson Simonal. São Paulo: Globo, 2009.

ALGUMAS surpresas no meio da poeira. *Jornal do Brasil*, Rio de Janeiro, 13 jun. 2004. Caderno B, p. B2.

APESAR do governo. *Veja*, São Paulo, p. 63, 14 maio 1980.

ARAÚJO, Paulo Cesar de. Chico Buarque e as raízes do Brasil. *Jornal do Brasil*, Rio de Janeiro, 13 jun. 2004. Caderno B, p. B8.

BACCHINI, Luca. Vendesi sovversivo: L'esilio di Chico Buarque sulla stampa italiana. *Letterature d'America*, Roma, 2007.

BALAIO, 1972.

---

[58] O livro de Caetano Veloso, *Verdade tropical*, possui um capítulo chamado "Chico" especificamente sobre a relação do autor com Chico Buarque. Curiosamente, a edição americana do livro não possui esse capítulo e o texto sobre Chico foi diluído entre outros capítulos. Parece não haver sentido manter um capítulo sobre Chico Buarque para um público americano, pouco familiarizado com o "herói" da *resistência*. Veloso (1997:230-235); Veloso (2003).

BIZZ, São Paulo, abr. 1988.

CANTA essa aí pra mim. *Jornal do Brasil*, Rio de Janeiro, 13 jun. 2004. Caderno B, p. B5.

CHICO Buarque: "As coisas vão piorar e pode ser o fim do espetáculo". *Opinião*, São Paulo, n. 22, 2 abr. 1973.

CHICO e Xênia. *Veja*, São Paulo, 6 fev. 1980.

COOJORNAL, Porto Alegre, jun. 1977.

CORREIO BRASILIENSE, Brasília, 2 set. 1999.

D'ARAÚJO, Maria Celina; CASTRO, Celso; ARY DILLON, Gláucio (Orgs.). *Os anos de chumbo*: a memória militar sobre a repressão. Rio de Janeiro: Relume-Dumará, 1994.

ENTREVISTA de Chico Buarque. *O Pasquim*, Rio de Janeiro, n. 41, 2-9 abr. 1970.

"EU fui um catalisador da bossa nova": entrevista de André Midani a Pedro Alexandre Sanches. *Folha de S. Paulo*, 28 dez. 2001. Folha Ilustrada, p. E5.

FERREIRA,Gustavo Alves Alonso. *Quem não tem swing morre com a boca cheia de formiga*: Wilson Simonal e os limites de uma memória tropical. 2007. Dissertação (Mestrado em História) — Programa de Pós-Graduação em História, Universidade Federal Fluminense, Niterói, 2007.

FICO, Carlos. *Reinventando o otimismo*: ditadura, propaganda e imaginário social no Brasil (1969-1977). Rio de Janeiro: FGV, 1997.

_____. A pluralidade das censuras e das propagandas da ditadura. In: _____. *1964-2004*: 40 anos do Golpe: ditadura militar e resistência no Brasil. Rio de Janeiro: 7Letras, 2004. p. 251-286.

FOLHA DE S. PAULO, 11 set. 1977.

_____, 9 jan. 1994.

_____, 6 maio 2006.

FOLHETIM, ago. 1978.

GASPARI, Helio. *A ditadura envergonhada*. São Paulo: Cia. das Letras, 2002.

ISTOÉ, São Paulo, 2 ago. 1978.

_____, p. 84, 28 dez. 2005.

JORNAL DA TARDE, São Paulo, 29 dez. 1967.

_____, 20 mar. 1970.

JORNAL DO BRASIL, Rio de Janeiro, 6 jun. 2004. Domingo, p. 16-22.

_____, 13 jun. 2004, Caderno B.

JUSTO ele. *IstoÉ*, São Paulo, p. 84, 28 dez. 2005.

KUSCHNIR, Beatriz. *Cães de guarda*: jornalistas e censores, do AI-5 à Constituição de 1988. São Paulo: Boitempo, 2004.

LABORIE, Pierre. *Les français des années troubles* — de la guerre d'Espagne à la Liberation. Paris:

Seuil, 2003.

MAIA, Tatiana. Overdose de Chico Buarque. *Observatório da Imprensa*, 22 jun. 2004.

MARTINS, Lula Branco. Chico Buarque e a imagem do artista. *Jornal do Brasil*, Rio de Janeiro, 13 jun. 2004. Caderno B, p. B5.

MELLO, Zuza Homem de. *A era dos festivais*: uma parábola. São Paulo: Ed. 34, 2003.

NAPOLITANO, Marcos. *Seguindo a canção*: engajamento político e indústria cultural na MPB (1959-1969). São Paulo: Annablume/Fapesp, 2001.

_____. *A invenção das ideias*: a questão da tradição na música popular brasileira. São Paulo: Perseu Abramo; 2007.

NOSSA AMÉRICA, São Paulo, 1989.

O BONDINHO, dez. 1971.

O GLOBO, Rio de Janeiro, 4 fev. 1985.

_____. 10 maio 1998.

_____. 18 jun. 2004. Segundo Caderno.

O MÚSICO do século. *IstoÉ*, São Paulo, 28 fev. 1999.

O PASQUIM, 1975.

O TROPICALISMO é nosso, viu? *Realidade*, São Paulo, dez. 1968.

PHONO 73: o canto de um povo. Universal Music, 2005.

PLAYBOY, São Paulo, fev. 1979.

REALIDADE, São Paulo, dez. 1972, p. 24.

REIS, Daniel Aarão. *Ditadura militar, esquerdas e sociedade*. Rio de Janeiro: Jorge Zahar, 2000.

_____; RIDENTI, Marcelo; MOTTA, Rodrigo Patto Sá (Orgs.). *O golpe e a ditadura militar 40 anos depois (1964-2004)*. Bauru: Edusc, 2004.

REVISTA 365, 1976.

REZENDE JR., José. Aos 55 anos, o autor de grandes clássicos da MPB diz que está mais interessado no prazer do que no sucesso. *Correio Braziliense*, Brasília, 2 set. 1999.

SEMANA Chico Buarque. *Rádio Eldorado*, 27 set. 1989.

SENHOR VOGUE, São Paulo, mar. 1979.

"SOU um boi de piranha", entrevista com Chico Buarque. *Veja*, São Paulo, 17 fev. 1982, p. 3-6.

SOUZA, Percival de. *Autópsia do medo*: vida e morte do delegado Sergio Paranhos Fleury. São Paulo: Globo, 2000.

VASCONCELOS, Gilberto. *Música popular*: de olho na fresta. Rio de Janeiro: Graal, 1977.

VEJA, São Paulo, 27 ago. 1976, p. 3-5.

VELOSO, Caetano. *Verdade tropical*. São Paulo: Cia das Letras, 1997.

_____. *Tropical truth*: a story of music and revolution in Brazil. New York: DaCapo Press, 2003.

_____. Diferentemente dos americanos do norte. In: _____. *O mundo não é chato*. São Paulo: Cia. das Letras, 2005.

VENTURA, Zuenir. Release da Polygram para o LP *Meus caros amigos* (1976).

ZAPPA, Regina. *Chico Buarque*. Rio de Janeiro: Relume-Dumará, 1999. (Coleção Perfis do Rio).

9 Cinema, ditadura e comemorações: do fascínio pela *Independência ou morte* ao herói subversivo

Janaina Martins Cordeiro

O ano era 1972. O Brasil, governado pelo terceiro presidente militar, Emílio Médici, colhia os frutos do "milagre econômico", ao mesmo tempo que se preparava para comemorar os 150 anos de sua Independência. A festa do Sesquicentenário começava oficialmente em 21 de abril, feriado de Tiradentes, e terminava em 7 de setembro, dia em que d. Pedro I proclamou a Independência no longínquo ano de 1822.

Roberto Carlos conclamava a população, em cadeia nacional de televisão, a comparecer ao Encontro Cívico Nacional, evento que marcava o início das festas: "É isso aí, bicho. Vai ter muita música, muita alegria. Porque vai ser a festa de paz e amor e todo o brasileiro vai participar cantando a música de maior sucesso do país: 'Ouviram do Ipiranga as margens plácidas'".[1]

Elis Regina também fez o convite para que o público participasse. E, no dia e hora marcados, a cantora aparecia na TV regendo um coral de artistas que cantava o Hino Nacional (Alonso, 2007:197). Os Encontros Cívicos deveriam acontecer em todas as cidades do país. Tratava-se, segundo as palavras do presidente da Comissão Executiva do Sesquicentenário, general Antonio Jorge Correia, de um evento "inédito no mundo, com a mobilização da população de todo o país para, numa mesma hora, em praças públicas, escolas, hospitais e até penitenciárias ouvir a saudação e chamamento do presidente Médici (...) e cultuar a bandeira entoando o Hino Nacional".[2]

Ao longo do ano, uma variedade de eventos se sucederiam: em junho foi disputado um torneio internacional de futebol que reuniu algumas importantes seleções do mundo inteiro — a Taça Independência —, do qual o Brasil saiu campeão depois de

---

[1] Fundo Comissão Executiva da Comemoração do Sesquicentenário da Independência. Arquivo Nacional/SDE — Documentos Públicos, código 1J. Pasta 51A. Recorte de jornal: Roberto Carlos mensageiro da Independência, 28 mar. 1972.

[2] Fundo Comissão Executiva da Comemoração do Sesquicentenário da Independência. Arquivo Nacional/SDE — Documentos Públicos, código 1J. Pasta 51A. Recorte de jornal: Todo o Brasil cantará o hino na mesma hora, 3 mar. 1972.

uma vitória por 1×0 sobre Portugal na partida final. Livros foram editados e reeditados, congressos realizados, escolas e universidades mobilizadas.

Músicas foram especialmente compostas para a ocasião: o sambista Zé Kéti lançou um compacto em homenagem ao Sesquicentenário chamado *Sua Excelência, a Independência*, que saiu com a foto do presidente Médici na capa; outro sambista, Miltinho, gravou *Sesquicentenário da Independência*; Jair Rodrigues cantou *Sete de setembro*, composição feita para abrir o Encontro Cívico Nacional; Emilinha Borba gravou *Você constrói o Brasil* (Bahiana, 2006:70-71). E Ângela Maria cantou o *Hino do Sesquicentenário*,[3] de Miguel Gustavo, o mesmo que em 1970 fez *Pra frente Brasil*, marchinha que se tornou o hino da seleção brasileira de futebol durante o campeonato mundial e, por que não, o hino do Brasil durante os anos Médici. Além dos famosos, cantores regionais, desconhecidos do grande público, queriam também dar sua contribuição e lotavam as caixas de correios da Comissão Executiva Central que organizava a festa: eram pessoas comuns, propondo que suas músicas, especialmente compostas, merecessem a devida atenção e fossem reconhecidas, integrando oficialmente os festejos. Era o caso, por exemplo, do músico baiano Radamés de Almeida Mercuri, que escrevia à comissão pedindo que sua música *Marcha da Independência do Brasil* fosse transformada no hino oficial da festa.[4]

Em todo o país, a população se mobilizava: associações religiosas, comerciais, femininas, sindicatos os mais variados, escolas, universidades. Todos queriam tomar parte nas comemorações. Rememorando o passado, segmentos importantes da sociedade civil comemoravam o presente e davam sua colaboração para a construção do projeto de modernização planejado pela ditadura: "Brasil independente: hoje grande, amanhã líder", dizia o *slogan* da festa, no qual se lia com clareza que o que se comemorava eram mais os ganhos presentes e as expectativas para o futuro que propriamente o passado. O Brasil de 1972 era o Brasil do "Milagre"; da Transamazônica e da integração nacional; do crescimento econômico; da TV em cores;[5] da seleção tricampeã de futebol em 1970 e do título de Emerson Fittipaldi na Fórmula 1; do rei Roberto Carlos "a 300 km por hora"[6] e da Jovem Guarda.

---

[3] Disponível em: <http://angelamariasapoti.com/discografia/compduplo.htm>. Acesso em: 27 nov. 2009.

[4] Fundo Comissão Executiva da Comemoração do Sesquicentenário da Independência. Arquivo Nacional/SDE — Documentos Públicos, código 1J. Pasta 3B, correspondência recebida.

[5] Cf. Quem faz as cores da nossa TV. *Manchete*, 8 abr. 1972, p. 130.

[6] *Roberto Carlos a 300 km por hora* é o título do filme dirigido por Roberto Farias e estrelado pelo cantor Roberto Carlos, lançado em 1972. Cf. Roberto Carlos a 300 km por hora. *O Cruzeiro*, 5 jan. 1972, p. 52.

Ninguém segurava aquele país, era essa a mensagem do Sesquicentenário. Era dessa euforia entusiasmada com presente e futuro que muitas pessoas quiseram tomar parte, olhando com bons olhos para o passado, traçando uma ligação direta entre d. Pedro I e o general Médici: o primeiro, devidamente militarizado, teria feito a independência política; o segundo, chefe militar atual, fazia — continuando e aprofundando a *obra da Revolução de 1964* —, a independência econômica. O "progresso", finalmente construído em boa "ordem".

E assim, estabelecendo a ligação entre o passado e o presente, o imperador foi feito o herói da festa. Seus restos mortais foram trasladados de Portugal para o Brasil. Aqui, a urna percorreu todas as capitais, até chegar a São Paulo, onde o grito — *Independência ou Morte!* — havia sido dado, selando a separação, pacífica, da metrópole europeia. Cento e cinquenta anos depois, o imperador voltava à sua *terra amada*, onde havia chegado ainda criança e o povo podia, então, se reencontrar com seu primeiro imperador. E assim o fez, acompanhando de Norte a Sul o percurso da urna.

Mas, o outro herói nacional, Tiradentes, não foi esquecido: os Encontros Cívicos Nacionais abriram os festejos no dia em que se rememora o seu enforcamento, o *sacrifício* máximo do herói pela nação que ainda nasceria — ou que nasceria a partir daquele ato, do *exemplo* de Tiradentes. Em Minas Gerais, sobretudo, os eventos de 1788 mereceram destaque especial. As comemorações começaram no dia 14 de abril — a Semana da Inconfidência —, na fazenda Pombal, onde nasceu o alferes, e se encerraram no dia 21, com a transferência simbólica da capital para Ouro Preto.[7] Não obstante, a figura de Tiradentes que podia ser polêmica, *subversiva*, foi relegada a segundo plano. Mesmo porque, num momento em que o governo brasileiro investia no fortalecimento dos laços com Portugal (Fico, 1997:64), como festejar o *inconfidente* — o *traidor*[8] — da coroa portuguesa?

---

[7] Fundo Comissão Executiva da Comemoração do Sesquicentenário da Independência. Arquivo Nacional/SDE — Documentos Públicos, código 1J. Pasta 51A. Recorte de jornal: Hoje, Ouro Preto é a capital de Minas. *O Estado de S. Paulo*, 21 abr. 1972. Essa matéria não menciona o fato de que, desde 1952, a capital mineira é simbolicamente transferida para Ouro Preto, em cerimônia que homenageia os mártires da "Inconfidência" e atribui a "Medalha Tiradentes" a brasileiros que contribuíram para o desenvolvimento de Minas e do Brasil. A homenagem foi instituída pelo então governador do estado Juscelino Kubitschek e se repete até os dias atuais. Agradeço a Weder Ferreira, que lembrou que a cerimônia antecedia as comemorações de 1972.

[8] Interessante chamar a atenção para o fato de que, apesar das discussões da historiografia a respeito da inadequação do termo "inconfidência" para se referir aos movimentos independentistas do século XVIII, em particular, nos referimos aqui ao caso de Minas Gerais, para o qual a palavra — empregada, na época, pelo colonizador português — continua sendo usada tanto pelo poder oficial quanto pela sociedade. Curioso país este que celebra seus heróis chamando-os de "traidores"...

Naquele momento, o principal herói nacional era mesmo o imperador, d. Pedro I — herdeiro do trono português —, capaz de fazer a ligação entre ex-metrópole e ex-colônia; entre presente e passado; entre independência política e independência econômica. Em suma, um imperador militarizado, o *chefe militar*, autoritário, enérgico, muito semelhante àqueles que, então, governavam a *pátria*. Assim, Tiradentes foi, em 1972, o *herói marginalizado*, lembrado, mas de forma alguma festejado com a mesma pompa que d. Pedro I. Esta era, em 1972, a imagem do herói *daquela nação*. A figura de um *príncipe* combinava muitíssimo bem com um país em festa, que vivia euforicamente um "Milagre", que assistia entusiasmado à construção de grandes obras as quais integravam uma nação de dimensões continentais, que acompanhava satisfeito a chegada do progresso tecnológico, que era campeão nos esportes. Era por meio deste espelho, o de um príncipe, que aquela sociedade, que o "país do milagre" pretendia olhar para o passado, vendo ali o reflexo de um futuro promissor.

Já Tiradentes, o que faz o consenso em torno de sua figura é seu sacrifício pela Pátria, seu *martírio*. *Mártir*: "aquele que preferiu morrer a renunciar à fé, à sua crença; aquele que sofre muito". Sem dúvida, os valores que definem um mártir são admirados e capazes de mobilizar segmentos importantes da sociedade, tanto à direita quanto à esquerda. E a figura de Tiradentes e de seu sacrifício tiveram esse apelo mobilizador. Não é por acaso que uma das imagens mais marcantes de Tiradentes é a da tela de Pedro Américo, *Tiradentes esquartejado* (1893): ali, a imagem do seu martírio, do esquartejamento, da morte. Ao mesmo tempo, referências nesta obra à *Pietá* de Michelangelo, e à *Deposição de Cristo*, de Caravaggio, além do crucifixo, "favorecem uma leitura cristã do martírio de Tiradentes" (Christo, 2009:23). A aproximação com Cristo, bem como o fato de o quadro de Pedro Américo ser uma das representações mais conhecidas do herói indicam a importância do *martírio* para a compreensão do *culto* a Tiradentes e do sacrifício pela pátria como valor fundamental para a nação. Daí o papel de destaque ocupado pelo alferes no *Panthéon* dos heróis nacionais, daí o fato de ele não poder ser "esquecido" em 1972: a *tragédia* de Tiradentes é o evento que está nas origens da fundação do Brasil Independente, que nasceria mais tarde, em 1822, *oficialmente*, com a proclamação da Independência, realizada entusiasmadamente por d. Pedro.

Assim, se o imperador e seu ato de bravura combinavam tão bem com aquela *nação em festa* que era o Brasil do Sesquicentenário, o mesmo não se podia dizer de Tiradentes. Era preciso reconhecer, admirar e aplaudir o *sacrifício* de sua vida pela pátria. Mas, em 1972 o Brasil não combinava — ao menos aos olhos dos segmentos sociais mais significativos — com martírio, sofrimento, estoicismo, morte e esquartejamento. Antes, para muitos, aquele era um Brasil vitorioso, conciliador, que *bradava* sua independência política, e agora econômica, aos quatro cantos. Naquele momento, um d. Pedro *triunfante* correspondia melhor às expectativas de um país que festejava cotidianamente o seu "milagre".

D. Pedro I e Tiradentes. Duas figuras máximas da fundação do Brasil independente. No ano do Sesquicentenário, dois filmes que tinham como tema central episódios fundamentais das vidas de cada um desses personagens e da independência do Brasil foram lançados.

O de maior repercussão, sem dúvida, foi *Independência ou morte*, dirigido por Carlos Coimbra e produzido por Oswaldo Massaini. Uma superprodução de época, em cores, festejada então como "o filme mais caro do Brasil".[9] Lançada em setembro, durante a Semana da Pátria, contava de forma romanceada a trajetória de d. Pedro I, desde sua chegada ao Brasil em 1808, até a abdicação em 1831, com destaque, obviamente, para o grito do Ipiranga. Esta cena, aliás, foi baseada no famoso quadro de Pedro Américo — que também se chama *Independência ou morte* —, momento grandioso do filme, no qual o diretor fez questão de colocar em cena o mesmo número de guardas reproduzidos na tela, além de reconstruir o casebre retratado pelo pintor no século XIX.[10] Ao mesmo tempo, Coimbra retrata o príncipe, às margens do Ipiranga, de cócoras, lavando as mãos, sugerindo que a comitiva havia parado ali, naquele momento, em virtude de "um desarranjo intestinal" que teria acometido o futuro imperador (Merten, 2004:227). Assim, jogando o tempo inteiro com o público e o privado, com a grandiosidade e o corriqueiro, os roteiristas do filme construíram um d. Pedro carismático, boêmio, romântico e ao mesmo tempo forte e imponente, apaixonado pelas mulheres e pelo Brasil.

O filme centra-se muito mais no romance entre o imperador e a marquesa de Santos, por exemplo, do que propriamente em questões políticas. O homem político é, assim, humanizado por características tão formadoras de uma determinada cultura política brasileira, sendo, dessa forma, muito mais capaz de conquistar a simpatia das multidões do que um herói que fosse *tão somente* um homem público.

---

9 Cf. *Independência ou morte!* O filme mais caro do Brasil. *Manchete*, 24 ago. 1972, p. 84.

10 Id.

Em outro registro, *Os inconfidentes*, do cinema-novista Joaquim Pedro de Andrade. Lançado em 1º de maio, pouco depois do dia de Tiradentes, baseado nos *Autos da devassa*, narrava a história da conspiração de 1788 baseada nos depoimentos de Tiradentes e dos demais *inconfidentes*, além da poesia dos árcades e do *Romanceiro da Inconfidência*, de Cecília Meireles. "A conspiração aparece reconstituída a partir da cadeia" e vai se transformando num "inventário de culpas".[11] Somente Tiradentes resiste às sessões de interrogatório, os demais vão sucumbindo um a um, acusando-se mutuamente. Joaquim Pedro usava a Inconfidência Mineira para tratar de assuntos como tortura, prisão política e revolução. A Inconfidência como metáfora da revolução fracassada; os militantes dos grupos armados de esquerda falando pelas palavras dos inconfidentes; o século XVIII como espaço cronológico para tratar de assuntos tão caros ao século XX. No filme, Tiradentes é o que "rompe o exclusivismo elitista do grupo e espalha a semente da *subversão*".[12] É o impaciente, que deseja a revolução a todo custo e é por isso rejeitado pelos companheiros que o taxam de *fanático*. À margem, o herói de uma conjuração frustrada, devotado, bem-intencionado. Seu ato renderia frutos e, por isso, a sociedade até se compadecia, podia mesmo *aplaudir*[13] a morte trágica por seus ideais, mas não estaria disposta a comemorá-lo com a pompa que o príncipe Pedro merecia.

Independência ou morte e *Os inconfidentes* são duas obras bastante distintas em termos de narrativa e de estética. Não obstante, ou talvez por isso mesmo, as leituras que os diretores fazem a respeito dos seus respectivos heróis e da história do Brasil, a recepção que os filmes tiveram junto ao público, as diferentes culturas políticas às quais cada um deles se referia e se filiava, tudo isso foi capaz de, naquele momento crucial em que o país rememorava os 150 anos de sua independência, expressar, ou mesmo *traduzir* importantes movimentos de *opinião*[14] difusos no interior da sociedade.

Assim, em abril de 1972, a produtora de cinema Cinedistri, uma das mais importantes do país naquele momento,[15] começou a filmar *Independência ou morte*. Segundo

---

[11] Cf. Fundação Nacional de Arte (Funarte), Rio de Janeiro, Dossiê Joaquim Pedro de Andrade. O diretor fala do filme. p. 4, grifos no original.

[12] Ibid., p. 1.

[13] Na cena final do filme, do enforcamento de Tiradentes, Joaquim Pedro de Andrade muda o plano e, imediatamente após o enforcamento, ouvem-se muitos aplausos: são colegiais assistindo em 1971, em Ouro Preto, a uma encenação da morte de Tiradentes.

[14] Sobre os conceitos de *opinião* ou *opinião popular* sob regimes autoritários, ver, respectivamente, Laborie (2001) e Kershaw (2002).

[15] A Cinedistri havia ganhado muito prestígio no meio da produção cinematográfica desde os anos 1960, quando produziu *O pagador de promessas*, de Anselmo Duarte, o único filme brasileiro que conquistou a Palma de Ouro, prêmio máximo do Festival de Cannes, na França.

Carlos Coimbra, diretor do filme, a ideia de transportar a história de d. Pedro I para as telas partiu do produtor Oswaldo Massaini, ainda em 1971.

> Já vinha trabalhando com o [Oswaldo] Massaini há muito tempo. E, então, em 1971, ele decidiu que estava na época de se aposentar, mas antes queria fazer um filme de despedida. Queria encerrar a carreira com chave de ouro, com um filme de grande categoria, de grande repercussão. E decidiu que seria *Independência ou Morte!* (...) O Massaini era esperto e deve ter intuído que havia clima para um filme daqueles. Havia, mesmo, uma onda de nacionalismo muito forte, a partir da conquista do tricampeonato de futebol, no México (Merten, 2005:215).

A "onda de nacionalismo" desencadeada em 1970 pela conquista do tricampeonato de futebol foi precedida nos anos anteriores e intensificada nos anos seguintes pelas obras do "Milagre", pelas perspectivas que ele abria e, particularmente, em 1972, pela centralidade que as comemorações do Sesquicentenário da Independência ocuparam no cenário político nacional.

Não se tratava, pois, apenas de "intuição", mas, novamente segundo Carlos Coimbra (2005:113), do "tino comercial", da "grande visão de empresário" do produtor Oswaldo Massaini. Em resumo, Massaini era exatamente um *empresário* da área cinematográfica, não gostava muito de frequentar os *sets* de filmagem, não era um *artista*. Era eficaz na "comercialização e distribuição dos filmes" (2005:164), um profissional que tinha como meta uma questão que sempre foi problemática e difícil de ser solucionada pelo cinema brasileiro: a boa frequência do público. Tinha no seu currículo a produção de filmes que renderam boas bilheterias, como os filmes de cangaceiro dirigidos pelo próprio Coimbra, entre eles, *Lampião, rei do cangaço* (1962), algumas chanchadas ainda nos anos 1950, estreladas por Dercy Gonçalves, como *A baronesa transviada* (1957), as populares pornochanchadas dos anos 1970, como *Lua de mel e amendoim* (1971), além do premiado *O pagador de promessas* (1962), ganhador da Palma de Ouro no Festival de Cinema de Cannes.

Em 1972, mais uma vez, Massaini queria fazer um filme que lhe garantisse o que todo *empresário* do ramo do entretenimento deseja: bom desempenho junto ao público, sucesso. Naquele momento, nem Dercy Gonçalves, nem Lampião, tampouco as pornochanchadas. O personagem que faria mais sucesso no ano do Sesquicentenário era mesmo d. Pedro I.

Dessa forma, a Cinedistri — produtora e distribuidora que Massaini dirigia — investiu pesado no filme. Especulava-se na época que *Independência ou morte* custaria em torno de 1 milhão e meio de cruzeiros.[16] Jamais se investira tanto assim em um filme nacional, dizia a imprensa.[17] A direção do filme foi confiada a Carlos Coimbra, nome importante do chamado "Ciclo do cangaço", gênero muito popular no cinema brasileiro durante os anos 1950 e 1960. Baseado em argumento de Abílio Diniz, Anselmo Duarte e Lauro Cesar Muniz, o próprio Coimbra escreveu o roteiro.

Independência ou morte já entrava em fase de finalização quando, entre julho e agosto de 1972, os pesquisadores do Instituto Brasileiro de Opinião e Propaganda (Ibope) perguntavam às pessoas nas ruas do Grande Rio de Janeiro "quais os nomes de atores e atrizes que escolheria[m] para uma novela que gostasse[m] de assistir". Entre os atores, Tarcísio Meira liderava a lista com 80,2% das preferências. Entre as atrizes, Glória Menezes aparecia em segundo lugar, citada por 61,9%[18] dos entrevistados. Mas quando a pergunta era qual "dupla amorosa" deveria ser escolhida para protagonizar uma novela, os nomes brotavam quase naturalmente nas cabeças e bocas das pessoas: Tarcísio e Glória que, então, eram lembrados em primeiro lugar. [19] Ora, não poderia ser outro o casal protagonista daquele filme: Tarcísio Meira era d. Pedro I e Glória Menezes, a marquesa de Santos. A imprensa noticiava, gerando grande curiosidade no público, que "pela primeira vez, Glória Menezes faria o papel da 'outra' do marido Tarcísio".[20] Outros atores famosos e conhecidos do grande público, seja pelas telenovelas, seja pelo cinema, integravam o elenco do filme: Kate Hansem, Dionísio Azevedo, Vanja Orico, José Lewgoy, Carlos Imperial. Propondo, assim, à plateia "um divertido jogo de adivinhação: qual será a próxima cara conhecida a entrar em cena?".[21]

Assim, a opção pela utilização de um elenco "televisivo" faz parte da lógica da produção do filme no sentido de agregar popularidade ao produto final. Aliás, é preciso dizer, talvez um dos elementos responsáveis pelo sucesso de *Independência ou*

---

[16] Fundo Comissão Executiva da Comemoração do Sesquicentenário da Independência. Arquivo Nacional/SDE — Documentos Públicos, código 1J. Pasta 77. Recorte de jornal: Filme sobre a Independência, com Tarcísio Meira como d. Pedro I, já está em fase de montagem, 27 jun. 1972.

[17] *Independência ou morte!* O filme mais caro do Brasil, 24 ago. 1972.

[18] A atriz que liderou a pesquisa foi Regina Duarte, que naquele ano vivia Simone, a protagonista de *Selva de pedra*, uma das novelas de maior sucesso da Rede Globo.

[19] Arquivo Edgar Leuenroth. Fundo Instituto Brasileiro de Opinião e Estatística (Ibope). Pesquisa de opinião: Audiência de rádio e TV, 1972.

[20] Independência ou morte. *O Cruzeiro*, 6 set. 1972.

[21] Todo cuidado. *Veja*, 6 set. 1972, p. 112.

morte seja suas semelhanças com as telenovelas. Nos anos 1970, esse gênero, já bastante popular no país desde a década anterior, explodiria em todo o Brasil (Ortiz, 1988:144). O *boom* das novelas e da televisão de um modo geral representava bem o acelerado processo de modernização pelo qual o país passava e sua entrada definitiva na chamada "sociedade de consumo". De acordo com Renato Ortiz (1988:144), a própria possibilidade de realização de um produto diário como as telenovelas necessitava de uma "estrutura empresarial sólida", que então o "Brasil do Milagre" adquiria e aperfeiçoava. Para além dessa estrutura empresarial sólida que garantia à novela a boa qualidade com a qual o público estava habituado, *Independência ou morte* possuía também em comum com este gênero a forma de contar a história. O público reconhecia ali todos os elementos que compunham a narrativa da telenovela: um herói de personalidade forte, honesto, dividido, porém, entre os prazeres do amor carnal e as obrigações, a família e o casamento; um amor tornado impossível pelas convenções sociais (entre d. Pedro I e a marquesa de Santos); uma *mocinha* (a imperatriz Leopoldina) de caráter firme, esposa dedicada e fiel ao marido. Como pano de fundo, uma história de ação (a história da Independência do Brasil), contada didaticamente, movimentada, capaz de prender o público até o fim, na qual vão surgindo aos poucos "heróis" e "vilões".

O filme foi, portanto, idealizado e feito para ser um grande sucesso de público. E foi. Marcado para estrear em 17 cidades do Brasil e em Portugal durante a Semana da Pátria, *Independência ou morte* levou quase 3 milhões de espectadores ao cinema; era referido pela revista *Filme Cultura* como "a produção de Oswaldo Massaini que bateu nas bilheterias brasileiras *The godfather* (O poderoso chefão), o novo recordista mundial".[22] Uma enquete da *Folha de S. Paulo* dava conta de que, na capital paulista, entre os espectadores de *Independência ou morte,* 79,7% julgavam o filme "ótimo"; 18,9% o achavam bom e apenas 1,4% acharam o filme regular. Ninguém marcou a opção "ruim" para o filme.

Em geral, as críticas da imprensa também foram positivas: para o crítico do *Jornal do Brasil*, "a produção atinge seus objetivos, e se mostra um dos momentos mais felizes do cinema brasileiro na seara do espetáculo popular".[23] "A *Folha de S. Paulo*

---

[22] O filme histórico brasileiro, 1973, p. 32-35. A revista *Filme Cultura* era uma publicação do Instituto Nacional do Cinema (INC) e da Embrafilme. Criada em 1965, circulou até 1988 e surgiu a partir de sugestão do Grupo Executivo da Indústria Cinematográfica (Geicine) (1961-1965), destinada a "contribuir para o debate e a informação sobre os diversos problemas do cinema e outros setores da cultura".

[23] O festivo filme da Independência, 10 set. 1972, p. 8.

destacou o aspecto 'hollywoodiano do filme, isto é, sua grandiosidade, exuberância e sofisticação', ao mesmo tempo em que explicitava os limites desse modelo cinematográfico" (Almeida, 2009:88). Para a *Filme Cultura,* o diretor dava "aos fatos da história brasileira uma digna montagem, num filme ágil que prende o espectador sem dificuldade".[24]

Carlos Coimbra fora festejado como um cineasta de qualidades admiráveis: destacava-se a sua *afinidade* com o grande público e seu talento para dirigir filmes de ação.[25] A *Filme Cultura* ia mais longe e em entrevista realizada em 1973 apresentava o diretor como "modesto e competente".

> Uma carreira de 18 anos, com 11 filmes, que começa com *Armas da vingança,* filmado no interior de São Paulo quase amadoristicamente e chega a *Independência ou Morte,* uma complexa superprodução, cujos resultados reconciliam o público brasileiro com o seu cinema. Entre o drama rural de 1955 e a evolução histórica de 1972, vários prêmios importantes, críticas elogiosas nos jornais e a recompensa que, no fundo, todo artista persegue: o comparecimento maciço do público (Carlos Coimbra — as virtudes da modéstia, *Filme Cultura,* jan./fev. 1973, p. 21-26).

Mas como compreender tanto sucesso? As reflexões sobre cinema que mencionam *Independência ou morte* costumam atribuir sua boa recepção ao ufanismo do contexto do início dos anos 1970, mas, sobretudo, à forte campanha publicitária que cercou seu lançamento, ao carisma do casal protagonista, Tarcísio Meira e Glória Menezes, e ao grande investimento financeiro.

Conquanto todos esses fatores possam ter contribuído, e de fato contribuíram, para o sucesso do filme, é preciso não deixar de considerar seu poder de *fascinar* e o *encantamento* que provocava. A história do filme era conhecida de todos, a novidade estava na maneira de contá-la, didática e romanticamente, misturando o público ao privado, o nascimento da nação à vida íntima de seu fundador: a fuga da Família Real para o Brasil e a vida do menino Pedro, que crescia solto pelas ruas do Rio de Janeiro, convivendo com o povo e com os escravos; o amadurecimento político, o Dia do Fico e o casamento com d. Leopoldina; a proclamação da Independência e a rela-

---

[24] Carlos Coimbra — as virtudes da modéstia, jan./fev. 1973, p. 21-26.

[25] Cf. Fundo Comissão Executiva da Comemoração do Sesquicentenário da Independência. Arquivo Nacional/SDE — Documentos Públicos, código 1J. Pasta 3C. Publicidade do filme *Independência ou morte* e Independência ou morte! O filme mais caro do Brasil, 24 ago. 1972, p. 89.

ção com a marquesa de Santos; o rompimento com Domitila, o segundo casamento com d. Amélia e a decisão de abdicar e retornar a Portugal.

Um d. Pedro ambivalente é o grande personagem do filme: "liberal que se torna absolutista, dinasta que renuncia a dois tronos, pai amoroso e marido infiel",[26] mas nem por isso pouco simpático. Ao contrário, o d. Pedro do filme tinha o carisma do maior galã das telenovelas brasileiras. Pai amoroso, monarca dedicado, apaixonado pelo país onde cresceu, forte, ousado, determinado, vencedor em 1822, vencedor na disputa travada com o irmão, Miguel, pelo trono português. Em torno dessa figura se erigiu não somente um filme, mas toda uma festa: era aquele d. Pedro I de *Independência ou morte* que a ditadura civil-militar comemorava em 1972, eram aquelas características pessoais que deveriam ser exaltadas, admiradas e imitadas pelo presente. Mas não porque o filme havia sido *encomendado* e sim porque aqueles valores, aquelas características representadas por d. Pedro, estavam no *ar do tempo*, expressavam o consentimento com uma determinada forma de pensar o país e sua relação com o passado; conformavam uma antiga cultura política, permeada por intenso sentimento cívico e patriótico e uma noção de tempo histórico, de acordo com a qual as glórias do presente são sempre tributárias das conquistas passadas.

Assim, era aquele personagem do filme que as pessoas tinham em mente, quando iam às ruas, acompanhar o cortejo cívico de seus restos mortais. O filme dava forma à figura, talvez pouco palpável, do imperador que, desde abril, desfilava pelo país numa urna. E isso era fascinante: a unificação do presente e do passado, o herói que era também humano e que errava — o filme já começa com sua "derrocada", com a abdicação —, o galã na pele do imperador e vice-versa. Tudo isso trazia à história um aspecto palpável, a possibilidade de o público se identificar com um personagem, com um evento, características que raramente o tempo passado possui. Por tudo isso foi que o d. Pedro de *Independência ou morte* foi capaz de exercer verdadeiro fascínio sobre a plateia que o assistiu.

Para pensar a Alemanha nazista, Peter Reichel (1993) propõe uma tese que nos ajuda a refletir em grande medida sobre o caso do Brasil: segundo ele, o nazismo — simultaneamente um regime baseado na violência e na *beleza*[27] — foi capaz de

---

[26] Cf. cenas finais de *Independência ou morte*.

[27] Na tradução francesa: *enjolivement*, que deriva do verbo *enjoliver*. Para o português talvez fosse melhor traduzido por enfeitar, ornar, adornar, embelezar.

fascinar os alemães. E aqui o autor marca uma importante diferença entre *fascinação* e *sedução*. O nazismo não *seduziu* os alemães, simplesmente porque *sedução* implica passividade por parte dos seduzidos. Os alemães não foram passivos ao nazismo. Foram *fascinados* por ele. E as pessoas somente se deixam fascinar por algo em que acreditam, que seja capaz de encontrar ressonância nos sentimentos e valores que portam.

É nesse sentido que se pode dizer que o filme era *fascinante*. Correspondia às expectativas de grandes parcelas da sociedade que viveram 1972 de forma entusiasmada; transportava para as telas as cores e a beleza daqueles *tempos de comemoração*; recuperava com otimismo a história do Brasil, reafirmando a importância de seus heróis. Afinal, era necessário, em tempos de ditadura, *oferecer* heróis à nação. E o d. Pedro I de Carlos Coimbra demonstrou ser não apenas o herói perfeito para ser *instrumentalizado* pelos militares, mas também o herói que a sociedade reconhecia como tal.

Mas não se pode ignorar que há ainda outro aspecto desta fascinação: a proximidade com o *poder*, o consentimento do governo, do presidente Médici em pessoa com relação ao filme, gerando uma expectativa geral de consentimento. Após assisti-lo em sessão especial, Médici enviou o seguinte telegrama ao produtor do filme.

> Acabo de ver o filme *Independência ou Morte* e desejo registrar a excelente impressão que me causou. Está de parabéns toda a equipe, diretor, atores, produtores e técnicos pelo trabalho realizado que mostra o quanto pode fazer o cinema brasileiro inspirado nos caminhos de nossa história. Este filme abre amplo e claro horizonte para o tratamento cinematográfico de temas que emocionam e educam, comovem e informam, as nossas plateias. Adequado na interpretação, cuidadoso na técnica, sério na linguagem, digno nas intenções e sobretudo muito brasileiro, *Independência ou Morte* responde à nossa confiança no cinema nacional.

O telegrama foi incorporado à publicidade do filme (Bernardet, 1979:54), em seguida, o presidente recebeu a equipe de *Independência ou morte* em Brasília, a quem fez elogios e de quem recebeu elogios. Um dos diretores do filme declarou que, "ao estudar profundamente a vida de D. Pedro I, concluiu pela existência de um paralelo entre a atuação do Imperador e a do Presidente Médici, especialmente pela 'coragem de enfrentar os problemas'".[28]

---

[28] Fundo Comissão Executiva da Comemoração do Sesquicentenário da Independência. Arquivo Nacional/SDE — Documentos Públicos, código 1J. Pasta 77. Recorte de jornal: Filme abre nova era, diz Médici, 1º set. 1972.

Estavam ali, colocados com todas as letras, lado a lado: d. Pedro I era capaz de fascinar o país que comemorava a sua independência política e Médici também exercia sua fascinação sobre aquela sociedade que vivia seu "milagre". Dias antes da recepção, em 7 de agosto, Oswaldo Massaini escrevia ao presidente da comissão que organizava os festejos informando que o filme havia, enfim, sido terminado a tempo de estrear durante a Semana da Pátria. Enfatizava que, com ele, prestava sua colaboração às comemorações do Sesquicentenário e "rogava" apoio "no sentido de que esse nosso filme seja incluído no programa oficial dos festejos comemorativos ao sesquicentenário da Independência da nossa querida Pátria".[29]

A possível oficialização do filme e sua associação direta com as festas e com o presidente Médici pareciam ter a capacidade de aumentar a boa repercussão que o filme vinha tendo. Conquanto não seja possível tratar no espaço deste texto das polêmicas criadas em torno do filme a partir dos anos 1980 e do processo de redemocratização do país, é preciso dizer que *Independência ou morte*, bem como seu diretor, Carlos Coimbra, nunca foram *perdoados* por amplos segmentos da memória coletiva. Para a memória que estes construíram a partir dos anos 1980 sobre sua relação com a ditadura, aquele filme era mesmo *imperdoável*. Para quem preferiu "esquecer", *silenciar* sobre as suas relações nem sempre contraditórias ou conflituosas com o passado ditatorial, aquele filme comemorativo se tornara um incômodo. Tornara-se difícil lidar com a popularidade do filme e com suas ligações com o poder. Pior ainda: com Médici, que se tornou o mais detestado entre os ditadores, o que encarnava o *terror*, a *barbárie* dos *anos de chumbo*. A partir da redemocratização, certa memória construída sobre a ditadura "esqueceu" ou antes *silenciou* que, para muitos, Médici havia sido o presidente do "Milagre", das expectativas em torno de um "Brasil potência", das grandes obras e grandes comemorações, dos *anos de ouro* (Cordeiro, 2009a:85-104). Assim, se quisermos transcender os limites das *batalhas de memória*, é preciso não perder de vista a contribuição que a oficialização do filme pelas comemorações do Sesquicentenário, bem como a opinião positiva do presidente Médici tiveram para o sucesso de *Independência ou morte*.

Não obstante, para certa memória, Coimbra, de diretor celebrado em 1972, passou a maldito a partir dos anos 1980. Seu último filme foi lançado em 1982. A partir dali, alguns trabalhos para a televisão, a expectativa frustrada de refilmar seus filmes de cangaço, o isolamento, a necessidade da negação do passado, a velhice, a

---

[29] Fundo Comissão Executiva da Comemoração do Sesquicentenário da Independência. Arquivo Nacional/SDE — Documentos Públicos, código 1J. Pasta 3C. Correspondência recebida.

morte em 2007. Coimbra e Aníbal Massaini, produtor executivo de *Independência ou morte* e filho de Oswaldo, passaram a negar a associação do filme com a ditadura. Em entrevista biográfica para Luiz Carlos Merten, que integra a "Coleção Aplauso", Coimbra o faz categoricamente. Em 2007, quando os jornais noticiaram que havia morrido o "diretor que fez o filme da ditadura", Aníbal Massaini foi aos jornais "defender" Coimbra e o filme das "acusações".

Mas a verdade é que, em 1972, seria impossível pensar que um filme sobre a Independência do Brasil não tivesse ligação com o Sesquicentenário e, por consequência, com a ditadura. Isso porque, em 1972, as comemorações estavam no centro dos acontecimentos políticos do país. No presente, Aníbal Massaini e Carlos Coimbra somente puderam negar a ligação do filme com a ditadura ou, por outra parte, a sociedade somente pode condená-lo[30] por sua ligação com aquela porque, assim como em todas as atitudes a favor da ditadura — que não foram raras —, o Sesquicentenário também foi "esquecido"/silenciado pela sociedade. Ninguém sabe ou se lembra o que foi aquela festa de "nome estranho", ninguém jamais "tinha ouvido antes a palavra sesquicentenário, mas *tivemos* que embarcar num ano de comemorações em cima da palavra desconhecida".[31] É dessa forma, como algo a que a sociedade *teve* que aderir, que a festa é lembrada pela memória coletiva, embora na época o hino do Sesquicentenário estivesse nas cabeças e nas bocas de multidões. Assim, negar a ligação do filme com a festa se tornou possível porque a importância e a centralidade que as comemorações tiveram naquele ano de 1972 também foram esquecidas. A colaboração, a participação entusiasmada numa festa, a adesão, a indiferença, enfim, os comportamentos sociais que, de maneira geral, ajudaram a formar o consenso em torno da ditadura oscilam entre o "esquecimento" e a condenação. O consenso em torno da ditadura foi "esquecido" pela sociedade. Os vestígios, as provas que ainda sobrevivem desse consenso, são condenados, apontados como "bodes expiatórios", que servem, antes, para eximir a sociedade de sua eventual *responsabilidade* com relação às atrocidades do passado, mas que dificultam a compreensão deste. Assim aconteceu com *Independência ou morte* e com Carlos Coimbra: "esquecidos", "silenciados", transformados em "bodes". "Um caso *único* no cinema brasileiro de filme patriótico, de propaganda e que não vingou, nem mesmo durante a ditadura." Com estas palavras encerra-se a nota de *O Estado de S. Paulo* a respeito de *Independência ou morte*,

---

[30] Ou absolvê-lo, como alguns o fazem, sempre destacando que o fazem "apesar" do tom oficialesco e da ligação com a ditadura.

[31] Cf. Klueger, 1997. Disponível no website Alquimídia: <www.alquimidia.org/desacato/index.php?mod=pagina&id=1873>. Acesso em: 5 jun. 2009.

por ocasião da morte de Carlos Coimbra, em 2007,[32] sintetizando bem a forma como a memória coletiva lida com os comportamentos *colaboracionistas*.

Mas é importante não esquecer que "o filme mais caro do Brasil" foi feito pelo produtor mais bem-sucedido do país, que possuía "grande tino comercial". E na época ele não tinha nenhuma vergonha em admitir que o filme era sua contribuição à festa. Ora, um empresário como Oswaldo Massaini não investiria tanto em um filme para em seguida associá-lo a uma festa, a um governo e a um presidente específicos se estes não fossem capazes de tornar seu filme ainda mais popular. Ouso arriscar que a associação *tornada oficial* com a festa — e com Médici, por consequência — tivesse os mesmos efeitos benéficos que contar como protagonistas com o casal mais popular da televisão brasileira, Tarcísio Meira e Glória Menezes.

Aqui, é importante destacar que, quando digo que o filme foi *tornado oficial* pelos festejos do Sesquicentenário, há ressalvas a fazer. Em primeiro lugar, não há, no acervo da Comissão Executiva Central, resposta ao telegrama em que Oswaldo Massaini solicitava a integração oficial do filme às festividades. Nesse sentido, é muito provável, assim como ocorreu com uma série de outros pedidos do mesmo teor, que a solicitação não tenha sido atendida pela comissão. Não obstante, houve, sim, um consentimento do governo com relação ao filme, tornado público pela recepção oferecida aos diretores e atores pelo presidente Médici e pela incorporação do telegrama do presidente à publicidade do filme. Não houve, portanto, exatamente uma oficialização, mas um *reconhecimento oficial*. Por outro lado, é preciso fazer uma distinção entre um *filme oficial* e um *filme que tinha pretensões de ser integrado à festa oficial*. Definitivamente, não se trata da mesma coisa. Filmes oficiais, a Comissão Executiva Central produziu ou apoiou algumas dezenas deles, como, por exemplo, um documentário sobre a vida de Pedro Américo ("o pintor da Independência"), ou um curta-metragem sobre a vida de José Bonifácio.[33] Mas nenhum desses provocou o mesmo impacto que *Independência ou morte*. Este foi muito além do papel de um mero filme oficial, o qual não tem outra coisa a dizer senão a *versão do Estado* para os fatos e acaba funcionando muito bem como propaganda, mas não possui, na maioria das vezes, o poder de mobilização e de *fascinação* que teve o filme de Carlos Coimbra. *Independência ou morte* transcendia os limites do oficial, onde não caberia, para ficar em um único e maior exemplo, a centralidade que o romance extraconjugal do im-

---

32 Morre o cineasta do "ciclo do cangaço" Carlos Coimbra, *O Estado de S. Paulo*, 15 fev. 2007.

33 Fundo Comissão Executiva da Comemoração do Sesquicentenário da Independência. Arquivo Nacional/SDE — Documentos Públicos, código 1J, pasta 77.

perador ocupa na obra. E é justamente por ir além do oficial, mas ao mesmo tempo representando valores e tradições partilhadas pelo governo, é que o filme teve a boa recepção que teve. Fazia a ponte entre sociedade e ditadura, refletindo as relações — múltiplas — entre ambas as partes.

É somente nesse sentido que se pode dizer que *Independência ou morte* representava a ditadura: porque simbolizava as relações estabelecidas entre aquela e a sociedade, porque apontava para a grandiosidade do "Milagre", para a euforia com a qual segmentos expressivos da sociedade viveram aquele período. Enfim, era um filme que mostrava a *outra face* da ditadura e do Brasil: para além da violência, a *beleza* do regime. "O decoro, as *mises-en-scènes*, as criações de mitos" (Reichel, 1993:16), elementos tão importantes para a sustentação de qualquer regime, inclusive os que se baseiam também na força.

Mas se a ditadura podia ser *bela*, se podia mostrar sua outra face, ela também tinha sua *feiura*, seu lado *sujo*: prisão, tortura, morte, suicídio, intolerância, *inconfidências*. Tudo isso que a memória social diria mais tarde que ficava nos *porões*, mas que, na verdade, estava à vista de todos. Estava inclusive nas telas de cinema, estava em *Os inconfidentes*, filme de Joaquim Pedro de Andrade, lançado também em 1972.

O filme não era propriamente um protesto contra a festa. Começou a ser pensado muito antes. Em 1966, Joaquim Pedro teve uma curta experiência na prisão. Foi preso junto com Glauber Rocha, Mário Carneiro, Antônio Callado, Flávio Rangel, Márcio Moreira Alves, Carlos Heitor Cony e o embaixador Jaime Rodrigues quando abriram uma faixa — "Abaixo a ditadura" — defronte do Hotel Glória, no Rio de Janeiro, durante uma conferência da Organização dos Estados Americanos (OEA), diante da figura do então presidente marechal Castelo Branco.

A ideia de filmar *Os inconfidentes* teria surgido anos mais tarde, em virtude dessa experiência: "Foram liberados os Autos da Inconfidência, um calhamaço fantástico com os depoimentos dos presos, arrancados sob tortura... me lembrou a nossa experiência na prisão. Acho que vou fazer um filme sobre isso". Assim teria dito Joaquim Pedro de Andrade a Mário Carneiro, alguns anos depois (Bentes, 1996:65). Não que os "oito do Glória" — como os chamou Glauber Rocha — tivessem sido torturados durante a prisão, mas a experiência foi marcante. Para além de sua própria experiência pessoal, Joaquim Pedro de Andrade (1996:109) se dizia muito impressionado com aquelas pessoas [os presos políticos], pareciam zumbis, que apareciam na televisão para renegar seus ideais. A tortura tinha quebrado a moral desses caras. O tema do filme era esse desbunde diante da ameaça de morte e a luta para prorrogar a mísera vida, que seria mísera mesmo, depois de um episódio desses.

Eis aí a associação entre os presos políticos do século XVIII e os do século XX. O fracasso da conspiração do Setecentos e da revolução dos anos 1960-1970. Sob essas impressões é que *Os inconfidentes* foi realizado. Baseado nos *Autos da devassa*, nos poemas dos árcades e no *Romanceiro da Inconfidência*, de Cecília Meireles, usava a Inconfidência para tratar de assuntos como tortura, prisão política e revolução — ou, da impossibilidade de se fazer a revolução —, do trágico destino que tiveram aqueles que ousaram tentar romper com a ordem estabelecida. A ação do filme se passava a maior parte do tempo na cadeia. Os "inconfidentes/revolucionários" sucumbiam um a um, de maneira infame e degradante diante da prisão, diante da tortura: "— Que o remorso me persiga ou devo preferir a brasa, a roda, o repuxão dos cavalos? Eu sei como se castiga. Direi o quanto me ordenarem, o que sei e o que não sei. Depois peço perdão, esqueço" (Andrade, 1996:109), dizia o poeta Alvarenga Peixoto (Paulo César Pereio) à sua mulher (Teresa Medina).

O aparente pessimismo do cineasta diante da miséria da prisão e do que se tornou a vida daqueles homens desaparece na figura de Tiradentes. O mesmo Joaquim Pedro de Andrade que em 1969 filmou *Macunaíma* — "a história de um brasileiro que foi comido pelo Brasil", o "herói sem nenhum caráter", o anti-herói — mostrava ao público brasileiro, em 1972, o herói máximo da nação, "o anti-Macunaíma (...) o herói com caráter, o sacrificado, o esquartejado". Enquanto os demais inconfidentes eram fracos, "a única figura intocada é o Tiradentes de José Wilker" (Andrade, 1996:110). Tiradentes é quem redime os demais inconfidentes, é aquele que não renega seus ideais, que não *desbunda* diante da ameaça de morte. É o *autêntico revolucionário*.

Aliás, é preciso lembrar que a abordagem "revolucionária" da imagem de Tiradentes não é algo raro nas representações da esquerda. Para ficarmos com um exemplo das décadas de 1960-1970, basta lembrar o espetáculo teatral *Arena conta Tiradentes* (1967), de Augusto Boal e Gianfrancesco Guarnieri. Augusto Boal, por exemplo, era categórico ao afirmar que "não se deve pensar em Tiradentes como mártir da Independência, mas como um homem revolucionário, 'transformador de sua realidade'".[34] De certa forma, era a partir desse ponto de vista que Tiradentes era representado em

---

34 Citado em Carvalho (2007).

Os inconfidentes. Mas a realidade que Boal e Guarnieri pretendiam ver revolucionada em 1967 era outra, completamente diferente daquela que Joaquim Pedro de Andrade vislumbrava em 1972; a revolução havia sido derrotada. Tiradentes estava, de fato, morto e a "conjuração/revolução" não havia saído do papel.

O filme de fato pretendia tratar das questões de seu tempo, queria ser *subversivo*, polêmico, falar aos intelectuais representados no filme — divididos ali entre *falsos* e *verdadeiros* revolucionários —, queria agredir. E o fazia. Já na abertura, o título surgia aos poucos, como vindo de dentro de um pedaço de carne sangrando, em putrefação, rodeado por moscas. Na cena final, do enforcamento de Tiradentes, enquanto o carrasco puxava a corda, ouviam-se aplausos — o público aplaudindo o enforcamento do "herói/revolucionário". Mas o cineasta corta para outro plano e joga com as possibilidades: os aplausos vêm de colegiais que assistiam, em 1971, à encenação do enforcamento nas comemorações do 21 de abril em Ouro Preto. Mas, afinal, em 1971 o público aplaudia somente a encenação? O sacrifício do herói pela liberdade do povo? Ou continuava valendo a afirmativa — *o público aplaudia o enforcamento do revolucionário*? Em seguida, passamos a assistir às cenas da comemoração oficial. O *revolucionário* apropriado como *herói* pelo presente. O Estado que torturava, prendia e matava, celebrando o Tiradentes, "que morreu pela *liberdade* desta terra", dizia o discurso oficial.

As cenas da festa de 1971 são entrecortadas pela imagem daquele mesmo pedaço de carne sangrenta, envolvido pelas moscas, mas que agora era também batido, esmurrado, cortado na tela. Ivana Bentes (1996:112), em seu livro sobre a obra do cineasta, escreve a respeito dessas cenas finais: "Joaquim Pedro de Andrade ironiza esta 'aula de civismo e amor à Pátria'". Ali, mais que ironia, a associação latente entre o poder, a *mise-en-scène* oficial e a violência praticada pelo próprio poder.

Na sinopse do filme o diretor afirma que o que lhe interessa é o "estudo do comportamento de presos políticos, especialmente de formação burguesa, submetidos ao terror da repressão com poder absoluto".[35] E, descrevendo o desenrolar da história: "A repressão se abate cruel e concreta sobre os sonhos dos inconfidentes. São três longos anos de prisão incomunicável, de interrogatórios, ameaças e horrores que torcem as ideias, o caráter e a memória dos presos (século dezoito ou século vinte no Brasil?)".[36] Pergunta o cineasta num "parênteses" evidente, que salta aos olhos.

---

[35] Fundação Nacional de Arte (Funarte), Rio de Janeiro, Dossiê Joaquim Pedro de Andrade. O diretor fala do filme. p. 2, grifos no original.

[36] Ibid., p. 1, grifos no original.

Mais que falar de seu tempo, Joaquim Pedro falava aos seus pares, aos intelectuais de origem burguesa e de esquerda. De acordo com Jean-Claude Bernardet, o golpe de 1964 mudou, de maneira geral, a temática do Cinema Novo, que deixava de ser popular, rural, nordestina. A preocupação dos cineastas se voltava para uma tentativa de compreender seu próprio papel — eram mesmo revolucionários? Para Bernardet, *Os inconfidentes* é o ápice desse tipo de questionamento.[37] E podemos ainda ir mais longe: se eram mesmo revolucionários, como a esquerda pudera ser derrotada em 1964? Uma derrota, como ficava evidente neste filme de 1972, que só fazia ser aprofundada. O intelectual diante da derrota. Aqui, é interessante observar o relato de Sarah de Castro Barbosa, primeira mulher de Joaquim Pedro de Andrade, sobre as impressões do casal diante do golpe.

> Eu dizia pro Joaquim, o Brasil inteiro vai parar. Nenhum operário vai aparecer na obra. E quando saímos ficamos chocados com a "normalidade" das coisas. Não havia indício de nada. As pessoas continuavam levando a vida da véspera. Fomos à UNE, vimos gente festejando o golpe na praia. Os operários vieram trabalhar. Que ilusão, a nossa! (Bentes, 1996:61).

O intelectual diante não apenas da derrota, mas também diante da hipótese — que aos poucos se torna certeza — de que "o povo" não compartilhava dos seus ideais. *Os inconfidentes* é um filme sobre o aprofundamento dessa derrota. Nele, "o povo", que Joaquim Pedro esperava ver mobilizado em 1964, já não aparece mais. Em 1972, "o povo" está "em outra": vivendo a tal "onda ufanista" da qual falou Carlos Coimbra.

Então, o filme fala *aos* intelectuais, em linguagem *de* intelectuais. Questiona-os sobre os seus papéis. Seriam todos Cláudios Manoéis da Costa, Alvarengas Peixotos, Tomás Antônios Gonzagas? Seriam todos *falsos revolucionários*, capazes de negar seus ideais diante da ameaça de morte? Seria legítimo, ou ao menos humano, fazê-lo diante da morte? Ou deveriam ser como Tiradentes? *Autênticos revolucionários*, capazes do sacrifício máximo? Uma vez derrotada a revolução, morreriam dignamente, ou *desbundariam*? Eram esses os questionamentos do filme.

Um filme duro, que mostrava sem meios-tons a força da repressão, a barbárie da prisão e da tortura, o poder do Estado. Impossível, no filme, alegar que a tortura, a barbárie estavam nos *porões*. Joaquim Pedro traz para o pátio da cadeia a rainha,

---

[37] Entrevista concedida por Jean-Claude Bernardet a Alice Andrade que integra a edição restaurada em DVD do filme *Os inconfidentes*.

Maria I, em pessoa para dar a sentença a cada um dos condenados, que se apresentam maltrapilhos, famintos, machucados. Visivelmente *torturados*. Não há *porões*, o Estado está ali, dentro da cela, é ele quem dita as sentenças.

Mas, apesar disso, *Os inconfidentes* não escapou ao *delírio comemorativo* de 1972. No dia 12 de abril, em meio às expectativas do início das comemorações do Sesquicentenário, o censor do Serviço de Censura de Diversões Públicas emitia o seguinte parecer sobre a classificação etária para o filme.

> Do ponto de vista plástico, a fita apresenta algumas cenas que em outras situações poderiam ser consideradas na fixação da classificação etária. Todavia, em vista de tratar-se de uma obra que enfoca a história do proto mártir de nossa independência, creio que as cenas acima mencionadas seriam até necessárias, principalmente para incutir no adolescente e na juventude de modo geral, o sacrifício de um punhado de homens, capazes de tudo para a nossa liberdade, não hesitando mesmo em sacrificar o seu bem mais precioso que é a vida, exemplo dignificante a serem [*sic*] seguidos por todos.[38]

Um filme sobre a Inconfidência Mineira que, de alguma forma, resgatava a figura heroica do Tiradentes, naquele momento em que a nação se preparava para rememorar os eventos da Independência, não podia ser de todo malvindo. E é sob esse aspecto que o censor pôde se sentir à vontade para não encaixar o filme em nenhuma classificação etária, concluindo pela contribuição cívica que ele poderia prestar à formação dos jovens, ensinando o valor do sacrifício pela pátria, traduzido em *exemplo dignificante* a ser seguido. Outros pareceres de censores não taxaram o filme na classificação etária "livre". Julgaram que, em virtude das cenas de violência, o filme deveria ser enquadrado na classificação etária de 10 ou 12 anos. Mas, igualmente, reconheciam na película aspectos positivos da nossa história, que deveriam ser vistos e apreciados pelo público. Um segundo parecer dizia:

> (...) transmite, sem nenhum "chauvinismo" e sectarismo, o "modus vivendi" de então, onde não falta o amor à pátria (civismo) e o lirismo de Gonzaga, fechando o filme com o romper de "uma música forte, de exaltação cívica", que acompanha cenas modernas de atualidades tomadas no dia 21 de abril (1971)

---

[38] Parecer do Serviço de Censura de Diversões Públicas favorável à liberação do filme *Os inconfidentes*. In: Projeto "Memória da Censura no Cinema Brasileiro — 1964-1988". Disponível em: <www.memoriacinebr.com.br>. Acesso em: 26 jan. 2009.

em Ouro Preto mostrando cerimônias oficiais em que Tiradentes é venerado como herói nacional.[39]

Ao fim, o filme saiu com a classificação para público maior de 10 anos. Curiosamente, a mesma classificação com a qual saiu *Independência ou morte*. E, a rigor, não há grandes diferenças no tom do parecer do censor do filme de Carlos Coimbra com relação ao filme de Joaquim Pedro. Talvez apenas um pouco mais de entusiasmo pelo primeiro, pois

> trata-se de um filme excelente sobre a vida de D. Pedro I, seus amores, sua política, sua corte, seus triunfos e seus fracassos como homem e Imperador. (...) Filme de ótima qualidade, digno do povo e de suas tradições, em face do equilíbrio, bom senso e fidelidade ao enfocar os personagens e a ambiência históricos, no Brasil, de 1816 a 1831. Pelo exposto, sugerimos a liberação do filme em pauta — Independência ou Morte — para maiores de 10 (DEZ) ANOS sem qualquer restrição (citado em Martins, 2009:91).

É interessante perceber os pareceres dos censores como lugares privilegiados para observarmos os movimentos de certa *opinião popular*,[40] muito comumente difusa entre segmentos mais conservadores da sociedade. Alguns elementos que compõem os pareceres — o sacrifício e o amor à pátria, o *civismo*, a exaltação do passado (da história pátria) — são componentes fundamentais de certa cultura política brasileira, característica, por exemplo, de vastos segmentos sociais responsáveis pelo sucesso do golpe em 1964,[41] pela sustentação da ditadura e, mais particularmente, pelo sucesso das comemorações do Sesquicentenário em 1972.

É preciso, pois, olhar para a censura com outros olhos. Buscando nela não só o Estado repressor, mas também o outro "polo", a sociedade, e entender que "é do pacto entre esses dois polos [governo e sociedade] que a necessidade e materialidade desse defensor [o profissional da censura] se concretiza" (Kushnir, 2004:156). O censor, o funcionário público, não é uma "entidade" autônoma — a censura —, não está

---

[39] Parecer do Serviço de Censura de Diversões Públicas. In: Projeto "Memória da Censura no Cinema Brasileiro — 1964 -1988". Disponível em: <www.memoriacinebr.com.br>. Acesso em: 26 jan. 2009.

[40] A expressão é de Kershaw (2002:3-5).

[41] São elementos, por exemplo, muito parecidos e/ou partilhados com aqueles que compõem a cultura política dos diversos grupos femininos que legitimaram a intervenção militar em 1964, como é o caso das mulheres militantes da Campanha da Mulher pela Democracia (Camde), entre outros. Sobre a Camde, cf: Cordeiro (2009b).

descolado da sociedade. É parte e produto dela e, nesse sentido, os pareceres sobre *Os inconfidentes* e *Independência ou morte*, as semelhanças e diferenças entre ambos, são muito representativos de uma determinada *opinião* a respeito daquele momento histórico. Isso porque podem expressar opiniões e sentimentos que já estão mais ou menos difusos na sociedade, constituindo-se em "reflexo e afirmação de uma posição dominante no interior de um grupo social" (Laborie, 1988:103).

Abril de 1972 marcava a abertura dos festejos do Sesquicentenário. A partir dali, se estenderiam cinco meses de comemorações. A nação estava em festa. Em meio à chegada do navio *Funchal*, trazendo os restos de d. Pedro I, que em seguida começaria sua peregrinação pelo Brasil, e em meio também à grande mobilização que foi o Encontro Cívico Nacional, *Os inconfidentes* vinha a público.

Envolvidos pelo "ar do tempo", como não ver naquele filme uma parte dessa grande onda comemorativa? Mesmo não sendo Tiradentes, e sim d. Pedro I, o herói do Sesquicentenário,[42] como não reconhecer o "mártir da Independência" como elemento importante daquele evento que se estava rememorando? Como não ver o "espírito do sacrifício cívico" mesmo num acontecimento histórico considerado "subversivo" por definição, como era o caso da Inconfidência Mineira? Um relatório de julho de 1972 do Serviço Nacional de Informação (SNI) sobre o filme, por exemplo, dizia que "quanto ao 'Dado Conhecido' de que há suspeita de que o filme apresente conotações subliminares de caráter subversivo, seria difícil negar, em um filme que trata do tema da Inconfidência Mineira, seu caráter subversivo".[43]

Mesmo assim, o SNI mandou liberar o filme, reafirmando apenas a orientação da DPF de "escoimar, ou mesmo interditar" as eventuais referências ideológicas negativas ao regime. De toda forma, este parecer demonstra que os serviços de informação do governo — assim como a sociedade — não eram inocentes. O "caráter subversivo" da obra era patente. Em 27 de abril, afinal, a *Tribuna da Imprensa* divulgou uma nota na qual afirmava que Joaquim Pedro de Andrade estaria "eufórico": isso porque *Os inconfidentes* havia sido liberado pela censura "sem nenhum corte". O jornal enfatizava ainda que aquele era um fato raro nos últimos tempos.[44] Aliás, com seus dois lon-

---

[42] Sobre a escolha de d. Pedro I e não de Tiradentes como herói retomado pelas comemorações do Sesquicentenário, cf. Fico (1997:64).

[43] Relatório do Serviço Nacional de Informação, 10 jul. 1972. In: Projeto "Memória da Censura no Cinema Brasileiro — 1964-1988". Disponível em: <www.memoriacinebr.com.br>. Acesso em: 26 jan. 2009.

[44] Fundação Nacional de Arte (Funarte), Rio de Janeiro, Dossiê Joaquim Pedro de Andrade. Recorte de jornal sem título. *Tribuna da Imprensa*, 27 abr. 1972.

gas anteriores, Joaquim Pedro havia tido problemas sérios com a censura: *O padre e a moça* (1966) e *Macunaíma* (1969) haviam desagradado profundamente aos censores. Mas com *Os inconfidentes* havia sido diferente: nenhum corte!

Ora, se o parecer da censura pode indicar, ou condensar uma opinião difusa socialmente, é preciso então refletir se aqueles pareceres favoráveis, tão semelhantes ao parecer do filme tornado oficial, *Independência ou morte*, não indicariam, antes de tudo, o sucesso da festa do Sesquicentenário: a relativa apropriação do filme, a *possibilidade* de ver naquela leitura quase cruel da história do Brasil a exaltação do civismo e do amor à pátria, não são representativas da euforia comemorativa que marcou os primeiros anos da década 1970 e, particularmente, 1972? O olhar condescendente para com o passado — e com o presente — que faltava ao cineasta sobrava em parcelas significativas da sociedade. Assim, Joaquim Pedro de Andrade oferecia ao público o difícil exercício da reflexão, a confrontação com a tortura, com a morte, com a hipocrisia. Mas a sociedade via o civismo, o amor à pátria, a exaltação ao valente Tiradentes, tornado herói. E silenciava sobre os outros temas. Afinal, era o ano do Sesquicentenário e todos queriam comemorar.

Além disso, o fato é que, se *Os inconfidentes* retratava um Tiradentes "revolucionário", mais à esquerda, ele recuperava, ao mesmo tempo, um martírio que nunca foi desdenhado pelas culturas políticas conservadoras do nosso país. A ideia do "sacrifício" é essencial ao imaginário militar, por exemplo. Tiradentes é, assim, unanimidade, à esquerda e à direita, cada qual o reconstruindo a seu próprio modo.

De acordo com Jean-Claude Bernardet (1979:50), o que ocorre com *Os inconfidentes* e permite que ele não escape da euforia comemorativa de 1972 é que ele diverge, se opõe (ao espaço *legal*), mas o faz sobre o terreno proposto pelo poder. Situa-se no campo da "contraproposta".

> Essa ambiguidade foi tão funcional que o programador de um cinema de elite em São Paulo entusiasmou-se com o filme, insistindo em programá-lo, pois permitia-lhe ao mesmo tempo não se excluir da onda que cercou o sesquicentenário, sem por isso entrar no oba-oba oficial.

Os inconfidentes, diferente de *Independência ou morte*, não foi indicado pelas professoras aos alunos nas escolas, não foi um festejado sucesso de bilheteria. Silêncios que mais uma vez confirmam que o desejo era mesmo de festejar e não de refletir.

Intelectuais e modernidades

O lugar que *Os inconfidentes* ocupou socialmente em 1972 foi o mesmo que a festa do Sesquicentenário relegou a Tiradentes: até se reconhece sua importância, mas *reconhecer-se*, a sociedade o fazia diante de d. Pedro I, do aventureiro, do *belo*, não diante do revolucionário, do subversivo, do esquartejado.

Assim, pode-se dizer que os dois filmes são muito representativos dos comportamentos coletivos na primeira metade dos anos 1970: fica evidente que havia naquela sociedade os que não viam motivos para comemorar, mas tão grande era a euforia comemorativa que entre silêncios, apropriações, ressignificações, prevalece o desejo de comemorar, de colaborar, o *consenso*.

Em suma, não se pode ignorar que, em meio às comemorações do Sesquicentenário da Independência foram oferecidas aos espectadores duas visões muito diferentes da história do Brasil. Uma delas foi capaz de mobilizar mais, indicando que provavelmente as pessoas estivessem mais interessadas numa história romantizada, cujo protagonista fosse um d. Pedro I de personalidade forte. E assim iam tecendo ligações entre o "herói" do cinema, personificado na figura do galã de novelas, e o "herói" da história do Brasil, cujos restos mortais haviam sido então trasladados para o país e desfilavam solenemente pelas grandes capitais de Norte a Sul, num cortejo cívico talvez um tanto mórbido, mas nem por isso pouco mobilizador.

Por outro lado, não obstante suas qualidades artísticas, é provável que o retrato traçado por Joaquim Pedro de Andrade dos inconfidentes e de sua conspiração fosse demasiado diferente da atmosfera festiva que contagiava o país em 1972. Que filme era aquele, "claustrofóbico" (Bentes, 1996:107)? Que contrastava tanto com as "muitas cores" de *Independência ou morte*? Que contrastava com um país que passava por um "Milagre"? Que filme era aquele que falava de um país cuja história estava marcada pelas manchas da tortura? E tortura dos que mais tarde seriam seus heróis, como Tiradentes. Talvez *Os inconfidentes* seja muito mais um filme que possa ser apropriado por uma determinada *memória da resistência*, que transformou mais tarde em heróis os presos políticos de que fala o filme. Mas não um filme que pudesse ser apropriado por uma sociedade que estava, em grande parte, em festa em 1972. Aquela sociedade não reconhecia *Os inconfidentes*, não reconhecia aquela dura versão da história do Brasil contada por Joaquim Pedro de Andrade, mas reconhecia a romântica história da Independência e do primeiro imperador do Brasil contada por Carlos Coimbra.

Referências

Livros e periódicos

ALMEIDA, Adjovanes Thadeu de. *O regime militar em festa*: o Sesquicentenário da Independência do Brasil. 1972. Tese (Doutorado em História) — Programa de Pós-Graduação em História, Universidade Federal do Rio de Janeiro, Rio de Janeiro, 2009.

ALONSO, Gustavo. *Quem não tem swing morre com a boca cheia de formiga*: Wilson Simonal e os limites de uma memória tropical. Dissertação (Mestrado em História) — Programa de Pós-Graduação em História, Universidade Federal Fluminense, Niterói, 2007.

BAHIANA, Ana Maria. *Almanaque anos 70*. Rio de Janeiro: Ediouro, 2006.

BENTES, Ivana. *Joaquim Pedro de Andrade*: a revolução intimista. Rio de Janeiro: Relume-Dumará, 1996. (Coleção Perfis do Rio).

BERNARDET, Jean-Claude. *Cinema brasileiro*: propostas para uma história. Rio de Janeiro: Paz e Terra, 1979.

CARLOS Coimbra — as virtudes da modéstia. *Filme Cultura*, Rio de Janeiro, n. 23, p. 21-26, jan./fev. 1973.

CARVALHO, Aline Fonseca. Tiradentes, o teatro e a poesia no jornal "Estado de Minas" durante o período militar. In: SIMPÓSIO NACIONAL DE HISTÓRIA, 24. *Anais...* Anpuh, 2007.

CHRISTO, Maraliz de Castro Vieira. Herói em pedaços. In: *Imagens de uma Nação*. Rio de Janeiro: Sabin, 2009. (Coleção Revista de História da Biblioteca Nacional no Bolso, v. 4).

CORDEIRO, Janaina Martins. Anos de chumbo ou anos de ouro? A memória social sobre o governo Médici. *Estudos Históricos*, Rio de Janeiro, FGV, v. 22, p. 85-104, 2009a.

_____. *Direitas em movimento*. A Campanha da Mulher pela Democracia e a ditadura no Brasil. Rio de Janeiro: FGV, 2009b.

DUARTE, Regina Horta et al. Imagens do Brasil: o cinema nacional e o tema da Independência. *Lócus*: Revista de História, Juiz de Fora, v. 6, n. 1, p. 99-115, 2000.

FICO, Carlos. *Reinventando o otimismo*: ditadura, propaganda e imaginário social no Brasil. Rio de Janeiro: FGV, 1997.

FILME abre nova era, diz Médici. *O Estado de S. Paulo*, São Paulo, 1º set. 1972.

FILME sobre a Independência, com Tarcísio Meira como d. Pedro I, já está em fase de montagem. *O Globo*, Rio de Janeiro, 27 jun. 1972.

HOJE, Ouro Preto é a capital de Minas. *O Estado de S. Paulo*, São Paulo, 21 abr. 1972.

INDEPENDÊNCIA ou morte. *O Cruzeiro*, Rio de Janeiro, 6 set. 1972.

INDEPENDÊNCIA ou morte! O filme mais caro do Brasil. *Manchete*, Rio de Janeiro, p. 84, 24 ago. 1972.

KERSHAW, Ian. *L'opinion allemande sous le nazisme*. Bavière 1933-1945. Paris: CNRS Éditions, 2002.

KLUEGER, Urda Alice. Sesquicentenário da Independência. 23 mar. 1997. Disponível no website Alquimídia: <www.alquimidia.org/desacato/index.php?mod=pagina&id=1873>. Acesso em: 5 jun. 2009.

KUSHNIR, Beatriz. *Cães de guarda*. Jornalistas e censores, do AI-5 à Constituição de 1988. São Paulo: Boitempo, 2004.

LABORIE, Pierre. De l'opinion publique à l'imaginaire social. *Vingtième Siècle*, Paris, v. 18, n. 18, 1988.

_____. *L'opinion française sous Vichy*. Les Français et la crise d'identité nationale, 1936-1944. Paris: Seuil, 2001.

MARTINS, William. *Produzindo no escuro*: políticas para a indústria cinematográfica no Brasil e o papel da censura (1964-1988). 2009. Tese (Doutorado em História) — Programa de Pós-Graduação em História, Universidade Federal do Rio de Janeiro, Rio de Janeiro, 2009.

MERTEN, Luiz Carlos. *Carlos Coimbra* — um homem raro. São Paulo: Imprensa Oficial do Estado de São Paulo, 2004. (Coleção Aplauso. Série: Cinema Brasil).

MORRE o cineasta do "ciclo do cangaço" Carlos Coimbra. *O Estado de S. Paulo*, São Paulo, 15 fev. 2007.

O DIRETOR fala do filme. In: *Os inconfidentes* — a história de *Tiradentes* que os livros *não contam*. ms.

O FESTIVO filme da Independência. *Jornal do Brasil*, Rio de Janeiro, 10 set. 1972. Caderno B, p. 8.

O FILME histórico brasileiro. *Filme Cultura*, Rio de Janeiro, n. 23, p. 32-35, jan./fev. 1973.

ORTIZ, Renato. *A moderna tradição brasileira*. Cultura brasileira e indústria cultural. São Paulo: Brasiliense, 1988.

QUEM faz as cores da nossa TV. *Manchete*, Rio de Janeiro, 8 abr. 1972, p. 130.

REICHEL, Peter. *La fascination du nazisme*. Paris: Odile Jacob, 1993.

ROBERTO Carlos a 300 km por hora. *O Cruzeiro*, Rio de Janeiro, p. 52, 5 jan. 1972.

ROBERTO Carlos mensageiro da Independência. [s. l.: s.n.], 28 mar. 1972.

TODO cuidado. *Veja*, São Paulo, 6 set. 1972, p. 112.

TODO o Brasil cantará o hino na mesma hora. [s. l.: s.n.], 3 mar. 1972.

TRIBUNA DA IMPRENSA, 27 abr. 1972.

Fontes

Arquivo Edgar Leuenroth. Fundo Instituto Brasileiro de Opinião e Estatística (Ibope). Pesquisa de opinião: Audiência de Rádio e TV, 1972.

Fundação Nacional de Arte (Funarte), Rio de Janeiro, Dossiê Joaquim Pedro de Andrade.

Fundo Comissão Executiva da Comemoração do Sesquicentenário da Independência. Arquivo Nacional/SDE — Documentos Públicos, código 1J.

Parecer do Serviço de Censura de Diversões Públicas. In: Projeto "Memória da Censura no Cinema Brasileiro — 1964-1988". Disponível em: <www.memoriacinebr.com.br>.

Relatório do Serviço Nacional de Informação, 10 jul 1972. In: Projeto "Memória da Censura no Cinema Brasileiro – 1964 -1988". Disponível em: <www.memoriacinebr.com.br>.

Filmes

Independência ou morte, 1972. Direção de Carlos Coimbra. 1972. 108 min. Son., color.

Os inconfidentes, 1972. Direção de Joaquim Pedro de Andrade. 1972. 100 min. Son., color.

10 Os IPMs e a construção da subversão nos meios intelectuais no Brasil *

Rodrigo Czajka

> Dizem que a cultura não pode ser pesquisada. Eu digo: que essa cultura seja pesquisada porque ela não pode ser tão livre assim, ela não pode ser tão aberta, que ela possa se tornar antinacional, atingir os interesses nacionais. Ela não pode ser tão livre, tão cultural a ponto dela se tornar perigosa ao dispositivo de segurança.
>
> Amado Menna Barreto Filho (IPM do Iseb, 1966, v. 1, p. 259)

Os inquéritos e o problema do comunismo

Os inquéritos policiais-militares (IPMs), instrumentos de investigação e criminalização de responsáveis pela subversão da ordem social e política durante o regime militar no Brasil (1964-1985), considerados hoje do ponto de vista da pesquisa acadêmica, têm consigo uma série de implicações. Não apenas porque constituem fontes nunca antes analisadas, mas também porque eles são o resultado de um processo no qual a informação colhida foi um componente essencial na dinâmica das estruturas militares durante um momento específico da história recente do país. Isto é, além de conter o perfil burocrático de instituições racionalizadas e de se levar às últimas consequências a necessidade da informação como instrumento de uma guerra calculada e silenciosa, centenas de milhares de páginas, então produzidas e que hoje se despedaçam nas prateleiras dos arquivos militares, também guardam a memória daquilo que um dia fora a razão de tanto papel.

Alguns diriam que não havia tanta razão assim, afinal, a história da repressão militar no Brasil está repleta de episódios que vão da crueldade ao absurdo, da in-

---

* Este texto compõe parte da tese de doutorado defendida junto ao Programa de Pós-Graduação em Sociologia da Universidade Estadual de Campinas (Unicamp), intitulada *Praticando delitos, formando opinião: intelectuais, comunismo e repressão no Brasil (1958-1968)*.

dolência ao vigor da punição, do satírico ao trágico.[1] De qualquer modo, a existência de um conjunto documental produzido pelos militares antes e durante a repressão revela muitas faces e permite antever, por meio dos relatórios e interrogatórios, o desenho complexo das resistências que foram articuladas na vigência da ditadura. Em tais processos, de certa maneira, estão perfiladas em detalhes as composições dos grupos que foram alvos de processo em tribunais militares. Ao se defrontarem com o "crime", os militares responsáveis pela instauração dos IPMs conseguiram reunir um conjunto de informações, documentos, depoimentos, fotografias, gravações etc. a respeito das oposições ao governo, sobretudo, das esquerdas vinculadas ao Partido Comunista Brasileiro (PCB).

A partir dessa perspectiva, duas principais questões inicialmente constituem o horizonte da análise: primeiro, abordar um conjunto de fontes documentais ainda não consideradas sob o ponto de vista sociológico e historiográfico, até porque se desconhecia a existência efetiva destes IPMs, bem como do seu conteúdo; segundo, a partir dessa documentação, considerar a elaboração de uma genealogia de determinadas redes de intelectuais de esquerda no Brasil, com enfoque nos militantes do PCB, bem como traçar um perfil geral tanto de militantes quanto de dissidentes do partido.

É evidente que essa segunda proposta tem suas complicações metodológicas, pois um inquérito policial-militar, antes de qualquer coisa, é um documento produzido pelos militares: está ali impressa a leitura que estes fizeram dos eventos ligados à "subversão comunista". O que mais transparece nessa documentação são os padrões de análise e investigação adotados pelos inquéritos e, de certo modo, a construção de um inimigo interno vinculado ao comunismo internacional. Muitos destes IPMs foram iniciados com a constatação do fenômeno da subversão e terminaram por atribuir esse fato, em seus relatórios finais, à infiltração comunista em território brasileiro. Segundo Maria Helena Moreira Alves (2005:69-71),

> os IPMs constituíam o mecanismo legal para a busca sistemática de segurança absoluta e eliminação do "inimigo interno", como primeiro passo. Uma vez concluído um inquérito, (...) a punição final caberia ao presidente, governadores de Estados ou prefeitos. Carentes de qualquer fundamentação jurídica formal, os IPMs não se submetiam a regras fixas de comprovação. Os próprios coronéis frequentemente estabeleciam os preceitos legais sobre os quais deviam basear suas

---

[1] Ver, por exemplo, Ponte Preta (1996 e 1967).

decisões. O testemunho da "opinião pública" era suficiente, em certos casos, para provar as atividades subversivas ou revolucionárias que justificavam a punição. (...) A simples acusação num IPM bastava para desencadear uma série de perseguições que podiam incluir prisão e tortura.

Embora isso represente, num primeiro momento, uma dificuldade na análise da documentação, possibilita por outro lado vislumbrar um quadro mais amplo e diversificado da composição das esquerdas, subsumidas ao comunismo internacional pelos militares. Isto é, ainda que os inquéritos sejam identificados como instrumentos jurídicos a partir dos quais emana a lógica militar da repressão, possibilitam, por outro lado, uma discussão sobre o próprio fenômeno da resistência entre esquerdas, quase sempre associadas aos elementos de "comunização" da sociedade brasileira.[2]

O "perigo vermelho" alimentou um imaginário belicoso em torno do comunismo e dos seus agentes. Com respaldo político, o combate às "ideologias alienígenas" resultou, muitas vezes, na formação de instituições anticomunistas que se ocupavam da tarefa primordial de alertar a sociedade brasileira sobre aquilo que era caracterizado como uma "invasão". De certa forma, os momentos de ilegalidade do PCB refletem a força desse respaldo político dos anticomunistas, já que o partido, sobretudo a partir da década de 1930, será o porta-voz do Partido Comunista da União Soviética (PCUS) em território brasileiro. Sua presença e interferência no cenário político nacional sempre foram vistas como fatores negativos, pois sendo uma ideologia estrangeira e anticapitalista, definia-se, por princípio, como inimiga.

Mas é evidente que essa leitura era a simplificação de uma realidade muito mais complexa do jogo geopolítico exercido pelas nações em conflito naquele momento. A Guerra Fria estava fixada no horizonte dos blocos comunista e capitalista e, obviamente, a caracterização do inimigo passaria necessariamente pelos elementos definidores desse conflito, em que a "comunização" não era simplesmente um derivado da política expansionista soviética sobre o Ocidente, mas um dos seus principais instrumentos.

---

[2] Segundo Rodrigo Patto Sá Motta (2002:280), "o perigo comunista era considerado real por setores expressivos, geralmente situados no topo da estrutura social. Eles [os anticomunistas] acreditavam ter razões para defender os valores da tradição, família, religião e pátria, ou mesmo valores do mundo moderno como democracia e livre-iniciativa, contra as investidas revolucionárias. Afinal, os comunistas brasileiros não eram fantasmas. Embora o comunismo nacional não fosse a expressão do que havia de mais forte no movimento revolucionário mundial, também não se podia desprezar sua capacidade de atuação. Significativamente, os momentos de maior mobilização anticomunista se deram em contextos de crescimento da influência do PCB".

Isso está expresso nos IPMs e revela a preocupação que os militares tinham em conceber uma genealogia do comunismo no Brasil a fim de entender sua organização interna. Embora a abordagem do problema da "subversão comunista" estivesse permeada pela crise mundial deflagrada pelos países aliados à União das Repúblicas Socialistas Soviéticas (URSS), constata-se nas entrelinhas dos inquéritos uma tentativa estrita de entender a dinâmica das organizações comunistas brasileiras. A partir de depoimentos, testemunhos, delações, anexos, documentos apreendidos, provas e correspondências torna-se possível detectar uma rede complexa de relações sociais e políticas entre militantes oposicionistas. Com o devido afastamento histórico, é factível, a partir dessa documentação, investigar o fenômeno da resistência cultural ao regime militar pelas esquerdas (com enfoque nos comunistas) e de que modo se estabeleciam as redes de sociabilidade entre seus protagonistas.

Não se trata, de modo algum, de dar primazia ao corpo documental constituído pelos IPMs em detrimento da análise e da problematização das fontes. Sabe-se que fontes não falam por si mesmas; só dirão algo se lhes forem feitas as perguntas certas e, para tanto, é necessário considerar também os motivos que ocasionaram a produção desse tipo de informação pelos órgãos militares. Com isso, há entre as perguntas que devem ser dirigidas a essa documentação questões que se estendem além do período de vigência dos governos militares. Por exemplo, ao levantarem indícios durante as investigações, os inquéritos descreviam um percurso retroativo na tentativa de elaborar um histórico da ação dos envolvidos ou indiciados num crime contra a Lei de Segurança Nacional (LSN). Isso quer dizer que, embora aqueles IPMs institucionais[3] tenham sido abertos, na sua grande maioria, depois de abril de 1964, a documentação que os compõe aponta para uma investigação intensa e detalhada sobre a "ação comunista" num período anterior ao golpe.

Isso significa que a reorganização das esquerdas e do próprio PCB ao longo da década de 1950 contribuiu de forma decisiva para a eclosão de novas questões que permearam o ideário de seus militantes na década seguinte. Se antes do golpe viveu-se um período de euforia e ânsia por um processo revolucionário, um dos pontos centrais foi que, nos meses que se sucederam ao golpe de Estado, o entusiasmo converteu-se em crise e desarticulação das mesmas organizações que haviam promovido a

---

3 Entende-se por "IPM institucional" aqueles inquéritos que visavam detalhar a ação subversiva de uma determinada instituição, organização ou empresa, tais como o IPM da editora Civilização Brasileira, IPM da imprensa comunista, IPM do Iseb, IPM da UNE etc. Essa questão será detalhada adiante.

agitação popular. Com a *Declaração de março* (1958), o partido abria a possibilidade para revisões dos seus postulados políticos, dando espaço e visibilidade pública aos intelectuais direta e indiretamente ligados ao PCB (Carone, 1982:176-196).

A abertura e a descentralização burocrática evidenciaram as dissidências que circundavam o partido. Discussões foram travadas em diversos periódicos, promovendo a emergência de *núcleos intelectuais* comunistas, antes secundários na vida política do PCB. Contrários à centralidade exercida pelo partido, alguns desses *núcleos* possibilitaram a determinados intelectuais visibilidade no espaço público, caracterizando a emergência de uma nova mentalidade dissidente que iniciou um profundo processo de crítica e autocrítica em relação à unilateralidade das decisões do Comitê Central do PCB.[4]

Aquilo que Carlos Nelson Coutinho denominou "batalha das ideias"[5] expressa esse momento de reorganização das organizações de esquerda e partidos de oposição. Fomentou o surgimento de importantes periódicos culturais colocando em debate novas perspectivas e interpretações sobre a sociedade brasileira, bem como abriu espaço para o fortalecimento de novos ideários políticos — como foi o caso do processo de renovação do marxismo no meio intelectual brasileiro.

A construção da visibilidade pública dos intelectuais ligados ao PCB foi um fenômeno que, de modo geral, atingiu toda a esquerda brasileira. As dissidências eram, antes de qualquer coisa, um esboço para a formação de um campo autônomo em que o intelectual estaria representado como seu principal sujeito histórico. Isto é, as revisões empreendidas por parte da intelectualidade comunista, no final da década de 1950, diziam respeito a uma nova necessidade com relação à organização dos intelectuais de esquerda.[6] Ainda que fosse um "movimento" incitado pelos próprios comunistas, os intelectuais de esquerda, em geral, eram sensíveis àquela transformação, pois advinha de um lento, mas sólido processo de formação da autonomia intelectual diante das instituições públicas como o Estado e as organizações políticas.

Daí o porquê dos IPMs, em sua grande maioria, remontarem a esse contexto prégolpe em suas investigações. Desse modo, esses inquéritos possuem uma especial

---

4   Sobretudo no que concerne à formação do Comitê Cultural do PCB, em 1958. Sobre esse aspecto, consultar Rubim (1987), Santos (1988) e Lima (1995).

5   Carlos Nelson Coutinho em entrevista a Marcelo Ridenti, 24 de janeiro de 1996.

6   Conforme Rubim (1998:305-382), Frederico (1998:274-304) e Ridenti (2007:169-209).

singularidade em relação à documentação oficial que se produziu sobre o "movimento comunista" no Brasil: dão-nos outra perspectiva sobre o funcionamento das entidades, organizações, grupos e células, pois estes IPMs, ao priorizarem a "subversão comunista" como eixo central das investigações, tomaram como referencial a propaganda comunista e seus meios de disseminação.

Houve uma pesquisa exaustiva, ainda que muitas vezes equivocada, dos setores de informação das Forças Armadas sobre a situação do comunismo no Brasil. Os responsáveis pela grande maioria dos IPMs detinham a patente de coronel; constata-se também que, direta ou indiretamente, esses coronéis tinham algum vínculo com a Escola Superior de Guerra (ESG), uma das instituições responsáveis pela elaboração da Doutrina de Segurança Nacional (DSN). Esta dizia respeito à própria LSN, ou seja, às diretrizes de segurança interna do Estado na iminência de qualquer tipo de ação — qualificada como crime — que atentasse contra a sua organização e jurisdição. Desse modo,

> os crimes contra a segurança do Estado são os crimes políticos. Para que possa se caracterizar o crime político é indispensável que a ofensa aos interesses da segurança do Estado se faça com particular fim de agir. (...) Nos crimes contra a segurança interna, esse fim de agir é o propósito político-subversivo. (...) Com a Doutrina de Segurança Nacional pretendeu-se substituir a noção de crime contra a segurança do Estado por um outro esquema conceitual, que se refere a certas ações que atingem os objetivos nacionais. Segundo tal doutrina, entende-se por segurança nacional o grau relativo de garantia que, através da ação política, econômica, psicossocial e militar, o Estado proporciona à nação, para consecução ou manutenção dos objetivos nacionais, a despeito dos antagonismos ou pressões, existentes ou potenciais.[7]

Destes levantamentos resultou um conjunto de informações sobre a estrutura de organização do movimento comunista, suas operações e sua lógica de funcionamento. Informações que procuravam dar conta absoluta do "inimigo", mas que, em geral, descreviam aspectos funcionais das organizações comunistas sem a devida profundidade. Havia, por exemplo, uma preocupação em detalhar os aspectos estruturais das organizações comunistas e, na maioria das vezes, isso se realizava a partir do acesso que tinham os coronéis responsáveis pelos IPMs, assim como seus assistentes, à bibliografia comunista. Em outras palavras, num primeiro momento

---

[7] Verbete Lei de Segurança Nacional, disponível na versão online do *Dicionário histórico-biográfico brasileiro* <www.fgv.br/cpdoc>.

das investigações, mais que um caráter invasivo e abrupto de uma ação militar, essa etapa da busca de informações revelava um caráter metódico (ainda que parcial) na constituição das provas contra o suposto inimigo, no caso, o comunismo internacional. Isso ficava demonstrado, de forma clara, numa passagem do relatório final de IPM do Instituto Superior de Estudos Brasileiros (Iseb). Na tentativa de qualificar o crime e o réu, o relator não apenas descrevia a "ideologia alienígena" do acusado, como citava a bibliografia utilizada por este em seu curso promovido naquela instituição de ensino. Escreve:

> Eis o que sobre eles [os comunistas] ensina o Iseb em seu Curso de Líderes Democráticos: "não basta ser membro do partido ou adepto do comunismo para pertencer ao *apparat*. É preciso treinamento especial, além de longa prática de disciplina partidária. O comunista deve ainda dar provas de que é capaz de seguir, sem hesitações, as constantes modificações da doutrina, da estratégia e da tática". (...) Evidente ter demonstrado sempre o mais absoluto desprezo pelos princípios morais e espirituais da civilização ocidental.[8]

Havia, no instante da produção dessas provas, necessidade de demonstrar que a luta contra o comunismo não era algo casual. Na representação que os militares faziam dos comunistas, não se tratava apenas de mera diligência militar contra revoltosos descontentes com um governo opressor, pois

> seria ingenuidade grosseira tomar-se a ação comunista no Brasil como movimento doméstico, particular, privado, de sentido puramente nacional, pois ela está identificada, pelos seus processos, pela sua linha de ação, com a revolução social de âmbito internacional orientada pela União Soviética de Marx, até o dogmatismo chinês de Mao Tse-Tung.[9]

Ainda que as organizações vinculadas ao comunismo passassem por problemas de ordem política, ideológica e até jurídica, mesmo assim as provas que compunham os IPMs procuravam demonstrar a organicidade do movimento — organicidade esta que se revelava, segundo os militares, na ação da propaganda e doutrinação comunista.

A propaganda e a doutrinação estavam intimamente associadas à infiltração comunista. Era por meio dela, segundo o modelo explicativo construído pelos mi-

---

[8] Inquérito Policial-Militar nº 481. *Relatório parcial do inquérito*. IPM do Iseb (1966, v. 26, p. 6475-6476).

[9] Ibid., p. 6518.

litares, que outras instâncias da vida social eram "contaminadas", de modo que a observação detalhada desse aspecto de difusão do pensamento comunista seria vital para se entender os demais instrumentos de legitimação do comunismo como um fenômeno mais amplo. Desse modo,

> para subverter as ideias, a conduta, as aspirações dos povos visados, sua arma principal é a propaganda, cientificamente planejada. (...) Os meios de divulgação são variados, abundantes e os mais atualizados, servidos por fartos recursos como imprensa, livros, cinema, rádio, televisão, exposições, embaixadas artísticas e culturais, viagens e bolsas de estudos, contatos pessoais etc. Tudo isso a serviço de uma ideologia – o marxismo-leninismo.[10]

Segundo esse esquema explicativo moldado pelo setor de informações, a infiltração comunista se dava a partir:

- dos partidos políticos, na tentativa não apenas de valerem-se de pleitos eleitorais, mas também no fato de interferirem na vida de outros partidos ou até mesmo influenciá-los em campanhas eleitorais;

- da Câmara e assembleias legislativas com o objetivo, segundo os militares, de conquistar imunidades parlamentares, valerem-se da tribuna parlamentar como veículo de propaganda, utilizar a influência do cargo para se infiltrar em departamentos governamentais e realizar a subversão legislativa;

- do Judiciário, a fim de conquistar a garantia legal e manter um quadro crescente de impunidade; além disso, nessa instância, os comunistas poderiam fazer uso abusivo de *habeas corpus* e com isso buscar a proteção de seus militantes;

- dos órgãos governamentais, pois a infiltração no Executivo daria aos revolucionários a possibilidade de subverter as atividades político-administrativas do Estado, com repercussões em outros níveis do poder;

- dos sindicatos de classe que seriam o ponto de partida para arregimentação das massas segundo o setor de informações, essa instância da infiltração comunista é muito mais facilmente instituída que as anteriores pois, por método de aliciamento, se pode constituir um instrumento de grande alcance social para a aplicação das técnicas de convencimento das massas;

---

[10] Inquérito Policial-Militar nº 481. *Relatório parcial do inquérito*. IPM do Iseb (1966, v. 26, p. 6469).

Os IPMs e a construção da subversão nos meios intelectuais no Brasil

- dos órgãos de divulgação pois, dada a extrema importância da propaganda estratégica revolucionária, segundo os militares, estes seriam uma instância vital de comunicação e infiltração comunista;

- do sistema educacional que, na interpretação dada pelos militares, visava simultaneamente seus dois principais componentes: estudantes e professores, considerando que a infiltração sobre os docentes ampliaria as possibilidades de aliciamento estudantil;

- das Forças Armadas que também seriam um local privilegiado para a infiltração, segundo os relatório militares. Como descreve o documento, "embora Mao Tse-Tung a ela[s] se refira, desdenhosamente, como *tigre de papel*, nem por isso deixa[m] de ser objeto de permanente preocupação dos comunistas, sobretudo na América Latina, em particular, no Brasil". Isso se devia ao problema da indisciplina de postos dentro dos quartéis numa fase em que as próprias Forças Armadas passavam por modificações em sua estrutura organizacional. O documento continua: "se um amplo e bem montado programa de educação e treinamento não for estabelecido e seguido com rigor, nem forem apoiadas por um eficiente Serviço de Informações, as Forças Armadas estarão derrotadas *a priori*".[11]

Estas classificações postas a serviço da investigação da infiltração comunista, sobretudo logo após o golpe de 1964, foram empregadas em todos os IPMs que visaram analisar e esmiuçar determinadas organizações vinculadas ao PCB e identificar seus principais integrantes. As investigações feitas sobre sindicatos, uniões de trabalhadores (rurais e urbanos), associações de amigos de bairros, centros de estudos, uniões estudantis e juventude, centros culturais, clubes recreativos, organizações femininas, organizações pró-paz e frentes nacionais parlamentares ou de libertação tinham um elo muito estreito e necessário com a produção de informações sobre o "inimigo interno".[12]

Essa etapa, não menos importante, do trabalho de investigação, entretanto, não tinha um princípio punitivo, mas apenas e simplesmente de averiguação. Evidente que a repressão exercida pelos diversos setores das Forças Armadas não correspondia à dinâmica dos IPMs, que traziam consigo apenas a necessidade de levantar provas para acusação e julgamento noutra instância jurídica. Dentro da lógica do sistema de

---

[11] Inquérito Policial-Militar nº 481. *Relatório parcial do inquérito*. IPM do Iseb (1966, v. 26, p. 6477 e seg.).

[12] Ibid., p. 6480-6481.

combate às tendências comunistas no Brasil, essa etapa era caracterizada como um elemento que, apesar de ser utilizado por órgãos militares responsáveis pela repressão, detinha um aspecto jurídico — aparentemente legal. A instauração de tribunais militares a fim de averiguar crimes contra a segurança nacional tinha, ainda assim, um caráter revestido de legalidade. Tais tribunais, encarregados da designação de IPMs e seus responsáveis, utilizavam a estrutura jurídica já existente em caráter extraordinário, justificada na "justiça revolucionária" logo nas primeiras semanas após o golpe. Assim, estava expresso que

> sempre dentro da própria legislação e consoante arts. 115 e seguintes do Código da Justiça Militar, que traçam as normas e limites da competência dos encarregados de inquéritos policiais-militares (...) prevê a investigação preliminar pelo encarregado do inquérito, a fim de que este possa colher as provas e indícios necessários à denúncia pelo Ministério Público e fornecer ao poder competente a possibilidade para o processo e julgamento, pois o inquérito policial, ato extrajudicial, não é processo regular que possa autorizar a condenação ou absolvição de alguém. É antes, peça informativa indispensável ao juízo da culpa destinada ao procedimento judicial (Klein e Figueiredo, 1978).

Outro aspecto presente nos IPMs era o modo como se procedia à formulação da acusação dos indiciados em um crime contra a segurança nacional. Nesses inquéritos, a composição do rol de indiciados era determinada não de forma individual — na qual cada réu responderia individualmente pelo suposto crime —, mas coletiva. Havia uma primazia da instituição sobre os seus integrantes e os inquéritos procuravam dar enfoque não individual ao crime, mas, antes, institucional. Em princípio, o que se percebe nos documentos que compõem os IPMs é que o réu, em si mesmo, era o comunismo. Os membros promotores destas instituições comunistas eram seus colaboradores. Tanto que nestes processos a grande maioria das inquirições (interrogatórios) é classificada como testemunhal. Obviamente que, com o decorrer das investigações, os indiciados eram paulatinamente classificados no inquérito, na medida em que provas, documentos apreendidos, testemunhas de acusação eram somados à acusação de um ou outro réu específico. O grande nó desse tipo de procedimento jurídico-militar era que, se por um lado os indiciamentos eram progressivos com acréscimo de evidências que definiam um ou mais réus num mesmo processo, por outro lado, o risco se dava na proporção contrária, ao submeter todos os "suspeitos" de crime contra a segurança nacional sob a insígnia de "comunistas". O problema era que os IPMs definiam esses crimes da seguinte maneira.

Os crimes são simples ou complexos, se produtos de uma ou várias ações. Nos últimos, pode haver casos de unidade de crime e pluralidade de atos, de unidade de ato material, mas pluralidade de direitos violados e, quando, apesar da pluralidade de atos materiais e diversidade de direitos atingidos, há um conjunto que forma um todo indivisível na vontade do autor, é o caso de que um dos atos foi cometido com o fim de executar um outro, como preparação ou meio, absorvendo-se nele (Inquérito Policial-Militar nº 481, 1966, p. 6517-6518).

Esse entendimento acerca da definição do indiciado, bem como do objeto criminal, de alguma maneira, contribuiu para o modo como o próprio comunismo fora concebido pela sociedade brasileira naquele momento; defini-lo como "crime complexo" e a partir desse argumento (sem base legal) derivar todas as organizações ligadas ao comunismo. Ou seja, não somente o PCB seria objeto de investigação, mas todas as possíveis entidades e organizações que, por meio dessa associação concebida pela argumentação militar, estivessem próximas do comunismo. Ou seja, "os fatos apurados (...) não podem ser encarados isoladamente, mas, ao contrário, devem ser olhados em seu conjunto, com a ideia do todo, pois o crime dos indiciados não pode ser fracionado, tendo-se em conta o escopo que os movia, a todos, indistintamente".[13]

Dessa postura, decorre um equívoco importante: ao considerar o grande número de indiciados — todos eles oriundos de diversas esferas de influência, produção, atuação e propaganda ideológica (comunista ou não) — sob uma unidade referencial, a saber, jurídico-militar, "comunizaram-se" determinados indiciados que nenhuma relação tinham com o PCB e, por outro lado, amenizou-se a militância daqueles que, de fato, eram vinculados ao partido. Da mesma maneira se procedeu em relação às instituições. Aproximações diretas entre, por exemplo, Iseb e PCB, Centro Popular de Cultura da União Nacional dos Estudantes (CPC da UNE) e a editora Civilização Brasileira, Comando dos Trabalhadores Intelectuais (CTI) e PCB, entre outras entidades, não esclareceram a dinâmica das organizações brasileiras ligadas ao comunismo internacional, mas ampliaram a geografia de influência do PCB sequer imaginada pelo seu Comitê Central.

Intelectuais e a cultura de esquerda

A homogeneização do movimento comunista a partir da associação indistinta entre as organizações suspeitas de ligação com o PCB prejudicou o entendimento do Movimen-

---

[13] Inquérito Policial-Militar nº 481, 1966, p. 6519.

to Comunista Brasileiro (MCB), pois sua unidade foi comprometida em virtude dos inúmeros conflitos existentes no interior do próprio PCB, sobretudo a partir de 1958. A argumentação dos encarregados dos IPMs sobre a infiltração comunista descrevia uma situação irreal dentro das organizações, como se suas instâncias detivessem a mesma importância no quadro geral de propaganda e difusão do ideário comunista.

Esse, por exemplo, é o principal problema enfrentado por sociólogos, historiadores e cientistas sociais ao tomarem o comunismo e suas variantes como objeto de suas análises. Embora o "movimento" exprima uma unidade conceitual, nas condições empíricas de organização e reafirmação das práticas políticas, o "movimento" se desdobra em várias dezenas de tendências, interpretações, variantes e até dissidências no seu próprio interior. Da mesma maneira que o "movimento" e o seu aspecto unitário dá lugar a partes confluentes que se organizam conforme práticas, tensões e embates políticos, o conceito de "grupo" — de certo modo, empregado com essa função pelos encarregados dos IPMs em seus processos — não auxilia na compreensão do comunismo como fenômeno social, político ou cultural. Os relatórios anexos aos IPMs tentaram apresentar uma investigação sobre esses três campos que, segundo seus encarregados, eram vítimas da infiltração comunista. Mas, ao considerar estes fenômenos a partir das noções de "movimento" organizado e "grupo" constituído estritamente por e pelos comunistas, impossibilitou qualquer tentativa de se construir uma genealogia do comunismo brasileiro. A sua interpretação contribuiu, em verdade, para a construção de uma representação acerca do comunismo e da subversão que detalhou a complexidade do "crime", mas não a dinâmica complexa das organizações rotuladas como comunistas.

Desse modo, conceber as organizações e articulações de intelectuais a partir do conceito de "grupo", de alguma forma, compromete a análise da sua própria dinâmica interna. Torna-se necessário reconsiderar a abordagem dessas questões por outro prisma, a fim de não se incorrer no mesmo equívoco demonstrado pelos IPMs. Analisar as organizações do ponto de vista institucional ou a partir de conceitos como o de "grupo" resulta na representação de injunções, mas não define nem as articulações que levaram à formação da unidade, nem o modelo explicativo que representa essa mesma unidade. Embora instituições tenham importância em determinados contextos sociais, culturais e políticos, em especial por seu papel como mediadoras entre diversas instâncias da vida social, o alcance explicativo esbarra, justamente, no seu perfil condensativo. As instituições, por sua própria constituição social, perfilam as diferenças dos elementos que compõem sua estrutura, a fim de respeitar a própria dinâmica do jogo social. Nesse sentido, seria contraproducente pressupor a existência formal da instituição (e seus modelos explicativos) sem a relação necessária (e prática) com aquilo que, por exemplo, Raymond Williams (2000:35) denominou *formações culturais*. Segundo o autor,

> se deduzirmos vinculações culturais significativas apenas do estudo das instituições, correremos o risco de deixar escapar alguns casos importantes em que a organização cultural não tiver sido, em qualquer dos seus sentidos comuns, institucional. (...) Poderemos deixar escapar o fenômeno muito surpreendente do "movimento" cultural, que tem sido tão importante no período moderno.

A análise dessas questões pelo vetor cultural se justifica, sobretudo por dois fatores: primeiro, o objeto colocado no centro das investigações são os intelectuais de esquerda e as suas articulações realizadas, sobremaneira, nas áreas de produção e circulação cultural. Ou seja, o espaço de representação intelectual, por excelência, é o cultural, a partir dos seus mais diferentes setores de produção e circulação. Segundo, as fontes aqui consideradas são resultantes das investigações militares sobre as articulações de intelectuais em torno de instituições ligadas à esquerda política, bem como das intervenções destes mesmos intelectuais no espaço público, como periódicos, boletins, manifestos, entre outros.

Nesse sentido, o conceito de *formações culturais* de Williams considera as imbricações no interior dos grupos de intelectuais e das instituições que realizam as mediações no espaço público. Ainda segundo Williams (2000:85),

> nenhum relato completo sobre uma formação pode ser feito sem atentar para as diferenças individuais em seu interior. Pode-se observar que formações dos tipos mais modernos ocorrem, tipicamente, em pontos de transição e intersecção no interior de uma história social e complexa, mas os indivíduos que ao mesmo tempo constroem as formações e por elas são construídos têm uma série bastante complexa de posições, interesses, influências diferentes, alguns dos quais são resolvidos pelas formações (ainda que, por vezes, apenas temporariamente) e outros que permanecem como diferenças internas, como tensões e, muitas vezes, como fundamentos para divergências e rupturas subsequentes, e para ulteriores tentativas de novas formações.

Analisar as *formações culturais* implica considerar o problema do indivíduo, o processo de inserção do sujeito na estrutura que, por sua vez, define a própria formação.

Neste caso, o indivíduo aqui considerado é o intelectual de esquerda que emerge na busca e na construção de um campo autônomo de atuação e representação públicas. Essa intelectualidade pode ser mais bem definida e esmiuçada a partir da noção de *núcleos intelectuais*, tendo em vista que essa denominação procura exprimir o polimorfismo das organizações e grupos de intelectuais em questão. A importância desse procedimento não é apenas semântica, mas está relacionada a um objetivo posterior: demonstrar que a representação que os militares fizeram do "movimento comunista", por meio dos IPMs, reafirma e procura legitimar, por exemplo, a suposição de uma unidade primordial do próprio "movimento".

A relevância desses *núcleos intelectuais* que se articularam ao redor do PCB, a partir da segunda metade da década de 1950, está no "desajuste fecundo" dos seus integrantes e não apenas no seu potencial enquanto movimento organizado. É justamente nesse ponto que uma sociologia dos intelectuais comunistas se torna complexa, pois não se trata simplesmente de determinar limites entre as tendências e as dissidências em grupos estanques. Mas, ao contrário, dissecar esses contingentes de esquerda e qualificar suas intervenções a partir de uma tipologia que, ao mesmo tempo, preserve a vocação destes intelectuais para a unidade, mas, por outro lado, ressalte os aspectos anômalos que não nos permitem classificá-los como um "grupo". Com isso, será possível colocar em evidência as tensões e as contradições presentes na formação destes *núcleos*.

A presença destes intelectuais, primeiramente na imprensa de esquerda e, mais tarde, num circuito mais amplo de produção e circulação de bens culturais, a exemplo do descrito pelo ensaio de Roberto Schwarz (1978) sobre a hegemonia cultural de esquerda, coloca também a necessidade de se confirmar se, de fato, houve uma política cultural do PCB — e até em que medida ela confluiu para a hegemonia de esquerda problematizada por Schwarz. Em outras palavras, se podemos descrever o PCB de meados da década de 1950 como um "aparelho político-cultural", quais são efetivamente os fatores que indicam a unidade desse projeto? Ou, do contrário, quais são as tensões exercidas entre seus intelectuais que impossibilitaram a realização de uma política cultural integrada? Ou ainda: como podemos confirmar, a partir das disputas estéticas e ideológicas em torno do partido, a existência de uma política cultural definida programaticamente pelo PCB?

É exatamente nessa confluência de questões, em geral formulada a partir de modelos explicativos que correm o risco de reduzir a complexidade cultural inerente a esse contexto de transformações sociais profundas, que se deve buscar uma conceituação que considere a organização heterogênea destes *núcleos intelectuais*. Por "núcleos" podemos supor uma determinada forma de articulação de contingentes intelectuais que não se define por uma organização político-ideológica unificada; por outro lado, essa mesma chave interpretativa pode aproximar determinados agentes sociais dispersos que se reconhecem num mesmo processo de construção de legitimidade intelectual. A partir dessa perspectiva, a noção de *núcleo intelectual* não adota posições relativas, tal como o conceito de campo intelectual, nem fixa limites, tal como o rígido conceito de grupo.

Daí que o conceito de *formações culturais* de Raymond Williams contribui para essa leitura angular. Este conceito é pertinente para se pensar as relações e o estabelecimento de redes entre intelectuais, bem como o alcance e a influência que eles exerciam a partir de seus polos de produção cultural. A questão central levantada por Williams (2000:57) é que "temos que lidar não só com instituições gerais e suas relações típicas, mas também com formas de organização e de auto-organização que parecem muito mais próximas da produção cultural". Tais processos de "auto-organização" implicam modelos diferenciados de análise e subentendem a complexidade original das agremiações culturais e intelectuais. Essa complexidade refere-se ao espectro, às variantes ideológicas e estéticas que fogem às classificações, mas que revelam, na sua organicidade, desajustes das formas de organização de intelectuais e artistas, bem como as leituras feitas a partir dela — em especial, a dos militares por meio dos IPMs.

No estudo das relações estabelecidas entre comunistas oriundos do PCB e intelectuais que gravitavam em torno do partido, é preciso realizar outra leitura angular: investigar como foram construídas efetivamente as redes intelectuais que resultaram em tais *núcleos* e de que forma se deu o processo de sua legitimação; do mesmo modo, avaliar os usos e os desusos do engajamento político no interior de projetos (políticas?) culturais. Um ponto de partida pode ser sugerido: se a organização do setor de produção e circulação cultural na década de 1960 foi, em parte, protagonizada pelas disputas destes intelectuais em torno dos seus respectivos projetos de engajamento e de transformação da realidade brasileira, essa mesma condição é inerente às organizações políticas de esquerda — em especial a dos comunistas, que há décadas mantinha um aparato sofisticado de difusão cultural, tendo por base a organização partidária como referência institucional.

Na passagem da década de 1950 e 1960, essa referência institucional política daria espaço a outro tipo de organização, esta mais complexa e diversa, abrindo espaço para as dissidências antes atenuadas pela centralidade política do PCB. O desmantelamento gradual de um conjunto de referências políticas e ideológicas possibilitou a emergência não somente de novos atores na cena cultural, mas também gerou um novo campo de problemas e questões a serem pensados e problematizados por esses novos atores.

Daí também uma realidade em crise para os intelectuais vinculados ao PCB e outro e novo horizonte por se trilhar pelos intelectuais que não assumiriam mais a perspectiva onisciente do partido, mas a posição política resultante da formação crítica do novo intelectual. Dessa forma, outras modalidades de articulação externas ao partido iriam ao encontro daqueles intelectuais integrantes de movimentos mais amplos de organização heterogênea, nas quais estariam contempladas as instituições culturais, entidades político-sociais, associações de trabalhadores intelectuais e assim por diante.

No interior desse processo de renovação, outras questões emergiram como centrais na configuração dos debates entre as diversas *formações culturais* de esquerda, como também possibilitaram a concretização de um temário dessas *formações* no ambiente de mercado — componente essencial na organização das resistências culturais ao regime militar no pós-64. Noutras palavras, a representação e a visibilidade dos *núcleos intelectuais* — aqui representados na complexidade e heterogeneidade de suas opiniões, convicções e projetos — estiveram vinculadas a um caráter dúbio. Os intelectuais, para concretizar um projeto coletivo e superar a individualidade inerente ao seu trabalho, tiveram que propor formas de articulação próprias consolidadas no âmbito da cultura, justamente no momento em que esta adquiria feições industriais e mercadológicas em meados da década de 1960.

Mesmo para os militares e o imaginário constituído acerca dos comunistas, a questão envolvia uma sofisticada rede de relações sociais, na qual o comunismo servia à organização de grupos e indivíduos com relativo poder de influência e persuasão. É daí, de certo modo, que advém a preocupação das investigações em tomar como objeto tais organizações, entidades e instituições vinculadas às esquerdas e ao comunismo, do que simplesmente adotar uma postura de coerção dos comunistas sobre os setores populares. A exemplo do que descrevia a introdução do IPM nº 709 (1966),

> existe um número fabuloso de intelectuais comunistas. Pode-se afirmar, inclusive, que a compreensão do comunismo exige um estágio intelectual superior.

O comunismo é uma ideologia complexa em seus fundamentos filosóficos. Para proporcionar o conhecimento do comunismo, os partidos comunistas mantêm um sistema educacional desenvolvido e atuante. (...) Por essas razões não se pode penetrar abruptamente em um inquérito policial-militar sobre atividades subversivas de uma organização comunista, sem ter uma dimensão, mais ou menos sólida, a respeito desse problema.

Por isso a investigação militar no inquérito se deu em função do reconhecimento das formas de articulação de intelectuais no interior e em torno do PCB. O papel desempenhado por eles na divulgação, na agitação e na propaganda teve um impacto forte sobre a sociedade brasileira, na medida em que a visibilidade pública do partido era garantida pelas associações entre comunistas e simpatizantes do comunismo internacional, em nome de uma transformação política mais ampla. Ou seja, as teses do PCB obtiveram maior alcance não com o aumento da bancada partidária — até porque o partido estava na ilegalidade desde 1947 —, mas com a articulação política, no processo de ideologização dos problemas brasileiros a reboque das organizações extrapartidárias que se formaram em torno do PCB.[14] Daí a importância de um setor específico e da sua emergência enquanto elemento voltado para a construção de uma imagem pública do partido: os intelectuais.

A concepção construída pelos militares acerca da importância do papel desempenhado pelos intelectuais, sobretudo de esquerda, no processo de articulação das forças comunistas tinha esse fundamento explícito: por não estarem vinculados politicamente ao PCB, inúmeros intelectuais integravam uma organização complexa e ampla que envolvia uma série de acordos e ajustes com o intuito de promover o partido e colocar a sua ilegalidade em debate pela sociedade brasileira. Era necessário para estes intelectuais a mobilização da opinião pública para o fato da repressão e perseguição políticas. Tal articulação dos intelectuais comunistas foi detalhada por este IPM a partir das etapas da "construção" do MCB, da "infiltração comunista", da "agitação e propaganda", do "movimento de massas" e, por fim, da "ação violenta".[15]

Embora a publicação em livro deste inquérito em quatro volumes no ano de 1966 contenha apenas o relatório final, ela representou uma contraofensiva de informa-

---

[14] A respeito dessa "expansão" verificar, por exemplo, Segatto (1995).

[15] Estrutura que, por sua vez, define a organização do IPM nº 709. Dada a importância atribuída ao movimento comunista pelos militares no processo de subversão, essa lógica da produção de informação sobre a ação comunista no Brasil esteve associada não apenas ao IPM do PCB, como a outros IPMs que tomaram como objeto a subversão e a defesa da DSN. Ver IPM nº 709 (1966:14-15).

ção de caráter militar. Ou seja, a batalha travada entre militares e comunistas desde antes do golpe militar de 1964 estendeu-se pelas décadas seguintes e a publicação do IPM nº 709 pela Biblioteca do Exército foi apenas um dos confrontos aos olhos da opinião pública. O dado curioso é que essa coleção foi editada, inicialmente, nas dependências da gráfica Lux, na cidade do Rio Janeiro. A gráfica Lux, entretanto, esteve envolvida com projetos editoriais de intelectuais e editores ligados ao PCB. A própria gráfica Lux, na pessoa do seu proprietário, o advogado Felix Cohen Zaide, havia sido indiciada em inquérito militar, a fim de apurar fatos sobre a publicação do livro *Fundamentos da filosofia marxista*.[16] Os três últimos volumes da coleção ficaram a cargo de uma pequena gráfica carioca, a Liverte.

O primeiro volume constituiu-se numa introdução ao problema do comunismo no Brasil. Procurou apresentar a questão de modo mais amplo sem considerar especificamente o PCB, exceto em seu último capítulo. Desse modo, o volume procura analisar as "bases ideológicas" e o "internacionalismo proletário", e apresenta uma "síntese história do Partido Comunista", as "características gerais da ação comunista", a "evolução da linha política" e, por fim, "o PCB e a política nacional". De um modo geral, esse primeiro momento do relatório tinha o "objetivo de ambientar os julgadores, as autoridades e os leitores do problema comunista brasileiro, em sua vinculação internacional".[17]

Citando Lênin, no tópico correspondente ao problema da agitação e propaganda comunistas, o relatório descrevia que "o propagandista atua principalmente por escrito, o agitador de viva voz".[18] Entre os instrumentos, segundo os militares, responsáveis pela agitação e propaganda e considerados como principais, estavam os cartazes, faixas, flâmulas, panfletos, boletins, jornais, revistas, livros, opúsculos, rádio, televisão, cinema e teatro. O fato é que, para estes militares imbuídos da causa anticomunista, "um livro, um jornal ou, às vezes, um simples artigo poderiam ocasionar resultados mais trágicos que uma arma assassina".[19]

De todo modo, vale frisar que as tensões acerca das diretrizes sobre a organização da imprensa popular, capitaneada sobretudo por organizações ligadas ao PCB,

---

[16] Conforme noticiou o *Jornal do Brasil* em 19 de janeiro de 1972 em matéria intitulada "Justiça Militar absolve editores denunciados por publicarem livro marxista". Recorte anexo ao IPM do Iseb.

[17] IPM nº 709, (1966, v. 1, p. 5).

[18] Id., p. 171.

[19] Id., p. 177.

se davam no processo de arranjo dos *núcleos intelectuais* envolvidos com a imprensa. As entidades vinculadas ao partido, de certo modo, procuravam manter a unidade organizacional e política do PCB e do seu programa; contudo, os *núcleos intelectuais* representavam a quebra dessa unidade em nome da democracia política sem qualquer tipo de sectarismo ou centralização.

Apesar de ter sido aberto um inquérito específico para a investigação da imprensa comunista no Brasil (o IPM nº 683 sobre a imprensa comunista), o IPM nº 709 também voltou sua atenção para esse fenômeno, considerando o problema da propaganda e da agitação como pano de fundo — já que desde os primeiros momentos de instauração dos inquéritos a imprensa sempre foi, para os militares, o maior veículo de agitação e propaganda comunista.

No momento da ilegalidade do PCB a imprensa foi o principal meio de difusão e comunicação entre organizações próximas ou simpáticas ao comunismo. Desse modo, toda a reorganização do partido pós-1947 foi orientada, em grande parte, pelos meios de comunicação que estavam a serviço do partido ou que simplesmente estavam afinados com sua postura política e ideológica. A atividade de aglutinação, de organização dos militantes, bem como a contemplação de novos temas e problemas no interior do partido, se deu nesse processo de criação de uma cadeia de jornais, editoras e gráficas dispostas a contribuir com o debate a partir do programa do PCB.

De qualquer modo, e os militares tinham conhecimento disso, embora a doutrina partidária em matéria de imprensa fosse a da centralização, as dificuldades de difusão em território nacional, principalmente em virtude do constante perigo das apreensões policiais, fizeram com que o partido fosse levado a grande descentralização. Desse fato resultou a manutenção de uma imprensa diversificada, mas minimamente coesa com as diretrizes do PCB. Foram os casos, por exemplo, dos jornais *Política e Negócios, Imprensa Popular, O Semanário, Liga, Panfleto, Bancário, Voz Operária, Jornal da Semana, Gazeta Sindical* e *Orla Marítima* (Guanabara); *Notícias de Hoje, Terra Livre* e *Unidade* (São Paulo); *Jornal do Povo, Novos Rumos, Voz do Povo, Nossa Luta, Edifício, Binômio, Ação Popular* e *Política Operária* (Minas Gerais); *Tribuna do Povo, Jornal do Povo* e *Hoje* (Paraná); *O Democrata* (Ceará); *Folha Popular* (Rio Grande do Norte); *Folha do Povo, A Hora* e *Unidade* (Pernambuco); *Folha Popular* (Sergipe); *O Momento* e *Tribuna do Sul* (Bahia); *Folha Capixaba* (Espírito Santo); *Tribuna Gaúcha, Tribuna do Povo* e *Voz do Povo* (Rio Grande do Sul); *Estado de Goiás* e *Agora* (Goiás); *O Democrata* (Mato Grosso).[20]

---

20 Conforme relação anexa em IPM nº 709 (1966, v. 3, p. 95-98).

Do mesmo modo, a produção bibliográfica foi objeto de atenção do IPM n°709, tendo em vista que se editavam não apenas obras clássicas de formação política, mas também uma vasta rede de edições que divulgava a produção intelectual nacional por meio da qual se discutiam os problemas nacionais. Produção que, por sua vez, fomentou a formação de um corolário temático e teórico, pois, no momento em que se formou uma rede editorial contendo jornais e editoras, foi possível construir também uma "unidade epistêmica". Isto é, a intelectualidade envolvida nesse processo, de alguma forma, conduziu política e ideologicamente estes instrumentos de propaganda, mas sua unidade foi construída sob muita tensão existente entre os integrantes dessa rede. A unidade identificada pelos militares ao qualificar aquilo que ficou conhecido como "imprensa comunista" serviu muito mais como uma adjetivação. Editoras classificadas neste IPM como empresas a serviço do comunismo internacional, a exemplo da Editorial Vitória, Fulgor, Gráfica Editora Itambé, Gráfica Editora Aliança, Edições Futuro, Universitária, Obelisco, Felman-Rêgo, Nova Cultura, Problemas Contemporâneos, Brasiliense e Civilização Brasileira, mantinham projetos editoriais distintos e, em algumas ocasiões, contraditórios. Sabe-se, por exemplo, que a Editorial Vitória, empresa gráfica oficial do PCB, editava cartilhas de formação política enquanto a Brasiliense e a Civilização Brasileira mantinham uma postura crítica em relação ao material editado pelo partido, por meio da Editorial Vitória.

Isso significa afirmar que as investigações militares por meio dos IPMs se estenderam para além das organizações comunistas e atingiram pessoas que, em princípio, não possuíam relação alguma com o PCB. As discrepâncias de muitas informações levantadas (ou supostas) por inquéritos como o do Partido Comunista criminalizavam determinados indivíduos, fazendo-as se aproximar de um modelo de análise que permitia aos coronéis responsáveis pelos IPMs qualificar determinado réu ou testemunha como comunista.[21] Era necessário, segundo a lógica das investigações, identificar todas as instâncias de politização e propaganda afinadas com o partido, e não simplesmente averiguar a estrutura partidária.

Essa obsessão pelo levantamento de informações gerou um sem-número de processos e inquéritos semelhantes ao IPM do PCB. Outros tantos inquéritos policiais-

---

[21] A exemplo do que escreveu o editor Ênio Silveira (proprietário da Civilização Brasileira) no artigo publicado no jornal *Última Hora*, em 30 set. 1962: "transformou-se em arma de guerra psicológica, difundindo meias verdades e totais mentiras ou calúnias sobre pessoas, firmas, entidades, movimentos e grupos suspeitos de pactuar com o *inimigo*. Transformou-se em rótulo elástico o adjetivo comunista, pois basta alguém se desviar um milímetro dos códigos e normas de comportamento ideológico adotados pela classe dominante para logo ser com ele aquinhoado". In: Inquérito Policial-Militar n° 481. IPM do Iseb (1966, v. 3, p. 568-569).

militares foram instaurados, buscando a especificidade das organizações e entidades políticas de oposição ao regime militar, quando não de militantes comunistas propriamente ditos. Ou seja, o IPM nº 709 foi um entre outros tantos inquéritos que foram abertos e que, considerados em conjunto, compreendem um montante significativo de informações que os órgãos militares dispunham acerca dos "elementos de subversão".

Não somente as organizações políticas ou sindicais foram objetos de inquéritos. Entre as investigações militares que priorizaram o estudo das ações e relações empreendidas entre militantes do PCB estavam os intelectuais. Durante o regime militar, a mobilização e a articulação de setores intelectuais como jornalistas, escritores, professores, editores, produtores culturais, bem como de artistas foram acompanhadas atentamente por órgãos de informação ligados ao governo.

A importância atribuída pelos militares aos intelectuais no fortalecimento da ideologia comunista, antes e depois do golpe de 1964, tem dimensões mais complexas que simplesmente a subversão. Cumpre lembrar que esta caracterização era apenas um dos matizes que compunham o imaginário anticomunista presente em alguns setores militares e disseminado em diversas esferas da sociedade civil. Em outras palavras, a organização da intelectualidade de esquerda em torno e a partir do PCB foi um fenômeno complexo e não correspondeu necessariamente à determinação partidária ou qualquer tipo de centralização institucional. A articulação das forças políticas e ideológicas fomentadas pelo setor cultural esteve à margem da oficialidade partidária, pois sua importância como instrumento político se depreendeu dessa mesma organização dos intelectuais que se fez ao longo do processo de revisão do PCB a partir de meados da década de 1950.

Assim, a maioria destes intelectuais não militantes e devotados à "causa cultural" como espaço autônomo de atuação e representação foi engolida por um processo que procurava associar as lutas culturais com as manifestações comunistas internacionais existentes em território brasileiro. A simplificação — aqui reforçada pelos militares nos inúmeros IPMs então instaurados — gerou um quadro confuso e limitado do fenômeno das esquerdas culturais no final da década de 1950 em diante. Ao inferir, aproximar e associar as intervenções públicas de intelectuais sobre a questão cultural e o seu papel transformador da realidade brasileira com o comunismo, tornou-os não apenas subversivos com penalidade prevista na LSN, como também interferiu no processo de formação de um campo intelectual autônomo.

Ainda que camadas da intelectualidade de esquerda desempenhassem um papel significativo na divulgação das ideias do PCB ou tivessem algum tipo de consonância com as diretrizes do Comitê Central (CC), sua força política era questionada até mesmo pelo próprio partido. Desse modo, a emergência da intelectualidade de esquerda identificada pelos IPMs não fora subsumida na subversão, como se esta fosse o principal componente identitário daquela intelectualidade. Entretanto, é fato que essa representação construída pelos militares favoreceu a visibilidade daquele contingente que até então era preterido, inclusive, dentro dos próprios partidos políticos de esquerda, sobretudo, o PCB. A identificação dessa nova força política pelos militares advinha de um quadro anterior ao golpe e que culminou na eclosão de novos atores sociais, em meio às transformações políticas operadas ainda no pré-golpe.

Referências

ABREU, Alzira Alves de et al. *Dicionário histórico-biográfico brasileiro*. Rio de Janeiro: Cpdoc/FGV, 2007 (verbete Lei de Segurança Nacional, disponível em: <www.fgv.br/cpdoc>).

ALVES, Maria Helena Moreira. *Estado e oposição no Brasil (1964-1984)*. Bauru: Edusc, 2005.

CARONE, Edgard. Declaração sobre a política do PC (1958). In: _____. *O PCB*: 1943-1964. São Paulo: Difel, 1982. p. 176-196.

FREDERICO, Celso. A política cultural dos comunistas. In: MORAIS, João Quartim de (Org.). *História do marxismo no Brasil*. Campinas: Unicamp, 1998. v. III, p. 274-304.

KLEIN, Lúcia; FIGUEIREDO, Marcus F. *Legitimidade e coação no Brasil pós-64*. Rio de Janeiro: Forense-Universitária, 1978.

LIMA, Hamilton Garcia de. *O ocaso do comunismo democrático*: o PCB na última ilegalidade (1964-1984). Tese (Doutorado em Ciência Política) — Instituto de Filosofia e Ciências Humanas, Universidade Estadual de Campinas, Campinas, 1995.

MOTTA, Rodrigo Patto Sá. *Em guarda contra o perigo vermelho*. São Paulo: Perspectiva/Fapesp, 2002.

PONTE PRETA, Stanislaw. *Febeapá nº 1* — festival de besteira que assola o país. Rio de Janeiro: Civilização Brasileira, 1996.

_____. *Febeapá nº 2* — festival de besteira que assola o país. Rio de Janeiro: Sabiá, 1967.

RIDENTI, Marcelo. Brasilidade vermelha: artistas e intelectuais comunistas nos anos 1950. In: BOTELHO, André; BASTOS, Elide Rugai; VILLAS-BOAS, Gláucia (Orgs.). *O moderno em questão:* a década de 1950 no Brasil. Rio de Janeiro: Topbooks, 2007. p. 169-209.

RUBIM, Antônio Albino Canelas. *Partido Comunista, cultura e política cultural*. Tese (Doutorado em Sociologia) — Faculdade de Filosofia, Letras e Ciências Humanas, Universidade de São Paulo, São Paulo, 1987.

_____. Marxismo, cultura e intelectuais no Brasil. In: MORAES, João Quartim de. *História do marxismo no Brasil*. Campinas: Unicamp, 1998. v. 3, p. 305-382.

SANTOS, Raimundo. *A primeira renovação pecebista*: reflexos do XX Congresso do PCUS no PCB. Belo Horizonte: Oficina de Livros, 1988.

SCHWARZ, Roberto. Política e cultura: 1964-1969. In: _____. *O pai de família e outros estudos*. Rio de Janeiro: Paz e Terra, 1978.

SEGATTO, José Antonio. *Reforma e revolução*: vicissitudes políticas do PCB (1954-1964). Rio de Janeiro: Civilização Brasileira, 1995.

WILLIAMS, Raymond. *Cultura*. Tradução por Lólio Lourenço de Oliveira. 2. ed. São Paulo: Paz e Terra, 2000.

Fontes

INQUÉRITO Policial-Militar nº 481. *Relatório parcial do inquérito*. IPM do Iseb. Brasília: STM/Se-Arq, 1966. 26 v.

INQUÉRITO Policial-Militar nº 709. *O comunismo no Brasil*: o inquérito policial militar nº 709. Rio de Janeiro: Biblioteca do Exército, 1966. 4 v.

PARTE IV

CULTURA, POLÍTICA E MODERNIDADES

11   A língua, vetor motriz da modernidade nacional: o caso da América Latina ou os caminhos paradoxais da referência linguística estrangeira[*]

Denis Rolland

Examinaremos aqui uma "modernidade alternativa" em um quadro político bastante amplo, arriscando alguns paralelos não habituais e estabelecendo relações cronológicas em largos espaços.[1] Trata-se de uma pesquisa preliminar sobre o tema das evoluções das identidades nas fronteiras culturais da Europa e sobre a influência das ondas de modernidade conduzidas sob a influência das problemáticas coletivas desse grupo, de minha atividade durante vários anos como especialista no Conselho da Europa para as escolas de estudos políticos[2] e de meu papel como responsável por um mestrado internacional sobre o processo de integração europeia.[3]

Usarei meus conhecimentos relativos à América Latina e ao Brasil para ensaiar uma contextualização global no mundo ocidental.

Seria a língua um vetor de modernidade nacional? Em que medida a referência a uma língua estrangeira pode constituir uma negociação moderna da identidade nacional?

Sabe-se que a língua inglesa constitui, ao menos desde a metade do século XX, com frequência um aparato do mundo moderno ou, senão ao contrário, a recusa a uma globalização sob o impulso norte-americano passa às vezes por uma associação entre tradicionalismo e contestação da hegemonia linguística anglo-saxã.

Antes, a língua francesa foi também hegemônica em grande parte do mundo ocidental. De Moscou ao Rio, entre a segunda metade do século XIX e a primeira metade

---

[*] Tradução de Vitor Acselrad.

[1]   Siglas das fontes citadas em nota — Amae: Ministério Francês de Assuntos Estrangeiros; Arquivos FNSP: Fondation Nationale des Sciences Politiques, Centre d'Histoire, Paris; BNF-ASP, FJ: Bibliothèque Nationale de France, Section des Arts du Spectacle, Fonds Jouvet.

[2]   Disponível em: <www.peap.fr/dn_ecoles_detudes_politiques/>.

[3]   Disponível em: <www.mastercrie.unisi.it/>.

do século XX, para parecer culto, elegante e "moderno" era preciso falar francês ou pelo menos conhecer e utilizar algumas de suas palavras. A América Latina e o Brasil em particular participaram longamente dessa influência. Mas há um paradoxo francês do qual participam menos a língua e a influência anglo-saxãs: a identidade francesa, com suas raízes popular e cidadã de vocação universal, de fato encontra sobretudo o cosmopolitismo e o sentimento epigonal das elites latino-americanas. Sem que isso seja deliberado ou geralmente consciente, a língua francesa funciona com frequência, na América Latina como alhures, como fator de diferenciação menos cultural que social.

Levando essa lógica ao extremo, mas não sem razão, podemos nos interrogar sobre a retirada progressiva da língua francesa no mundo ocidental em novos termos: vetor de uma forma de modernidade radical no século XIX, a língua francesa no século XX pode aparecer como antimoderna, como um obstáculo conservador e tradicional para as novas ideias, para as novas elites. Na formação e nas evoluções das identidades nacionais modernas, as modernidades passam, sucedem-se, sobrepõem-se, concorrem, mas se contrapõem também. É o que veremos aqui de maneira muito sintética em três tempos: lembrando como, em regra, as identidades nacionais modernas se associam no mundo ocidental a um referente linguístico nacional. Em seguida, examinando como, na América Latina, a impossibilidade dessa distinção conduz, em nome da modernidade, a uma duradoura sobrevalorização do francês pelas elites em um contexto ocidental favorável a essa língua. Enfim, sublinhando como a língua francesa tornou-se progressivamente, no século XX, um símbolo insular de uma forma de resistência por vezes conservadora diante das novas ondas de modernidade.

As identidades nacionais modernas e a questão do referente linguístico

O ambiente geral da formação das identidades nacionais modernas foi notadamente posto em evidência em especial por Anne-Marie Thiesse (1999). Na Europa ocidental, os ingredientes são comuns, mas a composição é específica. A construção das identidades nacionais modernas decorre ao mesmo tempo de um fenômeno profundamente internacional na origem do que se denominou um "sistema Ikea". Esse paradoxo é, contudo, bem conhecido: quaisquer que sejam os confrontos a que cheguemos, a identidade nacional moderna na Europa ocidental, da Inglaterra à Rússia, passando pela França e a Alemanha, é amplamente elaborada a partir de um modelo comum e constitui uma "invenção" internacional. Mecanismos similares de afirmação nacional atravessam toda a Europa.

A língua, vetor motriz da modernidade nacional

Até o século XVIII, não há nação no sentido moderno. O rei é a encarnação do poder político, o representante da "comunidade ampla". A Revolução Francesa foi, a partir daí, confrontada com a necessidade de reinventar rapidamente uma nova comunidade e um novo processo de identificação. Porém, se esse imperativo do modelo "nacional" moderno de inventar é seguramente francês, o processo geral é certamente internacional. A referência ao passado não é mais ligada unicamente à Grécia e a Roma antigas: valoriza-se em vez disso o enraizamento local, "inventa-se" a herança simbólica e material autóctone, esse "rico legado de todos os dias", segundo a expressão de Ernest Renan. E a língua vernacular é para ela o primeiro suporte. Esse "sistema Ikea" de construção das identidades nacionais modernas do mundo ocidental é validado em seguida pela adesão coletiva à ficção homogênea e pelos catecismos pedagógicos.

A partir da metade do século XVIII, pode-se observar na Europa um movimento de mutação radical da legitimidade cultural: em algumas décadas, o classicismo importado é contestado por uma modernidade autóctone. No universo das referências culturais, passa-se assim da hegemonia da *Ilíada* e da Antiguidade greco-romana às novas proposições ou declinações modernas das epopeias celtas ou eslavas — e primeiramente ossianistas. Nos anos 1770, a epopeia de Fingal narrada pelo bardo Ossian é construída por James Macpherson com os conselhos de seu mestre Hugh Blair. E esse grande mito "indígena" será muito rapidamente difundido, traduzido, lido e utilizado como modelo em toda parte na Europa continental. Os celtas fizeram uma incursão fracassada ao lado dos "modernos" contra os "clássicos", contra o grego e sobretudo o latino, contra Grécia e Roma: o bárbaro autóctone contra o conquistador vindo de Roma (estamos aqui na fonte, para a França, do refrão escolar "nossos ancestrais, os gauleses", e do sucesso da história em quadrinhos de Asterix e os gauleses). Com Herder, Goethe, os irmãos Grimm, Napoleão (os afrescos de Malmaison), entre muitos outros, até o espectral "manuscrito" do *Canto da tropa de Igor* do Conde Moussine Pouchkine na Rússia, o triunfo da epopeia ossianista é generalizado na Europa (Thiesse, 1999: caps. 1 e 2). É o triunfo da choupana (de Branca de Neve, dos contos de Grimm...) contra o palácio, do rural contra o urbano. Mas é também da língua local contra a língua importada: notadamente contra essa língua francesa vetor do classicismo, hegemônica entre as elites europeias no século XVIII e numa parte do século seguinte, de Munique a Moscou.

Em inúmeros casos europeus, o processo de confrontação da identidade nacional moderna é acompanhado pela valorização ou pela construção de uma língua nacio-

Intelectuais e modernidades

nal: se desde Benedict Anderson (1983) se pode discutir se o vernáculo padronizado e (re)instituído está na origem do sentimento nacional ou se ele o acompanha, o fenômeno parece muito bem estabelecido na Europa ocidental, central e oriental. É o que constatamos — e a lista não é exaustiva — com o alemão nos países germânicos contra o latim e o francês; com a valorização do russo no império czarista contra um francês privilegiado de bom grado nos palácios de S. Petersburgo; no século XIX com o sérvio ou o búlgaro (sobretudo no fim do século XIX com o montenegrino), com o norueguês na querela Landsmaal contra Riksmaal, e, também de certa maneira, com o resgate do catalão pelas elites de Barcelona, com o hebraico moderno contra o iídiche na Palestina e, depois, em Israel...

Na América Latina, entretanto, do México à Argentina, no momento das independências, a língua não pode ser um elemento discriminador do pertencimento nacional. É uma língua herdada do colonizador e partilhada com ele (mesmo com distinções ou evoluções de detalhe que tardarão, aliás, a ser reconhecidas como elementos distintivos, e não como elementos de periferia). O espanhol no hemisfério americano é, além disso, uma língua de dimensão continental. Nessas condições, a língua francesa pode permanecer longamente um veículo de modernidade, uma metarrealidade essencial para a individualização das elites em seu próprio país, mas uma referência exterior complexa contendo em seu bojo, no limite, uma disputa entre cosmopolitismo e identidade propriamente nacional.

No século XIX, a língua francesa como vetor da modernidade na América Latina

No Brasil, como alhures na América Latina, o francês foi longamente a língua da identificação com a modernidade no século XIX: pois na América hispânica,[4] com as independências e a adoção da forma republicana que põe os novos Estados na direção exata da Revolução Francesa e na lógica liberal, constata-se o triunfo da modernidade teórica mais pura até do que na França, para onde logo retornou no quadro da monarquia constitucional posterior ao Império (Chevalier, 1993:157). Além disso, na América Latina, ao contrário do que ocorre com mais frequência na Europa, o pertencimento à nação não pode ser definido pelo sangue ou, salvo no Brasil, pela língua: no momento das independências, a nação pode apenas ser um projeto, organizado, pensado pelas elites, tomando por referência o contrato

---

[4] O Brasil imperial seguiu uma via de compromisso entre modernidade e tradição. Em 1889, nos estertores do Império, a celebração do centésimo aniversário da Revolução não pôde ocupar o espaço simbólico que ocupou em diversos outros países da América Latina.

social de Jean-Jacques Rousseau e apoiando-se na ideia de uma nação de indivíduos livres e iguais que decidem formar essa nação. O modelo do nacionalismo latino-americano é assim, de fato, fortemente ligado a uma percepção muito "francesa" do Iluminismo.[5] O peso real da língua francesa, "língua de cultura" no seio das elites, é acentuado pela primazia, à época, da literatura na hierarquia das artes. Além disso, no início do século XX, diversas correntes inovadoras têm uma origem francesa: fovismo e cubismo nascem em Paris, enquanto Picasso instala-se na cidade, o futurismo italiano faz dela um de seus locais essenciais de difusão,[6] os balés russos recolocam em questão a coreografia, e o cinema abre suas telas: os primeiros filmes projetados em Buenos Aires, seis meses depois das projeções de Paris, são os dos irmãos Lumière, em 18 de julho de 1896 (Rolland, 2005).

A língua francesa, cujo uso permanente pelas elites intelectuais Leibniz já lamentava, que Frederico II utilizava, que Goethe hesitou em escolher, que era a língua de uma parte da corte do czar, que foi também da corte do Império brasileiro, insinua-se então magistralmente nas línguas da América Latina. É o momento em que é "de *bon ton*", "*chic*", as pessoas "*comme il faut*" dizerem "*la soirée*", a "*matinée*", o "*bouquet*", a "*nécessaire*", o "*buffet*"... (cf., p. ex., Gerulewicz, 1968:87). E, "nascido do desejo de uma vida livre e fácil e da necessidade de um enriquecimento cultural que o viajante acreditava encontrar, tão logo houvesse percorrido as margens do Sena" (Séris, 1989:299), o "complexo de Paris" (Salinas, 1957:32) existe notavelmente antes de 1914, e de preferência em francês. Muitos são então os latino-americanos a fazer o "salto vital" rumo aos rios da França. A língua francesa é com bastante frequência o vetor considerado indispensável do universalismo moderno.

A publicação em Paris das revistas feitas por latino-americanos durante o século XIX e no início do século XX atesta essa presença, em espanhol, ou "melhor", quando possível, em francês... (Séris, 1989:301). No início do século, toda uma geração de intelectuais e de artistas latino-americanos oscila entre Madri ou Coimbra, onde encontra "o sangue do idioma e a seiva essencial das origens", e Paris (Rolland, 2010). Mas os braços da balança pendem com muita frequência em favor desta última, que dá o reconhecimento, consagra pela edição (Garnier, Bouret, Michaud, Ollendorff...)

---

[5] A memória coletiva reteve pouco da influência da Revolução de 1830 e do "momento Guizot", que estabeleceu o modelo de um liberalismo pragmático de compromisso reduzindo o " povo" à categoria de modernidade (restrições do sufrágio no Chile, na Argentina, no México...).

[6] Mas Paris permanece à margem de certos movimentos, como o expressionismo ou o *Blaue Reiter* de Munique.

ou um prêmio artístico. Assim, desde o fim do século XVIII, os estudantes brasileiros parecem preferir Paris a Coimbra; os artistas vão até ela procurar "o batismo da glória", tal como o escultor Brecheret — e com ele "a coorte futurista de São Paulo" — no Salão de Outono.[7] E eles não são os únicos a escolher a França: em 1889, a proclamação da República no Rio de Janeiro se faz ao som da Marselhesa em francês (Rolland, 2000); no início do século XX, valendo-se de uma moeda forte em virtude das exportações de café, os ricos fazendeiros não hesitam em viajar à Paris da *belle époque* para longas estadas luxuosas em família: as memórias de Alceu Amoroso Lima (1893-1983) e de Afonso Arinos de Mello Franco (1868-1916) não carecem de detalhes a esse respeito, enquanto as de Medeiros e Albuquerque ou Gilberto Amado especificam o que uma juventude brasileira vem procurar nessas ruas de Paris, as quais se assemelham tanto a rios "vindos da Grécia".[8] Mais ao Sul, a argentina Victoria Ocampo (1890-1979) surpreende-se em sua autobiografia: "Eu falo melhor francês do que espanhol, e o primeiro me agrada mais. Como isso acontece?" (Ocampo, 1991:29).

O essencial da educação dessa "rainha das letras argentina" muito francófila e amiga de vários escritores franceses se dá entre a Itália, a Inglaterra e a França. Durante toda a sua vida, ela "professa uma admiração quase fetichista por tudo o que era francês ou inglês".[9] Ela pode recitar de cor Baudelaire ou Valéry — com quem mantém uma correspondência privada.[10] Esse caso, certamente levado ao extremo a partir de uma cultura muito vasta e do "europeísmo", não é excepcional. "Essa atitude foi uma atitude típica de certa categoria de argentinos, e isso durante muito tempo, uma característica tão argentina quanto se vestir à inglesa ou tomar chá."[11] Assim como ao norte do subcontinente com Alfonso Reyes no México, por exemplo, do outro lado do rio de la Plata a situação não é diferente. Escutemos Supervielle, homem entre dois continentes, duas culturas, dois países, o Uruguai e a França, formado no início do século. Aquele que escreve que "a cada dia cem poetas latino-americanos sobem a avenida Champs-Elisées" ataca sem receio de ostracismo a língua espanhola. Com isso, ele representa os sentimentos de uma parte dessa burguesia imigrada e enriquecida às margens do rio de la Plata para a qual o uso do francês é um signo de civilização: "Eu sempre fechei deliberadamente

---

[7] Menotti del Picchia (Brito, 1964:131-132).

[8] Amado (1956:207, sobre uma estada em Paris em 1912). Cf. Carelli (1989:289).

[9] "Ela era argentina em suas qualidades e seus defeitos, nesse famoso europeísmo mesmo", segundo Ernesto Sábato (Ayerza de Castilho e Felgine, 1991).

[10] BNF-ASP, FJ, turnê na América Latina, Argentina.

[11] Ernesto Sábato (Ayerza de Castilho e Felgine, 1991).

ao espanhol as minhas portas secretas, aquelas que se abrem ao pensamento, à expressão e, digamos, à alma".[12]

Certamente, no início do século XX, a superioridade da língua francesa é um dogma intocável na França. Com outros, Renan participa dessa afirmação segundo a qual "a língua francesa importa para a ordem geral da civilização".[13] E o reflexo não parece desmentir a realidade: no Brasil, Georges Clemenceau (1911:63) observa antes da I Guerra Mundial que ele pode "se entregar com toda a confiança ao prazer de falar como um francês para os franceses, sem que nada venha lhe advertir quanto às particularidades de uma alma estrangeira, à qual ele teve que se acomodar". Quando em 1923, na qualidade de presidente da Comissão de Assuntos Estrangeiros da Câmara dos Deputados, Maurice Barrès visita a Argentina, é a mesma linguagem que é mantida, sem crítica do itinerário que lhe foi preparado.

Em vários estabelecimentos argentinos, o ensino de história e de ciências é ministrado em francês. Quase em toda parte, o francês é falado no estudo, no refeitório e durante o recreio. Em muitas dessas escolas, os filhos de nossos compatriotas mortos na guerra são aceitos gratuitamente, de sorte que os jovens, ao sair desses colégios, falam e escrevem em francês, [tendo sido] alimentados por exemplos emprestados [de] nossa história tanto quando por nossas obras-primas (apud Soppelsa, 1995:32).

Uma década depois, o presidente Getúlio Vargas, que possui algumas noções de cultura francesa ainda que proveniente de um estado pouco marcado pela influência francesa (o Rio Grande do Sul), "fala muito bem francês e espanhol"; mas fala muito pouco inglês, que é capaz de ler (a tendência é inversa entre todos os seus filhos).[14] É testemunha de uma pequena cultura francesa essa anedota relatada por um observador norte-americano fidedigno.

Um dia, foram-lhe submetidos desenhos para a cunhagem de uma nova série de moedas. A cabeça [o busto] de Getúlio se encontrava de um lado, e a do in-

---

[12] Supervielle (1951:146, escrito em 1946). Silvia Baron Supervielle escreve sem ambiguidades, sobre Buenos Aires, que, "quando se ouvia alguém falar francês, sabia-se logo que se tratava de coisas do espírito" (Lefort, 1995:126).

[13] Discurso na Aliança Francesa de Paris em 1888 (Blancpain, 1970:27).

[14] Notar-se-á a mudança na geração seguinte, pois "sua filha Alzira (...) percorre os livros e as revistas americanas e lhe dá os que ela acredita que vão interessá-lo mais", segundo Gunther (1943:393).

terventor do estado, de outro.[15] Vargas, olhando-os, declarou: "Muito bem! Eis uma moeda que vamos dedicar a Victor Hugo!". E, como seus assessores o olhavam desconcertados (sinal de que sua cultura não era tão voltada para a França!): "Com certeza, disse ele, *O homem que ri* de um lado e *Os miseráveis* de outro" (Gunther, 1943:397).

Durante a I Guerra Mundial, enquanto Vargas recebe Stefan Zweig ou o presidente Roosevelt, eles se comunicam ainda em francês, uma língua que continua a ser um elemento da cultura das elites tão transversal quanto discriminador. Nos anos 1930, Fernand Braudel e Claude Lévi-Strauss ainda ensinam em francês na Universidade de São Paulo. André Siegfried constata na saída de conferências proferidas no Brasil em 1937: "Sei por experiência que se pode falar francês perante audiências de 2 ou 300 pessoas e ser compreendido exatamente como seria na França (...). Pode-se mesmo falar com detalhes de nossa vida política ou literária, e todas as minúcias parecem interessar o público".[16]

E, ainda, quando a trupe do Ateneu-Louis Jouvet representa o teatro francês em francês na maioria dos países do continente entre 1941 e 1944, a compreensão da língua não parece um problema demasiado sério para as plateias — selecionadas, por certo: não é qualquer um que vai ver teatro "clássico", nesse momento, na América Latina!

A língua francesa — muralha conservadora contra novas "modernidades" na América Latina no século XX?

É assim razoável que, mesmo para uma sociedade amplamente "branca" e menos alfabetizada que em outras partes da América Latina como a da Argentina, o historiador Guy Bourdé (1987:1365) qualifique a relação com a França e outras potências europeias como "mimética de enclave". "Na Argentina", ele explica, "da *belle époque* à Segunda Guerra, os dirigentes políticos, quer fossem conservadores ou radicais (...), são fascinados pelos modelos da França, da Grã-Bretanha e da Alemanha". Para o Brasil, Afonso Henriques de Lima Barreto (1881-1922) descreveu uma burguesia vivendo em um cenário imitado de Paris, um centro urbano europeizado, temendo que os estrangeiros vissem os seus bastidores. Ora, se percebemos bem que a influência pode se estender mais profundamente na sociedade em ondas concêntricas,

---

[15] Esses interventores, cuja função foi criada a partir da Revolução de 1930, representam o poder central dentro dos estados.

[16] Arquivos FNSP, 1 SI 11 dr. 2 sdra, Impressions du Brésil, p. 22.

esse mimetismo permanece contudo circunscrito "a elites culturais numericamente reduzidas". Um observador francês que conheceu a Argentina escreveu, nos anos 1930 — porém no passado.

> Buenos Aires, sob o impulso da evolução, adquire as formas de cidade americana, e, contudo, sua alma é latina, nobremente, mais ainda: francesa e mesmo parisiense. (...) A cultura ali é, era até este dia, francesa unicamente. A elite passava a metade do ano na França, impregnada de nossas ideias... As classes liberais, menos viajadas (...) se formavam nas disciplinas francesas (...). Nossos clássicos, os enciclopedistas, eram seus mestres. Eles alimentavam com sua influência sempre vivaz as concepções filosóficas e políticas das classes médias, as mais ativas na Argentina (...). A Revolução Francesa lhes era maternal (Peyrouton, 1950).

A ligação com a França e, mais amplamente, com a Europa participa de práticas "que visam a reconhecer uma identidade social, a exibir uma maneira própria de estar no mundo, a significar simbolicamente um *status* e um segmento" (Chartier, 1989:1514). Assim podemos definir esse paradoxo elitista da referência à França e a uma República suposta universal. Seja ele consciente ou implícito, esse *status* as diferencia, primeiramente, do resto da sociedade latino-americana. Ele mostra, em consequência, os limites do enraizamento dessa referência em um modelo vindo da Europa.

> Em quase todos os países da América Latina, a elite é com efeito francesa pela língua, pelo tom da conversa: o conhecimento do francês é geralmente perfeito nos estratos mais elevados da sociedade; o "último salão onde se conversa", se não era mais em Paris, poderia ser no Rio, em Buenos Aires ou em Santiago do Chile.[17] (...) Seria perigoso, porém, dormirmos sobre esses louros. Não percamos de vista que essa influência da França sobre a América do Sul é uma influência do século XIX: sob o ângulo do liberalismo e do desenvolvimento do indivíduo, ela perpetua nessas regiões o irresistível impulso de 1789. Mas, *de nossa parte, nunca se tratou de uma conquista popular*, pois nossa clientela é composta essencialmente das camadas superiores da sociedade (Siegfried, 1934:153-155).

Em alguns países, até a primeira metade do século XX, a confiança nessa permanência da francofilia e da admiração funcional pela "França universal" repousa, paradoxalmente, na constatação dessa mesma concentração de poder no seio de uma bastante alta sociedade numericamente reduzida e fechada, preparada e dis-

---

17 Essa situação é também constatada na Colômbia e no Equador. Cf. *Revue de l'Amérique Latine*, p. 2, 1917.

posta apenas a "importar" — no caso, da França. Assim, quando, em 1943, um jovem universitário descreveu o Brasil como "um país de governo quase colonial, onde as grandes famílias conservam ainda um poder pessoal", a conclusão se impõe: é fácil "manter o prestígio da França pelas relações pessoais com essas famílias".[18] Pouco importa o grau de exatidão ou inexatidão dessa visão da concentração do poder na América Latina. Sejam elas 100, 200 ou mais, essa duradoura visão de país do continente, em "famílias", enclave de todos os poderes, onde se depositam por um tempo o modelo francês e a língua correspondente, e que bastaria manter, é perigosa: nada além de um estereótipo, até mesmo herdado de percepções nacionais, para mascarar evoluções no médio ou longo prazo; sobretudo, o continente é tudo menos imóvel, e as concorrências políticas e culturais externas logo se aprimoram.

No registro adotado pela maioria das fontes francesas da época, trata-se de um confronto: haveria, de um lado, a política dos EUA e uma cultura vulgar subordinada ao político; e, de outro, uma cultura nobre porque europeia e, antes de tudo, francesa. Para adotar uma terminologia contemporânea das evoluções estudadas, é de civilização que se trataria agora.

A constatação inicial da maioria das reflexões é, para retomar os termos prudentes de François Chevalier, a distância, considerável, entre a franja urbanizada de cidadãos ditos conscientes e a massa da sociedade, heterogênea, ainda majoritariamente estranha à modernidade em muitos países do subcontinente.[19] Com a terminologia de sua época, não despida do sentimento visceral de superioridade da cultura intelectual francesa, a notável abertura "geográfica" da cultura de André Siegfried lhe permite, a partir de 1934, exprimir duas "ameaças" capazes de atingir "a influência da França sobre" a América Latina: ameaças praticamente inelutáveis se admitirmos os termos utilizados; duas ameaças ligadas à expansão da civilização anglo-saxã.

A primeira seria a de uma democratização da América do Sul,[20] conforme o ideal material e quase mecânico do século vinte. Quando os povos de hoje se democratizam (...), eles elevam sem dúvida seu nível de vida (...), mas a tonalidade média pela eliminação das elites sociais tende uniformemente a se tornar mais comum. Ora, semelhante evolução ou revolução não os aproximam de forma alguma de uma França tradicional que, embora profundamente afeita à igualdade, conser-

---

[18] Amae, LCNF, 235, Brésil, note d'A. Gros, jan. 1943.

[19] Tomamos aqui alguns termos emprestados de Chevalier (1993:159).

[20] Utilizando a palavra América do Sul no sentido de América Latina.

vou, até em suas camadas populares, algum refinamento de espírito e de gosto. (...) A elite lia nossos livros, montava nossas peças de teatro, bebia nossos vinhos finos; a massa, emergente, frequentará os cinemas americanos, lerá os romances policiais traduzidos do inglês, beberá cerveja ou bebidas alcoólicas fortes.[21] (...) A França, nesse sentido, está um pouco fora de moda, e isso nos é dito bastante. O estabelecimento da democracia no mundo não se faz mais sob nossa inspiração. Foi a América do Norte que, há vinte anos, tomou a dianteira, uma vez que se trata da democracia do conforto, e seu materialismo não trabalha para nós (...).

A segunda ameaça, que reside na mecanização e na comercialização da vida, dificilmente é menor; ela é até mais direta, mais imediata. Quando os países, mesmo latinos, entram na escola dos métodos americanos, é natural que se voltem para os Estados Unidos (Siegfried, 1934:156-157).

E a América Latina seria aqui o objeto de uma manipulação: "é menos por gosto que por necessidade", concluiu André Siegfried.

Consideremos apenas o domínio linguístico que aqui nos preocupa.

No conjunto do continente, hispanófono ou lusófono (é necessário, certamente, classificar à parte o caso haitiano e os escravos coloniais da Europa), a língua francesa parece continuar sendo, em muitos grandes países, a língua estrangeira mais estudada pelas elites na América do Sul entre as duas guerras mundiais. Mas a realidade dos anos 1920, herdeira do século XIX, é discutida em toda parte durante os anos 1930. O declínio da língua francesa antes da II Guerra Mundial é conhecido na América Latina. Por um lado, ela não está mais, salvo em alguns países, no primeiro lugar das línguas estrangeiras faladas pelos jovens membros das elites; entre os fatores que contribuíram para esse recuo, o declínio das congregações educacionais de origem francesa e a deficiência da exportação de material cultural francês agravam os efeitos de outras seduções estrangeiras, do impulso dos nacionalismos culturais e das restrições dos programas escolares latino-americanos.[22] Por outro lado, a situação parece mais delicada no Norte do que no Sul do subcontinente latino, com desigualdades consideráveis de um país a outro. Enquanto na Argentina o francês permanece "a" língua da cultura ainda durante a II Guerra Mundial, os exemplos de Cuba, país sob tutela norte-americana mais ou menos direta desde 1898, e do México

---

[21] O futuro empregado por André Siegfried em 1934 é, sem dúvida, para alguns países, o signo de uma aceitação, difícil para o autor, de uma realidade que se estabelecia.

[22] *L'Action Française*, 17 mar. 1935.

são conclusivos: a língua francesa conhece um nítido recuo no norte da América Latina, em particular nessa zona dita *de segurança* dos Estados Unidos, que desenham as intervenções militares norte-americanas, até o Canal do Panamá e as Guianas. Citemos a observação de um viajante francês chegando à Havana após ter percorrido boa parte da América do Sul.

> Embora a sociedade seja culta, ela compreende o francês melhor do que fala. Quero muito admitir também que se fale menos francês em Havana do que em Bogotá ou Caracas. Era de bom-tom, outrora, receber uma educação francesa. Há muito tempo. Esse costume, por assim dizer, desapareceu. Todo mundo fala inglês.[23]

Essa constatação contrasta vigorosamente com a satisfação diplomática alguns semestres antes.

> O Colégio [francês dos Irmãos de la Salle] tem a honra de manter em nível elevado a cultura e a influência francesas na instrução dos jovens cubanos. (...) A elite da juventude da ilha segue ali com seus estudos. Graças a seus esforços, a chama do espírito francês brilha nesse país afastado da França...[24]

No México, a situação linguística não é melhor no fim dos anos 1930. Quando um comitê México-França tenta organizar, em 1939, uma propaganda francesa no México, suas conferências se frustram diante de "uma falta geral de interesse e, sobretudo, uma falta de público". E coube ao diplomata francês na ativa concluir de maneira significativa: "Esses verdadeiros esforços de propaganda não carecem de eficácia se se dirigem a um público que não compreende francês?".[25]

No decorrer da primeira metade do século XX, a língua francesa cede terreno em toda parte na América Latina — como alhures no mundo —, oficialmente (nos programas escolares ou universitários)[26] e na prática. Sinal definitivo, sem dúvida, o monopólio do francês, língua diplomática por excelência no século XIX, é desfeito na primeira metade do século seguinte. Certamente, essa língua, considerada pres-

---

[23] "E, à diferença dos países sul-americanos, a proximidade dos Estados Unidos faz com que se vá para lá, mais facilmente do que à França, passar férias" (Karsenty, 8 juil. 1943).

[24] Amae, G.39-45, VAm, Cuba, Relations avec la France, Ph. Grousset (La Havane), 4 juil. 1940.

[25] Amae, Am18-40, Mexique, 1939, Goiran, 1º fév. 1939.

[26] Na Romênia, por exemplo, durante os anos 1920, o francês é a única língua estrangeira no vestibular. Nos anos 1930, é facultada a escolha entre o inglês, o alemão, o italiano e o francês. Em 1931, uma segunda língua estrangeira é exigida, e a obrigação do francês no vestibular não existe mais (Amae-N, Sofe, 184, Puaux, Bucarest, 2 juil. 1931 et 6 jan. 1931).

A língua, vetor motriz da modernidade nacional

tigiosa,[27] continua a ser ensinada na América Latina, notadamente no seio das elites[28] (aqui atendidas, algumas vezes, por um pessoal francês de baixa competência).[29] Para isso, diversas explicações:

- pais "inteiramente alimentados pela cultura francesa enviam por tradição suas crianças" aos estabelecimentos franceses;

- tais escolas têm, no seu conjunto, muito boa reputação, a despeito de sinais reais de queda qualitativa e de imagem;[30]

- em país latino, o pensamento e a literatura francesa[31] representam um valor importante;

- o francês permanece com frequência no programa onde é considerado indispensável para certos estudos: direito, medicina; a diplomacia francesa no México julga, em 1939, que é na faculdade de medicina que ela conta com seus "melhores partidários";[32]

- muitos são os latino-americanos cultos que ainda desejam um dia ir à França. Salvo pelo fato de que, nesse estágio, não se sabe se é uma influência ativa que atrai, uma influência passada que conduziu as autoridades francesas a comandar na América Latina dos anos 1980 uma campanha de publicidade com o tema "o francês não serve apenas para se frequentar museus!".

Porém, em face do francês, "o ensino de inglês se desenvolveu bastante" desde o início do século. Uma parte, variável segundo os países, das elites latino-america-

---

[27] Ayerza de Castilho e Felgine (1991:26). Mas é constatada em todo o continente "uma regressão bastante real" do ensino do francês a partir dos anos 1920. Amae, Am18-40, d. gnx, 38, (101) s.d., 1934.

[28] O que constatam os membros da trupe de Louis Jouvet na Colômbia em 1943: "É certo que são as congregações religiosas, mais que os governos da Terceira República, que, até meados do século, mantiveram e ensinaram, um pouco em toda parte na América Latina, o uso do francês. Certamente, esse ensino é, em geral, reservado à elite, posto que é ministrado em instituições privadas". Lapara (1975:98).

[29] Paul Rivet constata que no colégio francês de Bogotá "o nível dos professores é totalmente medíocre", que muitos não são "frequentemente nem agregados, nem mesmo licenciados". Amae, Am 44-52, d. gnx, 77 (53), 24 juil. 1945.

[30] No Peru, por exemplo, os estabelecimentos de ensino de francês "são frequentados unicamente pelos filhos da aristocracia peruana". Amae, G.39-45, Alger CFLN, Pérou, 1299 (210), 21 août. 1944, Dayet. No entanto, uma missão de avaliação em 1945 julga que o francês ali é "com frequência muito mal ensinado".

[31] "A literatura francesa tem aqui um prestígio considerável que não se pode negar", escreve assim Louis Jouvet em 1943 ainda acerca da Colômbia (Fonds Jouvet, Bibliothèque des Arts du Spectacle, turnê na América Latina, Peru, n. 15, 17 avr. 1943).

[32] Amae, Am18-40, Mexique, 1939, Goiran, 1º fév. 1939. Em alguns países, como na República Dominicana, o direito e a medicina guardaram longamente referências francesas.

Intelectuais e modernidades

nas manifesta traços de anglofilia para além da estrita etiqueta: que se sonhe, por exemplo, com a multiplicação de clubes esportivos para *gentlemen* locais de pele clara... O processo que conduziu a língua inglesa a ampliar seu domínio de influência se acelera sobretudo depois da I Guerra Mundial — originário desta vez dos Estados Unidos mais do que das ilhas britânicas. As novas mídias, cinema falado, rádio, "magazines", antes da televisão, são talhadas segundo o modelo norte-americano e difundem com uma força inédita a cultura anglo-saxã junto a um público muito maior que aquele permeável à cultura francesa. Nos anos 1930, o francês e o inglês "estão em pé de igualdade"[33] nos programas escolares de muitos países; em alguns, as duas línguas são obrigatórias, em outros, a escolha é permitida. Contudo, significativamente, aquilo que, ao final da II Guerra Mundial, é evocado pela diplomacia francesa já não é mais a necessidade de preservar no subcontinente a primazia do francês. Doravante, o objetivo visado consiste em "conseguir que o francês seja posto no mesmo nível que o inglês nos programas oficiais". Pior, a diplomacia francesa começa a perceber a dificuldade de tal objetivo e a necessidade de fazer com que o país "não se encontre sob a dominação econômica exclusiva dos Estados Unidos": "Toda tentativa prematura não teria como resultado senão inquietar os americanos, e levá-los a obter algumas vantagens suplementares de ordem cultural ou outra, para consolidar suas posições".[34]

A difusão do inglês também está ligada a uma democratização da *cultura* escrita na América Latina. Entretanto, o fato de que alguns autores franceses admirados, lidos até então aparentemente em francês, sejam doravante traduzidos[35] tende a confirmar o retrocesso da *língua* francesa.[36]

O que concluir nesse estágio?

A língua francesa passa progressivamente de uma referência absolutamente moderna nos séculos XVIII e XIX na América Latina a uma posição defensiva, até de bom

---

[33] Amae, Am18-40, d. gnx, 38, (101), s.d. [1934].

[34] Amae, G.39-45, Alger CFLN, Pérou, v. 1.299 (210), 21 août. 1944, Dayet. Desde agosto de 1942, a modesta embaixada norte-americana em Assunção é assim dotada de um adido cultural e adota uma política ativa (Amae, G.39-45, VAm., Paraguay (90), 20 août. 1942, L'Homme).

[35] A primeira tradução integral da obra de Balzac e de Proust está em curso no Brasil em 1943 (cf. B.N.F.-A.S.P., Fonds Jouvet, turnê na América Latina, Brésil). A obra de Maurras chega em francês, antes da I Guerra Mundial, nas coleções da Biblioteca Nacional de Buenos Aires; em espanhol, já se viu, Maurras só é adquirido a partir de 1935 nas traduções espanholas, ou em 1943, para as edições argentinas.

[36] A difusão da língua e a da cultura não devem, portanto, ser totalmente dissociadas quando se trata de estudar a percepção e a difusão de um modelo estrangeiro.

grado conservadora ao longo do século XX. Não se trata de escrever aqui que todos os locutores francófonos seriam por definição conservadores. Mas que, em muitos casos, combater o cosmopolitismo das elites para afirmar uma identidade cultural nacional, uma das disputas das primeiras décadas do século XX latino-americano, passa quase necessariamente por uma prévia "desinstalação" do francês, já que essa língua se associa por longo tempo às elites tradicionais, enquanto uma parte importante das elites modernas privilegia a língua inglesa.

Assim, quando o espanhol deste ou daquele Estado latino-americano ou o português do Brasil são pouco a pouco "nacionalizados",[37] ("brasilianizado", no caso do Brasil) e admitidos como tais, a língua francesa não aparece mais como uma referência indispensável: ela pode mesmo ser considerada por alguns como antinacional e até antimoderna! Reencontramos então os mecanismos esboçados primeiramente pelo alemão, o búlgaro, o tcheco e todas as línguas "nacionais"...

Assim, quando uma revolução política tende a substituir um grupo antigo das elites por novas elites, a língua francesa perde quase de um só golpe uma área de influência.

Na América Latina, a modernidade linguística conhece, após a fase "francesa", seguramente uma fase inglesa antes de passar, talvez, à era da globalização em seu triplo movimento: difusão mantida e ampliada do inglês, certamente, mas também difusão do espanhol em terras norte-americanas e afirmação das línguas indígenas. A modernidade política passou pela França. A modernidade na era da globalização passa por outros fenômenos, em que a utilização de uma língua importada (o inglês) como modelo não é fundamentalmente recolocada em questão como vetor de uma forma de modernidade, mas onde ela é doravante submetida à concorrência de outros signos de modernidade linguística, cultural e política.

---

[37] Roberto Artl é, na Argentina, o primeiro escritor a integrar o lunfardo em sua obra.

O declínio do francês como língua diplomática

1814: Tratado de Paris (apenas francês).

1815: Ato Final do Congresso de Viena (apenas francês).

1871: Tratado de Frankfurt (apenas francês).

1864-1868-1908: convenções de Genebra/Cruz-Vermelha (apenas francês).

1906: Ato de Algeciras (apenas francês).

1919: Tratado de Versalhes — fim do monopólio do francês — bilíngue francês-inglês, as duas línguas fazendo fé igualmente.

1919: Tratado de Saint-Germain-en-Laye — trilíngue (francês-inglês-italiano), mas somente o francês faz fé; para os de Neuilly (Bulgária), do Trianon (Hungria) e de Sèvres (Turquia), trilíngues, mas somente o francês faz fé; contudo, dois capítulos reconhecem o mesmo valor ao francês e ao inglês.

1923: Tratado de Lausanne (Turquia) (apenas francês).

1947: Tratados da Itália/Bulgária/Finlândia/Hungria/Romênia, inicialmente em inglês e em russo; depois, também em francês; variabilidade de línguas fazendo fé.

ONU: inicialmente apenas inglês, espanhol e russo previstos; depois, chinês e francês acrescentados pela conferência; francês e inglês, "línguas de trabalho", depois acrescentado o espanhol (1948).

Corte Internacional de Justiça de Haia: francês e inglês.

Referências

AMADO, Gilberto. *Mocidade no Rio e primeira viagem à Europa*. Rio de Janeiro: José Olympio, 1956.

ANDERSON, Benedict. *Imagined communities*. London: Verso, 1983.

AYERZA DE CASTILHO, Laura; FELGINE, Odile. *Victoria Ocampo*. Paris: Critérion, 1991.

BLANCPAIN, Marc. *Rapport d'activité de l'Alliance Française*. Paris: [s.e.], 1970.

BOURDÉ, Guy. *La classe ouvrière en Argentine (1929-1969)*. Paris: L'Harmattan, 1987.

BRITO, Mario da Silva. *História do modernismo brasileiro*: antecedentes da Semana de Arte Moderna. Rio de Janeiro: Civilização Brasileira, 1964.

CARELLI, Mario. Les brésiliens à Paris de la naissance du romantisme aux avant-gardes. In: KASPI, André; MARÈS, Antoine (Dirs.). *Le Paris des étrangers*. Paris: Imprimerie Nationale, 1989.

CHARTIER, Roger. Le monde comme representation. *Annales ESC*, Paris, n. 6, p. 1505-1521, nov./déc. 1989.

CHEVALIER, François. *L'Amérique Latine de l'indépendance à nos jours*. 2. ed. Paris: PUF, 1993.

CLEMENCEAU, Georges. *Notes de voyage dans l'Amérique du Sud, Argentine, Uruguay, Brésil*. Paris: Hachette, 1911.

GERULEWICZ, Marisa Vannini de. *La influencia francesa en Venezuela*. 2. ed. Maracaibo: Universidad de Zulia, 1968.

GUNTHER, John. *L'Amérique Latine*. Montréal: Ed. de l'Arbre, 1943.

KARSENTY, Marcel. Marcel Karsenty (administrador da trupe) a Louis Jouvet, La Havane, 8 juil. 1943, BNF-ASP, Fonds Jouvet, Venezuela, n. 18.

L'ACTION FRANÇAISE, 17 mar. 1935.

LAPARA, Léo. *Dix ans avec Jouvet*. Paris: France-Empire, 1975.

LEFORT, Daniel. Espace américain et matière d'Europe chez Jules Supervielle. _____. *Nouveau monde, autres mondes, surréalisme & Amériques*. Paris: Lachenal & Ritter, 1995.

PEYROUTON, Marcel. *Du service public à la prison commune*. Paris: Plon, 1950.

REVUE DE L'AMÉRIQUE LATINE, Paris, oct./nov. 1917.

ROLLAND, Denis. *Mémoire et imaginaire de la France en Amérique Latine, la commémoration du 14-Juillet*. Paris: IUF-L'Harmattan, 2000.

_____. *A crise do modelo francês, a França e a América Latina*. Cultura, política e identidade. Brasília: UnB, 2005 (edição francesa: Rennes: PUR, 2000).

_____. *L'Amérique Latine et la France, anatomie de la fin d'un mythe, XXe s*. Paris: L'Harmattan, 2010.

SALINAS, Pedro. *La poesía de Rubén Darío*. Buenos Aires: Losada, 1957.

SÉRIS, Christiane. Microcosmes dans la capitale ou l'histoire de la colonie intellectuelle hispano-américaine à Paris entre 1890 et 1914. In: KASPI, André; MARÈS, Antoine (Dirs.). *Le Paris des étrangers*. Paris: Imprimerie Nationale, 1989.

SOPPELSA, Jacques. Francia en la Argentina: un contexto privilegiado. In: _____ (Dir.). *Francia en la Argentina*. Buenos Aires: Manrique Zago, 1995.

SUPERVIELLE, Jules. *Boire à la source*. Paris: Gallimard, 1951.

THIESSE, Anne-Marie. *La création des identités nationales, Europe XVIIIe-XXe siècle*. Paris: Seuil, 1999.

12 Federico García Lorca em Pernambuco nos anos 1940 — a legitimação de uma dupla aspiração: à modernidade e à tradição popular *

Idelette Muzart-Fonseca dos Santos

Um recente estudo dedicado à presença de Federico García Lorca no Brasil (Folch, 2009) evidencia a relativa raridade das notícias ou de poemas isolados, publicados no Brasil desde os anos 1920. Para apreciar a significação poética e social desta obra, o Brasil terá de esperar o décimo aniversário do assassinato de Lorca, em 1936, nos primeiros momentos da Guerra Civil Espanhola. Em 1946, escritores brasileiros lhe prestam homenagem e contribuem para uma verdadeira apresentação de sua obra, em uma edição da *Revista Letras* de São Paulo, exclusivamente consagrada ao autor com o título de "Presença de García Lorca".

As repercussões dessa publicação em todo o país, no mundo literário e teatral e, de modo mais geral, no ambiente cultural e político, merecem ser avaliadas e compreendidas. Será privilegiada a avaliação dessa recepção da poética de Lorca por um grupo de jovens escritores, poetas, artistas plásticos, atores e diretores de teatro que emerge em Pernambuco, no final dos anos 1940, todos estudantes da Faculdade de Direito do Recife, liderados por duas figuras de proa indiscutíveis: Hermilo Borba Filho e Ariano Suassuna.

Federico García Lorca e o Brasil

Lembramos que García Lorca (1898-1936) escreve sua primeira peça *El maleficio de la mariposa* em 1920 e, no ano seguinte, *Libro de poemas*, obra poética inspirada no flamenco e na cultura gitana. Jovem poeta e dramaturgo, com 30 anos, conhece com o *Romanceiro gitano* (1928) o reconhecimento e a celebridade na Espanha e a fama na Europa e no mundo de língua espanhola. Após um ano em Nova York (1929), volta à Espanha depois da proclamação da República e assiste ao II Congresso da União Federal dos Estudantes Hispânicos, aliando-se aos participantes para fundar, em 1932, "La Barraca", um teatro do povo, itinerante e gratuito, que apresenta, em povoados e

---

* Este texto teve uma primeira versão, mais sucinta, apresentada no Congrès de la Société des Hispanistes Français, em Paris, em maio de 2009, a ser publicada nas atas desse evento em 2010. Tradução de Ronald Polito.

Intelectuais e modernidades

pequenas cidades, grandes clássicos do repertório espanhol. A trupe conta com umas 30 pessoas, quase todos estudantes, todos não profissionais. Recebe um pequeno auxílio oficial, mas por pouco tempo.

Lorca continua escrevendo e publicando, mas amadurece seu engajamento político: assina um manifesto contra o nazismo, em maio de 1933, e em 1934, quando o general Franco, para resolver o conflito das Astúrias, manda atirar em milhares de operários, o poeta decide suspender todas as representações de "La Barraca" em sinal de protesto.

É com esta companhia que encena suas três grandes tragédias, *Bodas de sangre* (1933), *Yerma* (1934) e *La casa de Bernarda Alba* (1936).

Ian Gibson (1990), biógrafo de Lorca, menciona três escalas do poeta andaluz no Brasil durante a sua travessia transatlântica pelo Cone Sul. As primeiras em outubro de 1933: o navio aportou no Rio e em Santos, onde, "tomando água de coco e comendo abacates", Lorca perdeu o navio. No Rio, o poeta foi recebido por Alfonso Reyes, escritor e embaixador do México no Brasil de 1930 a 1935. A derradeira e breve estada de Lorca no Brasil aconteceu em março 1934, durante a parada do *Conte Biancamano*, navio que zarpara de Buenos Aires e no qual Lorca regressava a Barcelona (Quintela, 2007).

Se o Brasil conhecia pouco a obra de Lorca, este se interessava pelo país e pela sua ditadura. Em março de 1936, com seu amigo, o poeta Rafael Alberti, Lorca participa de um encontro da Frente Popular, que tinha ganhado as eleições em fevereiro, celebrado na Casa del Pueblo de Madri, para um ato de solidariedade internacional com Luiz Carlos Prestes, secretário-geral do Partido Comunista Brasileiro, aprisionado pelo governo de Getúlio Vargas, com outros trabalhadores e políticos, após a tentativa frustrada de levante, conhecida como Intentona Comunista. Ao final da reunião, García Lorca foi chamado para falar e leu o "Romance de la Guardia Civil Española", texto publicado no *Primer romancero gitano 1924-1927* (1998).

> *Los caballos negros son.*
> *Las herraduras son negras.*
> *Sobre las capas relucen*
> *manchas de tinta y de cera.*
> *Tienen, por eso no lloran,*
> *de plomo las calaveras.*

Entre o material documental inédito, apresentado por Ian Gibson na biografia de Lorca, consta uma fotografia em que se pode reconhecer o poeta andaluz naquele dia de março de 1936. Essa foto tornou-se parte de uma fotomontagem publicada em *Mundo Obrero*, aos 30 de março daquele ano; rodeando o palanque do qual Lorca declama e gesticula com aparente exaltação, há uma faixa em que está escrito "Salvad a Carlos Prestes" (Quintela, 2007).

Estava confirmado o perfil do "comunista".

Federico García Lorca foi morto por tropas falangistas no dia 19 de agosto de 1936, em Viznar, Granada. Os tiros dados pelas costas mataram-no de forma covarde. Seus restos mortais não foram encontrados.

Muerto cayó Federico
— sangre en la frente y plomo en las entrañas.
Que fue en Granada el crimen
sabed — ¡pobre Granada! —, en su
Granada!...[1]

A obra de García Lorca no Brasil: uma descoberta difícil

A notícia da morte de Lorca — e das homenagens que lhe eram prestadas nesta ocasião em numerosos países hispano-americanos[2] — chega ao Brasil, e, em 1937, a *Revista Acadêmica* parece ser a única a anunciá-la. No ano seguinte, a *Gazeta Hispana* de São Paulo publica uma "Notícia e crítica de sua morte", enriquecida por uma seleção de poemas.

Mas, em 1946, no décimo aniversário de sua morte, o país já tinha saído da ditadura, uma Assembleia Constituinte estava elaborando a primeira Constituição democrática do Brasil, quando se divulgaram a vida, a morte e principalmente a obra do grande poeta e dramaturgo.

Entre os vários estudiosos que procuraram analisar a recepção no país da obra de Lorca,[3] as opiniões divergem quanto a explicar este "atraso" na aceitação e integração

---

[1] Poema de Antonio Machado, publicado em 17 de outubro de 1936 na revista Ayuda. O poema foi incluído no livro *Poesías de guerra* (1936-1939). Texto completo disponível em: <www.poesi.as/amach332.htm>.

[2] No Chile, um volume foi publicado em 1937, com o título de *Madre España, homenaje de los poetas chilenos*. No mesmo ano, uma *Homenaje de escritores y artistas a Federico García Lorca* era publicada em Buenos Aires e Montevidéu. Entre as revistas, um número especial da *Revista de las Indias*, Bogotá, n. 5, mar. 1937 (Folch, 2009).

[3] Ver Teles (s.d.), Willer (s.d.) e Hernandes (2002).

da obra lorquiana. Além de elencar as traduções do castelhano para o português do Brasil, ou as representações de sua obra teatral, os estudiosos procuram compreender os modos de "incorporação" do autor e de elementos de sua poética à cultura brasileira, até o caso extremo do verso oriundo do *Romance sonâmbulo*: "*Verde que te quiero verde*", que se tornou lema ambientalista ou texto de publicidade para plantas e cidade turística![4]

Segundo Gilberto Mendonça Teles, os maiores admiradores de Lorca, tendo sido colaboradores do regime de Getúlio Vargas — como Manuel Bandeira, Carlos Drummond de Andrade, Vinicius de Moraes e Murilo Mendes, por exemplo —, só começariam a escrever sobre Lorca ou a incorporar referências a Lorca em seus versos após o fim do Estado Novo. Apesar de não se ter encontrado nenhuma proibição formal de um livro de García Lorca (Quintela, 2007), o argumento da prudência circunstancial na divulgação da obra de Lorca, apresentado por Gilberto Mendonça Telles, mantém sua validade.

Em 1944, uma das primeiras homenagens brasileiras encontra-se no nº 15 da *Revista Leitura* (Rio de Janeiro, fev. 1944). E, em 1946, com um volume integralmente dedicado a Lorca, intitulado "Presença de García Lorca", a *Revista Letras* de São Paulo (Edição Continental) realiza um trabalho que terá importantes repercussões no país.

O objetivo da revista é fazer conhecer o homem e sua obra: começa, portanto, por um estudo biográfico, paralelo a uma cronologia da obra, seguido por um capítulo intitulado "O pensamento brasileiro e García Lorca". Abre-se com uma fotografia de "La Barraca" e a seguinte explicação.

> "La Barraca" era uma missão cultural pelos povos do interior, da qual faziam parte García Lorca, Pedro Salinas e Rafael Alberti — que aparecem na fotografia com outros jovens poetas. Uma camionete fornecida pelo Ministério de Instrução Pública servia de condução e palco para as representações teatrais e conferências, que se davam gratuitamente em praça pública (Folch, 2009).

Sublinhamos este elemento "biográfico" que se tornará modelar para jovens teatrólogos brasileiros.

Entre os autores deste capítulo, destacam-se os nomes de Edgar Cavalheiro, autor do primeiro estudo brasileiro da obra de Lorca, e Carlos Drummond de Andrade, que

---

[4] Uma avaliação no site Google.com.br revelou 532 mil referências e aproximações, somente em sites brasileiros.

propõe uma pista interessante para apreciar a recepção de Lorca no Brasil: "A solução harmoniosa desse pseudo mas comprometedor conflito entre o local e o universal é, para mim, a primeira lição de García Lorca. A segunda reside no seu conceito rigorosamente popular do localismo" (Andrade apud Folch, 2009).

Vem a seguir uma antologia poética de Lorca, em duas partes intituladas "Primeiras canções de García Lorca" e "Romancero gitano", incluindo uma fotografia da escritora Cecília Meireles, primeira tradutora brasileira de García Lorca.

Com o título de "Teatro de García Lorca" aparecem a seguir uma série de artigos (alguns deles já publicados na *Revista Leitura*, meses antes) assinados por grandes nomes da crítica brasileira, também escritores e poetas — Augusto Frederico Schmidt, Mário de Andrade, Rachel de Queiroz, Luiza Barreto Leite, Mauro de Alencar —, e dois depoimentos, um de Dulcina de Morais, atriz e diretora da companhia que montou a primeira peça de Lorca no Brasil, *Bodas de sangre*, e outro de Cecília Meireles, tradutora da peça. Segue uma verdadeira antologia teatral, com longos extratos de várias peças, todas apresentadas segundo a mesma lógica: o título em espanhol, a não ser *Bodas de sangue*, já traduzido, e um subtítulo explicativo em português. A revista inclui extratos de *La zapateira prodigiosa* (farsa violenta em dois atos), acompanhados de um comentário.

> É verdadeiramente curiosa e reveladora do talento de García Lorca a "Cortina ou alocução ao público" no começo desta farsa teatral, que transcrevemos excepcionalmente (por ser em prosa), para que o leitor tenha ideia do modernismo e originalidade do teatro do malogrado Autor.

E extratos de: *Yerma* (poema trágico em três atos), *Bodas de sangue* (tragédia em três atos e sete quadros), *Asi que pasem cinco años* (lenda do tempo em três atos e cinco quadros), *Romance del Maniqui, Amor de don Perlimplín con Belisa en su jardin* (Aleluia erótica em quatro quadros), *Doña Rosita la soltera o El lenguaje de la flores* (poema granadino do ano de 1890, dividido em vários jardins com cenas de canto e baile).

A revista fecha-se com um capítulo de homenagens de poetas e escritores espanhóis e dois textos pouco conhecidos: o "Manifesto de intelectuais brasileiros contra a agressão fascista à Espanha", datado de 1937 e motivado pelo assassinato de García Lorca, e "Morte de García Lorca", de Carlos Drummond de Andrade:[5]

---

[5] Publicado inicialmente no *Boletim Ariel*, Rio de Janeiro, em outubro de 1937. Ver Andrade (1979:253-254).

(Amanhecerá)

> Esse claro dia espanhol,
> composto na treva de hoje,
> sobre teu túmulo há de abrir-se,
> mostrando gloriosamente
> — ao canto multiplicado
> de guitarra, gitano e galo —
> que para sempre viverão
> os poetas martirizados.

Lorca em Pernambuco, 1947

A leitura daquele número da *Revista Letras* representou um choque criador, despertando uma paixão que se manteve por anos a fio, num grupo de estudantes recém-ingressados na Faculdade de Direito do Recife: lendo e escrevendo poesia, música e teatro, agrupavam-se em torno de Hermilo Borba Filho, colega 10 anos mais velho, para refletir e trabalhar juntos na criação de uma arte dramática nacional que refletisse a cultura, os problemas e os interesses do povo.[6]

Retomam, no mesmo ano, o Teatro do Estudante de Pernambuco (TEP), que se torna um verdadeiro campo de experimentação, de descobertas e de criações artísticas.

Foi o poeta do *Romancero gitano* tanto quanto o homem de teatro de "La Barraca" que estes jovens artistas escolheram como modelo de ação e de criação.

Já em 1947, Hermilo Borba Filho monta com seu grupo *A sapateira prodigiosa*, numa tradução do próprio Hermilo, hoje desaparecida.[7] Comenta na crônica teatral cotidiana, intitulada "Fora de cena", que ele mantinha no jornal *Folha da Manhã*, do Recife, a vida teatral da cidade e do Brasil e refletia sobre as vias a serem exploradas

---

[6] Entre os membros deste grupo, figuram os nomes de José Laurênio de Melo, Ariano Suassuna, Carlos Maciel, Salustiano Gomes Lins, Capiba, músico e compositor, Galba Pragana, Joel Pontes, ator e mais tarde ensaísta, José de Moraes Pinho, dramaturgo, Gastão de Holanda, futuro escritor, Aloísio Magalhães, artista plástico, Ivan Neves Pedrosa, Genivaldo Wanderley, Heraldo Pessoa Souto Maior, Fernando José da Rocha Cavalcanti, Ana e Rachel Canen, Epitácio Gadelha, José Guimarães Sobrinho e outros ainda.

[7] Interessante notar a presença da famosa "Cortina ou alocução ao público", uma década mais tarde, na abertura do *Auto da Compadecida* (1956) de Ariano Suassuna: um palhaço precede os atores no palco, apresentando-se como "o autor desta peça". Volta no início do segundo ato, ainda para algumas explicações, jocosas e irônicas, e no terceiro ato ajuda um personagem, Chicó, a enterrar os demais.

para uma renovação do teatro moderno brasileiro. A influência de Federico García Lorca se faz presente e as alusões ao número já citado da *Revista Letras* são frequentes (Reis, 2008).

E, em 1947, o TEP cria seu teatro de marionetes (mamulengo) e sua "Barraca". A ideia e a escolha do nome nada devem ao acaso, antes procuram prosseguir, no Brasil, a notável experiência do grupo espanhol "La Barraca", de Lorca (Newton Júnior, 2008). A "Barraca" pernambucana foi projetada pelo arquiteto Hélio Feijó e construída pela Base Naval do Recife. Cumpriu parte de sua nobre ambição e com esse teatro ambulante o TEP realizou excursões por praças, fábricas, bairros pobres e cidades do interior do estado. Mas a construção mostrou-se pesada e de difícil manipulação; terminou sendo abandonada e doada a um orfanato.

Contudo sua inauguração manifestou claramente a "filiação" lorquiana do TEP.

Programa do Teatro de Estudante de Pernambuco.
Fonte desta imagem e da seguinte: Newton Júnior, 2008.

No dia 18 de setembro de 1948, em torno das 20 horas, mais de 3 mil pessoas se reuniram no parque 13 de Maio, grande praça central do Recife, para assistir a um acontecimento na história do teatro no Brasil: a inauguração da "Barraca" do TEP. Fotos mostram o público sentado em cadeiras ou na grama, ou até nos galhos das árvores, à espera do evento, durante o qual aguardava-se a entrega dos prêmios de um concurso de peças de teatro, lançado pelo TEP um ano antes. Os três primeiros prêmios figuram no programa.

No regulamento do "Concurso de peças do Teatro do Estudante", cuja comissão julgadora era presidida por Gilberto Freyre, que já alcançara celebridade, sendo aclamado como um dos grandes intérpretes da cultura nacional, lia-se esta proclamação de fé e desafio:"Os autores deverão pensar alto e livremente, apresentando, de preferência, os problemas brasileiros, por meio de personagens e situações, sem medo ou vergonha deles, e aproveitando os motivos humanos e telúricos regionais do Brasil" (Reis, 2008).

O primeiro prêmio — que leva o nome de Nicolau Carlos Magno, em homenagem ao pai do fundador no Teatro do Estudante do Brasil, Paschoal Carlos Magno — coroa *Uma mulher vestida de sol*, obra de um jovem de 20 anos, Ariano Suassuna, tendo como subtítulo "romance popular trágico", inteiramente impregnada do espírito poético e do universo temático de García Lorca. A peça nunca será representada nem publicada na sua totalidade. Dos três atos, só restará o primeiro, publicado numa revista universitária.[8] Onze anos mais tarde, Suassuna (1964) reescreveu parcialmente sua peça, que foi então publicada, mas que só alcançou seu público quando transformada em série de televisão, em 1994.

O "prêmio García Lorca", segundo prêmio do concurso, vai para a peça de José Morais Pinho, *O poço*.

Após a distribuição dos prêmios, a primeira parte do programa é uma homenagem a Federico García Lorca, cuja fotografia ornamenta a capa do programa. Três poemas de Lorca — todos publicados na *Revista Leitura* — são lidos com acompanhamento musical de Capiba, também membro do TEP (cf. Cavalcante, 2008). São estes: "Amor, Amor", um extrato de *Amor de dom Perlimplim com Belisa em seu jardim*; "Romance de la Guardia Civil Espanhola" e "Se mueren de amor los ramos".

---

[8] *Estudantes*, Recife, 1948.

Uma peça curta para mamulengo, obra de um autor pernambucano, completa esta primeira parte.

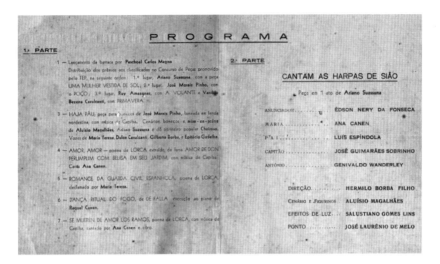

A segunda parte do programa está dedicada à apresentação da peça em um ato de Ariano Suassuna, *Cantam as harpas de Sião*. O título traz uma referência clara ao Salmo 137, que relata os sofrimentos do povo hebreu, preso pelos babilônios e obrigado a cantar para seu opressor. Suassuna retoma aqui a tradição da reescritura desse canto do exílio que atravessa toda a lírica clássica portuguesa (André, 1992) para cantar "seu" exílio longe da terra onde cresceu, o sertão, e o exílio existencial da personagem principal, Antônio, em busca de sua identidade. O autor se representa também na peça, na figura de um cantador cego, que abre o espetáculo com esta paráfrase do salmo:

Junto ao rio e junto ao mar
Foi ali que me sentei
E que me pus a chorar
Me lembrando do sertão.

Nos galhos da gameleira
Pendurei minha viola:
Os que me mantinham preso
Exigiam que eu cantasse
Pra beber minha alegria.

E diziam: Canta, cego,
As cantigas do sertão;
Mas, eu, com pena de mim,
Cego e preso junto ao mar,
Respondia : como posso
Cantar as canções de Deus,
Sangue do meu coração,
Aqui, preso, em terra estranha,
Longe do sol do sertão?

O sucesso da noite foi tão grande que o espetáculo foi repetido em outubro de 1948, sempre no parque 13 de Maio. Um jornalista, crítico e também poeta, Murilo Mendes, assistiu a uma das representações e comentou o evento em um artigo publicado no jornal *A Manhã*, do Rio de Janeiro.

Assisti também a uma representação ao ar livre do Teatro do Estudante de Pernambuco, a cuja frente se encontra esse apaixonado da arte teatral, esse conhecedor que é Hermilo Borba Filho. A peça era da autoria de um jovem pernambucano — ou paraibano? — que talvez ainda não tenha entrado na casa dos 20 — Ariano Suassuna, nome que deve ser retido. Apesar dos defeitos e vacilações próprios da idade mostra talento excepcional para o teatro. É lícito esperar dele coisas muito boas. Trata-se de um rapaz vivíssimo, de notável capacidade narradora. Transmitiu-me histórias e cantos dos cantadores do Nordeste, com os quais tem larga convivência (Newton Júnior, 2008).

Artigo premonitório? Menos de 10 anos mais tarde, Ariano Suassuna seria conhecido no Brasil inteiro com seu *Auto da Compadecida*, que se tornou, desde então, um clássico do teatro brasileiro. E no *Auto* o nome de Murilo Mendes é relembrado:"Manuel: Se a Senhora continuar a interceder desse jeito por todos, o inferno vai terminar como disse Murilo: feito repartição pública, que existe mas não funciona" (Suassuna, 2005).

Esta estreita relação que se estabelece entre a obra de um poeta espanhol, assassinado 10 anos antes, e um grupo de jovens artistas de Pernambuco, muito mais do que simples influência ou busca de um modelo literário, representa para muitos deles — e em particular para Hermilo Borba Filho e Ariano Suassuna — uma chave que lhes permita realizar uma dupla aspiração aparentemente contraditória: fundar seu trabalho poético e teatral na cultura oral e tradicional do povo, sem repetir nem se aproximar da visão folclorizante ou regionalista das tentativas anteriores,[9] e procurando expressar a modernidade na língua, na poética e no palco.

Dupla aspiração ou contradição

A partir do centenário do nascimento de Lorca, em 1998, amplamente comemorado no Brasil, começaram a se desenvolver reflexões sobre a recepção de sua obra. Observam-se cisões nessas leituras em função das obras consideradas: o Lorca do *Romancero gitano*, em aparente oposição ao Lorca de *Poeta en Nueva York*; de um lado, as "vozes" do romanceiro, do outro, o teatro trágico e político. Claudio Willer (2002) mostra que desde 1968 a reivindicação de Lorca, e as homenagens a ele, transfiguraram-se em mobilização política contra a ditadura de Franco, na Espanha, e contra os governos militares formados no Brasil a partir de 1964.

Mais do que contradição ou escolha, Lorca oferecia, aos seus primeiros leitores brasileiros dos anos 1940, esta ambivalência que não podia deixar de seduzir jovens poetas em busca de um caminho próprio. Lorca sabia conjugar uma real proximidade com as tradições populares e um conhecimento profundo da cultura espanhola clássica com um manejo das conquistas formais do modernismo. Mais do que modelo, vem a ser o revelador da dupla aspiração — à modernidade e à tradição popular — que reunia estes jovens artistas e que encontra sua perfeita expressão na dramaturgia de Ariano Suassuna.

Ariano Suassuna, jovem poeta que frequenta cantorias de repente, que lê, desde a infância, folhetos de cordel e conhece as mais diversas tradições da voz e do teatro popular, encontra em Lorca um mestre na recriação dessas formas populares, como o romance, intensamente cultivado no Século de Ouro espanhol por Lope de Vega, Luis de Góngora e Miguel de Cervantes. Se a referência ao romance tradicional remete ao "medieval", as inovações são numerosas, nos versos, no lirismo e na construção das imagens, fruto das vanguardas. A idealização do cigano, marginal desprezado pela sociedade do seu tempo, não participa da construção de uma gesta heroica, e, sim, de um verdadeiro mito, da dor de viver, com a presença constante da morte que persegue esse povo, marginalizado e miserável. As referências bíblicas participam desta nova mitologia.

Ariano Suassuna encontra em Lorca e mantém ao longo dos anos o termo "romanceiro" para designar o conjunto dos poemas e criações do povo (Santos, 2006),

---

[9] O movimento tradicionalista e regionalista de Gilberto Freyre, por exemplo.

instaurando um constante diálogo entre suas criações e as tradições (como na peça *Cantam as harpas de Sião*, antes citada); a integração livre de referências bíblicas na construção de uma nova mitologia, a do homem do sertão, onde uma Andaluzia pobre e rude dialoga com o sertão e com a Judeia bíblica; o trato da língua, livre e solta, no verso, articulando imagem verbal e desenho; uma escritura teatral enclausurada na tragédia: as primeiras peças de Suassuna concretizam uma verdadeira aprendizagem da escritura teatral pela tragédia (além das duas primeiras, já citadas, *Os homens de barro*, de 1949, e o *Auto de João da Cruz*, de 1950). Só depois de amadurecer, na escrita e na vida, Ariano Suassuna se autorizará a rir e a fazer rir, com entremezes e peças, sem nunca esquecer a lição trágica de Federico García Lorca.

Num artigo de 1947, onde correm noções consagradas há muito tempo, intitulado justamente "Poesia e folclore. Federico García Lorca", o escritor português Joaquim Namorado foca a sua argumentação num eixo central: as conquistas formais do modernismo não podem ficar limitadas ao universo rarefeito de um beco sem saída tendencialmente autodestrutivo. Antes, elas devem ser revitalizadas no reencontro com a genuína tradição popular.

> Lorca (...) é a este propósito um autor exemplar. E é a essa exemplaridade, saudada em especial a partir do *Romanceiro Gitano*, que o assassínio confere uma dimensão mítica. Lorca tornou-se o grande renovador da poesia espanhola porque teve oportunidade, dadas as suas condições biográficas, e, num segundo momento, pelo sentido em que orientou o seu trabalho intelectual, de conjugar a convivência próxima com as tradições populares, o conhecimento da cultura espanhola erudita e o domínio das conquistas formais modernistas.
>
> Por isso mesmo, em Federico García Lorca não é assassinado unicamente o renovador da poesia espanhola. *El crimen [que] fué en Granada* atinge a voz pela qual as tradições populares podiam fazer-se modernas na medida exata em que essa voz soube ser a voz que escuta os sons, os ritmos e as cores do mundo assombroso que aos artistas compete, por modos diversos, figurar.
>
> [Esta experiência de alteridade] consiste na disponibilidade ativa para a tradição, que é um modo de estar consistente da historicidade da situação no mundo (Pita, 2006:12-14).

Os jovens artistas de Pernambuco amaram esta voz e se reconheceram nela.

De certo modo, Lorca traz aos jovens artistas dos anos 1940 uma caução moderna, um pouco semelhante àquela que Blaise Cendrars havia trazido — ao vivo e em presença — aos modernistas nos anos 1920. Os modernistas queriam articular modernidade e primitivismo. Os jovens artistas pernambucanos querem inovar criando uma arte moderna que não seja modernista e que se refira à arte popular, sem ser tradicionalista. Citar o poeta popular ou valorizar a arte tradicional era correr o risco do folclore ou ficar preso ao "modelo" regionalista e tradicionalista, tão rigidamente desenhado por Gilberto Freyre.

A obra de Federico García Lorca propõe outros modelos e uma confirmação da legitimidade de sua dupla aspiração: ser de seu tempo, pertencer a esta geração pósguerra e pós-ditadura, e, ao mesmo tempo, saber procurar, na voz do povo, uma lição poética, um paiol de temas e formas, ditos tradicionais, donde extrair, por contraste, a denúncia do real, da opressão cotidiana, da rigidez das categorias sociais.

A geração de Pernambuco no fim dos anos 1940 — que chamo de "geração de 1947" em homenagem à espanhola *generacion del 27*, à qual pertence Lorca — "reconhece" em Federico García Lorca um irmão, um precursor. E multiplica os paralelismos entre Andaluzia e sertão, entre músicas, entre versos, privilegiando também o papel do cigano, presente em ambos os países, como símbolo da errância e da ruptura.

O teatro de Ariano Suassuna e as encenações de Hermilo Borba Filho continuarão, anos a fio, repletos de alusões, citações e "imitações" da obra de Lorca. No entanto, sem se tornar meros imitadores, nem esquecer quem são.

Em uma conferência posterior sobre o teatro e a arte popular, Hermilo Borba Filho não hesita em declarar que o poema dramático de García Lorca, *Bodas de sangre*, não possui a potencialidade trágica das histórias de Maria Bonita, Lampião ou Antônio Conselheiro, tais como são contadas nos folhetos de cordel. E constatando a extraordinária repercussão desses poemas no público popular, que os recebe e os reconhece como seus, porque falam de lutas, de problemas e de aspirações que são seus ou poderiam vir a ser, Hermilo (1953:422-423) identifica, no uso pelos escritores letrados dessa "matéria popular", um viés para ir ao encontro desse público e atraí-lo para o teatro.

Já se conhecem a limitação e o perigo — tanto para a criação quanto para o público — dessa operação. O recurso aos temas populares, nesta perspectiva, não basta

Intelectuais e modernidades

para atrair multidão, e apresenta, por outro lado, um risco real de criar um gênero híbrido, recusado tanto pelo povo quanto pela elite.

Em um balanço posterior da ação do Teatro do Estudante de Pernambuco, Hermilo Borba Filho (1974:11) confirma o papel eminente desse grupo para a cultura brasileira.

[O TEP] estimulou, fundou e encenou as primeiras manifestações de uma dramaturgia nordestina, que representa o que nossa tradição, nossos contos e mitos, nosso romanceiro e nosso espírito populares têm de mais verdadeiro e profundo. Embora tendo o teatro como atividade básica, realizou, sem dinheiro e apoio, um movimento artístico completo, total, que alcançou quase todas as artes, sendo escola de autores, encenadores, cenógrafos, mas também de pintores, músicos, poetas, novelistas, estudiosos das tradições e artes do povo; criou uma editora e lançou livros.

Poderia também ser intitulado esse balanço de "Herança de 'La Barraca' e do *Romanceiro gitano*, de Lorca", ainda.

Referências

ANDRADE, Carlos Drummond de. *Poesia e prosa*. Rio de Janeiro: Nova Aguilar, 1979.

ANDRÉ, Carlos Ascenso. *Mal de ausência*: o canto do exílio na lírica do humanismo português. Coimbra: Minerva, 1992.

BORBA FILHO, Hermilo. Teatro, arte do povo. *Arquivos*, n. 1-2, 1945-1951, Prefeitura Municipal do Recife, p. 422-423, 1953.

_____. Caminhos de um teatro popular. *Diário de Pernambuco*, Recife, p. 11, 28 nov. 1974. (Número especial do 150º aniversário).

CAVALCANTE, Julie Cassia. *La messe armoriale de Capiba*. Mémoire (Master 2) — Université Paris X-Nanterre, Nanterre, 2008.

ESTUDANTES, Recife, ano III, n. 4, p. 74-91, out. 1948.

FOLCH, Luisa Trias. Presença de Federico García Lorca no Brasil: primeiras homenagens. *Revista Rio Total*, 20 abr. 2009. Disponível em: <www.riototal.com.br/coojornal/academicos049.htm>.

GARCÍA LORCA, Federico. *Romancero gitano*; Poeta en Nueva York; Llanto por Ignacio Sánchez Mejías. Prólogo de Núria Espert. Ilustraciones de Federico García Lorca. 5. ed. Barcelona: Editorial Optima, 1998. Disponível em: <www.poesi.as/index214.htm>.

GIBSON, Ian. *Federico García Lorca*: a life. ed. revised. New York: Pantheon Books, 1990.

HERNANDES, Luciana Carneiro. Federico García Lorca em "sites" brasileiros. In: CONGRESSO BRASILEIRO DE HISPANISTAS, 2., 2002, São Paulo. *Proceedings...* Disponível em: <www.proceedings.scielo.br/scielo.php?script=sci_arttext&pid=MSC0000000012002000200021&lng=en&nrm=iso>.

NEWTON JÚNIOR, Carlos. Montando a barraca. *Continente*, Recife, ano VIII, n. 94, out. 2008.

PITA, António Pedro. O apelo da pátria instável. *Jornal de Letras, Artes e Ideias*, Lisboa, ano XXVI, n. 937, p. 12-14, 30 ago./12 set. 2006.

QUINTELA, Antón Corbacho. As traduções goianas de Federico García Lorca. *Agulha*: revista de cultura, Fortaleza/São Paulo, n. 55, jan./fev. 2007. Disponível em: <www.jornaldepoesia.jor.br/ag55lorca.htm>. Acessos em: abr. e dez. 2009.

REIS, Luís Augusto da Veiga Pessoa. *Fora de cena, no palco da modernidade*: um estudo do pensamento teatral de Hermilo Borba Filho. Tese (Doutorado em Teoria da Literatura) — Programa de Pós-Graduação em Letras, Universidade Federal de Pernambuco, Recife, 2008.

SANTOS, Idelette Muzart-Fonseca dos. *Memória das vozes:* romanceiro, cantoria e cordel. Salvador: Fundação Cultural da Bahia, 2006.

SUASSUNA, Ariano. *Uma mulher vestida de sol.* Recife: Imprensa Universitária, 1964.

_____. *Auto da Compadecida.* ed. comemorativa dos 50 anos rev. pelo autor. Rio de Janeiro: Agir, 2005.

TELES, Gilberto Mendonça. Para o estudo de Lorca no Brasil. *Jornal de Poesia*, Fortaleza. Disponível em: <www.secrel.com.br/jpoesia/teleso1c.html>.

WILLER, Cláudio. Como ler García Lorca? *Jornal de Poesia*, Fortaleza. Disponível em: <www.secrel.com.br/jpoesia/cw02c.html>.

_____. Federico García Lorca, poeta e personagem. *Agulha*: Revista de Cultura, Fortaleza/São Paulo, n. 28, set. 2002. Disponível em: <www.revista.agulha.nom.br/ag28lorca.htm>.

13 Europa/Europas, a experiência da fotografia no pós-II Grande Guerra

Ana Maria Mauad

Em novembro de 2008 tive a oportunidade de passar quase um mês em Paris para trabalhar com o Mês da Fotografia na França. Neste texto vou me permitir compartilhar com vocês uma experiência que me foi possibilitada pela participação no projeto "Modernidades Alternativas", empreendido no âmbito do Acordo Capes-Cofecub, do qual o presente colóquio é parte integrante.

Ao longo do mês de novembro de 2008, numa Paris outonal, entrei em contato com um universo de fotógrafos e fotógrafas bastante importante. Dos clássicos como Erich Solomon, Werner Bishof, Cartier-Bresson, Walker Evans, Lee Miller e Sabine Weiss até os menos conhecidos, mas tão interessantes quanto Göskin Sipahioglu (fundador da agência Sipa), John Bulmer e Sarah Moon. Destacando-se também as abordagens coletivas: 70's La photographie americaine, Objectivités, La photographie à Düsseldorf e Europe échelle 27: portrait d'une Europe polycrome.

O Mês da Fotografia, já na sua 15ª edição, consiste numa grande homenagem à experiência fotográfica pensada nos seus produtos, processos e sujeitos. A edição de 2008 foi formada por 97 exposições, distribuídas entre 21 museus, 58 galerias, 18 centros culturais, o salão Paris Photo, além de 15 conferências e debates, três colóquios e dois leilões, tendo como tema central a fotografia europeia entre a tradição e a mutação.

O coordenador-geral do mês, Jean-Luc Montrerosso, em entrevista ao Fígaro Scope, suplemento do jornal *Fígaro*, de 5 de novembro de 2008, explica a escolha do tema.

É vasto e permite uma programação variada, mas sobretudo traduz o movimento efervescente de discussão em torno dos sentidos da fotografia atualmente. O que está em jogo é a tensão entre a tradição que resiste e as mutações tecnológicas que suscita vocações, novas formas de criação, mas que ao mesmo tempo, coloca em questão a natureza mesma da fotografia. Por exemplo, tradicionalmente a fotografia é vista como o resultado de um trabalho individual de impressão do real numa placa sensível. Com o advento da imagem numérica, isso se acaba. Não é mais garantida a autenticidade do real, pois o que de fato se observa é um "clone" que veio de uma imagem. Imagens gerando imagens num trabalho que requer competências diferenciadas e um coletivo trabalhando para a sua produção. Isso também põe em causa a noção clássica de autor. (...) No entanto, vale ressaltar que é impossível ante o processo de mundialização artística e de temas defender a sobrevivência de uma identidade unificada da Europa (Fígaro Scope, 2008:2).

Desse conjunto de exposições, 20 estavam voltadas para o passado próximo-distante — o longo século XX e o impacto dos acontecimentos na Europa —, crises, guerras, reconstrução, sobrevivência no cotidiano e situações extremas, a diversidade de temas cobrem a multiplicidade de experiência do velho e renovado mundo europeu. As relações entre fotografia e guerra, fotografia e memória, fotografia e reconstrução, fotografia e políticas de identidades, fotografia e cidades e fotografia e comunidade europeia foram os temas que percorreram as 20 exposições analisadas.

O conjunto de exposições dedicadas à história europeia contemporânea foi chamado pelo comentarista do Fígaro Scope (2008:4): "Um olhar humanista para a história europeia". De acordo com a reportagem sobre essas exposições, o objetivo era o de fazer eco ao provérbio africano, que dizia: "se você não sabe para onde você vai, olhe de onde você veio". Ainda, um retorno ao humano que se acreditava ter desaparecido.

Um dos delegados artísticos do mês da fotografia, Françoise Huguier, explicou, em matéria publicada no suplemento do jornal francês, que a fotografia ficcionaliza o real. Portanto, o objetivo da abordagem proposta pela curadoria é o de proporcionar ao público uma viagem fotográfica pela Europa, entre o passado e a modernidade.

Segundo o curador, as fotografias são testemunhos tanto das raízes da história europeia, quanto também da própria experiência fotográfica que se processou na Europa do pós-guerra. As exposições fotográficas são, assim, consideradas fundamentais para se apreciar a mutação do próprio meio. Apesar de um tanto cético em relação à sobrevivência de uma visão humanista na fotografia atual, defende que esse conjunto de imagens denominadas humanitárias (em contraposição à fotografia plástica e à desumanização) é uma espécie de radiografia do que se passou. Essas fotografias, para além das simpatias, das emoções que sugere o olhar para as pessoas e lugares fotografados, definem seu imaginário por um tratamento da realidade. É uma ficcionalização a ponto de produzir um autorretrato... assim nunca é um documento, uma forma de documentação nua e crua, mas acima de tudo a reivindicação da subjetividade (Fígaro Scope, 2008:4).

Foi justamente em busca do sujeito da e na imagem que escolhi três fotógrafos e suas séries de imagens para pensar os sentidos da história no olhar dos sujeitos: Erich Solomon — antes da guerra; Werner Bishof — depois da guerra; John Bulmer — nos anos 1960. Vou buscar definir o que une a experiência dos três fotógrafos, mas não vou comentar as imagens separadamente por tentar investir na busca da polissemia de sentido; tampouco vou propor uma análise do tipo semiótico, como em geral eu faço. Ao invés disso, vou seguir as prescrições do teórico russo radicado nos Estados Unidos, Siegfried Kracauer (1980:245-268), e buscar as relações entre sujeito (fotógrafo), objeto (mundo histórico) e as mediações que definem suas abordagens, afinidades e recursos. Destaco os seguintes aspectos da análise: o instantâneo (não encenação); a atitude (a presença na cena) e o tema (a história).

No entanto, creio que vale a pena uma apresentação, mesmo que breve desses personagens, e um comentário também breve sobre as exposições deles no mês da fotografia.

Erich Solomon nasceu em 1886, em Berlim, Alemanha. Proveniente da alta burguesia berlinense, Solomon perdeu seus pais muito cedo, mas manteve seu patrimônio familiar, até a crise de 1929, quando fica sem boa parte da sua riqueza e é obrigado a trabalhar. Na tentativa de alavancar sua empresa de táxi, Solomon cria a sua própria publicidade para ser veiculada nas revistas ilustradas alemãs. Seu estilo e humor são reconhecidos pela equipe da revista *Berliner Illustriste Zeintung*, que o convida a fazer parte da equipe de publicidade. A vida de Solomon mudaria de rumo desde então, pois ele passou a ser conhecido como o "rei dos indiscretos", justamente por conseguir tirar fotografia sem ser visto. Em certa medida, e com um pouco mais de responsabilidade, Solomon pode ser considerado o precursor dos *paparazzi*. Ao longo de mais de 10 anos trabalha nas melhores revistas alemãs, mas em 1938 interrompe as suas atividades por conta da ascensão do nacional-socialismo, tendo sido preso e morto em 1944.

A exposição de Erich Solomon, no mês da fotografia da França, intitulou-se justamente "O rei dos indiscretos, 1928-1938" e volta-se para a exibição das fotografias de Solomon nas seções do congresso alemão, nos encontros de cúpula internacional, entre as estrelas de Hollywood e a elite política da Europa. O local da exposição foi a galeria do Jeu de Paume, no Hotel Sully, e foi publicado um catálogo.

Werner Bishof foi um fotógrafo suíço nascido em 1916 em Zurique. Proveniente de uma família da média burguesia suíça, seu pai era fabricante de produtos farmacêuticos. Bishof estuda fotografia em Zurique, tendo sido um dos primeiros alunos do curso criado em 1932 por Hans Filser. Em 1936 abre um ateliê de fotografia e desenho gráfico obtendo grande sucesso, a ponto de se transferir três anos depois para Paris para colaborar com o Pavilhão da Moda. No entanto, o início da II Guerra o obriga a retornar à Suíça. A partir de então, Bishof desloca seus interesses da fotografia de estúdio para a fotorreportagem e para a fotografia documental, realizando uma ampla cobertura da Europa após a II Guerra e do mundo pós-colonial. Morre em 1954.

A exposição de Werner Bishof denominou-se "Imagens depois da guerra"; foi realizada pela associação "Pour que l'esprit vive", um grupo comprometido com a função social e cívica das artes. A galeria onde a exposição foi alocada, a Fait & Cause, se anuncia como a "primeira galeria a se dedicar à fotografia de caráter social". Não foi publicado um catálogo, mas era vendido o livro *Carnet de route, Werner Bischof, 1932-1944* (Delpire Editeur, 2008), com todas as fotos expostas e muitas mais.

John Bulmer é, dos três fotógrafos indicados, o único que ainda está vivo e o que menos informação eu consegui sobre a sua biografia. A exposição com suas fotos estava alocada numa pequena galeria, na rue de Perche (IIIe), em Paris, mas o que me chamou a atenção foi justamente o tema: "Duros anos sessenta, a Inglaterra pós-industrial, John Bulmer". Confesso que não conhecia o fotógrafo, mas o seu trabalho é realmente surpreendente. Para conhecê-lo melhor, entrei no Google e encontrei sua página, de onde tirei uma breve biografia: "John Bulmer foi o pioneiro da fotografia colorida no início dos anos 1960, trabalhando para o *Sunday Magazine* desde a sua primeira edição até os anos 1970. Cresceu em Herefordshire, na Inglaterra, e tornou-se um fotógrafo apaixonado; mesmo depois de ter ido estudar engenharia em Cambridge continuou fotografando". A carreira do fotógrafo é de sucesso e relativo reconhecimento, tendo sido desenvolvida basicamente na imprensa. Na sua exposição não havia catálogo, tampouco livros à venda e as imagens que apresentarei foram tiradas do seu site, mas estavam expostas também em Paris, em novembro de 2008.[1]

---

[1] Para visualizar as séries acesse: <www.historia.uff.br/labhoi>, seção fotoícones.

Erich Solomon fotografava com uma Ermanox ou uma Leica; Werner Bishof com uma Rolleiflex, John Bulmer operava uma Leica com lentes Canon para fotos panorâmicas e Nikon F com teleobjetivas para coberturas jornalísticas; nas fotos específicas sobre Manchester, utilizou Olympus OM! System.[2] Esses tipos de câmera foram os preferidos pelos fotojornalistas interessados em registrar com precisão os acontecimentos. Essa precisão definia o tempo da fotografia — o instante. Muito já foi escrito sobre o instantâneo na fotografia e a referência mais famosa é a do fotógrafo francês Henri Cartier-Bresson que cunhou a noção de momento decisivo, no qual o fotógrafo colocava na mesma mira a cabeça, o olho e o coração. Eu acredito em Bresson, apesar de nunca ter conseguido essa façanha nas minhas fotos.

No entanto, esse mesmo princípio foi bastante criticado, por colocar dentro da linha do automatismo, ou da criação inesperada, o resultado da imagem. Não vou enveredar por esse debate já bastante difundido, pois já é um princípio de análise consolidado a afirmação de que as imagens, por mais instantâneas que sejam, são o resultado, mais ou menos previsto, de um investimento formal, estético e afetivo do fotógrafo. Envolvem escolhas feitas por ele, mas também a disposição do mundo para ser fotografado.[3]

Em todo caso, uma das primeiras características que indico para reunir as fotografias dos três fotógrafos produzindo em tempos distintos é o fato de que todas são instantâneos. Entretanto, essa característica não isola a produção da imagem de uma negociação com o tempo. O historiador e estudioso da fotografia Mauricio Lissovsky explica que ao contrário do que usualmente se supõe, o instantâneo não diz respeito à segmentação do movimento, mas à desaparição do durante no interior do ato fotográfico. Entre os fotógrafos do século XX, com a naturalização do instantâneo fotográfico, o tempo voltou a insistir no intervalo da expectativa, quando o fotógrafo espreita a imagem. De acordo com esse autor:

> É na forma de *expectar* que a duração veio finalmente integrar-se ao instantâneo. Indissociável da visão, reúnem-se na expectação tanto um simples pôr-se à *espera*, como um dar-se a ver no *aspecto* (...) Se na posição do espectador, pose e espera confluem em intenção e sentido, elas são para o expectante, exatamente o que instala a diferença. É a partir dessas diferenças na *expectação*, como devir do instante na duração, que a imagem ganha força (Lissovsky, 1999, grifos do original).

---

[2] Informações obtidas por e-mail com o fotógrafo em 27 de abril de 2009.

[3] Cf. Mauad (2008) e Lissovsky (2008).

Intelectuais e modernidades

Erich Solomon fotografava em sequência, criando uma narrativa que vai dar início àquilo que depois passou a ser chamado de fotorreportagem. Acrescidas de um texto complementar, as fotografias reconstruíam o acontecimento nas páginas das revistas ilustradas, complementando as imagens veiculadas pelas transmissões radiofônicas e pelo cinema. As imagens que produz não são aleatórias; pelo contrário, são resultado de uma espera que o fotógrafo realiza mimetizando-se com o seu objeto. Confunde-se com os demais, usa um *smoking*, tem comportamento discreto, fotografa sem *flash* e consegue ser testemunha, sem ser testemunhado. Suas imagens registram os bastidores da grande história, na qual ministros de Estado, cientistas, juízes, grandes estrelas e gente comum foram flagrados num momento inusitado. Suas fotografias criam outra história, aproximando a escala e inserindo o sujeito na cena histórica.

Werner Bishof vaga pelos escombros de uma Europa destruída que aos poucos se reconstrói. O fotógrafo estranha o tempo todo o que vê: em um cenário de total desolação, a possibilidade de a vida surgir da forma mais cotidiana. Como um estrangeiro no seu próprio continente, sua espera é para que o futuro chegue depressa e com ele a esperança. Suas imagens publicadas em revistas e jornais europeus registram o presente com vistas no futuro construído por aqueles que habitam e sobrevivem nas ruínas. O tempo todo, o sujeito-fotógráfo define as suas fotografias em relação à forma como o mundo se apresenta a ele. Suas imagens são pura imaginação.

John Bulmer percorre com imagens de um equilíbrio instável entre claros e escuros as desilusões do "país negro", como ele denomina a Inglaterra no seu site. A Inglaterra pós-industrial, pós-imperialista, pós-conquista que a levou a possuir um império onde o sol nunca se punha. O tempo da espera que inscreve o instante na história é por um passado que retorne e faça valer a pena esse presente melancólico. Contra as tradições imperiais da Inglaterra, a monarquia, os aristocratas e a vida na Corte e no poder, mas ao lado da gente comum, da classe operária que perdeu seu posto de trabalho, da vida nos bares em Manchester, o fotógrafo se posiciona. Sua presença crítica e ao mesmo tempo terna para com os seus fotografados faz com que ele se misture ao seu objeto e seja também ele um a mais entre os seus fotografados. A história feita por essa gente comum e pelas imagens fotográficas que produziram não dá lições, nem constrói utopias; pelo contrário, se interroga sobre o futuro.

Ver como forma de conhecer, a título de conclusão

O que reúne imagens variadas numa comunidade de sentido? Primeiramente o seu suporte e técnica: pinturas, esculturas, fotografias etc. As fotografias, por sua vez, podem ser de vários tipos: fotos de imprensa, fotos experimentais, fotos de família, enfim, um caleidoscópio de imagens. Nas fotos, no entanto, é o estatuto de sua produção técnica que reforça os sentidos de autenticidade e prova, ao mesmo tempo que, num movimento aparentemente contraditório, democratiza figuras, ganha movimento e, na sua dimensão instantânea, reinventa a história e a sua própria história.

A ideia de testemunha ocular ganha força representacional de forma inusitada. É aí que a imagem fotográfica e a história se cruzam. A imagem é testemunha de uma história, de um acontecimento, de um experimento. Mas não sejamos ingênuos em pensar que as evidências históricas são peixes num oceano para serem fisgados ao sabor das marés, ou da isca do historiador. Da mesma forma que a captação casual da imagem pelo olhar neutro do fotógrafo é, no mínimo, ingenuidade. Ambas, a evidência histórica e a imagem, são constituídas por investimentos de sentido. Portanto, temos a fotografia tanto como pista, indício ou documento para se produzir uma história, quanto ícone, texto ou monumento para (re)apresentar o passado. Efetivamente, a fotografia nos habilita a conhecer aspectos e situações passadas sendo, ela mesma, o resultado de um saber-fazer.

François Hartog (2005), ao apresentar a evidência histórica como aquilo que os historiadores veem dentro da tradição historiográfica ocidental, afirma: depois de Heródoto, a evidência histórica se tornou uma questão do olho e da visão. Ver e falar, escrever o que aconteceu, refletir como um espelho, esses são os problemas que passaram a constituir a atividade ordinária do historiador. Numerosas reformulações modernas buscaram seu material de trabalho na fronteira do visível e do invisível; com a ambição de conseguir a visão real das coisas, observaram mais longe e profundamente. No entanto, com o fim do século XX e a dominação do presente, a força da evidência em história é colocada em questão. Qual o papel que fica reservado a partir de agora ao historiador diante do "desafio da narrativa", a ascensão do testemunho e mesmo a consideração da memória e do patrimônio como evidências?

O deslocamento do sentido da evidência histórica do olho para o pensamento, da visão para a reflexão, do visível para o não visível é um fenômeno moderno. Associa-se à consolidação na oficina da história do princípio hipotético dedutivo, traduzido pela grande virada de que fala Le Goff (1985), no século XIX: no princípio era o documento; hoje, no princípio é o problema. É uma revolução da consciência historiográfica.

Isso não quer dizer que o historiador abandonou suas fontes e que os registros históricos deixaram de mediar as formas de produzir conhecimento e representações sobre as sociedades passadas. O que de fato se coloca, no primeiro plano da problemática do documento, evidência, registro, ou ainda testemunho em história (termos que, apesar de não serem sinônimos, associam-se numa ampla bibliografia à forma de acesso que no presente se tem do passado), é justamente os usos e funções que essas evidências tiveram no âmbito das sociedades que as produziram. Desloca-se assim do objeto, da ruína, do papel, da imagem, para as práticas sociais que produziram os objetos, construíram aquilo que hoje é ruína, utilizaram os papéis e criaram as imagens, a busca pelo sentido da evidência. Indaga-se sobre a sociedade que gerou a evidência ao mesmo tempo que se atribui valor de conhecimento a essa mesma evidência.

No entanto, aquele deslocamento gerado pela revolução na consciência historiográfica não deixou cegos os historiadores; pelo contrário, aguçou os seus sentidos para um conjunto amplo de registros que não se limitavam ao material escrito. A história deixou de ser definida pelo surgimento da escrita linear e ampliou seus sentidos para compreender que os olhos que veem registram em imagens suas experiências visuais. Esse registro implica a elaboração de linguagens, o uso de equipamentos e as condições de sua utilização. Além disso, é elaborado por um sujeito histórico que não é sempre o mesmo, que se transforma na prática social. Ver e conhecer são procedimentos complementares a um mesmo sujeito cognoscente.

Nesse sentido, podemos concluir afirmando que o estudo da experiência dos três fotógrafos nos fornece elementos para lidar com os três problemas fundamentais para a oficina da história, a saber: as relações entre ver e conhecer; os regimes de visualidade como campos de possibilidades e a história feita com imagens. Em relação ao primeiro problema, vale apontar para a tradição historiográfica ocidental que vem apoiando a noção de documento na ideia de testemunho, de presença da materialidade do passado nos seus registros (Hartog, 2005); assim, as imagens fotográficas seriam o documento ideal, uma espécie de prova viva dos fatos congelados no tempo, ou de uma memória que se atualiza a cada nova mirada. No desdobramento desse princípio nos deparamos com o segundo problema, ou seja, de que vivemos num regime de visualidade que também é histórico e que se define por práticas, dispositivos e situações onde a visão possui um valor fundamental para a produção do registro da experiência (Crary, 1992). Ambas as questões conduzem, finalmente, ao terceiro e último problema, que seria o de enfrentar o desafio de se produzir uma história com imagens, cujo aspecto fundamental remeteria para a superação do documento unicamente como prova ou evidência de que algo aconteceu, e deslocaria a pesquisa histórica para a concepção de que o documento é suporte de relações sociais (Knauss, 2006:97-115). Neste sentido, uma história feita com fotografias deve investir na análise das condições de produção, circulação, consumo e apropriação desse tipo de imagem e do conjunto de representações associadas a essa prática. Só assim o estudo da fotografia deixará de ser um inventário de descobertas e mecanismos para revelar dimensões de uma experiência que é própria ao mundo contemporâneo — o de ver e conhecer com as imagens.

Referências

CRARY, Jonathan. *Techniques of the observer*: on vision and modernity in the 19th century. Cambridge: Massachusetts; London: MIT Press, 1992. (October Books).

FÍGARO Scope, Supplement du *Fígaro*, n. 19, p. 2-4, 5 nov. 2008.

HARTOG, François. *Évidence de l'histoire*. Paris: Gallimard/École de Hautes Études em Sciences Sociales, 2005.

KNAUSS, Paulo. O desafio de fazer história com imagens: arte e cultura visual. *ArtCultura*, Uberlândia, v. 8, n. 12, p. 97-115, jan./jun. 2006.

KRAKAUER, Siegfried. Photography. In: TRACHETENBERG, Alan (Ed.). *Classic essays on photography*. New Haven: Leete's Island Books, 1980. p. 245-268.

LE GOFF, Jacques. Documento/monumento. In: *Memória-história*. Lisboa: Imprensa Nacional/Casa da Moeda, 1985. (Enciclopédia Einaudi, v. 1).

LISSOVSKY, Mauricio. O refúgio do tempo no tempo do instantâneo. *Lugar Comum*, Rio de Janeiro, n. 8, p. 89-109, maio/ago. 1999.

_____. *A máquina de esperar*: origem e estética da fotografia moderna. Rio de Janeiro: Mauad, 2008.

MAUAD, Ana Maria. *Poses e flagrantes*: ensaios sobre história e fotografias. Niterói: Eduff, 2008.

14 O *Retrato de Suzanne Bloch* de Pablo Picasso e os sentidos da arte estrangeira no Brasil

Paulo Knauss

Historiografia da arte

De modo geral, a historiografia sobre arte no Brasil está centrada na produção de artistas brasileiros ou que se estabeleceram ou produziram no país. Ao lado disso, o panteão de artistas se identifica por um conjunto de obras representativas do imaginário nacional. Assim, o estudo da presença de inúmeras obras de arte estrangeira que povoam e marcam a cena artística no Brasil costuma ser relegado a um segundo plano ou é tratado sem suas conexões com a história da arte no Brasil. Há assim uma revisão historiográfica a ser proposta.

No que se refere à arte estrangeira no Brasil, é preciso reconhecer certa cronologia. Essa história se inicia com o mercado de artes no século XIX, o que permitiu a constituição, por exemplo, da famosa coleção Jonatas Abbot, origem do Museu de Arte da Bahia, na cidade de Salvador, a mais antiga coleção de arte documentada do Brasil. Houve a época das grandes coleções privadas, como a pinacoteca de Salvador de Mendonça, leiloada nos anos da década de 1910, em Nova York, constituída de obras de autoria de renomados pintores europeus do Renascimento e da Época Moderna.[1] Por outro lado, no contexto do pós-II Guerra Mundial, ocorreu a afirmação dos museus privados no Brasil, como o Masp e os MAMs de São Paulo e Rio de Janeiro como modelos de instituição de promoção pública das artes, cujo resultado foi a construção de coleções de arte internacional voltadas para o grande público do cidadão comum.[2] No Brasil, já havia outros museus privados, como o caso do Museu Mariano Procópio, na cidade de Juiz de Fora, Minas Gerais.[3] Ainda que o museu fosse centrado na história do Império do Brasil, reuniu em seu acervo significativo conjunto de obras de arte estrangeira, com destaque para um quadro de Jean-Honoré Fragonard, pintor francês do século XVIII, autor de inúmeras imagens femininas de gosto rococó.[4]

---

[1] Para uma história das coleções de arte no Brasil do século XIX e início do século XX, consulte-se Knauss (2001).

[2] Para uma história dos museus de arte moderna no Brasil, consulte-se Lourenço (1999).

[3] Para uma história do Museu Mariano Procópio e a constituição de seu acervo, consulte-se Pinto (2008).

[4] Para um estudo deste quadro, consulte-se Pifano (2001).

Importa salientar que o gosto da arte estrangeira nunca se opôs necessariamente à arte nacional. A oposição entre arte estrangeira e arte nacional é uma oposição da historiografia e da crítica de arte, que favoreceu durante muito tempo o interesse em buscar localizar uma criação genuína e autônoma. Ora, do ponto de vista da história da arte, é difícil não reconhecer que a criação se faz pela referência a modelos consagrados que nem sempre são nacionais. Isso significa dizer que, para além de conteúdos nacionais que podem localizar uma obra de arte, há marcas internacionais que podem transcender a marca local. Nesse sentido, pode-se mesmo indicar essa problemática como uma das tendências recentes da historiografia sobre arte brasileira que tem explorado esse diálogo entre a criação nacional e a arte internacional.[5] Por outro lado, a expressão "arte internacional", muitas vezes usada, termina por constituir um plano da arte que pode ser confundido com certo desenraizamento da criação e de seus sentidos.

Ora, o que parece justo defender é que qualquer criação artística é envolvida por um processo de significação. É importante frisar que a construção de sentidos é um processo, que envolve um lugar social de enunciação que propõe mediações interpretativas, que favorecem a promoção da sua percepção. Assim, é possível admitir que a obra de arte ganha o sentido de nacional e de estrangeiro no contexto de sua história, constituída entre o momento da produção, os deslocamentos de sua circulação e as formas de suas apropriações. Não há dúvida, por exemplo, que o quadro *Descanso do modelo*, de Almeida Jr., pertence ao mundo da arte brasileira. Contudo, não apenas o quadro foi pintado em Paris, tendo sido exposto no Salão de Paris de 1882, como foi consagrado no Brasil como pintura de marca europeia e atualizada com o gosto da época. Sem dúvida nenhuma, o que conta nesse caso é a história do pintor que também produziu as famosas imagens dos caipiras de marca regionalista.[6] Por outro lado, a Estátua Equestre de d. Pedro I, no Rio de Janeiro, ou o Monumento à Independência, de São Paulo, são obras de criação e produção de artistas europeus, respectivamente Louis Rochet, francês, e Ettore Ximenes, italiano.[7] Nem por isso elas deixam de ser menos nacionais na representação da história do Brasil. A historiografia sobre a escultura no Brasil, no entanto, tem dificuldade de incorporar estas obras a seus anais.[8]

---

[5] Consulte-se, por exemplo, Chiarelli (2002). O confronto entre as vanguardas nacionais e internacionais é tratado no livro de Couto (2004).

[6] Para uma abordagem da obra de Almeida Jr., consulte-se *Almeida Júnior, um criador de imaginários* (2007).

[7] Para uma história da estátua de Pedro I, consulte-se Ribeiro (1999); para uma história do Monumento à Independência, consulte-se Amaral (1979).

[8] Um bom exemplo nesse sentido foi a exposição realizada no Centro Cultural do Banco Interamericano de Desenvolvimento, em Washington, em cooperação com a Pinacoteca do Estado

O *Retrato de Suzanne Bloch* de Pablo Picasso

Há, portanto, um processo de significação que envolve a arte em torno do nacional, do estrangeiro, do internacional e, mais recentemente, do global. O que parece necessário é caracterizar formas de apropriação da arte que permitam atribuir-lhe sentido, definindo em cada situação como o nacional e o estrangeiro se relacionam, se excluem, se confundem.

Apropriação brasileira

O conhecimento das fontes da arte no mundo por meio das exposições sempre despertou uma interrogação sobre as relações do Brasil com a arte estrangeira. Nesse sentido, é possível recordar a exposição *De Manet a nossos dias*, promovida pelo governo francês e realizada no Museu Nacional de Belas Artes, na cidade do Rio de Janeiro, em 1949. A obra apresentava um recorte da história da arte francesa que tinha a obra de Edouard Manet, um dos pioneiros do movimento do Impressionismo, como marco. A exposição se abria, então, ao público brasileiro com a tela *La serveuse de bock*, datada de 1878/1879, portanto uma criação dos últimos dias de sua vida.[9]

Nessa altura do ano de 1949, com o pretexto da exposição de arte francesa no Brasil, o Ministério da Educação e Saúde, por meio do Serviço de Documentação, publicou um livro de autoria de Antonio Bento, chamado *Manet no Brasil*. Pela primeira vez se publicavam, em francês e português, as cartas do pintor francês escritas durante sua viagem ao Brasil. O subtítulo da obra — "estudo comemorativo da passagem do centenário da visita do pintor ao Rio de Janeiro, 1849-1949" — revelava que se tratava de um estudo comemorativo da presença do artista francês no Brasil, quando ainda servia na Marinha. A promoção da exposição que tinha na obra de Manet a referência para a pintura contemporânea francesa ganhava um sentido suplementar no Brasil, pelo fato de que o conhecido precursor da pintura impressionista produziu seus primeiros desenhos como marinheiro em viagem ao Brasil. Logo no início da introdução do livro, a ideia de que a viagem de Manet fazia parte da história da pintura moderna servia para assinalar a sua influência sobre o movimento de renovação das artes plásticas. No livro, anota-se também que a experiência individual de Manet antecedeu, ainda, outras viagens marcantes no século XIX para a história da pintura europeia, como a viagem de Henri Rousseau ao México e a de

---

de São Paulo, cujo catálogo registrou a iniciativa. *Escultura brasileira: perfil de uma identidade* (1997). É importante frisar a importância fundadora que assume na historiografia a obra de Victor Brecheret para a criação da escultura nacional.

[9] Um estudo das exposições francesas no Rio de Janeiro no contexto da II Guerra Mundial encontra-se em Knauss (2008). Cabe apontar que esse item do presente artigo retoma a parte conclusiva do texto mencionado.

Paul Gauguin pelas Antilhas e o Panamá, antes de ir para a ilha de Taiti. Segundo Antonio Bento, a experiência dessas viagens teria contagiado o retorno ao primitivismo e o repúdio ao classicismo que marcaram a obra desses artistas viajantes. O autor concluía: "O contacto com a natureza do Brasil dera, por outro lado, ao jovem Manet uma visão pura, instintiva e virginal das coisas". Nesse sentido, tratava-se de "um convívio no espaço, com a natureza americana", que acompanhou o desejo de Manet e dos artistas modernos de, segundo as palavras do autor, "refazer o mundo e de proceder uma completa revisão de valores, mudando as concepções estéticas". Assim, Antonio Bento demarca a importância do Brasil para a renovação da arte moderna da Europa — "o contacto de Manet com o mundo plástico deste país [o Brasil] iria também concorrer para regeneração da pintura europeia contemporânea".

Nessa introdução, Antonio Bento caracteriza a história do início da pintura de Manet, que deu origem ao movimento artístico do Impressionismo, do seguinte modo:

> Tendo gravado em sua retina suprassensível a intensidade da luz brasileira, Manet foi sobretudo o primeiro pintor contemporâneo a suprimir sombras escuras, as gradações delicadas, os matizes sutis e a recorrer diretamente às grandes chapadas de cores simples e puras. E partindo das observações feitas no Rio, desde logo verificou que a sombra, na arte acadêmica, era apenas o *trompe l'oeil* do sol. Passou consequentemente a simplificá-la, tornando-a ao mesmo tempo mais luminosa, para desespero dos colegas de ofício, dos críticos e do público de sua geração. (...) Nunca de fato a pintura havia submetido o mundo exterior a uma análise visual tão completa e obstinada. A Escola do *plein-air* teve em Manet o seu chefe, sendo levada depois pelos impressionistas às últimas consequências. (...) A lição foi decisiva para o jovem artista, que fez desse princípio [a luz] o fundamento de sua pintura.

Desse modo, fazendo uso de expressões em francês, o autor procurou afirmar que foi no Rio de Janeiro que o artista francês Manet teve a sua primeira aula prática de pintura. Assim, a problemática da luz no Impressionismo tem o Brasil como referência. A interrogação da arte francesa se desloca para localizar a origem da arte moderna europeia no Brasil, ao mesmo tempo que relaciona o desenvolvimento da arte moderna com o Brasil. Pode-se dizer, então, que, no discurso de Antonio Bento, patrocinado pelo Ministério da Educação brasileiro, a inovação moderna do impressionismo é apresentada por uma filiação brasileira.

O *Retrato de Suzanne Bloch* de Pablo Picasso

Portanto, no pensamento de Antonio Bento ocorre a apresentação de uma versão alternativa da origem da arte moderna que tem o Brasil como berço e referência. Essa interpretação original, no entanto, se explica no contexto de afirmação da integração dos povos, mas anuncia, igualmente, a intenção de afirmação do Brasil como polo de referência no concerto das nações a partir da história da arte. A crítica de arte se encarrega, assim, de promover uma leitura brasileira da história da arte. O que se observa é um processo de apropriação da arte estrangeira, que se afirma como produto nacional. Desse modo, a leitura proposta da história do Impressionismo como movimento moderno da arte traduz a construção de uma imagem universal do Brasil integrado na modernidade a partir da arte. Diante da arte estrangeira e da percepção do moderno, ocorre o exercício de um olhar nacional.

Retrato do Brasil

Na mesma exposição *De Manet a nossos dias*, que abria com *La serveuse de Bock*, de Edouard Manet, exibiu-se pela primeira vez no Brasil a tela *Retrato de Suzanne Bloch*, de Pablo Picasso, pintado em Paris no ano de 1904. A obra era uma das peças que completava o circuito final da exposição. É preciso chamar a atenção para o fato de que o quadro de Picasso integrado na exposição patrocinada pelo governo francês era apresentado como obra de arte francesa, mesmo sendo notório que o pintor era de origem espanhola, mas que se enraizou no mundo cultural que deu origem à chamada Escola de Paris.

Se a obra de Picasso já era celebrada pela crítica desde o início do século XX, é no pós-II Guerra que ela começa sua escalada para a notoriedade popular. Vários de seus quadros circularam muito em diversas exposições internacionais, tendo seu *début* em 1913, na galeria Tannhäuser de Berlim, Alemanha. Em 1939, ela esteve no Museu Nacional de Belas Artes, em Buenos Aires, Argentina, de onde foi para ser exposta no De Young Museum, de São Francisco, EUA. Nesse mesmo ano, ela participou da importante exposição *From Cezanne to Picasso*, na cidade de Los Angeles, também nos EUA. Ou seja, quando a tela aportou no Brasil para a exposição montada no Rio de Janeiro, em 1949, já tinha uma carreira internacional.[10]

Originalmente, o quadro foi da própria Suzanne Bloch, irmã do violinista Henri Bloch e cantora lírica conhecida nos meios parisienses. Foi Max Jacob, amigo de Pi-

---

[10] As referências sobre a história do *Retrato de Suzanne Bloch* têm como base o catálogo do Masp (Marques, 1998).

Intelectuais e modernidades

casso, quem apresentou Suzanne ao pintor, no mesmo ano de 1904, quando ela posou para a pintura no ateliê de Picasso da época, em Paris.[11]

O quadro é um dos mais conhecidos da fase azul do artista. Essa fase da obra de Picasso é marcada pelo tratamento plástico de temas sombrios que expressam certa desesperança, ou angústia, marcada pela interrogação da vida. Do ponto de vista biográfico, essa fase se relaciona com o suicídio de seu grande amigo Carlos Casagemas, que foi retratado em várias telas desta época. *La vie* é uma das telas de Picasso mais representativas dessa fase de sua criação. O tom sombrio de suas imagens se combina ainda à preferência por retratar tipos sociais marginalizados, como prostitutas e mendigos, e apresentar corpos frágeis com expressões ou em situações angustiantes. Há ainda a recorrência do tema da cegueira, representando cegos.[12]

O *Retrato*, porém, é uma das últimas obras dessa fase da criação de Picasso. A própria retratada não se encaixa no perfil dos personagens característicos da fase azul. Talvez possa ser argumentado que é a expressão de Suzanne na tela o que combina com as características do momento de Picasso. O que mais se evidencia como próprio da época da criação do pintor espanhol enraizado na cidade francesa de Paris é a pesquisa cromática demarcada pelo uso da cor azul e seus matizes, o que identifica a obra do autor naquela altura de inícios do século XX. Mesmo nesse caso, a tela de Suzanne não é típica. Contudo, a leitura da obra pode sugerir o futuro das pesquisas formais do pintor, pois antecipa certo uso da cor rosa nos lábios, que já sugere a fase seguinte da criação de Picasso. De outro lado, Luiz Marques, por exemplo, cita Ettore Camesasca, para quem "(...) esse retrato caracteriza-se pela emergência de uma reflexão sobre a estrutura plástico-cromática de Cézanne, no âmbito de um 'pós-impressionismo', já absorto nos problemas que farão explodir a arte".[13] Independentemente da avaliação, fica claro que a crítica em torno da tela reconhece no *Retrato* diversos aspectos da obra de Picasso, conferindo à obra um destaque especial na história da arte do século XX.

O quadro que pertenceu à própria retratada foi vendido pelos seus herdeiros depois de sua morte e passou a integrar a coleção da princesa Lichnowsky. Assim, o

---

[11] A amizade entre os dois companheiros serviu de inspiração para a exposição realizada no ano de 1994, no Museu Picasso de Paris que também conferiu destaque à figura de Suzanne Bloch. Ver *Max Jacob et Picasso*, 1994. Paris: Réunion des Musées Nationaux, 1994.

[12] A produção artística de Picasso dessa época de sua criação encontra-se em Daix e Boudaille (1967).

[13] Marques (1998). Também disponível em: <www.masp.art.br/servicoeducativo/assessoriaaoprofessor-dez06.php>. Acesso em: 14 set. 2009.

quadro deixou a França para se instalar em Londres, Inglaterra, como propriedade de uma importante família aristocrática alemã, cuja decadência econômica foi inevitável depois da II Guerra Mundial, e um de seus filhos emigrou e se estabeleceu com a família no Brasil. Ainda antes disso, porém, o quadro integrou a coleção Biber, na Suíça. Durante a II Guerra, a obra ficou retida em Washington, capital dos Estados Unidos, tendo sido abrigada na National Gallery, onde permaneceu até 1947, quando foi adquirida pelo banqueiro brasileiro Walther Moreira Salles e doada ao Museu de Arte de São Paulo (Masp), no contexto de criação do museu paulista.[14]

Ora, isso significa dizer que o *Retrato de Suzanne Bloch* se instalou na coleção do Masp nos seus primórdios de formação. É nessa altura que ela foi enviada ao Rio de Janeiro para a exposição de arte francesa *De Manet a nossos dias*, na condição de representante da arte da França. Apenas no catálogo se podia perceber que a tela era de propriedade nacional, o que significa dizer que ela se definia fundamentalmente como obra estrangeira, ainda que localizada no Brasil.

Com os anos, o Museu de Arte de São Paulo foi se estabelecendo, tornando-se um dos pontos de destaque da vida artística da metrópole que mais crescia no Brasil na época. Sua vitalidade se apoiava não apenas na burguesia nacional, mas igualmente na publicidade dos meios de comunicação que divulgavam as atividades e os atrativos do museu. Para isso, muito contribuiu o fato de que o museu e sua coleção tinham como patrono Assis Chateaubriand, que comandava o império de comunicação dos Diários Associados. Aliás, era em quatro andares do edifício sede do conglomerado empresarial de comunicação que se instalou o próprio museu nos primeiros anos de sua existência, e onde *Suzanne Bloch* esteve exposta antes de o Masp ter sua sede definitiva, que só foi construída a partir da década de 1950.

Suzanne brasileira

Sob a liderança visionária de Assis Chateaubriand e o trabalho intelectual de Pietro Maria Bardi como curador do museu, a coleção do Masp ganhou consistência, favorecida pelo contexto do mercado de arte no pós-guerra. Em pouco tempo se montou uma coleção de grande valor e cuja marca era sua universalidade artística, reunindo obras representativas da tradição ocidental.

Na década de 1950, organiza-se a projeção internacional da instituição, preparando grandes exposições em diferentes países. Em 1953, então, 100 obras foram envia-

---

14 Marques, 1998.

Intelectuais e modernidades

das para uma exposição na Orangerie, do Museu do Louvre, em Paris. A exposição era exclusiva do Masp e a grande repercussão alcançada deu destaque ao conjunto de obras da instituição. A partir daí, iniciou-se um circuito de vários anos e novas edições da mostra foram organizadas no Musée des Beaux-Arts de Bruxelas, na Bélgica; no Central Museum, de Utrecht, Holanda; no Kunstmuseum de Berna, Suíça; na Tate Gallery de Londres, Inglaterra; na Kunsthalle de Düsseldorf, Alemanha; no Palazzo Reale de Milão, Itália. O circuito incluiu, ainda, uma etapa norte-americana nos EUA, estreando no Metropolitan Museum de Nova York, e depois no Toledo Museum of Art, na cidade de Toledo, estado de Ohio. Em 1957, essa fase de promoção externa da coleção se completaria com o retorno das obras e a inauguração de nova edição da mostra no Museu Nacional de Belas Artes, na cidade do Rio de Janeiro, então a capital nacional do Brasil.[15]

Essa iniciativa de expor a coleção em diferentes centros evidentemente serviu para projetar a instituição internacionalmente. A importância e o destaque da coleção afirmavam a importância da instituição museológica e sua coleção de arte e serviam como medida da posição da cidade de São Paulo e do Brasil no mundo, especialmente no campo dos museus de arte. O que interessa sublinhar e que pode ser acompanhado pelos catálogos é que as obras expostas eram obras representativas dos cânones da história da arte internacional e de valor universal. Não se incluíam obras de artistas brasileiros e tampouco eram exportadas imagens dos trópicos. Renoir, Van Gogh e Picasso ganhavam destaque especial nos catálogos como representativos da coleção do Masp. Não há dúvida na leitura dos catálogos do sentido universal atribuído à coleção que servia para sublinhar uma marca universal da cidade de São Paulo e do Brasil. O universalismo contornava a imagem tradicional do exotismo tropical, marca usual do país.

Ora, foi desse modo que o *Retrato de Suzanne Bloch* esteve em todas as mostras e sua imagem foi incluída em quase todos os catálogos consultados, exceto os que não continham imagens. Suzanne Bloch reencontrou a Paris natal, Londres, onde esteve por alguns anos, e retornou ao Rio de Janeiro, onde estivera em 1949. Mas nesse percurso houve um deslocamento fundamental: de arte da França, a tela de Pablo Picasso passou a representar a arte universal do Brasil, ganhando outro sentido que se fixou como marca do Masp e passando a ser usada em material de divulgação do acervo. Diversas foram as obras do museu que vieram a ter sua imagem difundida

---

[15] Todos os catálogos dessas exposições podem ser consultados na biblioteca do Masp.

em cartazes, postais e camisetas a partir da década de 1980 e nas décadas seguintes. Nesses casos, a identificação da obra é subordinada ao título do Museu de Arte de São Paulo, identificando a imagem artística com a imagem da instituição. Assim, também a tela de Suzanne Bloch se afirmou como um dos ícones da instituição brasileira, ganhando um sentido de marca local.

Mais recentemente, a famosa tela se viu envolvida em um episódio fantástico, na falta de outra palavra. Em 20 de dezembro de 2007, no início da manhã, três homens invadiram o Masp, em poucos minutos organizaram uma operação de assalto ao museu e a roubaram. Chama a atenção o fato de que os ladrões tinham como alvo o *Retrato de Suzanne Bloch* e outro quadro: o *Lavrador de café*, uma das mais conhecidas telas de Cândido Portinari. Além de ser obra do famoso pintor brasileiro representante internacional da arte moderna no Brasil, a tela é um ícone da história da pintura nacional e recorrente como imagem da identidade do homem brasileiro. Ao contrário do retrato pintado por Picasso que não consta dos livros de história da arte no Brasil, o *Lavrador de café* é uma dessas imagens canônicas da historiografia da arte nacional.

O noticiário deu grande destaque ao roubo e divulgou a imagem de Suzanne Bloch junto com a imagem do trabalhador mestiço brasileiro, colocando-as lado a lado e como obras do patrimônio artístico do Brasil. Em 8 de janeiro de 2008, as telas foram encontradas intactas pela polícia paulista, no município de Ferraz de Vasconcelos, na Grande São Paulo.

Ao lado do *Lavrador de café*, novamente o *Retrato de Suzanne Bloch* ganhou um sentido nacional como no tempo das exposições internacionais do Masp, enraizando-se ainda mais no Brasil, mesmo sendo obra da Escola de Paris, representativa da arte universal.

Em conclusão, pode-se dizer que ao final Suzanne Bloch se naturalizou brasileira, sem nunca ter conhecido o Brasil.

Referências

AMARAL, Aracy. Antes da semana. In: _____. *Artes plásticas na Semana de 22*. 4. ed. São Paulo: Perspectiva, 1979.

ARAÚJO, Emanuel; PIZOLI, Sergio (Orgs.). *Escultura brasileira*: perfil de uma identidade. São Paulo: Imprensa Oficial, 1997.

Intelectuais e modernidades

CHIARELLI, Tadeu. *Arte internacional brasileira*. 2. ed. São Paulo: Lemos, 2002.

COUTO, Maria de Fátima Morethy. *Por uma vanguarda nacional*. Campinas: Unicamp, 2004.

DAIX, Pierre; BOUDAILLE, Georges. *Picasso*. The Blue and Rose Periods: a catalogue raisonée of the paintings, 1900-1906. Greenwich, Connecticut: New York Graphics Society, 1967.

KNAUSS, Paulo. O cavalete e a paleta: arte e prática de colecionar no Brasil. In: *Anais do Museu Histórico Nacional*, Rio de Janeiro, v. 33, p. 23-44, 2001.

_____. Sentidos da arte estrangeira no Brasil. In: REIS, Daniel Aarão; ROLLAND, Denis (Orgs.). *Modernidades alternativas*. Rio de Janeiro: FGV, 2008.

LOURENÇO, Maria Cecília França. *Museus acolhem o moderno*. São Paulo: Edusp, 1999.

MARQUES, Luiz (Coord.). *Catálogo do Museu de Arte de São Paulo Assis Chateaubriand*. São Paulo: Prêmio, 1998.

MAX Jacob et Picasso. Paris: Réunion des Musées Nationaux, 1994.

PIFANO, Raquel Quinet. Afrodite rococó: imagem do amor sensível (análise de uma pintura do Museu Mariano Procópio). *Lócus: Revista de História*, Juiz de Fora, v. 7, n. 1, p. 51-61, jan./jun. 2001.

PINACOTECA DO ESTADO. *Almeida Júnior, um criador de imaginários*. São Paulo: Pinacoteca do Estado, 2007.

PINTO, Rogério Rezende. *Alfredo Ferreira Lage, suas coleções e a constituição do Museu Mariano Procópio*. 2008. Dissertação (Mestrado em História) — Programa de Pós-Graduação em História, Universidade Federal de Juiz de Fora, Juiz de Fora, 2008.

RIBEIRO, Maria Eurydice de Barros. Memória em bronze: estátua equestre de d. Pedro I. In: KNAUSS, Paulo (Coord.). *Cidade vaidosa:* imagens urbanas do Rio de Janeiro. Rio de Janeiro: Sette Letras, 1999.

15 Entre Shiva e o átomo: a rota de *Planète* rumo ao Oriente e a contracultura *

Renata Palandri Sigolo

A década de 1960 foi marcada pela contestação à sociedade de consumo, bem como pela recusa das ortodoxias de direita e de esquerda. Pensando neste panorama, o objetivo do presente texto é mostrar o contexto no qual a revista *Planète* foi criada, como promoveu reflexões sobre a sociedade de onde emergiu e como indicou alternativas possíveis aos modelos criticados, tomando a reconstrução de filosofias orientais como um de seus pontos de partida.

Compreender a emergência de *Planète* nos convida a descortinar um mundo em intensa transformação. A experiência da II Guerra Mundial marcou profundamente tanto a Europa quanto os Estados Unidos e imprimiu no imaginário ocidental a possibilidade de destruição imediata em escala mundial. As bombas lançadas em Hiroshima e Nagazaki foram o desfecho de um conflito e o início de outro, que toma feições de uma disputa contínua e disseminada por meio da Guerra Fria.

A vitória dos Estados Unidos na II Guerra reforça um modelo de visão de mundo baseado no capitalismo, onde os parâmetros de felicidade são definidos pela sociedade de consumo. Não ser um "perdedor" significava ter sucesso, dinheiro e acesso aos frutos dourados que a tecnologia proporcionava e que se traduziam em bens de consumo como carros, TVs e aparelhos eletrodomésticos. Ser bem-sucedido era entrar em um mundo competitivo e sair vencedor, o que obviamente provocaria a exclusão de vários "perdedores", os antiexemplos do *American way of life*.

A transformação tecnológica que proporcionou a existência da bomba atômica também fez com que o mundo parecesse menor. O aperfeiçoamento dos meios de transporte aliado à velocidade, bem como a forma e a rapidez com que as informações atingiam as pessoas construíram esta aproximação. Giddens (2002:27) sublinha a importância da mediação da experiência exercida pela mídia no mundo globalizado

---

* Esta pesquisa está sendo desenvolvida graças ao apoio da Capes por meio de bolsa de pós-doutorado, convênio Capes-Cofecub.

do pós-guerra. No que ele denomina alta modernidade, há a combinação entre mídia impressa e comunicação eletrônica. A mídia impressa se transforma à medida que recebe cada vez mais e de forma mais rápida informações que se encontram bastante deslocadas espacialmente. Se, em períodos anteriores, o local onde havia ocorrido o fato se apresentava como seu elemento de maior destaque, a "aproximação do mundo" faz com que o ocorrido tome maior relevância.

Sem substituir a mídia impressa mas complementando-a, a mídia eletrônica oferece uma nova experiência ao receptor das informações. Ao introduzir imagens visuais, a televisão proporcionou uma forma peculiar de construir realidades que é quase imediata e toma maior proporção de "verdade" junto ao receptor. A invasão da Guerra do Vietnã nas salas de jantar dos estadunidenses proprietários de uma "telinha" talvez seja o exemplo mais contundente da experiência da mídia eletrônica na década de 1960.[1]

A tecnologia que acenava com a possibilidade de um mundo de conforto e bem-estar era objeto de ácidas críticas. Não eram propriamente os produtos gerados pela tecnologia em si que eram criticados, mas a forma como eles poderiam afetar negativamente as relações entre os seres humanos e desses com o ambiente. Estas considerações ganharam voz principalmente por meio de Herbert Marcuse, considerado um dos intelectuais de referência para os movimentos de contracultura.[2]

Para Marcuse (1981:14), o desenvolvimento tecnológico pode significar uma libertação do homem em relação à obrigatoriedade do trabalho. As máquinas poderiam proporcionar a liberdade para gozar a vida em vez de ganhá-la. Entretanto, a sociedade da afluência as utiliza como forma de dominação e destruição por meio da guerra e como forma de controle dos indivíduos. O conhecimento tecnológico que permite a produção e o consumo do supérfluo é parte integrante de um mecanismo de dominação que agora se faz por meio da "administração científica das necessidades instintivas". A sociedade depende cada vez mais da produção e do consumo do supérfluo, de mercadorias que, ao serem adquiridas e utilizadas, serviriam de meio de dominação, através do controle social que não ocorre somente pelas vias econômicas, mas envolve as dimensões psicológicas individuais e coletivas. Assim, os indivíduos reprimidos apoiariam as instituições e seus repressores.

---

[1] Sobre o aparecimento da TV, ver Briggs e Burke (2004).

[2] Herbert Marcuse tem sido objeto de análise de vários cientistas sociais. Aqui, chamo a atenção para um interessante trabalho que redimensiona a influência de Marcuse no contexto francês dos anos 1960: Trebitsh (2008:69-87).

O automóvel está entre os bens de consumo que exercem grande poder de fascínio e dominação. Marcuse o utiliza como exemplo de como a libido é controlada por meio desse bem de consumo, que mobiliza trabalho e renúncia por parte dos indivíduos ao se esforçarem por adquirir seu "modelo do ano". O automóvel não é utilizado apenas como meio de transporte, mas como símbolo de *status*, poder, potência (inclusive sexual) e violência. Ele modifica não só as relações entre seres humanos como desses com a natureza. Em uma entrevista concedida em 1967, Marcuse (2008:104) exemplifica: "É uma enorme diferença se eu passo por um prado verdejante e macio para o amor ou para o beijo, onde ninguém me incomoda, ou se eu preciso fazer isso num carro. É uma enorme diferença, que afeta o erotismo por inteiro".

A utopia concreta apresentada por Marcuse (2005:7-20), a grande virada do jogo na sociedade industrial avançada, se daria por meio da vazão às necessidades orgânicas reprimidas que representariam uma sociedade pacificada, onde a paz, a tranquilidade e a beleza seriam seus valores. Marcuse (1981:145) reivindica um novo princípio de realidade, onde a automação iria transformar as relações de trabalho: o pouco trabalho existente não seria mais alienante, mas lúdico, permitindo a libertação de qualquer restrição "ao livre jogo das faculdades humanas".

O olhar de Marcuse sobre a sociedade de seu tempo nos indica uma clara preocupação com a dimensão subjetiva da experiência humana. Sua análise nos revela que a transformação humana a caminho de uma sociedade livre é pensada não só por meio da emancipação de suas bases materiais, mas também por meio da emancipação dos sentidos, de uma transformação radical da consciência e do inconsciente.

A crítica à sociedade de consumo representada pela tecnologia utilizada como forma de dominação e a valorização dos aspectos subjetivos da sociedade também se traduzem no questionamento da ciência enquanto produtora exclusiva de verdades. Mesmo se Marcuse vê na universidade um epicentro da transformação por ele pretendida, admite que muito deve ser modificado nessa instituição, assim como na ciência que lhe serve de suporte.

Outro analista de seu tempo, Theodore Roszak (1972:147), levanta várias questões sobre a ciência dos anos 1960, que é responsável, segundo ele, pelas "distorções de nossa sociedade tecnológica". Para ele, a ciência e sua crescente especialização são a "religião/dogma" da sociedade tecnocrata. Sua pretenção à onipotência pode ser observada por meio da forma como ela se apresenta à sociedade, por meio do jargão cientificista. A linguagem científica, de acesso a poucos, é utilizada como forma de afirmar realidade e objetividade. Os termos técnicos escondem e neutralizam "realidades chocantes" por meio do eufemismo, afirma Roszak (1972:149).

> Uma comparação entre o morticínio em ambos os lados numa guerra denomina-se "razão de morte". A totalização dos cadáveres chama-se "contagem de corpos". Expulsar os negros de uma cidade transforma-se em "renovação urbana". A descoberta de novas maneiras astuciosas para lograr o público converte-se em "pesquisa de mercado". Superar o descontentamento de empregados chama-se "administração de pessoal".

Assim como outros contemporâneos, Roszak (1972:151) questiona o papel da razão e do progresso material, bem como da cosmovisão científica em proporcionar melhorias sociais, rotulando a ciência de "superstição de ordem mais elevada". Ao fazê-lo, abre a possibilidade de legitimação de manifestações de outra ordem, como o "renascimento do interesse mítico-religioso" que observa em sua sociedade. Ele toma um acontecimento em particular, a manifestação de 21 de outubro de 1967 em torno do Pentágono, onde 50 mil pessoas cercaram a construção com o objetivo de exorcizá-la. Se a ciência falhou em suas promessas de felicidade, como poderíamos censurar este "estilo político de originalidade autêntica e extravagante" (Roszak, 1972:131) baseado no misticismo?, questiona.

Roszak (1972:150) não vê o interesse pelo misticismo como uma solução para as falhas da ciência, como uma substituição simplista de uma cosmovisão por outra. Ele tece sua crítica para o que chama de "tradições religiosas tratadas levianamente", estabelecendo uma linha divisória entre o misticismo construído por meio da literatura de *beats* como Ginsberg e Kerouac e divulgadores do pensamento oriental como Allan Watts e daquele construído "de forma desordenada" por parte dos *hippies* e que acompanhou o uso de psicoativos. Aos primeiros é atribuída certa simplificação do pensamento místico oriental, mas perdoável diante da crítica lançada à cultura dominante e sua concepção de homem e natureza.

Roszak identifica, em sua crítica, justamente uma das características do pensamento contracultural: a busca de alternativas que ultrapassem a razão e admitam outras formas de conhecimento. Entre o material utilizado na construção deste novo mundo, misticismo e uso de psicoativos fazem parte central da argamassa. Segundo Frédéric Monneyron e Martine Xiberras (2008), enquanto outras rebeliões foram essencialmente racionais e céticas, a rebelião *hippie* buscou elevar a espiritualidade como nova forma de conhecimento do mundo.

O interesse por estados de consciência diferentes do estado de vigília e seu despertar por meio do uso de psicoativos havia sido manifestado anteriormente à década de 1960. Esses estados podem ser traduzidos na experiência do êxtase, interpretado de modo diferente pelo Ocidente e pelo Oriente. Segundo Monneyron e Xiberras, enquanto a cultura ocidental ressalta o caráter alucinatório e irracional do êxtase como algo maléfico, a cultura oriental, principalmente a indiana, oferece inúmeras explicações, imagens e mitos que permitem dar sentido a essas experiências.

O pensamento hindu associa a experiência mística à experimentação de perda da individualidade e de impressão de infinito e de eternidade, ao "sentimento oceânico". A busca por esta vivência foi reconstruída pelos *hippies*, que combinaram meios para se alcançar este estado: o uso de drogas alucinógenas, a experiência psicodélica por meio da música e da dança e a iniciação na Índia.

O movimento *hippie* como expressão da contracultura encontra alguns espaços privilegiados de manifestação. Como forma de descontentamento ao *American way of life*, ele surge essencialmente da classe média americana, filha da sociedade de consumo que buscava negar. Como epicentro, a cidade de São Francisco e a comunidade de Haight-Ashbury. Como herói, Timoty Leary, professor de psicologia cuja experiência com a psilocibina e o LSD lhe renderiam a expulsão da Universidade de Harvard.

O fundador do Movimento Psicodélico classificava diferentes estados modificados da consciência proporcionados por psicoativos e os relacionava às distintas experiências místicas relativas a diferentes religiões. Acompanhando a tendência que criticava o pensamento judaico-cristão como alicerce da sociedade de consumo, Leary vai dar privilégio às religiões extremo-orientais, alavancando-as como as únicas capazes de proporcionar a experiência de êxtase e transcendência, equivalente ao uso do LSD, do peiote, do *hashishe* e da maconha.

Somando-se à experiência mística proporcionada pela combinação de psicoativos e filosofias extremo-orientais, uma nova convivência em sociedade era colocada em perspectiva. Leary localizava na família e na sexualidade tradicional as chaves dos problemas de sua sociedade. Assim, o sexo coletivo era visto também como uma experiência necessária na construção de um novo sentimento de comunidade, também proporcionado pelo uso de psicoativos, pelo contato com a natureza e pelas novas formas de conviviabilidade proporcionadas por experiências como a de Haight-Ashbury.

O movimento *hippie* estabelece uma nova forma de "estar junto" que se complementa à experiência sensorial de liberdade individual que o uso de psicoativos, os ritos místicos ou a combinação de ambos poderia proporcionar. A distribuição de comida, medicamentos, as opções de outras formas de relacionamento alternativas ao casamento tradicional, os festivais Be-in com som, luzes e dança psicodélica podem ser vistos como ritos que buscavam ultrapassar o indivíduo e inaugurar uma nova forma de viver coletivo que rompesse o modelo da sociedade do *American way of life*.

Neste sentido, o afastamento do universo ao qual se buscava contestar também se fazia através da viagem, tanto de forma interna, por meio da experiência mística, quanto geograficamente. A ida ao Oriente, em especial à Índia, torna-se parte desse deslocamento e ganha a definição de uma viagem iniciática que visa descobrir, interna e externamente, os meios para uma reconstrução da cultura ocidental. Tudo o que acompanha esta viagem — roupas, perfumes, comportamento — é utilizado como forma de recriar as crenças e modos que se desejava incorporar.

O universo da contracultura aqui apresentado tem como palco privilegiado os Estados Unidos. Como, então, podemos interpretar a relação da sociedade francesa com esse contexto? Sabemos que maio de 1968 é considerado o divisor de águas no que se refere ao movimento contestatório na França, mas podemos ir além desse fato? A contracultura não existiu na França antes de 68, como algumas pesquisas tendem a apontar?[3] Podemos encontrar na revista *Planète* elementos que nos permitam afirmar que já havia a circulação de ideias contraculturais antes de 1968, como é o caso do interesse pelo Oriente?

Ao analisar a contracultura na França, André Gattolin (2008:131-136) propõe algumas características sociais para o aparecimento do movimento, como a existência de um modelo cultural excessivamente dominador aliado a um sistema político onde a maioria e a oposição estejam de acordo sobre os princípios básicos que regem a sociedade. De modo diferente dos Estados Unidos, a França da reconstrução após 1945 estava submetida às relações entre *gaullistas* e comunistas, que estabeleciam

---

[3] Burnier (2008:119-125). Ver ainda Rioux e Sirinelli (2008).

uma relação de apreço dogmático ao Estado e à nação, ao trabalho e ao produtivismo (Gattolin, 2008:132). Uma noção bastante vertical da sociedade imperava então.

Nos Estados Unidos, a Guerra do Vietnã foi um evento que conseguiu aglutinar diferentes forças e grupos em torno da contestação radical da ordem e do sistema. Foi assim que grupos pela defesa dos direitos civis, estudantes, ecologistas e *hippies* encontraram uma pauta em comum. Na França, a Guerra da Argélia não causou o mesmo impacto social, o que para Gattolin explica em parte uma emergência "tardia" da contracultura na sociedade francesa, ou seja, um florescimento que só foi mais profundamente vivenciado após 1968, por meio de uma aceleração no contato com as experiências americanas.

Já o universo editorial francês é definido pela política de De Gaulle em relação aos meios de comunicação, que seria duramente criticada pelos cartazes de maio de 1968:[4] uma imprensa bastante institucional, marcada pela censura e pela falta de debate. "La France s'ennuie", afirmava um editorial do *Le Monde* (Matos, 1981). A imprensa se caracterizava por um discurso muito institucional e acadêmico, só quebrado, de certa maneira, por *France-Soir* e *Express* (July, 2008:89-93). A imprensa alternativa só teria expressão na França nos anos 1970, com o aparecimento da revista *Actuel*. A partir daí, multiplicaram-se os pequenos periódicos *underground*, muitas vezes de vida efêmera.

Como surge a revista *Planète* neste contexto? Quando buscamos as origens da revista *Planète* nos deparamos com dois personagens: Louis Pauwels e Jacques Bergier e o lançamento de seu livro, em 1960, *Le matin des magiciens*, que forneceu as bases do realismo fantástico.

A obra foi fruto do diálogo de cinco anos entre dois intelectuais que possuíam diferentes interesses. Enquanto Bergier era o "homem da ciência", engenheiro químico apaixonado por ciência-ficção, Pauwels era o "homem das letras", interessado pela espiritualidade por meio do estudo do hinduísmo e das obras de Gurdieff. Em *Le matin des magiciens*, é Pauwels quem redige e constrói as reflexões e Bergier quem fornece a matéria-prima, mediante dados e referências (Gutierez, 1997/1998:11).

No prefácio, Pauwels apresenta, por meio da exposição de seu próprio caminho intelectual, o que viria a ser o amálgama das ideias fundadoras do "realismo fan-

---

4   Les Affiches de Mai 68 (2008).

tástico". Seu objetivo central era fazer a crítica à sociedade na qual vivia, como ele próprio explica.

> Ce livre resume cinq années de recherches, dans tous les secteurs de la connaissance, aux frontières de la science et de la tradition. Je me suis lancé dans cette entreprise nettement au-dessus de mes moyens, parce que je n'en pouvais plus de refuser ce monde présent et à venir qui est pourtant le mien. (...) J'ai longtemps cherché, comme le souhaitait le Rimbaud de mon adolescence, "la Verité dans une âme et un corps". Je n'y suis pas parvenu. Dans la porsuite de cette Vérité, j'ai perdu le contact avec des petites vérités qui eussent fait de moi, non certes le surhomme que j'appelais de mes voeux, mais un homme meilleur et plus unifié que je suis.[5]

Pauwels nos conta sua busca em compreender o homem e a sociedade feita através do esoterismo de Gurdieff, que o teria levado a um afastamento do cotidiano por meio da busca por uma verdade em seu interior. Ao encontrar Bergier, suas pesquisas tomam um novo rumo, contudo, sem abandonar sua antiga jornada na compreensão de um sentido para a vida e para o ser humano. Ao olhar também para fora, para a sociedade à qual pertencia, ele se revela encantado com o mundo que vê e que mostra ser uma confirmação da transformação interior que continua sendo merecedora de sua atenção: *"une révolution s'opère sous nos yeux , et c'est un remariage inéspére de la raison, au sommet de ses conquêtes, avec la intuition spirituelle"*.[6]

A crítica ao racionalismo do século XIX e à noção de progresso é feita por Pauwels e Bergier aliando a visão microscópica do universo interior humano à visão telescópica do universo exterior, em uma relação bastante alusiva à correspondência entre macro e microcosmos que povoou o imaginario ocidental até o advento da modernidade. A essa visão espacial, Bergier e Pauwels aliaram uma noção temporal peculiar, ou seja, *"projeter son intelligence très loin en arrière et très loin en avant"*,[7] ou, como ana-

---

[5] Pauwels e Bergier (1960:15). Tradução livre: "Este livro resume cinco anos de pesquisas, em todos os setores do conhecimento, nas fronteiras da ciência e da tradição. Lancei-me nesta empresa claramente além de meus meios, porque não podia mais recusar este mundo presente e futuro que é, porém, o meu. (...) Procurei por muito tempo, como o desejava o Rimbaud de minha adolescência, 'a Verdade em uma alma e um corpo'. Não o consegui. Na perseguição desta 'Verdade', perdi o contato com as pequenas verdades que fariam de mim não o super-homem da minha vontade, mas um homem melhor e mais unificado do que sou".

[6] Pauwels e Bergier (1960:17). Tradução livre: "Uma revolução se opera sob nossos olhos, e é um novo casamento inesperado da razão, no cume de suas conquistas, com a intuição espiritual".Tradução livre.

[7] Pauwels e Bergier (1960:17). Tradução livre: "projetar sua inteligência muito longe para trás e muito longe à frente".

lisaria Edgard Morin, *"le passé est interpreté en fonction du futur"*[8] em uma tentativa de explicar o passado, notadamente os "mistérios de civilizações longínquas", por meio de possibilidades e esperanças futuras, em especial no campo tecnológico, com uma aliança entre esoterismo e ciência-ficção.

Por intermédio de *Le matin des magiciens*, seus autores fundam a escola do realismo fantástico, reconstruindo a ideia de fantástico que, para a ciência racionalista, era antagônica à noção de realidade. O objetivo era explorar *"un fantastique qui n'invite pas à l'évasion, mais bien plutôt à une profonde adhésion"*,[9] uma noção onde *"le fantastique est une manifestation des lois naturelles, um effet du contact avec la réalité quand celle-ci est perçue directement et non pas filtrée par le voile du sommeil intellectuel, par les habitudes, les préjugés, les conformismes"*.[10]

O sucesso da obra fez com que os autores concretizassem o já manifestado desejo de dar continuidade ao debate em torno do realismo fantástico, por meio da criação de *Planète*. Grande sucesso, a tiragem do primeiro número da revista foi reimpressa até atingir 100 mil exemplares, possuindo 30 mil assinantes em seu número 13. O perfil de seu leitor, identificado por pesquisa feita pela própria revista, era do "homem jovem, urbano, com estudos superiores e chefe de família" (Cornut, 2006:21).

Em uma busca por alternativas, a revista tinha como foco reabilitar o que possa ter sido esquecido ou rejeitado. Assim, tudo o que contestava o pensamento hegemônico era seu objeto de interesse: a possibilidade de vida em outros planetas (e consequente visita de Ovnis à Terra), parapsicologia, medicinas paralelas, paranormalidade e "novas ciências", religiões e seitas, literatura fantástica e ciência-ficção, civilizações antigas e seus mistérios, inovações tecnológicas, suas possibilidades futuras e as transformações da sociedade contemporânea.

A todas essas questões, *Planète* não fornece propriamente respostas, mas pretende ser um local de fermentação de novas ideias. Essas não se apresentam de forma homogênea em todo o período de vida da revista. Podemos perceber duas fases que apresentam de formas diferentes suas inquietações. A primeira, que cobre um pouco

---

[8] Morin (1965:2). Tradução livre: "o passado é interpretado em função do futuro".

[9] Pauwels e Bergier (1960:17). Tradução livre: "um fantástico que não convide à evasão, mas antes a uma profunda adesão".

[10] Pauwels e Bergier (1960:17). Tradução livre: "o fantástico é uma manifestação das leis naturais, um efeito do contato com a realidade quando esta é percebida diretamente e não filtrada pelo véu do sono intelectual, pelos hábitos, os preconceitos, os conformismos".

mais da metade de sua existência, é impregnada pela ideia de progresso e exalta as virtudes da técnica, vista como resposta para as esperanças depositadas no futuro (Cornut, 2006:138). O Ocidente é apresentado como a "civilização da técnica", em contraste com seu antigo papel colonizador. Ao mesmo tempo que tem uma dívida para com os países do Terceiro Mundo, é modelo a ser alcançado por estes, o que contrasta paradoxalmente com o discurso de valorização das civilizações "desconhecidas" sustentado por *Planète*.

A segunda etapa corresponde a meados dos anos 1960, ocasião em que a sociedade de consumo passa a ser criticada. O discurso sobre o progresso torna-se ambíguo e menos exaltado, revelando o temor de uma sociedade desumanizada e estandartizada à custa de uma crescente tecnologização. O papel da juventude enquanto força motriz de mudanças é exaltado, principalmente em sua recusa em relação ao engajamento político-partidário e aos valores morais da geração anterior.

Justamente por privilegiar objetos desacreditados pela ciência racionalista e não ter um engajamento político partidário (era acusada de ser capaz de contemplar russos e americanos em plena Guerra Fria), *Planète* foi alvo de extenso debate que tomou vários espaços da mídia, como o jornal *Le Monde* e os periódicos *Courrier Rationaliste*, *France-Observateur*, *Arts* e *Fiction*, gerando aversão entre o mais heterogêneo público, dos membros da União Racionalista aos marxistas.

Toda a crítica dirigida à revista talvez tenha servido como catalisadora de seu crescimento, atraindo ainda mais a atenção do público. De fato, a proposta contida em *Le matin des magiciens* de criar uma espécie de instituto de estudos sobre os temas relacionados ao realismo fantástico se amplia para além da revista: várias edições estrangeiras, viagens culturais, as publicações da Editora Planète, palestras e eventos junto à Jeunesses Musicales de France, ao Club Méditerranée, ao Théâtre des Nations. A proposta inicial de *Planète* torna-se um estilo de vida alimentado por várias oportunidades de encontro (Veraldi, 1996:20) que vê sua fase inicial terminar em julho/agosto de 1968.

O olhar de *Planète* em direção ao Oriente acompanha o interesse em investigar "civilizações perdidas" que, por serem prováveis depositárias de um "saber milenar", poderiam ser a chave para as questões que assolavam o Ocidente. Assim, os antigos povos dos cinco continentes eram alvo de interesse da revista, mas entre eles os orientais eram os que mais exerciam seu fascínio.

O Oriente construído por *Planète* toma diferentes contornos geográficos, mas seu local privilegiado de construção é o Extremo Oriente, onde a Índia merece destaque. A Índia aparece como espaço a ser visitado *in loco*: após a revista ter aberto espaço para propagandas em 1966, algumas companhias aéreas propunham "encurtar o caminho" até o Oriente. A ida ao Oriente também era possível de ser feita através da organização de viagens e conferências pela equipe de *Planète*. A primeira foi organizada no primeiro semestre de 1968, durou 21 dias e custou 5.690 francos a cada participante. O objetivo da viagem não diferia daquelas feitas pelos *hippies* americanos: enriquecer a busca individual de uma alternativa espiritual, em alta nos anos 1960. Para tanto, o grupo foi reduzido a 30 pessoas, possibilitando a formação de outro para uma próxima empreitada.[11]

Uma vez que viajar significava conhecer, os organizadores da aventura à Índia forneciam uma lista de livros que poderiam auxiliar na compreensão desse universo diferente. O Oriente fornecia as bases de reflexão ao Ocidente, como uma imagem refletida no espelho. Esta reflexão, porém, não dispensava a razão para ser realizada: era preciso preparar-se espiritual e intelectualmente para submergir integralmente na jornada. Jornada esta que buscava entender uma Índia em várias dimensões, partindo do passado em busca de respostas para o futuro.

> *Le pays de Mme Indira Gandhi est un pays du Tiers Monde, affamé, économiquement sous-développé. Mais c'est aussi le pays des plus hautes expériences spirituelles. Entre l'âme et le corps, l'Inde avait jusqu'à présent choisi l'âme — mais voici que le corps commence à manifester ses exigences. Placé devant la même alternative, l'Occident a choisi le corps — l'âme ne commence-t'elle pas à demander sa part?*[12]

A Índia revelada por *Planète* não é somente aquela que pode auxiliar o Ocidente a superar as crises advindas de uma sociedade materialista e consumista. Ela também é apontada por sofrer de dificuldades provindas de carências econômicas, provocadas pelo subdesenvolvimento. Essa dimensão econômica foi abordada por *Planète* em uma série de reportagens elaboradas por Raymond Becker por ocasião de sua estada no país, acontecimento que acabou preparando as viagens organizadas pela revista à Índia.

---

[11] Planète vous propose un voyage en Inde. *Planète*, Paris, p. 189, 1968.

[12] Ibid. Tradução livre: "O país da senhora Indira Ghandhi é um país do Terceiro Mundo, faminto, economicamente subdesenvolvido. Mas é também o país das mais altas experiências espirituais. Entre a alma e o corpo, a Índia, até agora, escolheu a alma — mas eis que o corpo começa a manifestar suas exigências. Colocado diante da mesma alternativa, o Ocidente escolheu o corpo — a alma não começa a pedir sua parte?".

Em solo indiano, Becker (1967b:117-127) visita Calcutá e é confrontado com a pobreza e a mendicidade, que o fazem refletir sobre a desigualdade social que vê. Assim, ele procede a uma série de entrevistas e enquetes promovidas por ele — incluindo Indira Gandhi, intelectuais e "sábios" (Becker, 1967a:111-139) — que buscaram elucidar a condição material indiana. Para ele, a Índia se achava em uma encruzilhada entre tradição e modernidade, levando-o a questionar se ela encontraria a mesma saída que a China de Mao. Ele se depara com a pobreza mas, ao mesmo tempo, com uma riqueza que não é só espiritual, mas que reside também no domínio da técnica, representada pela energia nuclear.

Em uma de suas visitas acompanhado por Indira Gandhi, Becker vai ao Centro Atômico de Trombay, onde encontra operários que o cumprimentam com a característica saudação das duas mãos postas em sinal de oração. A relação entre passado e futuro assim vislumbrada por meio do gesto o faz refletir: *"L'énergie atomique n'est-elle point cette même forme destructrice et rénovatrice, alors vénérée sous une forme anthropomorphique, aujourd'hui remise entre les mains de l'homme pour son plus grand mal?"*.[13] A energia atômica é a força de Shiva, o deus hindu que realiza a destruição para que ocorra a renovação do mundo. Para o repórter de *Planète*, essa força em mãos "erradas" ou "ignorantes" pode significar o fim de tudo, mas também a esperança de possibilidade de nascimento de um "mundo novo".

A visão romântica da Índia de Becker, que vê no passado religioso sinais para a interpretação de um símbolo do futuro (a energia atômica), também o faz olhar para sua pobreza material e atribuir suas origens às mesmas fontes da miséria ocidental: o crescimento das cidades e o afastamento do homem do campo. Assim, apesar de elencar várias causas para a pobreza, ele expressa considerável preferência pelas interpretações que a apresentam como uma mazela decorrente da vida urbana e do afastamento da frugalidade rural.

Concluindo, Becker compara a Índia à figueira, árvore que tem raízes aéreas que, surgindo de troncos mais velhos, caem na terra para dar origem a novos troncos. Estes, por sua vez, se entrelaçam aos primeiros formando uma espécie de escada. A questão do repórter recai sobre quais raízes devem ser cortadas para que a Índia possa construir seu futuro. Embora convide à reflexão do leitor sem fornecer uma resposta, o teor dos textos de Becker nos leva a crer que a Índia teria como "missão" ensinar novos caminhos ao Ocidente que o ajudem a construir um novo mundo.

---

[13] Becker (1967a:137). Tradução livre: "A energia atômica não é esta mesma forma destruidora e renovadora, então venerada sob uma forma antropomórfica, hoje colocada entre as mãos do homem para seu grande mal?".

A "missão" indiana, o caminho proposto ao Ocidente, seria trilhada em bases espirituais, por antagonismo ao mundo material valorizado no pós-II Guerra. Entre os textos que fazem a viagem no sentido inverso, ou seja, levando a Índia até o leitor, as abordagens que tratam dos aspectos espirituais do Oriente e suas possibilidades na construção de uma nova forma de pensar e de viver no Ocidente são as mais exploradas. Investigar a espiritualidade oriental é cabível para uma revista que se dizia interessada em todas as ideias que pudessem propor modificações possíveis do homem e do mundo e que buscava em um passado idealizado, fruto de "civilizações perdidas", indícios de técnicas ou de conhecimentos esquecidos que pudessem ser úteis para pensar uma nova sociedade. Na investigação pretendida por *Planète*, tudo deveria ser considerado: "*Nous devons cesser, tout au moins provisoirement, de considérer a priori la connaissance dite scientifique et la connaiscence dite spirituelle comme antinomiques. Et nous devons aussi briser le conditionnement qui nous porte à faire de l'une ou de l'autre un absolu*".[14]

Abrir a investigação a todas as possibilidades de interpretar o mundo significava colocar lado a lado, ao menos em teoria, concepções tão diversas quanto o espiritualismo e o materialismo. Ao apresentar uma série sobre o estudo do ioga, o editor chama a atenção que o interesse sobre o assunto se insere em um quadro mais amplo de matérias que abordaram também o zen, o sufismo e o materialismo filosófico (este fazendo parte dos "Cahiers d'étude").

Assim, *Planète* idealiza um novo homem que seja "investigador" e não militante de uma causa, e que esteja preocupado em encontrar respostas para a sociedade sem ter em conta partidarismos:

> *D'ailleurs, notre problème, à nous, n'est pas de savoir s'il faut choisir entre idéalisme et matérialisme. Il est de savoir d'abord ce qui, ici et là, colle à la réalité, et s'il y a, dans cette hotte-là et dans l'autre, de bons outils pour améliorer notre compréhension de l'univers et pour que l'homme puisse agir bénéfiquement sur lui-même.*[15]

---

[14] Pauwels (1963:11). Tradução livre : "Devemos cessar, ao menos provisoriamente, de considerar *a priori* o conhecimento dito científico e o conhecimento dito espiritual como antinômicos. E devemos também romper o condicionamento que nos leva a fazer de um ou de outro um absoluto".

[15] Pourquoi le yoga? *Planète*, Paris, 1965, p. 67. Tradução livre : "Aliás, nosso problema não é de saber se é necessário escolher entre idealismo e materialismo. É de saber, primeiro, o que, aqui e ali, cola à realidade e se há, neste e naquele cesto, boas ferramentas para melhorar nossa compreensão do universo e para que o homem possa agir beneficamente sobre si mesmo".

Intelectuais e modernidades

O apartidarismo do discurso de *Planète* visa reforçar uma pretensa neutralidade, atributo também caro à ciência. Neste sentido, a revista não pretende substituir ciência por espiritualismo. Há o cuidado em apresentar o discurso de *Planète* como imparcial e investigativo, aberto a todas as possibilidades rechaçadas pela ciência, mas nem por isso crédulo. Ao propôr a construção de uma nova ciência, *Planète* não pretende desvencilhar-se do racional, mas aliá-lo a outras possibilidades de compreensão de mundo.

Bergier (1964:47-53), em outro artigo sobre o ioga, propõe um "exame racional do pensamento tradicional". Para isso, apresenta um estudo feito entre cientistas e místicos indianos, unidos com o objetivo de "enriquecer a física e a matemática e lhes dar um conteúdo mais humano". O conceito do que é o universo, por exemplo, é justificado e definido por meio da união entre as interpretações do *Upanixade* e as investigações da física.

> *La tradition et la mystique définissent l'univers tel que nos sens et les instruments scientifiques l'appréhendent, comme une illusion de peu d'importance. La véritable réalité est au-delà. (...) Tout ce que nous appelons réel est composé d'ondes de vagues et d'effets optiques de perspective à la surface de la véritable réalité.*[16]

A ideia de que a física pode comprovar a veracidade de uma cosmologia espiritualista não é algo novo, e visa referendar a ideia de que a realidade tem dimensões a serem exploradas.

Igualmente desconhecido é o próprio homem, e nesta outra investigação também o pensamento oriental é chamado a contribuir. Novamente o ioga é apresentado com um sistema de práticas que pode servir como ferramenta no aperfeiçoamento humano. Jean Chevalier (1965), autor do texto intitulado "A invasão do ioga no Ocidente", relata a expansão progressiva do ioga tanto na Europa quanto nos EUA e na URSS. Com um público com predominância de mulheres, composto por intelectuais e profissionais liberais, o ioga se difundiu mais como um exercício físico do que como um sistema espiritual. Como atividade física, o ioga contribuiria na defesa contra a vida hiperativa, característica da sociedade moderna; ele é concebido como "a arte de estar saudável por muito mais tempo" (Chevalier, 1965:75).

---

[16] Bergier (1964). Tradução livre: "A tradição e a mística definem o universo tal como nossos sentidos e os instrumentos científicos o apreendem, como uma ilusão de pouca importância. A verdadeira realidade está além. (...) Tudo o que chamamos real é composto de ondas e de efeitos óticos de perspectiva na superfície da verdadeira realidade".

Chevalier ressalta que alguns adeptos também procuram o ioga como uma prática que une corpo e espírito e sublinha que é nessa união de perspectivas que reside a verdadeira contribuição desta filosofia indiana, reservada àqueles que têm "objetivos mais elevados", ou seja, "a solução de uma inquietude metafísica e religiosa". Contrapondo-se aos ideais de sucesso da sociedade de consumo, o ioga é apresentado como uma possibilidade de mudar a perspectiva em relação aos objetivos da vida.

> La plupart des hommes croient en effet trouver leur bonheur dans l'attachement réciproque et durable d'êtres qui s'aiment; le bonheur du yoga, si je ne me trompe, rejette tous ces êtres dans le monde des illusions, pour ne se fondre que sur l'union à l'Acte d'Être, dépouillé de toutes les apparences sensibles et parfaitement "indeterminé".[17]

A felicidade é anunciada como a rejeição de um mundo material e a possibilidade de vivenciar uma existência despojada de apego aos "objetos ilusórios" deste universo. O foco estaria em descondicionar o ser humano de seus hábitos e devolver a ele a autonomia perdida no cotidiano opressor construído pela sociedade.

Investir na subjetividade como modo de "revolucionar" seu próprio mundo não significava o isolamento do indivíduo, mas sua integração em um coletivo renovado, compreendido por meio da noção hindu de Absoluto. Em um artigo que apresenta reflexões sobre a morte, *Planète* demonstra como o pensamento hindu interpreta os rituais fúnebres como uma etapa para a reintegração do indivíduo neste "todo" que possui dimensões cósmicas.

> La croyance hindoue veut qu'à cet endroit [le Ganges] (...) les éléments du corps — la terre, l'eau, le feu et l'ether — y retournent à leur origine, libérant l'esprit de ses servitudes. Jusque dans ses couches les plus populaires, l'Inde croit que le Soi de l'homme ne s'identifie pas au corps. Grâce à la purification que lui font subir le feu et l'eau, ce Soi finira par trouver de nouveaux corps dont il n'est qu'une fugitive émergence.[18]

A descrição de como os indianos convivem com a morte se faz em contraste com o Ocidente, acusado de "esconder" esta etapa da vida por meio da negação da mesma.

---

[17] Chevalier (1965:75). Tradução livre: "A maior parte dos homens creem efetivamente achar sua felicidade no apego recíproco e desejável dos seres que se amam; a felicidade do ioga, se não me engano, rejeita todos estes seres no mundo das ilusões, para se fundir somente na união do Ato de Ser, despojado de todas as aparências sensíveis e perfeitamente 'indeterminado'".

[18] Becker (1967b:118). Tradução livre: "A crença hindu pretende que, neste lugar [o Ganges] (...) os elementos do corpo — a terra, a água, o fogo e o éter — retornem à sua origem, liberando o espírito de sua servidão. Até em suas camadas mais populares, a Índia acredita que o Eu do homem não se identifica com o corpo. Graças à purificação que o submetem o fogo e a água, este Eu acabará por achar novos corpos nos quais poderá se reencarnar".

Embora a morte possa devolver ao indivíduo a experiência de "sentimento oceânico", é em vida e por meio de seu corpo que o leitor de *Planète* é convidado a experimentá-la. É neste sentido que a revista publica um artigo sobre ioga sexual ou *maithuna*, de autoria de Alan Watts, um dos maiores divulgadores do pensamento oriental no Ocidente, em especial nos Estados Unidos.

Entre 1961 e 1968, *Planète* elencou a sexualidade, a relação entre gêneros e o papel da mulher na sociedade como temas constantes, presentes em praticamente todos os seus números, acompanhando o debate proporcionado pela revolução dos costumes dos anos 1960. Apresentar a sexualidade oriental toma aqui a dimensão de crítica ao papel do sexo no Ocidente.

Em seu artigo, Watts (1966:50-65) alerta que o *maithuna* não deve ser encarado como uma "orgia ritual" ou uma "forma pervertida e degenerada de espiritualidade", mas uma via de união com o Absoluto, aqui por ele descrita como a união do espírito com a natureza. Essa comunhão implicaria uma nova forma de conceber o homem, a mulher e a relação entre o casal. Segundo sua interpretação do que seria a sexualidade espiritualizada indiana, homem e mulher estariam em posição de igualdade entre si, uma vez que ambos seriam considerados "encarnações do divino".

O sistema que explica a integração entre humano e divino, além de estabelecer um "novo humanismo", também comporta uma concepção diferente de corpo. O texto de Watts é acompanhado por imagens que mostram o mapeamento dos centros de energia no corpo também conhecidos como chacras, segundo a concepção anatômica indiana. A união sexual entre homem e mulher seria capaz de proporcionar o estímulo da energia em ambos, que subiria através de canais energéticos, proporcionando a fusão com o divino. A concepção de um organismo onde o nível físico seria apenas uma de suas dimensões é própria de vários sitemas médicos orientais e rompe com a visão cartesiana de corpo estabelecida no Ocidente.

A reconstrução do Oriente por *Planète* é feita por meio de sua "pasteurização", ou seja, da retirada de elementos que não fariam sentido ao universo ocidental, adaptando o complexo sistema simbólico indiano. Assim, a sexualidade indiana é reinterpretada sem nomenclatura, explicações ou posições que pudessem ser muito elaboradas.

> *De toute manière, l'importance que revêtent pour nous ces idées anciennes réside moins dans leurs détails techniques que dans leur intention psychologique. Elles manifestent en effet une attitude de haute valeur envers la sexualité. Integrées par l'homme moderne, elles contribuiraient mieux que tout à dissiper les confusions et les déceptions qui pèsent sur nos relations conjugales et sexuelles. Il importe donc de dissocier la philosophie sexuelle sous-jacente à ces enseignement d'élements symboliques ou rituels qui n'ont guère de sens pour l'homme d'aujourd'hui.[19]*

Uma visão em conjunto dos textos apresentados por *Planète* sobre o universo indiano revela, em primeiro lugar, a tentativa de afastamento em relação a seu próprio mundo a fim de melhor compreendê-lo. Isto é feito por meio de um deslocamento no tempo e no espaço, por meio da busca de uma "sabedoria milenar distante" que pudesse fornecer dados para desvendar e solucionar as transformações intensas dos anos 1960.

Tomar a Índia como ponto de referência de novas alternativas para a vida cotidiana foi algo feito pelos movimentos de contracultura, mas podemos considerar *Planète* um periódico contracultural? A resposta é negativa, se levarmos em consideração as afirmações de que a contracultura só vicejou em terras francesas após maio de 1968, ou se a compararmos ao estilo das revistas *underground* surgidas nos anos 1970.

Porém, levando em consideração o universo debatido em suas páginas, percebemos que as inquietações que emergiram no contexto dos anos 1960 também foram por ela partilhadas. Mesmo que a França não estivesse mergulhada na contracultura da mesma maneira que os Estados Unidos, as ideias que revelam a busca por um mundo alternativo circulavam através de *Planète*, revista que se torna ainda mais significativa se considerarmos os dados sobre o surgimento da imprensa *underground* francesa. A análise de *Planète* e de sua tendência a considerar o Oriente como fonte de respostas para as crises do Ocidente nos leva a repensar a contracultura e sua manifestação na França, e nos convida a considerar este movimento como algo heterogêneo, que toma aspectos peculiares em diferentes contextos sociais e temporais.

---

[19] Watts (1966:53). Tradução livre: "De todo modo, a importância que revestem, para nós, estas ideias antigas reside menos em seus detalhes técnicos que em sua intenção psicológica. Efetivamente, elas manifestam uma atitude de alto valor em relação à sexualidade. Integradas pelo homem moderno, elas contribuiriam melhor que tudo para dissipar as confusões e decepções que pesam sobre nossas relações conjugais e sexuais. Importa, então, dissociar a filosofia sexual subjacente a estes ensinamentos de elementos simbólicos ou rituais que não têm quase nenhum sentido para o homem de hoje".

Referências

BECKER, Raymond. L'Inde de Gandhi est morte. *Planète*, Paris, n. 36, p. 111-139, sept./oct. 1967a.

_____. Une jeune morte dans le feu des Anciens. *Planète*, Paris, n. 34, p. 117-127, mai./juin. 1967b.

BERGIER, Jacques. Le yoga et la physique, la matiére et l'esprit. *Planète*, Paris, n. 19, p. 47-53, nov./déc. 1964.

BRIGGS, Asa; BURKE, Peter. *Uma história social da mídia*. Rio de Janeiro: Zahar, 2004.

BURNIER, Michel-Antoine. En 1970 la contre-culture n'existe pas en France. In: GATTOLIN, André; LEFEBVRE, Thierry (Orgs.). *Les empreintes de Mai 68*. Paris: Ina, 2008. p. 119-125. (Médiamorphoses, Hors Serie).

CHEVALIER, Jean. L'invasion du yoga en Occident. *Planète*, Paris, n. 21, p. 69-77, mars/avr. 1965.

CORNUT, Clotilde. *La revue Planète*. Une exploration insolite de l'expérience humaine dans les années soixante. Paris: Oeil du Sphinx, 2006.

GATTOLIN, André. Mai 68 au défi des contre-cultures. In: GATTOLIN, André; LEFEBVRE, Thierry (Orgs.). *Les empreintes de Mai 68*. Paris: Ina, 2008. p. 131-136. (Médiamorphoses, Hors Serie).

GIDDENS, Anthony. *Modernidade e identidade*. Rio de Janeiro: Zahar, 2002.

GUTIEREZ, Grégory. *Le discours du réalisme fantastique*: la revue *Planète*. Mémoire (Maîtrise de Lettres Modernes Spécialisées) — UFR de Langue Française, Université Sorbonne-Paris IV, Paris, 1997/1998.

JULY, Serge (entretien). Tous les nouveaux médias sont issus des années soixante. In: GATTOLIN, André; LEFEBVRE, Thierry (Orgs.). *Les empreintes de Mai 68*. Paris: Ina, 2008. p. 89-93. (Médiamorphoses, Hors Serie).

LES AFFICHES de Mai 68. Paris: Beaux-Arts de Paris/Musée des Beaux-Arts de Dole, 2008.

LOUREIRO, Isabel. Herbert Marcuse — anticapitalismo e emancipação. *Trans/Form/Ação*, São Paulo, v. 28, n. 2, p. 7-20, 2005.

MARCUSE, Herbert. Prefácio político, 1966. In:_____. *Eros e civilização*. Uma interpretação filosófica do pensamento de Freud. 8. ed. Rio de Janeiro: Zahar, 1981.

_____. Num mundo feio não pode existir liberdade. In: COHN, Sergio; PIMENTA, Heyk (Orgs.). *Maio de 68*. Rio de Janeiro: Beco do Azougue, 2008.

MATOS, Olgaria C. F. *Paris 68. As barricadas do desejo*. São Paulo: Brasiliense, 1981.

MONNEYRON, Frédéric; XIBERRAS, Martine. *Le monde hippie*. De l'imagination psychédélique à la révolution informatique. Paris: Imago, 2008.

MORIN, Edgard. Religion du nouveau ou nouvelle religion? Planète et anti-planète. *Le Monde*, Paris, p. 2, 2 juin 1965.

PAUWELS, Louis. Qu'est-ce que *Planète*? *Planète*, Paris, n. 13, p. 11, nov./déc. 1963.

_____; BERGIER, Jacques. *Les matins des magiciens*. Paris: Gallimard, 1960.

PLANÈTE, Paris, n. 38, p. 189, jan./féb. 1968.

POURQUOI le yoga? *Planète*, Paris, n. 21, p. 67, mars/avr. 1965.

RIOUX, Jean-Pierre; SIRINELLI, Jean-François. L'ombre portée de Mai 68. *Vingtième Siècle — Revue d'Histoire*, Paris, n. 98, avr./juin 2008. (dossier).

ROSZAK, Theodore. *A contracultura*. 2. ed. Rio de Janeiro: Vozes, 1972.

TREBITSH, Michel. Voyages autour de la révolution. Les circulations de la pensée critique de 1956 à 1968. In: DREYFUS-ARMAND, Geneviève et al. (Orgs.). *Les années 68*. Le temps de la contestation. Paris: Complexe, 2008. p. 69-87.

VERALDI, G. (Org.). *Planète*. Paris: Editions du Rocher, 1996.

WATTS, Alan. Le yoga sexuel. *Planète*, Paris, n. 29, p. 50-65, juil./août., 1966.

16 A Organização Internacional do Trabalho (OIT) e a sua relação com a América Latina: a questão dos povos indígenas e tribais[*]

Norberto O. Ferreras

> *... dans tout l'Amerique Latine, il n'existe pas de main d'ouvre de couleur ni de main d'oeuvre indigène. Tous sont des citoyens.*
>
> Intervenção do sr. Sabrosso, membro da Comissão Brasileira ante a OIT (1925)
>
> E aquilo que nesse momento se revelará aos povos
>
> Surpreenderá a todos, não por ser exótico
>
> Mas pelo fato de poder ter sempre estado oculto
>
> Quando terá sido o óbvio
>
> Caetano Veloso, *Um índio* (1976)
>
> Ninguém nasce tradicional, é uma escolha que se faz quando se inova muito.
>
> Bruno Latour, *Jamais fomos modernos* (1994)

Introdução

No mês de julho de 2009 teve lugar um violento conflito na localidade de Bagua, na Amazônia peruana, entre comunidades indígenas e o Estado peruano. A disputa deveu-se ao acesso aos hidrocarbonetos disponíveis na região. Os grupos indígenas valeram-se, nos seus argumentos, da Convenção nº 169 da OIT. Este texto tenta compreender como se chegou a essa convenção e a forma em que a mesma foi utilizada para regular as relações entre Estado, sociedade e comunidades na América Latina, desde a constituição da OIT aos nossos dias.

A América Latina e os mundos do trabalho na região são tão diversos que unificar todas as realidades como parte de um mundo único e homogêneo é praticamente

---

[*] O presente texto é parte de uma pesquisa financiada parcialmente pelo CNPq (Edital de Ciências Humanas e Sociais Aplicadas e Edital de Jovens Pesquisadores) e pela Faperj (Edital de Ciências Humanas). Agradeço os comentários aos participantes do Colóquio Capes-Cofecub. Mesmo assim, qualquer erro ou engano é de minha inteira responsabilidade.

impossível. Na América Latina, temos desde trabalhadores altamente especializados até o mundo da informalidade, de operários muito bem remunerados àqueles que mal conseguem chegar à linha da subsistência. Porém, há uma questão que toca a quase todos os países latino-americanos, e que impõe um desafio à OIT e aos Estados nacionais, com a qual tiveram de lidar desde a década de 1930 aos nossos dias. Esta temática unificadora é a situação dos indígenas da região.[1]

Para poder analisar esta questão, geral e de longo prazo, é preciso apresentar a relação estabelecida entre a OIT e a América Latina e depois realizar uma aproximação da legislação indigenista, principalmente as Convenções 107 e 169, ambas destinadas aos "povos indígenas e tribais em países independentes".

O estabelecimento inicial do vínculo entre a OIT e a "América Latina"

Antes do fim da II Grande Guerra começaram as negociações para resolver aquelas questões que deram origem ao conflito bélico e aquelas que vieram como consequência do mesmo. Entre as propostas para a superação definitiva dos conflitos entre as nações e visando uma paz duradoura, foi pensada uma série de acordos que deviam envolver o redesenho das fronteiras, o controle da corrida armamentista, o tratamento que devia ser dispensado às minorias (Fink, 1998), entre outras questões políticas e militares. O ponto de partida desta proposta foram os 14 itens lançados em 1918 pelo presidente dos Estados Unidos, Woodrow Wilson (Steel, 1998:21), e o ponto de chegada devia ser a Sociedade das Nações, pensada para que existisse um garante, fiscalizador e árbitro das possíveis disputas.

Um grande número de países da América Latina filiara-se à Sociedade das Nações: Argentina, Bolívia, Brasil, Chile, Colômbia, Cuba, Salvador, Guatemala, Haiti, Honduras, Nicarágua, Panamá, Paraguai, Peru, Uruguai e Venezuela. Dezesseis países de um total de 42 países-membros (Vargas, 2005:166). Essa filiação não foi acrítica e nem implicou um compromisso irreversível. De fato, e por diferentes motivos, a Argentina abandonou a sociedade no ano seguinte, o Brasil em 1926,[2] e o México só ingressou em 1931 (Novelo Urdanivia, 2000:180). Porém, isto não pode ser mensurado se não mencionarmos o fato de que nem mesmo os Estados Unidos

---

[1] A situação dos povos indígenas e tribais começa a ser discutida na década de 1930 e adquirirá uma orientação na década de 1950, como veremos mais adiante. Por outro lado, a questão indígena ampliou-se para os chamados povos tradicionais, como será explicitado posteriormente.

[2] A saída imediata da Argentina deveu-se à falta de tratamento igualitário a todos os países, como explicava o próprio presidente Yrigoyen (1921:15). A saída de Brasil deveu-se a razões similares (Vargas, 2005:112).

ingressaram na Sociedade das Nações, embora o presidente Woodrow Wilson tenha sido o seu promotor.

A mais exitosa de todas as iniciativas propostas nos debates de Versalhes foi aquela que parecia a menos interessante: a criação de uma instituição destinada a pensar e regular as questões trabalhistas, como aparecia na Seção XIII do Tratado de Versalhes que determinava a criação da OIT.

Os países latino-americanos também participaram das atividades da OIT. A América Latina compareceu em bom número à I Conferência Internacional do Trabalho:[3] Argentina, Bolívia, Brasil, Chile, Colômbia, Cuba, Equador, Guatemala, Haiti, Nicarágua, Panamá, Paraguai, Peru, Salvador, Uruguai e Venezuela fizeram parte desse encontro (República Argentina, 1925:65). Ou seja, 16 dos 40 participantes, embora sem muito peso na hora das decisões. Por esse motivo, os países da América Latina não participaram regularmente das reuniões, assim como as missões enviadas muitas vezes eram incompletas.

A relação entre a nossa região e a OIT, neste primeiro momento, não foi conflitante; na realidade, o desinteresse era mútuo, e assim continuaria ao longo de toda a década de 1920. Nem mesmo o empenho do secretário-geral, o francês Albert Thomas, por aproximar a América Latina da OIT deu algum resultado. Por um lado, a OIT estava voltada para as questões europeias, seus debates e disputas. Os latino-americanos, por sua vez, viam a OIT como um elemento condicionador da sua legislação, práticas e organização trabalhista. Embora o interesse pela OIT fosse secundário, os países da região permaneceram nela, diferentemente do que acontecia com a Sociedade das Nações.

A questão indígena na América Latina

O interesse mútuo cresceu quando apareceu um ponto em comum: a questão indígena. O tratamento da questão indígena iniciou-se como uma preocupação relativa aos trabalhadores nas colônias europeias; mesmo assim, nos informes apresentados sobre esses trabalhadores, a América Latina era mencionada como um remanescente

---

[3] A OIT está organizada em uma instância deliberativa, a Conferência Internacional do Trabalho, na qual todos os países-membros apresentam delegações tripartidas (um representante do trabalho, um representante dos patrões e dois representantes governamentais), e uma instância executiva, que tem a responsabilidade de levar a cabo as resoluções adotadas pela Conferência. Essa instância está concentrada no Escritório Internacional do Trabalho, com sede na cidade de Genebra, na Suíça.

dessa realidade colonial. Essa abordagem contrariava a perspectiva latino-americana sobre as populações indígenas, pois estas não eram consideradas com um *status* diferenciado do resto dos cidadãos. Como testemunharia o sr. Sabrosso, delegado brasileiro na VIII Conferência Internacional do Trabalho em 1926: diferentemente das colônias europeias, na América Latina não havia um *status* especial entre os trabalhadores porque todos eram vistos como cidadãos.[4] Sabrosso não fazia mais do que defender o princípio de cidadania universal, que fazia parte da bagagem política da América Latina desde o período independentista e também serviu de sustentação às lutas abolicionistas.[5]

A Conferência Americana do Trabalho de 1936, em Santiago do Chile, levou a OIT a refletir sobre as peculiaridades da América Latina (OIT, 1937). Mesmo que não tivesse acontecido uma mudança significativa na apreciação regional dos trabalhadores indígenas, o diretor-geral da OIT, Harold Butler, anunciou nas Memórias da Conferência Internacional do Trabalho de 1938 o interesse da OIT em tratar essa questão (Conferencia Internacional del Trabajo, 1938:73). Desde então foram incentivados os estudos indigenistas. Nesse mesmo ano, Moises Poblete Troncoso (1938), sociólogo e advogado chileno a serviço da OIT, apresentou um estudo sobre o trabalho indígena no Peru que inaugurou a abordagem latino-americana desta questão.

Depois do interregno inevitável da II Guerra Mundial, a OIT aprofundou a sua preocupação por duas vias, que culminariam com a sanção de uma convenção. Por um lado, criou o Programa Indígena Andino (PIA) em 1952, destinado a apresentar propostas para o melhoramento das populações indígenas, bem como desenvolver um programa de ação junto a essas comunidades (Rodgers et al., 2009:93). Por outro lado, foi lançado um livro que reunia pesquisas destinadas a compreender o que eram as comunidades indígenas como forma de dar sustentação teórica à política da OIT sobre a questão indígena (OIT, 1953).[6]

Porém, pelo caráter supranacional da OIT, a menção ao trabalho indígena devia contemplar outras realidades fora da América Latina. Até esse momento, a menção ao trabalho indígena estava direcionada para a realidade das colônias, como podemos ver na Convenção nº 50, denominada *Convenção sobre o recrutamento de traba-*

---

[4] Este depoimento é citado por Rodríguez-Piñero (2005:1).

[5] Para a inserção desta concepção no debate político independentista, ver Guerra (2000:355-363). Para o abolicionismo, ver Holt (2005:91-129).

[6] O termo "comunidade" tem uma longa tradição nas abordagens sociológicas e antropológicas, e apesar de sua "antiguidade" continua a articular muitas das pesquisas atuais, embora com um sentido renovado. Ver Comerford (2005:112-120).

lhadores indígenas, aprovada em 20 de junho de 1936, e que é a primeira convenção a mencionar a questão. Em seu texto considera-se que

> *La expresión* trabajadores indígenas *comprende a los trabajadores que pertenecen o están asimilados a las poblaciones indígenas de los territorios dependientes de los Miembros de la Organización, así como a los trabajadores que pertenecen o estén asimilados a las poblaciones indígenas dependientes de los territorios metropolitanos de los Miembros de la Organización.*[7]

O fato de mencionar em primeira instância os "territórios dependentes" e em seguida os territórios metropolitanos nos dá a pauta do objetivo principal. Em convenções posteriores, a categoria "indígena" continuou a ser utilizada para designar a realidade colonial, como nas convenções nº 64, "sobre os contratos de trabalho (trabalhadores indígenas)", e nº 65, "sobre as sanções penais (trabalhadores indígenas)", ambas de 1939. A Convenção nº 86, "sobre os contratos de trabalho (trabalhadores indígenas)", de 1947, é mais explícita no apelo às questões coloniais. No art. 1º diz que "*el término* trabajador *designa al trabajador indígena, es decir, al trabajador que pertenezca o esté asimilado a la población indígena de un territorio no metropolitano*".[8]

A Convenção 107 e o seu impacto na América Latina

A questão indígena foi se transformando ao longo do tempo, transitando do sentido dado pela sociedade colonial para o da pós-colonial, adquirindo maior importância para a América Latina. O ponto de convergência da reflexão regional com a OIT foi dado pela Convenção nº 107, de 26 de junho de 1957, cujo título é *Convenção relativa à proteção e integração das populações indígenas e de outras populações tribais e semitribais nos países independentes*.[9] Essa convenção foi elaborada seguindo os princípios da cidadania universal e, portanto, de integração da população indígena no interior da sociedade nacional, como veremos a seguir:

> *Considerando que en diversos países independientes existen poblaciones indígenas y otras poblaciones tribuales y semitribuales que no se hallan integradas todavía en la colectividad nacional y cuya situación social, económica o cultural les impide beneficiarse plenamente de los derechos y las oportunidades de que disfrutan los otros elementos de la población; (...)*

---

[7] As convenções estão disponíveis em <www.ilo.org/ilolex/spanish/convdisp1.htm>. Acesso em: 18 jun. 2009.

[8] Convenção nº 86. Acesso em: 18 jun. 2009.

[9] Convenção nº 107. Acesso em: 10 jun. 2009. As próximas referências a essa convenção provêm da mesma fonte.

> *Considerando que la adopción de normas internacionales de carácter general en la materia facilitará la acción indispensable para garantizar la protección de las poblaciones de que se trata, su integración progresiva en sus respectivas colectividades nacionales y el mejoramiento de sus condiciones de vida y de trabajo (...).*

O tratamento proposto para a população indígena era muito próximo daquele dispensado às minorias pelo Tratado de Versalhes (Fink, 1998): afirmava-se a necessidade de tutela daqueles grupos para alcançar a sua integração na comunidade nacional. Essa integração era vista como a garantia para a melhora das condições de vida e de trabalho dos indígenas, como aparece nos arts. 19, 20 e 27. Embora seja mencionada a possibilidade de acesso a todo tipo de profissões, inclusive a empregos qualificados, os indígenas eram vistos como mais predispostos a determinados tipos de atividades econômicas, como o artesanato e a agricultura. Assim especifica-se no art. 18: Ponto 1. "*La artesanía y las industrias rurales de las poblaciones en cuestión deberán fomentarse como factores de desarrollo económico, de modo que se ayude a dichas poblaciones a elevar su nivel de vida y a adaptarse a métodos modernos de producción y comercio.*" Ponto 2. "*La artesanía y las industrias rurales serán desarrolladas sin menoscabo del patrimonio cultural de dichas poblaciones y de modo que mejoren sus valores artísticos y sus formas de expresión cultural*".[10]

Paralelamente postulava-se a defesa das características culturais e das liberdades individuais dos indígenas, enfatizando-se a preservação da língua materna (art. 23. 1: "*Se deberá enseñar a los niños de las poblaciones en cuestión a leer y escribir en su lengua materna o, cuando ello no sea posible, en la lengua que más comúnmente se hable en el grupo a que pertenezcan*"); o fim das formas de trabalho compulsório,[11] sempre que essas formas não estivessem previamente garantidas por lei (art. 9º: "*Salvo en los casos previstos por ley respecto de todos los ciudadanos, se deberá prohibir, so pena de sanciones legales, la prestación obligatoria de servicios personales de cualquier índole, remunerados o no, impuesta a los miembros de las poblaciones en cuestión*"); a manutenção do tipo de propriedade fundiária e de transmissão da propriedade, embora com a ressalva de que não prejudicasse a eles próprios (como vemos no art 11: "*Se deberá reconocer el derecho de propiedad, colectivo o individual, a favor de los miembros de las poblaciones en*

---

[10] A questão da produção "tradicional" está atravessada pela discussão sobre direitos de propriedade intelectual e sobre os indicadores de procedência geográfica como mecanismos de proteção da biodiversidade e dos conhecimentos tradicionais. Ver Castelli e Wilkinson (2002:89-112).

[11] A Bolívia foi o último país das Américas a abolir as formas de trabalho servil. A revolução, liderada pelo Movimiento Nacional Revolucionário, acabou em 1953 com o "*pongueaje*" e o "*mitanaje*".

cuestión sobre las tierras tradicionalmente ocupadas por ellas"; e no art. 13, ponto 1: *"Los modos de transmisión de los derechos de propiedad y de goce de la tierra establecidos por las costumbres de las poblaciones en cuestión deberán respetarse en el marco de la legislación nacional, en la medida en que satisfagan las necesidades de dichas poblaciones y no obstruyan su desarrollo económico y social"*); continuar vivendo nos territórios ocupados historicamente (art. 12, ponto 1: *"No deberá trasladarse a las poblaciones en cuestión de sus territorios habituales sin su libre consentimiento, salvo por razones previstas por la legislación nacional relativas a la seguridad nacional, al desarrollo económico del país o a la salud de dichas poblaciones"*), entre outras formas de proteção. Estas últimas exceções abriam a porta para a intervenção do Estado em territórios indígenas, embora estivesse limitado de antemão a um determinado número de questões. Essa anuência à intervenção estava vinculada ao viés desenvolvimentista dos governos regionais e que foi adotado por esta convenção, que favorecia o intervencionismo do Estado.

Os indígenas eram colocados sob a tutela do Estado, que devia determinar o grau de adaptação dessas sociedades para poder definir o tipo de políticas a serem desenvolvidas (art. 22, ponto 1: *"Los programas de educación destinados a las poblaciones en cuestión deberán adaptarse, en lo que se refiere a métodos y técnicas, a la etapa alcanzada por estas poblaciones en el proceso de integración social, económica y cultural en la colectividad nacional."* Ponto 2: *"La formulación de tales programas deberá ser precedida normalmente de estudios etnológicos."*).

O grau de aceitação dessa convenção não foi muito elevado: apenas 26 países a ratificaram, o que é um número relativamente baixo. Dos 26 países, 13 eram latino-americanos, seis eram africanos, cinco eram asiáticos e dois eram europeus, que nesse momento ainda eram países coloniais (Bélgica e Portugal). Os países da região 8 a ratificaram rapidamente até 1960. Os restantes foram aprovando a convenção ao longo da década de 1960. O último país latino-americano a ratificar a convenção foi o Panamá, em 1971 (ver quadro 1).

Uma nova abordagem: a Convenção nº 169

Se essa convenção marcou a confirmação de uma mudança de rumo sobre a questão indígena, a Convenção nº 169, *Sobre os povos indígenas e tribais*, de 27 de junho de 1989, consagrou uma nova abordagem. A Convenção nº 169 coincidiu com o surgimento de novos atores coletivos: os movimentos indígenas que colocaram em questão as formas de construção histórica do Estado na região (Pajuelo Teves, 2007). Esses novos movimentos sociais trouxeram uma nova leitura geopolítica da realidade, definida como dual porque traz consigo uma leitura das relações no interior das fronteiras nacionais e dos fluxos de relações transnacionais de diferentes tipos de poder (Slater, 2000:504).

Esta convenção abordou questões novas para a discussão sobre os povos indígenas. A própria mudança acontecida ao interior da antropologia e a sua renovada compreensão das populações indígenas, além do novo contexto histórico, trouxeram elementos que estavam ausentes no debate anterior. A Convenção nº 169 substituiu a Convenção nº 107. Novamente foram poucos os países que a ratificaram: 20 até o momento da escrita deste texto. Porém, o seu impacto regional foi muito superior ao da outra. Dos 20 países que a ratificaram, 14 são países latino-americanos, junto com a Dinamarca, Espanha, Noruega, Holanda, Ilhas Fiji e Nepal (ver quadro 2).

O mais significativo das mudanças está no discurso consagrado pela convenção e que comporta uma base para compreender as justificativas para as mudanças de atitude para com as populações indígenas. Em primeiro lugar, se os indígenas continuaram unidos à natureza, o interessante é que isso deixou de ser um fator negativo, pois eles não precisam mais de tutelas. Pelo contrário, eles é que passaram a ser tutores de valores, práticas e, principalmente, do meio ambiente:[12] *"Recordando la particular contribución de los pueblos indígenas y tribales a la diversidad cultural, a la armonía social y ecológica de la humanidad y a la cooperación y comprensión internacionales"*.[13]

As mudanças na avaliação do que é ser indígena foram cercadas de cuidados que não estavam presentes na Convenção nº 107, como, por exemplo, o chamado a especialistas de áreas diversas que estavam envolvidas nas mudanças de percepção do fenômeno indígena, a saber:

> *Considerando que la evolución del derecho internacional desde 1957 y los cambios sobrevenidos en la situación de los pueblos indígenas y tribales en todas las regiones del mundo hacen aconsejable adoptar nuevas normas internacionales en la materia, a fin de eliminar la orientación hacia la asimilación de las normas anteriores (...).*

> *Observando que las disposiciones que siguen han sido establecidas con la colaboración de las Naciones Unidas, de la Organización de las Naciones Unidas para la Agricultura y la Alimentación, de la Organización de las Naciones Unidas para la Educación, la Ciencia y la Cultura y de la Organización Mundial de la Salud, así como del Instituto*

---

[12] Como menciona Martínez Alier (2007:13).

[13] Convenção nº 169. Acesso em: 10 jun. 2009. As próximas referências a essa convenção provêm da mesma fonte.

Indigenista Interamericano, a los niveles apropiados y en sus esferas respectivas, y que
se tiene el propósito de continuar esa colaboración a fin de promover y asegurar la apli-
cación de estas disposiciones.

Outra mudança de paradigma é o reconhecimento de direitos como específicos de cada comunidade. Os direitos deixaram de ser estabelecidos pela universalização dos valores ocidentais, passando-se a uma compreensão dos direitos próprios e do respeito à diversidade cultural:[14]

Reconociendo las aspiraciones de esos pueblos a asumir el control de sus propias insti-
tuciones y formas de vida y de su desarrollo económico y a mantener y fortalecer sus
identidades, lenguas y religiones, dentro del marco de los Estados en que viven;

Observando que en muchas partes del mundo esos pueblos no pueden gozar de los de-
rechos humanos fundamentales en el mismo grado que el resto de la población de los
Estados en que viven y que sus leyes, valores, costumbres y perspectivas han sufrido a
menudo una erosión.

Porém, a mudança mais importante foi na compreensão do que é um indígena. Pensando que a última vez que a OIT tinha elaborado uma convenção sobre a população indígena tinha sido em 1957, as transformações ideológicas incorporaram o olhar culturalista, abandonando as teorias do racismo científico. No art. 1º estabelece-se a quem está destinada esta convenção:

1. El presente Convenio se aplica:

a) a los pueblos tribales en países independientes, cuyas condiciones sociales, culturales
y económicas les distingan de otros sectores de la colectividad nacional, y que estén regi-
dos total o parcialmente por sus propias costumbres o tradiciones o por una legislación
especial;

b) a los pueblos en países independientes, considerados indígenas por el hecho de descen-
der de poblaciones que habitaban en el país o en una región geográfica a la que pertenece
el país en la época de la conquista o la colonización o del establecimiento de las actuales
fronteras estatales y que, cualquiera que sea su situación jurídica, conservan todas sus
propias instituciones sociales, económicas, culturales y políticas, o parte de ellas.

---

[14] Ver Clavero (2002). Várias das constituições latino-americanas que foram modificadas recentemente passaram a definir-se como Estados pluriculturais. Até o momento, apenas as Constituições do Equador e da Bolívia definem estes Estados como plurinacionais. Sobre o caráter consensual da cultura e seus usos homogeneizadores, ver Thompson (1998).

2. La conciencia de su identidad indígena o tribal deberá considerarse un criterio fundamental para determinar los grupos a los que se aplican las disposiciones del presente Convenio.

A definição é baseada na identidade. É necessário definir-se como membro de um determinado grupo para ser considerado portador de uma identidade. Esta mudança traz consequências profundas na forma em que se constroem identidades e no sistema de pertenças aos grupos identitários. A convenção se abre a interpretações, que não se limitam aos descendentes dos moradores anteriores à chegada dos conquistadores europeus. Neste marco, outras comunidades inserem-se e disputam seus direitos, como acontece com as comunidades camponesas. Um grupo que adotou esta convenção foram os denominados "quilombolas" ou "remanescentes de quilombos". Do ponto de vista da *consciência da sua identidade* e pelo fato de representarem comunidades autônomas, preservarem a natureza e o meio ambiente, além de viverem em harmonia com os recursos naturais, eles podem ser considerados incluídos.

No art. 6º especifica-se a necessidade de realizar consultas e estabelecer vínculos entre o Estado e as sociedades autônomas, o que também confere a esses grupos uma entidade política diferenciada. Este é outro motivo para se enquadrar dentro dos termos da convenção. Qualquer que seja o nível de intervenção do Estado no território das comunidades autônomas, precisa-se de um mecanismo de consulta a essas comunidades, com a tomada de decisões em pé de igualdade com o Estado e a condição de ter voz e voto nessas decisões. São vários os grupos que têm optado por essa possibilidade, tanto aqueles que sempre têm sido considerados indígenas quanto aqueles que se acolhem sob esta convenção.

Outra questão importante que vem do direito internacional é o fato de se passar a considerar estes grupos como "povos", antes que como "populações". A distinção é sutil na escrita, porém é substancial na prática. Os "povos" são portadores de direitos no concerto das nações, mas as populações estão restritas às legislações locais. Nos marcos do Estado-nação, o termo "povo" teve sempre muitas ambiguidades.[15] Embora a própria OIT tentasse ser cuidadosa na enunciação, o uso destas palavras abriu a porta para que os grupos indígenas reivindicassem uma ampla autonomia no interior das nações, assim como o direito de pleitear diretamente ante as instituições internacionais. Como vemos no ponto 3 do art. 1º: "*La utilización del término* pueblos *en este Convenio no deberá interpretarse en el sentido de que tenga implicación alguna en lo que atañe a los derechos que pueda conferirse a dicho término en el derecho internacional*".

---

[15] Ver Hill (1990:34-53) e Guerra (2000:351-381).

Este pode ser um motivo para compreender o porquê da baixa ratificação desta convenção. Tomemos um exemplo: para o Estado chileno, a unidade social e legal dos mapuches é a redução ou comunidade, mas existe outra instituição, sem sanção legal, que tem uma grande significação social: a congregação ritual, que inclui várias reduções. O sistema matrimonial mapuche é exogâmico, as várias comunidades se reúnem nos ritos religiosos fundamentais: a cerimônia de fertilidade e os funerais (Piñeiro, 2004:174-175). Evidentemente, existem grandes diferenças entre as "unidades legais" reconhecidas nas constituições nacionais e outros marcos legais, por um lado, e as "unidades significativas" para as culturas indígenas, por outro.

Discurso indigenista e prática indigenista?

Acompanhamos a construção de um discurso indigenista e como o mesmo mudou desde que o tema se tornou latino-americano. Embora haja uma construção discursiva do que é ser indígena, originário ou tribal, essa construção não tem uma interpretação unívoca. Pelo contrário, poderíamos dizer que usar este termo permitiu a apresentação de novos atores anteriormente ignorados ou sem articulação política. A convenção definiu que os povos indígenas, originários e tribais podiam usufruir dela. O que não definiu, e nem podia, foi quem forma parte desses povos. A pergunta que persiste é: quem é o indígena?

A OIT oscilou sobre o significado do termo "indígena". A primeira definição adotada pela OIT foi política: o indígena seria aquele que tinha um vínculo de dependência no interior de um país que já fazia parte da Organização. Lembremos a Convenção nº 50 antes mencionada:

> *Art. 2º. b) La expresión* trabajadores indígenas *comprende a los trabajadores que pertenecen o están asimilados a las poblaciones indígenas de los territorios dependientes de los Miembros de la Organización, así como a los trabajadores que pertenecen o estén asimilados a las poblaciones indígenas dependientes de los territorios metropolitanos de los Miembros de la Organización.*

A dependência é a condição ontológica do ser indígena.

Em um segundo momento, as políticas integracionistas e de assimilação das populações designadas como indígenas passaram a ser o paradigma para a compreensão dessa categoria, como aparece na Convenção nº 107, que trata das populações indígenas no contexto da descolonização na África e Ásia e do "desenvolvimentismo" nos países da América Latina:

a) a los miembros de las poblaciones tribuales o semitribuales en los países independientes, cuyas condiciones sociales y económicas correspondan a una etapa menos avanzada que la alcanzada por los otros sectores de la colectividad nacional y que estén regidas total o parcialmente por sus propias costumbres o tradiciones o por una legislación especial;[16]

b) a los miembros de las poblaciones tribuales o semitribuales en los países independientes, consideradas indígenas por el hecho de descender de poblaciones que habitaban en el país, o en una región geográfica a la que pertenece el país, en la época de la conquista o la colonización y que, cualquiera que sea su situación jurídica, viven más de acuerdo con las instituciones sociales, económicas y culturales de dicha época que con las instituciones de la nación a que pertenecen.

2. A los efectos del presente Convenio, el término semitribal comprende los grupos y personas que, aunque próximos a perder sus características tribuales, no están aún integrados en la colectividad nacional.

Segundo essa convenção, os indígenas são aqueles que estão numa situação de atraso econômico e afastados do conjunto da nação, ou seja, parte-se da situação econômica e do isolamento geográfico. No art. 2º dessa mesma convenção, a OIT propunha-se a "desenvolver programas coordenados e sistemáticos visando a proteção das populações em questão e a sua integração progressiva na vida dos seus respectivos países". Essa integração é associada à incorporação do "indígena" na sociedade nacional, com certos cuidados, mas visando a eliminação das diferenças entre os cidadãos. A integração podia ser gradual, controlada, mas, uma vez iniciada, o grupo "menos evoluído" seria incluído no "mais evoluído". A posição econômica e política de ambos os grupos é bem definida, assim como a subordinação de um grupo ao outro. Os princípios do darwinismo social (Harris, 1987:105) definiram a relação entre Estado e populações indígenas, justificando a subordinação em troca da evolução.

A última mudança na forma de apresentar a questão indígena foi a da Convenção nº 169. A mesma abriu interessantes debates nos países em que tem sido ratificada. Essa mudança foi influenciada pelo relativismo cultural, baseado na virada culturalista da antropologia da década de 1960. Os principais nomes deste paradigma são Lévi-Strauss, Victor Turner e Clifford Geertz,[17] que colocaram em primeiro plano a

---

[16] A utilização da palavra "especial" é a porta de ingresso das populações tradicionais. Por exemplo, no Brasil, nos deparamos com uma série de grupos que podem ser definidos como populações tradicionais: quilombolas, ribeirinhos, caiçaras, catadores de caranguejos, extrativistas (como catadores do coco-babaçu, de castanha, seringueiros) etc.

[17] Para a mudança de paradigma na antropologia e a redefinição do conceito de cultura, ver Reddy (2002:278-281).

questão das racionalidades diferenciadas. Nessa nova perspectiva, o indígena tem a sua própria racionalidade no uso da terra e dos recursos naturais, e essa racionalidade deve ser valorizada e não suprimida pela via da integração. A categoria "indígena" sofre uma série de mudanças na legislação: deviam ser preservados os seus saberes e práticas, tanto econômicas quanto culturais, em prol da manutenção do princípio de diversidade cultural e da harmonia ecológica (Martínez Alier, 2007).

A redemocratização da região levou a uma ampliação dos sentidos do termo "democracia": as demandas de todo tipo contidas durante o período ditatorial, e algumas que antecediam às ditaduras, se expandiram significativamente. Nesse contexto é que foi discutida a Convenção n.º 169 e, posteriormente, aceita em vários países da América Latina. Nesse momento emergiram demandas que excediam os reclamos trabalhistas tradicionais, estendendo-se a outras áreas, como as ecológicas ou as territoriais. As demandas indígenas se potencializaram ao vincular-se com as lutas dos ecologistas. Se o indígena era definido em função do seu vínculo com a terra e esse vínculo era visto como positivo, não foi de estranhar que grupos ecologistas atuassem junto com os indígenas e que posteriormente estes se apropriassem do discurso dos ativistas.

A aprovação da Convenção n.º 169 esteve vinculada a questões locais. Em alguns casos, como no Brasil, a demora para a aceitação da Convenção n.º 169 deveu-se à incorporação na legislação de certos direitos indígenas ou daqueles considerados como populações tribais ou semitribais.[18] Em outros casos, a aprovação imediata como a da Bolívia já significava tanto o reconhecimento da existência de um Estado multiétnico quanto a verificação do poder político dos indígenas, que anos depois chegariam à presidência da República.

As consequências da aprovação da Convenção n.º 169 foram imprevistas, superando o efeito procurado e alterando as interpretações originais.[19] Uma nova militância acompanhou as aprovações desse convênio de redefinição identitária e de apoio aos que se atinham a essa nova convenção e às leis complementares. O que nos leva a retomar o que colocávamos anteriormente, para além das definições da OIT: quem é o indígena?

Este é um ponto que mostra como a legislação foi redefinida na prática por grupos que estavam contemplados por ela, mas que não tinham ainda os seus direitos

---

[18] Na Constituição Federal do Brasil de 1988 foram incorporados os direitos indígenas e quilombolas à terra nos arts. 67 e 68.

[19] Sobre a forma em que lei é interpretada e reformulada, ver Thompson (1997:348-361).

reconhecidos. Uma particularidade da Convenção nº 169 é o fato de ser uma espécie de desvio na tendência geral da OIT de preocupar-se com os trabalhadores inseridos no mercado de trabalho formal ou possuidores de organizações. Nesse caso, além da preocupação com o trabalho rural, há uma preocupação com uma população que não está inserida no mercado. Este pode ser um fator para a expansão dos sentidos aberta pela Convenção nº 169.

Distintas linguagens entraram em conflito com essa convenção. Por um lado, a linguagem do controle da população camponesa e, por outro, o discurso do direito e da autonomia. Inicia-se um processo de disputas pelo sentido da convenção e por quem pode realmente usufruí-la, tornando-se uma arena de confrontos e de redefinições. A convenção define quais são os direitos possíveis: como acesso à terra e ao controle do território próprio (art. 7º); a designação como *povos*, o que permite ter especificidades na implementação de programas de educação, saúde e preservação da própria cultura (art. 2º); proteção legal em questões trabalhistas (art. 20); e formação profissional adequada às práticas produtivas, fundamentalmente o apoio ao artesanato (art. 21). A questão é que se os direitos estão claramente definidos e delimitados, quem não está tão evidentemente apresentado é o beneficiário dos mesmos.

Ao se perceber que nem todas as comunidades tinham acesso a esses direitos, iniciou-se uma disputa por parte dos excluídos de antemão para passarem a ser reconhecidos e incluídos na aplicação da Convenção nº 169. A disputa se deu em dois âmbitos diferentes: a luta pelo reconhecimento dos direitos derivados da Convenção nº 169; e a luta pela identidade. Essa identidade devia coincidir com aquela descrita na convenção. Portanto, as comunidades tiveram que encarar a disputa em duas frentes. Para obter os benefícios, esses grupos precisavam enquadrar-se como indígenas ou comunidades tradicionais, adequando as suas características identitárias e culturais. Simultaneamente se produziu uma expansão das demandas e a articulação de grupos anteriormente isolados. Esta redescoberta identitária, no marco da revalorização das culturas originárias, levou a uma elevação da autoestima da pequena comunidade que inventava novas tradições para se adaptar a esta situação. Certamente que este não é um processo mecânico. E nem podemos nos encaixar num jogo de escolhas racionais, pois temos de pensar numa situação de "invenção de tradições" (Hobsbawm, 1984), em que a comunidade se engaja nessa redefinição e revalorização de usos e costumes.

Por isso é que a pergunta continua a ser: quem é o indígena? Para desvendar essa questão há exemplos muito interessantes que se dão no marco das interpretações, na disputa pelos sentidos da Convenção nº 169. A Comissão de Expertos na Aplicação de Convênios e Recomendações (CEACR) da OIT realizou em 2008 uma pesquisa no Peru para verificar o andamento da aplicação da Convenção nº 169 e comprovou que existia um sério problema na aplicação da mesma porque as definições da convenção não se encaixavam naquelas formuladas por diversos órgãos peruanos. Segundo a comissão,

> (...) no Peru são utilizadas diversas categorias para se referir e reconhecer os povos indígenas e como resultado não fica claro a quem se aplica o Convênio. Explicam que a categoria jurídica de "povos indígenas" não está na Constituição, que o sujeito jurídico criado pela colônia e admitido pela Constituição e a maior parte da legislação é o de "comunidade". (...) Referem-se concretamente a leis que utilizam os termos "comunidades nativas", ou "camponesas", ou "povos indígenas" de forma paralela às vezes, e diferenciada em outras (...). (CEACR, 2009)

A falta de clareza da definição e o apelo ao período colonial facilitam os conflitos; porém, fazem parte da dinâmica política das sociedades latino-americanas. Se, no período imediatamente posterior ao processo independentista, ser catalogado como "indígena" era um estigma que significava a impossibilidade de alcançar direitos políticos, a mesma denominação, quase dois séculos depois, representa o acesso à cidadania. Na medida em que há indefinições, há opções para as comunidades que ainda não foram incluídas, o que facilita ao Estado articular possibilidades no uso dos recursos em jogo. Reconhecer algum grupo como indígena, comunidade ou povo é um passo importante na formalização de um determinado estado de coisas. Se, por um lado, facilita a eliminação de conflitos ao incorporar determinadas comunidades ao usufruto de certos direitos, por outro, inibe a valorização dos recursos naturais. O caso de Bagua na Amazônia peruana, mencionado no início deste texto, é um exemplo claro. As reclamações já estavam presentes neste informe, onde se especificavam os avanços sobre os territórios indígenas: a expansão da mineração passou de menos de 3 milhões de hectares em 1992 para 22 milhões em 2000, afetando 3.326 das 5.818 comunidades reconhecidas no Peru. Por outro lado, em relação aos hidrocarbonetos, dos 75 milhões de hectares da Amazônia peruana, mais de 75% estavam superpostos aos territórios indígenas (CEACR, 2009).

Outro caso revela que os conflitos também se produzem horizontalmente, entre comunidades, e não só das comunidades com o Estado. No México, a OIT recebeu uma denúncia da Unión de Comunidades Indígenas Huicholas de Jalisco, que indicava que, mesmo quando apresentaram os títulos vice-reinais, de 1725, o *acordona-miento* (medição com cordéis) do território em 1809, ainda no período colonial, junto com os documentos de 1960 (nos quais o governo mexicano admitia que San Andrés Cohamiata tinha uma superfície de 129 mil hectares, nos quais estavam compreendidos os 1.255 hectares de Tierra Blanca), a denúncia também admitia que terras foram entregues a outras comunidades, neste caso, de mestiços. Tudo por conta de um grupo de colonos mestiços que expulsou os povoadores originais (indígenas *coras*), e se valeu dos títulos dos povoadores expulsos para solicitar a adjudicação das terras ao governo federal em 1961. Em 1965 resolveu-se a questão segregando Tierra Blanca, na qual viviam mais de 2 mil *huicholes*. O reclamo baseou-se em que os *huicholes* tinham sido afetados na sua integridade cultural e territorial e queixava-se ao governo da falta de vontade política para resolver a situação (OIT — Reclamación, 1996). A reivindicação foi realizada 40 anos depois do fato, o que pode indicar a forma pela qual as comunidades indígenas instrumentalizam a "lei branca" e também que esta mesma lei é provisória, embora seja aquela diante da qual eles precisam agir.

O Estado era acusado por falhar em favor de uma das partes, dado que o conflito principal era entre uma comunidade indígena e outra mestiça. Para além da resolução do conflito, volta a pergunta sobre quem é o beneficiado da convenção. O fato de ser designado como "mestiço" inibiria o seu acesso à convenção; portanto, a resposta deveria ser dada a partir da categoria "tradicional".

Em grande medida, as disputas se transformaram em disputas pela definição, pela ampliação do sentido de ser indígena ou tradicional. Ao pesquisar esta questão nos deparamos com os esforços realizados por diversas comunidades para serem designadas de uma forma tal que lhes permitisse estar aptas a realizar os reclamos dos direitos apontados na convenção. Esses esforços são consagrados pelo princípio da autoidentificação adotada na convenção. Tendo em vista que se alguém se define de uma forma, não precisa demonstrar a sua opção; de outro lado, é preciso que a declaração seja aceita, principalmente se há recursos materiais envolvidos. A luta se trava no terreno cultural e discursivo, mas a disputa também envolve os recursos materiais.

Uma breve conclusão

Nos últimos anos aconteceram algumas mudanças de perspectivas nas ciências humanas. Quando analisamos os usos da lei numa questão tão sensível como a indígena, percebemos as possibilidades analíticas que se abrem. Enquanto os debates no interior da OIT favoreceram a construção da Convenção nº 169 a partir de uma perspectiva multiculturalista e relativista, a dinâmica da sua aplicação e, principalmente, os debates relativos à sua interpretação trouxeram à tona as limitações do culturalismo. A linguagem do consenso e da integração tornou-se uma arena política. A linguagem se politizou, as disputas sociais aceitaram os pressupostos discursivos da Convenção nº 169. As reclamações judiciais, as denúncias realizadas à OIT e as apresentadas aos governos nacionais foram pensadas seguindo a legislação. Porém, o potencial de mobilização de recursos discursivos e identitários mostra como a cultura não foi o ponto de encontro para a resolução dos conflitos e, sim, o campo de batalha. A cultura foi politizada, na medida em que as categorias analíticas foram redefinidas.

Indígena, quilombola, ribeirinho, comunidade tradicional, tribal ou semitribal não são categorias da estrutura social; na realidade, são categorias culturais.[20] Apresentam um *status* duplo: por um lado, são construtos históricos, como podemos ver no apelo realizado pelos *huicholes* mexicanos e no caso da "comunidade" no Peru. O uso da categoria "indígena" durante a colônia e pelas repúblicas permitiu a elaboração de políticas igualitárias e de controle externo. A nova situação mudou a percepção da questão indígena porque o "indígena" se tornou um sujeito com direitos sobre os recursos que se encontram nos territórios por ele controlados. Quem é identificado como "indígena" passa a atuar autonomamente.

Por outro lado, temos que ressaltar o fato de que a categoria "indígena" é um artefato cultural. A pergunta retórica, utilizada várias vezes ao longo do texto, "quem é o indígena?" referia-se justamente ao fato de que o ingresso nos valores da convenção não está restrito àqueles que historicamente foram denominados indígenas, além de que outros grupos disputaram esta denominação, ou as outras incluídas na Convenção nº 169. A lei organizou as demandas e a luta política subsequente. As identidades em muitos casos foram reconstruídas e recolocadas para poder aceder à convenção e às legislações nacionais, simultâneas ou complementares. As lutas foram condicionadas pelo reconhecimento da identidade, inaugurando um ciclo de politização da cultura. Uma vez alcançado esse objetivo, ou simultaneamente, começou outra disputa: a luta pelos direitos, a luta política, propriamente dita.

---

[20] Ernesto Laclau (2005:278) realiza esta operação com o conceito de populismo.

Quadro 1: C107 — **Convênio sobre populações indígenas e tribais, 1957**

Angola	1976	Ratificado
Argentina	1960	Denunciado em 2000
Bangladesh	1972	Ratificado
Bélgica	1958	Ratificado
Bolívia	1965	Denunciado em 1991
Brasil	1965	Denunciado em 2002
Colômbia	1969	Denunciado em 1991
Costa Rica	1959	Denunciado em 1993
Cuba	1958	Ratificado
Equador	1969	Denunciado em 1998
Egito	1959	Ratificado
El Salvador	1958	Ratificado
Gana	1958	Ratificado
Guiné-Bissau	1977	Ratificado
Haiti	1958	Ratificado
Índia	1958	Ratificado
Iraque	1986	Ratificado
Malauí	1965	Ratificado
México	1959	Denunciado em 1990
Paquistão	1960	Ratificado
Panamá	1971	Ratificado
Paraguai	1969	Denunciado em 1993
Peru	1960	Denunciado em 1994
Portugal	1960	Ratificado
República Dominicana	1958	Ratificado
República Árabe Síria	1959	Ratificado
Tunísia	1962	Ratificado
Total de 18 ratificações e 9 denúncias		

Quadro 2: C169 — **Convênio sobre povos indígenas e tribais, 1989**

1.	Argentina	2000	Ratificado
2.	Bolívia	1991	Ratificado
3.	Brasil	2002	Ratificado
4.	Colômbia	1991	Ratificado
5.	Costa Rica	1993	Ratificado
6.	Chile	2008	Ratificado
7.	Dinamarca	1996	Ratificado
8.	Equador	1998	Ratificado
9.	Espanha	2007	Ratificado
10.	Fiji	1998	Ratificado
11.	Guatemala	1996	Ratificado
12.	Honduras	1995	Ratificado
13.	México	1990	Ratificado
14.	Nepal	2007	Ratificado
15.	Noruega	1990	Ratificado
16.	Países Baixos	1998	Ratificado
17.	Paraguai	1993	Ratificado
18.	Peru	1994	Ratificado
19.	Rep. Bolivariana da Venezuela	2002	Ratificado
20.	República Dominicana	2002	Ratificado

Referências

CASTELLI, Pierina German; WILKINSON, John. Conhecimento tradicional, inovação e direitos de proteção. *Estudos. Sociedade e Agricultura*, Rio de Janeiro, n. 19, p. 89-112, 2002.

CLAVERO SALVADOR, Bartolomé. *Estado pluricultural, orden internacional, ciudadanía poscolonial.* Ciudadanía, cultura, política y reforma del Estado en América Latina. Zamora: El Colegio de Michoacán, 2002.

COMERFORD, John. Comunidade rural. In: MOTTA, Márcia (Org.). *Dicionário da Terra.* Rio de Janeiro: Civilização Brasileira, 2005.

COMISSÃO DE EXPERTOS NA APLICAÇÃO DE CONVÊNIOS E RECOMENDAÇÕES (CEACR). *Observación individual sobre el Convenio sobre pueblos indígenas y tribales, 1989 (núm. 169) Perú (ratificación: 1994).* Genebra: OIT, 2009. Disponível em: <www.ilo.org/ilolex/cgi-lex/pdconvs2.pl?host=stat us01&textbase=ilospa&document=11099&chapter=6&query=%28%23subject%3D20%29+% 40ref&highlight=&querytype=bool&context=0>. Acesso em: 17 jun. 2009.

CONFERENCIA INTERNACIONAL DEL TRABAJO. *Vigesimocuarta reunión, Ginebra 1938.* Memoria del director: Harold Butler. Genebra: OIT, 1938.

FINK, Carole. The minorities question at the Paris Conference: the Polish Minority Treaty, June 28, 1919. In: BOEMEKE, Manfred; FELDMAN, Gerald; GLASER, Elizabeth (Orgs.). *The Treaty of Versailles.* A reassessment after 75 years. Cambridge: Cambridge University Press, 1998.

GUERRA, François-Xavier. *Modernidad e independencias.* Ensayos sobre las revoluciones hispánicas. México: FCE, 2000.

HARRIS, Marvin. *El desarrollo de la teoría antropológica*. Historia de las teorías de la cultura. Madrid: Siglo XXI, 1987.

HILL, Christopher. Os pobres e o povo na Inglaterra do século XVII. In: KRANTZ, Frederick (Org.). *A outra história:* ideologia e protesto popular nos séculos XVII a XIX. Rio de Janeiro: Zahar, 1990.

HOBSBAWM, Eric. Introdução: a invenção das tradições. In: _____; RANGER, Terence (Orgs.). *A invenção das tradições*. Rio de Janeiro: Paz e Terra, 1984.

HOLT, Thomas C. A articulação entre raça, gênero sexual e economia política no programa britânico de emancipação, 1838-1866. In: COOPER, Frederick; HOLT, Thomas C.; SCOTT, Rebecca. *Além da escravidão*. Investigações sobre raça, trabalho e cidadania em sociedades pós-emancipação. Rio de Janeiro: Civilização Brasileira, 2005.

LACLAU, Ernesto. *La razón populista*. Buenos Aires: FCE, 2005.

MARTÍNEZ ALIER, Joan. *O ecologismo dos pobres*. São Paulo: Contexto, 2007.

NOVELO URDANIVIA, Federico. *La política exterior de México en la era de la globalización*. México: Plaza y Valdés, 2000.

ORGANIZACIÓN INTERNACIONAL DEL TRABAJO. *Convención n° 50*. Convenio sobre el reclutamiento de trabajadores indígenas. s.l.: s.n., 1936. Disponível em: <www.ilo.org/ilolex/spanish/convdisp1.htm>. Acesso em: 17 jun. 2009.

_____. *Texto de las resoluciones adoptadas por la Conferencia del Trabajo de los Estados de América miembros de la OIT reunidos en Santiago de Chile en 1936*. Santiago de Chile: OIT, 1937.

_____. *Convención n° 86*. Convenio sobre los contratos de trabajo (trabajadores indígenas). s.l.: s.n., 1947. Disponível em: <www.ilo.org/ilolex/spanish/convdisp1.htm>. Acesso em: 17 jun. 2009.

_____. *Poblaciones indígenas:* condiciones de vida y de trabajo de los pueblos autóctonos de los países independientes. Genebra: OIT, 1953.

_____. *Convención n° 107*. Convenio sobre poblaciones indígenas y tribuales. s.l.: s.n., 1957. Disponível em: <www.ilo.org/ilolex/spanish/convdisp1.htm>. Acesso em: 17 jun. 2009.

_____. *Convención n° 169*. Convenio sobre pueblos indígenas y tribales. s.l.: s.n., 1989. Disponível em: <www.ilo.org/ilolex/spanish/convdisp1.htm>. Acesso em: 17 jun. 2009.

_____. Reclamación (artículo 24). *México, C169, Informe del Comité encargado de examinar la reclamación en la que se alega el incumplimiento por los Estados Unidos Mexicanos del Convenio sobre pueblos indígenas y tribales, 1989 (núm. 169), presentada en virtud del artículo 24 de la Constitución de la OIT por la delegación sindical D-III-57 sección XI del Sindicato Nacional de Trabajadores de la Educación (SNTE), Radio Educación*. Genebra: OIT, 1996. Disponível em: <www.ilo.org/ilolex/cgi-lex/pdconvs2.pl?host=status01&textbase=ilospa&document=19&chapter=16&query=%28%23subject%3D20%29+%40ref%2Bhuicholes&highlight=on&querytype=bool&context=1>. Acesso em: 17 jun. 2009.

PAJUELO TEVES, Ramón. *Reinventando comunidades imaginadas*. Movimentos indígenas, nación y procesos sociopolíticos en los países centroandinos. Lima: Instituto de Estudios Peruanos, 2007.

PIÑEIRO, Diego. *En busca de la identidad*. La acción colectiva en los conflictos agrários de América Latina. Buenos Aires: Clacso, 2004.

POBLETE TRONCOSO, Moisés. *Condiciones de vida y de trabajo de las poblaciones indígenas del Perú.* Genebra: OIT, 1938. (Estudios y Documentos Serie B).

REDDY, William. Anthropology and the history of culture. In: KRAMER, Lloyd; MAZA, Sarah (Eds.). *A companion to Western historical thought.* Oxford: Blackwell, 2002.

REPÚBLICA ARGENTINA. *Mensaje del presidente Hipólito Yrigoyen de la nación al abrir las sesiones del honorable Congreso, mayo de 1921.* Buenos Aires: Congreso de la Nación, 1921.

_____. Ministerio de Relaciones Exteriores y Culto. *La República Argentina en la Organización Internacional del Trabajo.* Buenos Aires: Imp. de la Cámara de Diputados, 1925.

RODGERS, Gerry et al. *La OIT y la lucha por la justicia social, 1919-2009.* Genebra: OIT, 2009.

RODRÍGUEZ-PIÑERO, Luis. *Indigenous peoples, postcolonialism, and international law.* The ILO regime (1919-1980). Oxford: Oxford University Press, 2005.

SLATER, David. Repensando as espacialidades dos movimentos sociais. Questões de fronteiras, cultura e política em tempos globais. In: ALVAREZ, Sonia; DAGNINO, Evelina; ESCOBAR, Arturo. (Orgs.). *Cultura e política nos movimentos sociais latino-americanos.* Novas leituras. Belo Horizonte: UFMG, 2000.

STEEL, Ronald. Prologue: 1919-1945-1989. In: BOEMEKE, Manfred; FELDMAN, Gerald; GLASER, Elizabeth (Eds.). *The Treaty of Versailles.* A reassessment after 75 years. Cambridge: Cambridge University Press, 1998.

THOMPSON, E. P. *Senhores e caçadores.* A origem da Lei Negra. Rio de Janeiro: Paz e Terra, 1997.

_____. Introdução: costume e cultura. _____. *Costumes em comum.* São Paulo: Cia. das Letras, 1998.

VARGAS, Eugenio Garcia. *O Brasil e a Liga das Nações (1919-1926).* Porto Alegre: UFRGS, 2005.

Sobre os autores

Ana Carolina Huguenin Pereira

Doutoranda em história pela Universidade Federal Fluminense (UFF). Autora dos artigos "O demônio moderno", publicado no *Caderno de Literatura e Cultura Russa* (Ateliê Editorial, 2008), e "Dostoiévski, la 'Mère Russie' et l'Occident: une proposition alternative de modernité", publicado na coletânea *Modernités alternatives* (L'Harmattan, 2009).

Ana Maria Mauad

Doutora em história social pela Universidade Federal Fluminense (UFF), é professora de teoria e metodologia da história da UFF, pesquisadora do Laboratório de História Oral e Imagem (Labhoi-UFF) e do CNPq. Autora de *Poses e flagrantes: estudos sobre história e fotografias* (Eduff, 2008) e "Imagens de um acontecimento: imprensa e história na análise dos atentados de 11 de Setembro de 2001", publicado em *Imprensa, história e literatura* (org. Isabel Lustosa, FCRB, 2008).

Angelo Segrillo

Professor de história contemporânea da Universidade de São Paulo (USP), com doutorado pela Universidade Federal Fluminense (UFF) e mestrado pelo Instituto Pushkin de Moscou. É autor de diversos livros sobre a Rússia e ex-URSS, entre eles *O declínio da URSS: um estudo das* causas (Record, 2000), *O fim da URSS e a nova Rússia* (Vozes, 2000) e *Rússia e Brasil em transformação* (7 Letras, 2005).

Beatriz Gallotti Mamigonian

Doutora em história pela Universidade de Waterloo, Canadá, é professora do Departamento de História da Universidade Federal de Santa Catarina (UFSC). Coeditora, com Karen Racine, da coletânea de biografias *The Human Tradition in the Black Atlantic* (Rowman and Littlefield, 2009). Publicou ainda diversos textos em coletâneas e artigos em revistas especializadas, entre eles "A proibição do tráfico atlântico e a manutenção da escravidão" (Coleção O Brasil Imperial, v. 1, org. Keila Grinberg e Ricardo Salles, Civilização Brasileira, 2009) .

Daniel Aarão Reis

Doutor em história social pela Universidade de São Paulo (USP). Professor titular de história contemporânea da Universidade Federal Fluminense (UFF), pesquisador do Núcleo de Estudos Contemporâneos (NEC-UFF) e do CNPq. Autor de *Uma revolução perdida: a história do socialismo soviético* (Fundação Perseu Abramo, ed. rev. e ampl., 2007) e organizador, com Denis Rolland, de *Modernidades alternativas* (FGV, 2008).

Denis Rolland

Professor de história das relações internacionais contemporâneas do Institut d'Études Politiques de Strasbourg da Universidade Robert Schuman, Strasbourg III, membro do Institut Universitaire de France, pesquisador do Centre d'Histoire de Sciences Po. Autor de *A crise do modelo francês: a França e a América Latina* (UnB, 2005) e organizador, com Daniel Aarão Reis, Marcelo Ridenti e Idelette Muzart-Fonseca dos Santos, de *L'Exil brésilien en France* (L'Harmattan, 2008).

Dévrig Mollès

Doutorando na École de Droit, Science Politique et Histoire da Universidade de Strasbourg. Pesquisador associado do grupo Frontières, Acteurs & Représentations de l'Europe (Fare), UDS, e do Centro de Estudios Mexicanos & Centroamericanos (Cemca), da Embaixada da França no México. Expatriado na América Latina desde 1999, é atualmente secretário de Ação Cultural e Patrimônio Histórico da Grande Loja Argentina e coordenador da cátedra Libre-Pensamiento na Universidad Nacional de La Plata, Argentina.

Gustavo Alves Alonso Ferreira

Doutorando pela Universidade Federal Fluminense (UFF). Autor da dissertação *Quem não tem swing morre com a boca cheia de formiga: Wilson Simonal e os limites de uma memória tropical* (no prelo), defendida em março de 2007 no Programa de Pós-Graduação em História da Universidade Federal Fluminense (UFF) e do artigo "A modernidade e o discurso: inovação estética e legitimação da Tropicália" no livro *Modernidades alternativas* (FGV, 2008), organizado por Denis Rolland e Daniel Aarão Reis.

Sobre os autores

Idelette Muzart-Fonseca dos Santos

Doutora em letras pela Universidade Paris III, é professora catedrática na Universidade Paris Ouest Nanterre. Dirige o Centre de Recherches Interdisciplinaires sur le Monde Lusophone (Crilus). Entre suas obras recentemente publicadas, estão *Em demanda da poética popular: Ariano Suassuna e o Movimento Armorial* (Unicamp, 2. ed., 2009); e *Memória das vozes: cantoria, romanceiro & cordel* (Salvador, 2006). Dirige a revista eletrônica bilingue *Plural Pluriel*, disponível em: <www.pluralpluriel.org>.

Janaina Martins Cordeiro

Doutoranda em história pela Universidade Federal Fluminense (UFF). Pesquisadora vinculada ao Núcleo de Estudos Contemporâneos (NEC-UFF) e bolsista da Capes. Autora do livro *Direitas em movimento: a Campanha da Mulher pela Democracia e a ditadura no Brasil* (FGV, 2009).

Marcelo Ridenti

Doutor em sociologia pela Universidade de São Paulo (USP). Defendeu tese de livre-docência na Universidade Estadual de Campinas (Unicamp), na qual é professor titular de sociologia. Integra a Coordenação de Ciências Humanas e Sociais da Fundação de Amparo à Pesquisa do Estado de São Paulo (Fapesp). É autor de vários livros, entre eles *Brasilidade revolucionária* (Unesp, 2010), *Em busca do povo brasileiro* (Record, 2000) e *O fantasma da revolução brasileira* (Unesp, 2. ed. rev., 2010).

Marie-jo Ferreira

Professora vinculada à École de Sciences Politiques, Paris, e à Universidade Robert Schuman, Strasbourg III. Tem diversos textos publicados no Brasil, entre os quais "As comemorações do primeiro centenário da independência brasileira ou a exaltação de uma modernidade luso-brasileira" (*Modernidades alternativas*, FGV, 2008) e "Transição à República no Brasil e relações diplomáticas Brasil-Portugal" (*Cultura & poder*, Juruá, 2003).

Norberto O. Ferreras

Doutor em história pela Universidade Estadual de Campinas (Unicamp), professor de história da América da Universidade Federal Fluminense (UFF) e pesquisador do Núcleo de Estudos Contemporâneos (NEC-UFF). Autor de *O cotidiano dos trabalhadores de Buenos Aires, 1880-1920* (Eduff, 2006) e A ditadura militar na Argentina: do esquecimento à história total, publicado em *Modernidades alternativas* (orgs. Daniel Aarão Reis e Denis Rolland, FGV, 2008).

Paulo Knauss

Doutor em história pela Universidade Federal Fluminense (UFF), professor de teoria e metodologia da história da UFF e pesquisador do Laboratório de História Oral e Imagem (Labhoi). Diretor-geral do Arquivo Público do Estado do Rio de Janeiro. Organizou as coletâneas *Cidade vaidosa: imagens urbanas do Rio de Janeiro* (7 Letras, 1999) e *Oeste americano: quatro ensaios de história dos EUA de Frederick Jackson Turner* (Eduff, 2004).

Renata Palandri Sigolo

Doutora em história pela Universidade Federal do Paraná (UFPR), é professora da Universidade Federal de Santa Catarina (UFSC). É autora do livro *A saúde em frascos* (Aos Quatro Ventos, 1998) e participou da organização de *Similia Similibus Curantur* (Aos Quatro Ventos, 1999). É coordenadora do Laboratório de História, Saúde e Sociedade na UFSC.

Rodrigo Czajka

Doutor em sociologia pela Universidade Estadual de Campinas (Unicamp). Professor do Instituto de Humanidades da Universidade Federal do Vales do Jequitinhonha e Mucuri (UFVJM), campus Diamantina, MG. Pós-doutorando em sociologia junto ao Instituto de Filosofia e Ciências Humanas da Unicamp. Autor de "A Revista Civilização Brasileira: projeto editorial e resistência cultural 1965-1968" (*Revista de Sociologia e Política*, UFPR, 2010) e "Redesenhando ideologias: cultura e política em tempos de golpe" (*Revista Questões e Debates*, UFPR, 2004).